AF280399

# Das verschmähte Sakrament

Geschichte und Bedeutung der Krankensalbung
sowie die Seelsorge bei Kranken,
Sterbenden und Verstorbenen.

Regensburg 2025

Verlag: BoD · Books on Demand GmbH, Überseering 33,

22297 Hamburg, bod@bod.de

Druck: Libri Plureos GmbH, Friedensallee 273, 22763 Hamburg

ISBN: 978-3-8370-6360-8

# 0 Vorspann

## 0.1 Inhaltsverzeichnis

**Vorbemerkung**

Aus Gründen der leichteren Lesbarkeit ist die gewohnte Schreibweise (keine Gendersprache) gewählt. Es wird hier ausdrücklich betont, dass bei Angaben wie „Seelsorger" auch „Seelsorgerinnen", bei „pastoralen Mitarbeitern" auch „pastorale Mitarbeiterinnen", bei „Pastoral- und Gemeindereferenten" auch „Pastoral- und Gemeindereferentinnen" und bei „Kommunionhelfern" auch „Kommunionhelferinnen" gemeint sind. In allen maskulinen Bezeichnungen sind auch die Frauen mit gemeint.

# 0.2 Literaturliste

## 0.2.1 Kirchliche Publikationen

### Dokumente des Zweiten Vatikanischen Konzils

IM        Inter mirifica (04.12.1963)
                Dekret über die sozialen Kommunikationsmittel

SC        Sacrosanctum Concilium (04.12.1963)
                Konstitution über die heilige Liturgie

UR        Unitatis redintegratio (21.11.1964)
                Dekret über den Ökumenismus

OE        Orientalium Ecclesiarum (21.11.1964)
                Dekret über die katholischen Ostkirchen

NA        Nostra aetate (28.10.1965)
                Erklärung über das Verhältnis der Kirche zu den
                nichtchristlichen Religionen

GE        Gravissimum educationis (28.10.1965)
                Erklärung über die christliche Erziehung

PC        Perfectae caritatis (28.10.1965)
                Dekret über die zeitgemäße Erneuerung des Ordenslebens:

OT        Optatam totius (28.10.1965)
                Dekret über die Ausbildung der Priester

CD        Christus Dominus (28.10.1965)
                Dekret über die Hirtenaufgabe der Bischöfe in der Kirche

AA        Apostolicam actuositatem (18.11.1965)
                Dekret über das Laienapostolat

DV        Dei Verbum (18.11.1965)
                Dogmatische Konstitution über die göttliche Offenbarung

LG        Lumen Gentium (18.11.1965)
                Dogmatische Konstitution über die Kirche

DH          Dignitatis humanae (07.12.1965)
                    Erklärung über die Religionsfreiheit

AG          Ad gentes (07.12.1965)
                    Dekret über die Missionstätigkeit der Kirche

PO          Presbyterorum ordinis (07.12.1965)
                    Dekret über Dienst und Leben der Priester

GS          Gaudium et spes (07.12.1965)
                    Pastorale Konstitution über die Kirche in der Welt von heute

## Schriften der katholischen Kirche

**Begräbnisfeier**    Ständige Kommission für die Herausgabe der gemeinsamen liturgischen Bücher im deutschen Sprachgebiet (Hg.): Die kirchliche Begräbnisfeier. 2. Ausgabe. Freiburg, Basel, Wien, Regensburg, Salzburg, Linz 2009

**Benediktionale**    Liturgische Institute Salzburg, Trier, Zürich (Hg.): Benediktionale. Studienausgabe für die katholischen Bistümer des deutschen Sprachgebietes. Freiburg, Basel, Wien 1991.

**CIC**    Johannes Paul II. (Hg.): Codex iuris canonici (Der Codex des kanonischen Rechts) 1996.

**Collectio rituum**. ad instar appendicis ritualis Romani pro omnibus Germaniae dioecesibus ; a sancta sede approbata. Regensburg 1960.

**GL**    (Erz-)Bischöfe Deutschlands, und Österreichs und dem Bischof von Bozen-Brixen (Hg.): Gotteslob. Katholische Gebet- und Gesangbuch. Ausgabe für die Diözese Regensburg. Regensburg 2013.

**Kindertaufe**    Bischofskonferenzen Deutschlands, Österreichs und der Schweiz und der Bischöfe von Luxemburg (Hg.): Die Feier der Kindertaufe in den katholischen Bistümern des deutschen Sprachgebietes. Einsiedeln, Köln, Freiburg, Basel, Regensburg, Wien, Salzburg, Linz 1969.

**KKK**    Johannes Paul II. (Hg.): Katechismus der Katholischen Kirche. 1994.

| | |
|---|---|
| **Rituale** | Bischofskonferenzen Deutschlands, Österreichs und der Schweiz und der Bischöfe von Bozen-Brixen und von Luxemburg (Hg.): Die Feier der Krankensakramente. Die Krankensalbung und die Ordnung der Krankenpastoral in den katholischen Bistümern des deutschen Sprachgebiets. 2. Auflage. Einsiedeln, Köln, Freiburg, Basel, Regensburg, Wien, Salzburg, Linz 1976. |
| **katholische Schriften** | Mit „katholische Schriften" sind verschiedene Schriften der katholischen Kirche zusammengefasst: <br> * Alle 16 Dokumente des Zweiten Vatikanischen Konzils <br> * Der Codes des kanonischen Rechts (CIC), <br> * Der Katechismus der Katholischen Kirche (KKK), <br> * Die Feier der Krankensakramente (Rituale) <br> * Das Benediktionale |
| **DBK 2023** | Sekretariat der Deutschen Bischofskonferenz. Kontinuierliche jährliche Erhebung statistischer Eckdaten über Priester, Diakone und andere hauptamtliche Mitarbeiter/innen in der Pastoral. (2023) Nach: https://www.bvpr-deutschland.de/der-beruf/zahlen-und-statistiken |

## Sterbesegen

Die kirchliche **Begräbnisfeier** in den Bistümern des deutschen Sprachgebietes. 2. Auflage. Regensburg 2009.

Diözese **Feldkirch**: Die Feier des Sterbesegens. Würzburg 2014.

Erzbischöfliches Ordinariat **Freiburg**: Handreichung zum Sterbesegen. Freiburg 2012.

Erzbistum **Köln** „Ich werde mit dir sein und dich segnen". Segensgebete für Kranke, Sterbende, Verstorbene. 3. Auflage. Köln 2019.

Erzbistum **Köln** 1: „Ich werde mit dir sein und dich segnen". Segensgebete für Kranke, Sterbende, Verstorbene. 3. Auflage. Köln 2019.

Bistum **Mainz**: Sterbesegen. Mainz 2022.

Liturgische Kommission im Bistum **Osnabrück**: Sterbesegen. Osnabrück 2017.

Bischöfliches Ordinariat **Regensburg**: Gott, auf dich vertraue ich. Gebete und Segensfeiern im Umfeld des Sterbens. Regensburg 2018.

Bischöfliches Ordinariat der Diözese **Rottenburg-Stuttgart**: 2011.

Bistum **Speyer 1**: Sterbesegen. Speyer 2016.

Bischöfliches Ordinariat **Speyer**: Sterbesegen. 2. Auflage. Speyer 2018.

Bischöfliches Generalvikariat **Trier**: Gottesdienstliche Feiern im Umfeld des Sterbens. Band 1. Studienausgabe für das Bistum Trier. In der Sterbestunde. Trier 2014.

Bischöfliches Generalvikariat **Trier 2**: Die Feier des Sterbesegens. Trier 2022.

Diözese **Würzburg**: Die Feier des Sterbesegens. Würzburg 2014.

Liturgiereferat der Erzdiözese **Wien 2**: Sterbesegen. Mach dich auf den Weg. Wien 2015.

Fachbereich Krankenhaus- und Pflegeheimseelsorge der Kategorialen Seelsorge der Erzdiözese **Wien**: Sterbesegen. Mach dich auf den Weg. Wien 2015.

**OUI** - Rituale Romanum. Ordo unctionis infirmorum eorunque pastoralis curae, 1-41, in: Die Feier der Krankensakramente: Die Krankensalbung und die Ordnung der Krankenpastoral in den katholischen Bistümern des Deutschen Sprachgebietes. Zweite Aufl. Hg. im Auftrag der Bischofskonferenzen Deutschlands, Österreichs und der Schweiz sowie der (Erz-) Bischöfe von Bozen-Brixen, Lüttich, Luxemburg und Straßburg. Freiburg, 2, 1994.

## Evangelische Publikationen

Evangelische Kirche in Deutschland (**EKD**): Sakrament.
https://www.ekd.de/Sakrament-Basiswissen-Glauben-11022.htm

Evangelische Landeskirche in **Baden**: Salbung in der Evangelischen Landeskirche in Baden. Empfehlungen der Landessynode vom 9. April 1998.
https://www.kirchenrecht-baden.de/document/4347

Evangelische Kirche **Berlin-Brandenburg**-schlesische Oberlausitz: Kirchliches Amtsblatt (22.03.2023)
https://www.kirchenrecht-ekbo.de/document/52760

Evangelische Kirche der **Union**: Agende für die evangelische Kirche der Union. II. Band. Die kirchlichen Handlungen. Witten 1963.

**Kirchenleitung** der Evangelisch-Lutherischen Kirche Deutschlands. Band III. Die Amtshandlungen. Teil 4. Dienst an Kranken. Hannover 1994.

**Vereinigte** Evangelisch-Lutherische Kirche Deutschland: Agenda für evangelisch-lutherische Kirchen und Gemeinden. 3. Band. Die Amtshandlungen. Hannover 1985.

### Orthodoxe Publikationen

**Önder**, Josef: Die Feier der Krankensalbung. Nach dem Ritus der Syrisch-Orthodoxen Kirche von Antiochien. Warburg 2018.

**Tawadros**, Gewied Ghaly, Marianne Hermann: Die Sakramente. Gebete zur Spendung der Heiligen Sakramente in der Koptisch Orthodoxen Kirche. Waldsolms-Kröffelbach 1994.

## 0.2.2 Weitere Publikationen

**Bibliomed Pflege**: Sterberisiko von Patienten steigt mit Arbeitslast der Pflege. https://www.bibliomed-pflege.de/news/22415-sterberisiko-von-patienten-steigt-mit-arbeitslast-der-pflege

**Bodenstein**, Dominik: Sterbesegen. Liturgietheologische Untersuchung zum Segensverständnis der katholischen Kirche und der Entwicklung neuer Segensfeiern. Bislang unveröffentlichte Diplomarbeit. Studiengang Katholische Theologie. Universität Mainz, 2017.

**Boff**, Leonardo: Ave Maria. Das Weibliche und der Heilige Geist. Düsseldorf 1982.

**Busse**, Adolf: Möglichkeiten und Grenzen der Zusammenarbeit von Arzt und Seelsorger im Krankenhaus. (theol. Dipl.) München 1979.

**Èekolj**, Þeljko: Krankheit und der Umgang mit Kranken als ständige Herausforderung für die Kirche und Pastoraltheologie. Hamburg 2021.

**Demel**, Sabine: Krankensalbung und Letzte Ölung. Sakrament gegen die Isolation bei schwerer Krankheit. In: Diakonia. Internationale Zeitschrift für die Praxis der Kirche 40 (2/ 2009) 83-90.

**Dinzelbacher**, Peter: Von der Welt durch die Hölle zum Paradies - das mittelalterliche Jenseits. Paderborn 2007.

**Ebert-Rall**, Taina: Blinddarm-Op. Große Qualitätsunterschiede bei Kliniken. In: ÄrzteZeitung (18.12.2014) https://www.aerztezeitung.de/Kooperationen/Grosse-Qualitaetsunterschiede-bei-Kliniken-243815.html

**Ernsting**, Heike: Salbungsgottesdienste in der Volkskirche. Krankheit und Heilung als Thema der Liturgie. Leipzig 2012.

**Fabian** Brand: Warum die Krankensalbung mehr ist als die "Letzte Ölung". katholisch.de (07.08.2020) https://www.katholisch.de/artikel/26447-warum-die-krankensalbung-mehr-ist-als-die-letzte-oelung

**Fadgyas**, Stefanie Maria: Vergleich der Emissionscomputertomographie (ECT): Gefilterte Rückprojektion versus dreidimensional iterativen Algorithmus. Giessen 2000.(med. Diss.) http://geb.uni-giessen.de/geb/volltexte/2000/293/pdf/d000095.pdf

**Feulner**, Hans-Jürgen: Krankensalbung von schwer an Covid-19 Erkrankten. In: Franziskus Knoll, Hanno Heil, Ulrich Engel (Hg.): Bewährtes bewahren – Neues wagen. Innovative Aufbrüche in der Seelsorge und darüber hinaus! Stuttgart 2022, 14-31.

**Fischer**, Michael: Zukunft der Seelsorge im Gesundheitswesen. Zum Verständnis einer dynamischen Professionalität.Würzburg 2021.

**Greshake** Gisbert: Letzte Ölung oder Krankensalbung? Plädoyer für eine differenzierte sakramentale Theorie und Praxis. In: Geist und Leben 56 (2/1983), 119-136.

**Groen**, Basilius J: Die Krankensalbung und die Krankenhausseelsorge: Zeichen der Nähe Gottes. (01.12.2013) https://wir-sind-kirche.at/artikel/die-krankensalbung-und-die-krankenhausseelsorge-zeichen-der-naehe-gottes

Haggenmüller, Reinhold: Die Überlieferung der Beda und Egbert zugeschriebenen Bußbücher.. (Diss.) Frankfurt 1991

Haunerland, W.: Krankenpastoral und sakramentaler Heilsdienst. Ein Diskussionsbeitrag, In: HID 51 (1997), 216-225,

**Heck**, Erich: Ave Maria. Heilige Schrift - Liturgie - Frömmigkeitsgeschichte. Stuttgart 1989

Hollerweger, Hans: Das Rituale im Bereich des Josephinismus. In: Franz Kohlschein (Hg.): Aufklärungskatholizismus und Liturgie. Reformentwürfe für die Feier von Taufe, Firmung, Buße, Trauung und Krankensalbung. St. Ottilien 1989, 181-202.

**Ignatzi**, Hans-Joachim: Die Liturgie der Firmung im Rituale Ignaz Heinrich von Wessenbergs (1831). In: Franz Kohlschein (Hg.): Aufklärungskatholizismus und Liturgie. Reformentwürfe für die Feier von Taufe, Firmung, Buße, Trauung und Krankensalbung. St. Ottilien 1989, 93-152.

**Janik**, Jürgen: Im Dienst der Kranken. Grundlagen einer Ethik und eines Ethos der Klinikseelsorge . Würzburg 2022.

**Johannes Paul II. (1997)**: Zu einigen Fragen über die Mitarbeit der Laien am Dienst der Priester (1997). https://www.vatican.va/content/dam/wss/roman_curia/congregations/cclergy/documents/rc_con_interdic_doc_15081997_ge.html

**Kaczynski**, Reiner: Feier der Krankensalbung. In: Sakramentliche Feiern I/2. Regensburg 1992, S. 241–343.

**Kedzierski**; Jacek. Ritual und Erfahrung österlicher Hoffnung. Eine interkontextuelle pastoraltheologische Analyse von Sterbebegleitungsprozessen in der Innsbrucker Klinikpastoral. (theol. Diss.) Innsbruck 2016.

Kieltyka, Robert: Der Umgang mit Wachkoma-Patienten. Ein moraltheologischer Beitrag zu einer aktuellen Debatte. (theol. Diss.) Freiburg 2006.

**Der Katholik**. Zeitschrift für katholische Wissenschaft und kirchliches Leben. 83. Jahrgang 1903. Erste Hälfte. Neue Folge (3). 27. Band.

**Katholische Kirchen Heidenheim**: Krankensalbung. https://se-heidenheim.drs.de/dienste-sakramente/das-sakrament-der-krankensalbung.html

**Kebekus**, Norbert: Das Ave Maria. https://www.ebfr.de/maria-im-festkreis-der-kirche/das-ave-maria

**Knobloch**, Stefan: Lebenszeichen. Für eine Wiederentdeckung der Sakramente. Ostfildern 2014.

Knoll, Franziskus, Hanno Heil, Ulrich Engel (Hg.): Bewährtes bewahren – Neues wagen. Innovative Aufbrüche in der Seelsorge und darüber hinaus! Stuttgart 2022.

**Koch I**, Günter: Sakramentale Zeichen. In: Wolfgang Beinert (Hg): Lexikon der katholischen Dogmatik. 3. Auflage. Freiburg 1991, 447-449.

**Koch II**, Günter: Sakramentale Zeichen. In: Wolfgang Beinert (Hg): Lexikon der katholischen Dogmatik. 3. Auflage. Freiburg 1991, 447-449.

**Kochanek**, Johannes, Monika Wacker: Der Abschied von einem Menschen im Altenheim. In: Ida Lamp, Karolin Küpper-Popp (Hg.): Abschied nehmen am Totenbett. Rituale und Hilfen für die Praxis. Gütersloh 2006, 57-62.

**Kongregatio** für die Glaubenslehre [KG 2005]: Note bezüglich des Spenders des Sakraments der Krankensalbung. Vatikan 2005. https://www.vatican.va/roman_curia/congregations/cfaith/documents/rc_con_cfaith_doc_20050211_unzione-infermi_ge.html

**Kühn**, Lisa: Liturgie im Krankenhaus Plurale Feierformen in der Begleitung kranker und sterbender Menschen. In: Stefan Altmeyer, Christian Bauer, Kristian Fechtner, Thomas Klie, Helga Kohler-Spiegel, Benedikt Kranemann, Isabelle Noth, Birgit Weyel (Hg.): Praktische Theologie heute. Stuttgart 2021.

**Kunzler**, Michael: Leben in Christus. Eine Laienliturgik zur Einführung in die Mysterien des Gottesdienstes. Paderborn 1999.

**Küpper-Popp a**, Karolin, Ida Lamp: Erst-HelferInnen im Land der Trauer. In: Ida Lamp, Karolin Küpper-Popp (Hg.): Abschied nehmen am Totenbett. Rituale und Hilfen für die Praxis. Gütersloh 2006, 18-20.

**Küpper-Popp b**, Karolin, Ida Lamp: Die christlichen Kirchen am Übergang vom Leben zum Tod. In: Ida Lamp, Karolin Küpper-Popp (Hg.): Abschied nehmen am Totenbett. Rituale und Hilfen für die Praxis. Gütersloh 2006, 21-24.

**Küpper-Popp c,**: Verantwortliche Angehörige und Freunde am Totenbett. In: Ida Lamp, Karolin Küpper-Popp (Hg.): Abschied nehmen am Totenbett. Rituale und Hilfen für die Praxis. Gütersloh 2006, 25-26.

**Küpper-Popp d,** Karolin, Ida Lamp: Abschied seitens des Personals. In: Ida Lamp, Karolin Küpper-Popp (Hg.): Abschied nehmen am Totenbett. Rituale und Hilfen für die Praxis. Gütersloh 2006, 27-28.

**Küpper-Popp e,** Karolin, Ida Lamp: Rituale am Totenbett - wozu dienen sie? Eine kleine Ritualkunde. In: Ida Lamp, Karolin Küpper-Popp (Hg.): Abschied nehmen am Totenbett. Rituale und Hilfen für die Praxis. Gütersloh 2006, 29-32.

**Küpper-Popp f,** Karolin, Ida Lamp: Symbolische Handlungen am Totenbett. In: Ida Lamp, Karolin Küpper-Popp (Hg.): Abschied nehmen am Totenbett. Rituale und Hilfen für die Praxis. Gütersloh 2006, 33-42.

**Küpper-Popp g,** Karolin, Ida Lamp: Erschwerte Verabschiedung. Rituale und symbolische Handlungen ohne Totenbett. In: Ida Lamp, Karolin Küpper-Popp (Hg.): Abschied nehmen am Totenbett. Rituale und Hilfen für die Praxis. Gütersloh 2006, 43-44.

**Küpper-Popp h,** Karolin: Standards für den Abschied im Krankenhaus. In: Ida Lamp, Karolin Küpper-Popp (Hg.): Abschied nehmen am Totenbett. Rituale und Hilfen für die Praxis. Gütersloh 2006, 63-65.

Lamp a, Ida, Karolin Küpper-Popp: Abschied nehmen. In: Ida Lamp, Karolin Küpper-Popp (Hg.): Abschied nehmen am Totenbett. Rituale und Hilfen für die Praxis. Gütersloh 2006, 10-11.

Lamp b, Ida, Karolin Küpper-Popp: Den Tod anschauen - den Toten verabschieden . In: Ida Lamp, Karolin Küpper-Popp (Hg.): Abschied nehmen am Totenbett. Rituale und Hilfen für die Praxis. Gütersloh 2006, 14-17.

Lamp c, Ida: Der Tod wohnt im Zimmer nebenan. In: Ida Lamp, Karolin Küpper-Popp (Hg.): Abschied nehmen am Totenbett. Rituale und Hilfen für die Praxis. Gütersloh 2006, 46-47.

Lamp d, Ida: Umgang mit Verstorbenen und deren Angehörigen im Hospiz. In: Ida Lamp, Karolin Küpper-Popp (Hg.): Abschied nehmen am Totenbett. Rituale und Hilfen für die Praxis. Gütersloh 2006, 48-51.

Lamp e, Ida: Vom Zimmer zum Aufbahrungsraum. In: Ida Lamp, Karolin Küpper-Popp (Hg.): Abschied nehmen am Totenbett. Rituale und Hilfen für die Praxis. Gütersloh 2006, 85-88.

Lamp f, Ida: Überm Berg - Gotteserfahrungen. In: Ida Lamp, Karolin Küpper-Popp (Hg.): Abschied nehmen am Totenbett. Rituale und Hilfen für die Praxis. Gütersloh 2006, 91-92.

Lamp g, Ida: Wie viele Glöckchen hat das Hospiz? In: Ida Lamp, Karolin Küpper-Popp (Hg.): Abschied nehmen am Totenbett. Rituale und Hilfen für die Praxis. Gütersloh 2006, 93-94.

Lamp h, Ida: Licht soll werden. In: Ida Lamp, Karolin Küpper-Popp (Hg.): Abschied nehmen am Totenbett. Rituale und Hilfen für die Praxis. Gütersloh 2006, 95-98.

Lamp i, Ida: Abschiedsritual mit Blumen. In: Ida Lamp, Karolin Küpper-Popp (Hg.): Abschied nehmen am Totenbett. Rituale und Hilfen für die Praxis. Gütersloh 2006, 99-100.

Lamp j, Ida: Ich sehe deine Tränen. In: Ida Lamp, Karolin Küpper-Popp (Hg.): Abschied nehmen am Totenbett. Rituale und Hilfen für die Praxis. Gütersloh 2006, 101-102.

Lamp k, Ida: Ein Weihrauch-Ritus. In: Ida Lamp, Karolin Küpper-Popp (Hg.): Abschied nehmen am Totenbett. Rituale und Hilfen für die Praxis. Gütersloh 2006, 103-104.

Lamp l, Ida: Durststrecken bestehen - ein Wasser-Ritus. In: Ida Lamp, Karolin Küpper-Popp (Hg.): Abschied nehmen am Totenbett. Rituale und Hilfen für die Praxis. Gütersloh 2006, 105.

Lamp m, Ida: Gedenksteine sind wir — Abschieds-Rituale mit Steinen. In: Ida Lamp, Karolin Küpper-Popp (Hg.): Abschied nehmen am Totenbett. Rituale und Hilfen für die Praxis. Gütersloh 2006, 106-108.

Lamp n, Ida: Neues Leben kann werden - Ein Ritus mit der Rose von Jericho. In: Ida Lamp, Karolin Küpper-Popp (Hg.): Abschied nehmen am Totenbett. Rituale und Hilfen für die Praxis. Gütersloh 2006, 109-110.

Lamp o, Ida: Vom Segnen. In: Ida Lamp, Karolin Küpper-Popp (Hg.): Abschied nehmen am Totenbett. Rituale und Hilfen für die Praxis. Gütersloh 2006, 140-143.

Meyer zu Linzinghausen, Ute: Krankensalbung in der evangelischen Klinikseelsoge - ein Ritual wird neu entdeckt. Münster 1999.

Müller-Kaspar, Ulrike (Hg.): Handbuch des Aberglaubens. 3 Bände. Wien 1996.

**Niewiadomski**, Jozef: Kampf um den Schnee von Gestern oder Suche nach dem Wasser für Morgen? In: Detlef Schwarz (Hg.): Das Sakrament der Krankensalbung in der Krankenpastoral von heute. Fachtagung der ARGE KrankenhausseelsorgerInnen in der Erzdiözese Salzburg. Salzburg 2012, 12-17.

**Odenthal**, Andreas: Sollten auch Nicht-Priester die Krankensalbung spenden dürfen. In: kirche-und-leben.de (11.03.2021). https://www.kirche-und-leben.de/artikel/sollten-auch-nicht-priester-die-krankensalbung-spenden-duerfen

Ohler, Norbert: Sterben und Tod im Mittelalter. München 1990.

**Poschmann**, Bernhard: Buße und Letzte Ölung. In: Michael Schmaus, Josef Geiselmann, Hugo Rahner (Hg.): Handbuch der Dogmengeschichte. Band IV. Sakramente und Eschatologie. Faszikel 3. Buße und Letzte Ölung. Freiburg 1951.

Probst, Manfred: Das „Deutsche Ritual' von Ludwig Busch. In: Franz Kohlschein (Hg.): Aufklärungskatholizismus und Liturgie. Reformentwürfe für die Feier von Taufe, Firmung, Buße, Trauung und Krankensalbung. St. Ottilien 1989, 153-180.

**Retterath**, Marc: Die Krankenliturgie der Trierer Kirche seit dem Konzil von Trient. Hamburg 2003

**Röllin**, Andrea G.:Der Empfang der Sakramente der Busse, der Eucharistie oder der Krankensalbung durch katholische Gläubige in einer nichtkatholischen Kirche oder kirchlichen Gemeinschaft. Rechtsgeschichtliche Entwicklung der kanonischen Normen. Luzern 2022.

**Richter**, Klemens, Manfred Probst, Heinrich Plock: Liturgie mit Kranken. Krankensalbung – Hausmessen – Stärkung im Tod. Vorschläge und Überlegungen. Essen 1973.

**Schäfer**, Klaus: Trösten – aber wie? Ein Leitfaden zur Begleitung von Trauernden und Kranken. 5. Auflage. Regensburg 2019.

Schaupp, Walter: Spielräume des Sakramentalen und eine Ethik des innerkirchlichen Konflikts. In: Detlef Schwarz (Hg.): Das Sakrament der Krankensalbung in der Krankenpastoral von heute. Fachtagung der ARGE KrankenhausseelsorgerInnen in der Erzdiözese Salzburg. Salzburg 2012, 18-27.

Schmitz I, Hermann Josef: Die Bussbücher und die Bussdisciplin der Kirche. Nach handschriftlichen Quellen dargestellt. Band 1. Graz 1958.

Schmitz II, Hermann Josef: Die Bussbücher und die Bussdisciplin der Kirche. Nach handschriftlichen Quellen dargestellt. Band 2. Graz 1958.

Schwarz, Detlef: Die Krankensalbung in der pastoralen Praxis. In: Detlef Schwarz (Hg.): Das Sakrament der Krankensalbung in der Krankenpastoral von heute. Fachtagung der ARGE KrankenhausseelsorgerInnen in der Erzdiözese Salzburg. Salzburg 2012, 4-11.

**Soffner**, Sabine: Die Krankensalbung nach Jakobus 5 – Biblische Möglichkeit oder gelebte Wirklichkeit? Eine praktisch-theologische empirische Untersuchung innerhalb der sächsischen Landeskirche. o.O. 2005.

**Spindelböck**, Josef: Bitte ruft mir bei Todesgefahr einen katholischen Priester! (September 1997) https://www.stjosef.at/artikel/todesgef.htm

Stüber, Karl: Commendatio animae. Sterben im Mittelalter. Frankfurt 1976

**Vorgrimler**, Heribert: Krankensalbung. In: Herder.de (31.08.2021) https://www.herder.de/religion-spiritualitaet/kirche/sakrament/krankensalbung

**Wenzlowsky**, Severin: Die Briefe der Päpste und die an sie gerichteten Schreiben. 7 Bände. Kempten 1875-1880. https://digital.ub.uni-duesseldorf.de/ihd/search?operation=searchRetrieve&query=vl.series%3D%22Bibliothek%20der%20Kirchenv%C3%A4ter%22%20and%20vl.domain%3Dulbdihd%20sortBy%20dc.title%2Fasc&lang=en

**Wallner**, Josef: Gegrüßet seist du Maria. In: Kirchen_Zeitung. Diözese Linz. 19/2020 (05.05.2020)

https://www.kirchenzeitung.at/site/kirche/glaube/gegruesset-seist-du-maria

**Winkler**, Jörg: Existentielle Konfrontation mit der eigenen Endlichkeit : zur Liturgie der Krankensalbung. In Kunibert Mohlberg u.a. (Hg.): Liturgiewissenschaftliche Quellen und Forschungen. Band 114. Münster 2022.

https://www.deutsche-digitale-bibliothek.de/searchresults?isThumbnailFiltered=true&query=krankensalbung&viewType=list

https://www.academia.edu/21107763/Die_Bibliothek_der_Kirchenv%C3%A4ter_im_Internet_In_SZRKG_109_2015_509_512

https://www.digitale-sammlungen.de/en/search?sortField=NONE&startPage=2&filter=volumes%3A%22bsb11287518%2FBV002792775%22

## 0.2.3 Sonstige Schriften

Janik Jürgen: Im Dienst der Kranken. Grundlagen einer Ethik und eines Ethos der Klinikseelsorge. (theol. Diss.) Würzburg 2022.

Dag Moskopp: Hirntod. Konzept - Kommunikation - Verantwortung. Stuttgart 2015.

Hardy-Thorsten Panknin: Medizinfortschritt mit Nebenwirkung. Teil 1. In: Medizintechnik im Dialog (2023) 24 (8), 64-66.

Hardy-Thorsten Panknin: Medizinfortschritt mit Nebenwirkung. Teil 2. In:Medizintechnik im Dialog (2023) 24 (9), 54-58

Hardy-Thorsten Panknin: Medizinfortschritt mit Nebenwirkung. Teil 3. In:Medizintechnik im Dialog (2023) 24 (10), 54-57.

Hardy-Thorsten Panknin: Medizinfortschritt mit Nebenwirkung. Teil 4. In: Medizintechnik im Dialog (2023) 24 (11), 668-71

Hardy-Thorsten Panknin: Medizinfortschritt mit Nebenwirkung. Teil 5. In: Medizintechnik im Dialog (2023) 24 (12), 66-70

Schäfer, Klaus: Vom Scheintod zum Hirntod. Gesellschaftliche Reaktionen bei der Änderung des Todesbegriffes. Karlsruhe 2016.
https://epub.uni-regensburg.de/40405

Schäfer, Klaus: Vom Koma zum Hirntod. Pflege und Begleitung auf der Intensivstation. Stuttgart 2017.

Schäfer, Klaus: 10 Axiome zu Sterben und Tod. Regensburg 2004.
https://epub.uni-regensburg.de/57851

Schäfer Klaus: Seelsorge bei Krankheit und Tod. Liturgisches Handbuch für Krankensalbung, Nottaufen, Sterbesegen und Aussegnung. 3. erweiterte Auflage. Regensburg 2025.

# 0.3 Vorwort

Es gibt wenige Rituale, die sich so klar mit der Ambiguität des Lebens auseinandersetzen – mit Gesundheit und Ganz-Sein einerseits und Zerbrechlichkeit, Erkrankung und Sterben andererseits – und die sich dermaßen an der Grenze zwischen Leben und Tod zutragen, wie die Krankensalbung. Es handelt sich hier um ein Sakrament, das in Krankheits- und Sterbeprozessen der Gläubigen früher eine bedeutende Rolle spielte und oft noch immer spielt. Leider ist in der Theologie die Krankensalbung lange Zeit wie das Aschenputtel, das verkannte Stiefkind unter den Sakramenten betrachtet worden, und sie hat in den sakramententheologischen Traktaten relativ wenig Aufmerksamkeit bekommen. In den Krankenhäusern jedoch ist sie noch immer eine sehr wichtige Aufgabe der Seelsorge, egal ob das nun die Krankenhausseelsorger oder den von außen kommende Pfarrklerus betrifft.

Pater Klaus Schäfer hat ein einfühlsames Buch über die gesamte mit diesem Sakrament verbundene Problematik verfasst. Es stützt sich auf seine umfassende liturgisch-pastorale Erfahrung und ist gespickt mit zahlreichen einschlägigen persönlichen Erfahrungen. Gleichzeitig bietet er eine Übersicht der historischen Entwicklung des Sakraments; außer bedeutenden liturgiehistorischen Quellen bespricht er Konzilstexte, die heutigen liturgischen Bücher, das kanonische Recht und den Katechismus der Katholischen Kirche. Ein Großteil des Buches besteht aus dem reflexiven Skizzieren der heutigen liturgisch-pastoralen Situation im Krankenhaus. Dabei geht es nicht nur um die Feier der Krankensalbung selbst, sondern auch um das rituelle Umfeld. Was Letzteres betrifft befürwortet der Verfasser eine klare Trennung zwischen Krankensalbung, Sterbesegen und Aussegnung. Außerdem schenkt er der Wegzehrung und der Beichte Aufmerksamkeit. Treffend ist, dass er vor kritischen Beobachtungen und kantigen Aussagen nicht zurückschreckt. Diese machen das Buch nicht nur lesenswerter, sondern tragen hoffentlich auch zur Weiterentwicklung der pastoralliturgischen Praxis bei. Seine Reformvorschläge sind insgesamt sinnvoll. Beispielsweise nenne ich seine Argumentation, dass alle hauptamtlich in der Krankenhausseelsorge Tätigen (also nicht nur die Geweihten) die Krankensalbung spenden könnten. Darüber hinaus erörtert er die Komplexität von Begriffen wie Krankheit, Todesgefahr, Sterbeprozess und Trauer und geht auch auf den Einfluss der gewaltigen Entwicklung der Medizin ein. Dass er gleichzeitig die Lage in den ‚gewöhnlichen' Pfarrgemeinden im Auge hat, ergibt sich aus seinen Ausführungen über die Krankengottesdienste in den Gemeinden.

Pater Schäfer hat eine bedeutende Handreichung verfasst, die vielen sehr behilflich sein dürfte. Die Krankensalbung sollte ja eben nicht primär ein Abschiedsritual darstellen, sondern sie ist ein wichtiges Sakrament zur Genesung des ganzen Menschen; eine Feier der Begegnung zwischen Gott und Mensch und zwischen Menschen untereinander in einer Krisensituation, in der das Gebrochen-Sein und die Kontingenz des Daseins am eigenen Körper erfahren werden; ein Ritual, in dem wir die ‚Menschenfreundlichkeit' (Philanthropia) Gottes vermitteln können; ein Sakrament, das die kranke Person für das Gottesmysterium aufgeschlossen macht und gleichzeitig Kraft verleiht. Dies symbolisieren übrigens nicht nur die Zeichen der Salbung und der Handauflegung und das authentische ‚Glaubensgebet', sondern es müssen hier auch gute Seelsorge und liebevolle Versorgung durch Verwandte und Freunde sowie Pflegepersonal, Ärzte und – last but not least – Angehörige der Glaubensgemeinschaft als unentbehrlich genannt werden. Beten und Liturgie dürfen keine isolierten Akte sein. Liturgie und Gebet einerseits und Caritas und Diakonie andererseits gehören zusammen. Das war übrigens auch ein Leitsatz der ‚Gesellschaft des katholischen Apostolates', die vom Hl. Vincenzo Pallotti (1795-1850) gegründete Gemeinschaft, der Pater Schäfer angehört.

Viele von uns möchten Krank-Sein und Leiden aus unserem Alltagsleben verbannen. Sie sind jedoch ein wesentlicher Teil unseres Daseins. Sowieso gehören die dunkle Nacht, das Suchen und das Zweifeln ebenso zum religiösen Leben wie der helle Tag und die Gewissheit, dass es Gott gibt und dass wir in der Liebe Gottes ‚wunderbar geborgen' sind (frei nach Dietrich Bonhoeffer; das rührende Lied „Von guten Mächten wunderbar geborgen ..." findet sich im Gotteslob Nr. 430 in der Melodie des aus dem Osten Deutschlands stammenden Kurt Grahl). Die Begegnung zwischen Gott und Mensch in der Liturgie der Krankensalbung trägt auf vielfältige Weise zur Heilung bei und kann ein relevanter Faktor in unserem Ganz- und Gesundwerden sein, wenn wir auch oft nicht wissen – aufgrund der Unzulänglichkeit unserer Gotteserkenntnis – wie dies geschieht.

Basilius J. Groen, Universität Graz und Pontificio Istituto Orientale, Rom

Graz, Oktober 2024

# 0.4 Kurze Hinführung

## Von der Letzen Ölung zur Krankensalbung

Ich wurde im Jahr 1958 geboren. Damit verbunden erfuhr ich den Kommunionunterricht zur Zeit des Zweiten Vatikanischen Konzils, das in den Jahren 1962-1965 tagte. Mir wurde damit die „Letzte Ölung"als ein Sakrament für Sterbende gelehrt. Mit diesem Wissen begann ich als Spätberufener im Jahr 1993 mein Theologiestudium. Dabei lernte ich, dass ich 20 Jahre lang eine Veränderung in der katholischen Kirche „verschlafen" hatte: Im Jahr 1974 kam auf dem Hintergrund der Beschlüsse des Zweiten Vatikanischen Konzils für die Krankenpastoral ein neues Rituale heraus. Darin wurde nicht nur die Bezeichnung „Letzte Ölung" zur „Krankensalbung" geändert, sondern auch die Verwendung. Das Sakrament sollte nicht erst am Ende einer schweren Erkrankung gespendet werden, sondern am Beginn einer schweren Erkrankung (SC 73). Damit wurde es ein Sakrament für die Kranken.

Ich hatte somit einen inneren Wandel in der Bedeutung und Zielsetzung des Sakramentes zu vollziehen. Auf diesem Hintergrund habe ich Verständnis für alle Menschen, die noch immer nichts von der Krankensalbung wissen. Zu meinem Erstaunen gibt es auch junge Menschen, die noch von der „Letzten Ölung" sprechen. Die deutlichste Erfahrung machte ich nach dem Jahr 2000, als ich von einem Religionslehrer gebeten wurde, für eine Unterrichtsstunde in die 5. Klasse zu kommen, um etwas von der Tätigkeit als Klinikseelsorger zu erzählen. Die Unterrichtsstunde begann ich mit der Frage, was sie meinen, was meine Aufgabe sei. Eine Antwort lautete, die „Letzte Ölung" zu spenden. Ich stellte diese Antwort richtig.

Dieses Beispiel zeigt, wie wichtig es für Priester und Religionslehrer ist, theologisch mit der Zeit zu gehen. Sie sollten nicht auf dem Stand verharren, den sie selbst in ihrer Ausbildung gelernt haben. Daher steht an Stelle eines Vorworts ein Gespräch mit einer Patientin, das für das Thema „Krankensalbung" typisch ist.

*Im Jahr 2023 bat Frau S. um den Besuch eines katholischen Priesters. Sie war Mitte 70 Jahre alt und sollte in den nächsten Tagen eine große Herzoperation erfahren. Es war fraglich, ob sie die Operation überleben wird. Für mich war dies ein klassischer Fall, ihr den Empfang der Krankensalbung anzubieten. Es ist ein Sakrament für Kranke mit der Bitte an Gott um Beistand und Genesung.*

*Somit bot ich Frau S. das Sakrament der Krankensalbung an, mit dem Hinweis verbunden, dass es ein Sakrament für die Kranken ist. Doch Frau S. lehnte ab.*

*Ich verwies auf den Beschluss des Zweiten Vatikanischen Konzils, dass das Sakrament gespendet werden soll, „wenn der Gläubige beginnt, wegen Krankheit oder Altersschwäche in Lebensgefahr zu geraten." [SC 73] Ich verwies auf den Katechismus, der es eigens nennt, dass es angebracht ist, „die Krankensalbung zu empfangen, wenn man vor einer schweren Operation steht." [KKK 1515] Ich verwies auf das Weihegebet des Bischofs, das er über das Salböl betet. Darin heißt es: Das geweihte Öl ist „ein heiliges Zeichen deines Erbarmens, das Krankheit, Schmerz und Bedrängnis vertreibt, heilsam für den Leib, für Seele und Geist."*

*Frau S. blieb bei ihrer ablehnenden Haltung. Sie wollte jetzt keine Krankensalbung. Wenn jedoch bei der Operation etwas schief läuft und sie sterben sollte, dann sollte ich sofort für die „Letzte Ölung" zur Verfügung stehen.*

*Ich gab zu bedenken, dass ich für den Fall, dass sie während der Operation verstirbt, keinen Zugang zum Operationssaal habe. Ich könnte dann nur für sie als Verstorbene beten. Doch dazu muss ich erfahren, dass sie verstorben ist. Gleiches gilt auch, wenn sie künstlich beatmet und damit im künstlichen Koma liegend, auf der Intensivstation liegt. Ich muss erfahren, dass sie im Sterben liegt. Ich versuchte, Frau S. aufzuzeigen, wie undurchführbar ihr Wunsch ist.*

*Ungeachtet dieser Bedenken blieb Frau S. bei ihrer ablehnenden Haltung. Sie wollte jetzt keine Krankensalbung, aber wenn sie im Sterben liegt, sollte ich oder ein anderer Pfarrer unverzüglich für eine eine „Letzte Ölung" zur Stelle sein. Wenn sie im Operationssaal verstirbt, ist dies allein aufgrund des engen Zeitfensters von wenigen Minuten undurchführbar.*

Diese Erfahrungen zeigten mir, dass die Information über das Sakrament der Krankensalbung nicht erst in der Klinik zu den Menschen muss, sondern im Vorfeld. Es genügt nicht, aus den kirchlichen Papieren zu zitieren, sondern es muss ein nachvollziehbares Verständnis für das Sakrament in den Ortsgemeinden geschaffen werden. Geht es doch darum, in den Köpfen der Gläubigen die „Letzte Ölung" als Sterbesakrament gegen die „Krankensalbung" auszutauschen. Dazu empfiehlt das Rituale, dass regelmäßig die Kranken einer Gemeinde zu einem Krankengottesdienst eingeladen werden, um dieses Sakrament zu empfangen.

Mit einem reinen Austausch ist es jedoch nicht getan. Damit entsteht für das Sterben eine Lücke, die es zu schließen gilt. So verstehen es viele Gläubige. Doch seit dem 8.Jh. sollte nachweislich die Wegzehrung das Sterbesakrament sein. Das wissen viele Gläubige nicht. Außerdem ist es bei einem bewusstlosen Sterbenden nicht anwendbar.

Vielen Gläubigen ist dies zu kurz. Sie wünschen sich eine kleine liturgische Feier, wollen zuweilen auch selbst aktiv mitbeten.

An diesem bedeutsamen Schritt vom Diesseits ins Jenseits ist es für den Sterbenden und deren Angehörige wichtig, dass sie nicht tatenlos das Sterben erleben. Sie wollen es aktiv gestalten und auch spirituell noch etwas für den Sterbenden tun, was über die Wegzehrung hinaus geht.. Für den Sterbenden soll gebetet und er damit Gott in besonderer Weise anempfohlen werden.

Hinzu kommt die personelle Struktur der Klinikseelsorge. Um das Jahr 2010 sollen in der Diözese Rottenburg-Stuttgart ca. 20% Priester und rund 80% pastorale Mitarbeiter gearbeitet haben. Da der Priester oft beim Sterben eines Menschen gerufen werden, brachte die Diözese Rottenburg-Stuttgart im Jahr 2012 einen Sterbesegen heraus. Andere Diözesen folgten mit einem ähnlichen Sterbesegen. Damit sind Sterbende nicht vergessen. Für sie wird auch weiterhin gebetet und in dem Gebet Gott anempfohlen. Sterbende sind somit nicht vergessen.

Doch die „Letzte Ölung" scheint sehr fest im kollektiven Bewusstsein festzusitzen. Dies zeigt das Sterben von Frau R, was sich ebenfalls im Jahr 2023 ereignet hatte:

*An einem Sonntag wurde ich um 22:22 Uhr auf die Intensivstation zu Frau R. gerufen. Sie lag künstlich beatmet im Bett, darum die Kinder, die Schwester und der Schwager. Sie sagten mir, dass das Gehirn so schwer geschädigt ist, dass Frau R. nie wieder aufwachen wird. Sie wird an den Folgen der schweren Hirnschädigung sterben. Aus diesem Grund entschied ich mich für die Spendung des Sterbesegens.*

*Am Dienstag wurde ich um 10:30 Uhr wieder zu Frau R. gerufen. Die Situation war die gleiche. Nur war jetzt eine andere Schwester von Frau R. anwesend. Sie sagte mir, dass sie sich für ihre Schwester eine richtige Salbung wünsche. Ich verwies darauf, das 1963 das Zweite Vatikanische Konzil beschloss, dass das Sakrament nicht am Ende einer Erkrankung gespendet werden soll, sondern am Anfang einer Erkrankung, weswegen namentlich aus der „Letzten Ölung" die „Krankensalbung" wurde, ein Sakrament für Kranke, nicht für Sterbende. Dies führte bei der Schwester von Frau R. keine Veränderung der Haltung.*

*Daher las ich aus dem Weihegebet des Bischofs vor, das er über das Krankenöl betet. Dabei betonte ich, dass mit dem Krankenöl „Krankheit, Schmerz und Bedrängnis" vertreiben soll. Hier aber gibt es keine Genesung mehr. Auch dies führte zu keiner Gesinnungsänderung der Schwester.*

*Somit spendete ich Frau R. die Krankensalbung als Letzte Ölung. Weil es in der Situation keinen Sinn macht, hier um Heilung zu beten, nahm ich die ergebnisoffene Form. Mit Psalm 23 betete ich einfach um eine gute Begleitung durch die schwere Krankheit, wobei der Ausgang offen ist.\* Danach bedankte sich die Schwester von Frau R. mit verklärtem Blick für die Spendung der Salbung.*

In diesen pastoralen Situationen wie bei der Schwester von Frau R., kann man sich bemühen, aufzuklären. Erfahrungsgemäß sind diese Menschen so fest in ihrer Tradition verhaftet, dass sie sich von Argumenten nicht umstimmen lassen. Sie wollen das, was sie vor Jahrzehnten gelernt haben. Zuweilen fordern sie das in aller Deutlichkeit ein. Daher macht es keinen Sinn, in den aktuellen Situationen weiter aufzuklären. Wenn schon das Krankenöl für Sterbende missbraucht wird, sollten wenigstens die Gebete offen sein. Es sollte bei Sterbenden nicht um Heilung gebetet werden, auch wenn die Angehörigen in ihrem magischen Denken dies erhoffen.[1]

---

\* Hinweis: Diese offene Form der Krankensalbung benutze ich in diesen Situationen:

a) Wenn medizinisch eher vom Sterben als vom Weiterleben ausgegangen werden muss.

b) Wenn Angehörige ausdrücklich eine „Krankensalbung" für einen Sterbenden wünschen.

c) Wenn Hinterbliebene ausdrücklich eine „Krankensalbung" für einen Hirntoten wünschen.

Im Schlusssegen bete ich ein allgemeines Segensgebet, zumeist den aaronitischen Segen, da bei a) alles offen ist, bei b) das Sterben ausgeblendet wird und bei c) der eingetretene Tod nicht akzeptiert wird. In diesen Situationen ist es nicht der rechte Platz für theologische Grundsatzdiskussionen. Um aber nicht völlig an der Situation vorbei zu beten, wird diese offene Form gewählt.

---

1 Zuweilen vertrauen Gläubige noch im unabwendbaren Sterbeprozess darauf, dass Gott ein Wunder bewirkt und der Sterbende wieder gesund zu ihnen nach Hause kommt. Der Volksmund sagt dazu sehr trefflich: „Die Hoffnung stirbt zuletzt."

Damit verbunden gibt es am Ende dieser Form keinen Segen, mit der um Trost für die Trauernden gebetet wird. Soll doch Sterben und Tod nach dem Wunsch der Angehörigen bzw. der Hinterbliebenen ausgeblendet werden. Daher ist es unpassend, im Schlusssegen um Trost zu beten.

In allen diesen Lebenslagen ist es hilfreich und tröstlich, wenn man in Gott einen Wegbegleiter weiß, der auch in diesen dunklen Stunden und Tagen den Kranken nicht verlässt, so wie es im Mittelteil des Psalm 23 heißt:

Auch wenn ich gehe im finsteren Tal, ich fürchte kein Unheil; denn du bist bei mir, dein Stock und dein Stab, sie trösten mich. (Ps 23,4)

Im Vertrauen auf Gottes Beistand macht es Sinn, in allen diesen Lebenslagen Gottes um seine Hilfe und Unterstützung zu bitten. Dafür bietet die katholische Kirche das Sakrament der Krankensalbung an. Es fußt auf einer Stelle im Jakobusbrief:

Ist einer unter euch krank, dann rufe er die Ältesten der Gemeinde zu sich; sie sollen Gebete über ihn sprechen und ihn im Namen des Herrn mit Öl salben. Das gläubige Gebet wird den Kranken retten und der Herr wird ihn aufrichten; und wenn er Sünden begangen hat, werden sie ihm vergeben. (Jak 5,14f)

Daneben wird auch auf einen Vers im Markus-Evangelium verwiesen, der die Tätigkeit der ausgesandten Jünger wie folgt zusammenfasst:

Sie trieben viele Dämonen aus und salbten viele Kranke mit Öl und heilten sie. (Mk 6,13)

Im Vertrauen auf diese Bibelworte dürfen Kranke das Sakrament der Krankensalbung empfangen. Das hierfür verwendete Salböl wird in der Karwoche in der Chrisammesse[1] vom Bischof eigens für die Kranken der Diözese geweiht.

Was die Salbung mit dem Krankenöl bewirken soll, drückt sehr anschaulich das Weihegebet des Bischofs aus, das er über das Krankenöl betet. Es lautet:

---

1 Sie heißt zwar „Chrisammesse", aber in ihr werden nicht nur das Chrisamöl geweiht, sondern die drei heiligen Öle:

* Das Katechumenenöl, mit dem die Taufbewerber vor der Taufe gesalbt werden.

* Das Chrisamöl, mit dem die Täuflinge nach der Taufe und die Firmlinge gesalbt werden.

* Das Krankenöl, mit dem die Kranken bei der Krankensalbung gesalbt werden.

Herr und Gott, du Vater allen Trostes.
Du hast deinen Sohn gesandt,
    den Kranken in ihren Leiden Heilung zu bringen.
So bitten wir dich: Erhöre unser gläubiges Gebet.
Sende deinen Heiligen Geist vom Himmel her
    auf dieses Salböl herab.
Als Gabe deiner Schöpfung, stärkt und belebt es den Leib.
Durch deinen Segen + werde das geweihte Öl
    für alle, die wir damit salben, ein heiliges Zeichen deines Erbarmens,
das Krankheit, Schmerz und Bedrängnis vertreibt,
heilsam für den Leib, für Seele und Geist.
Im Namen unseres Herrn Jesus Christus,
der mit dir lebt und herrscht in alle Ewigkeit. Amen.

Mit der Krankensalbung geht es somit um die Vertreibung von „Krankheit, Schmerz und Bedrängnis". Die Salbung soll „heilsam für den Leib, für Seele und Geist" sein.

Wenn dem Priester für einen Notfall kein vom Bischof geweihtes Krankenöl zur Verfügung steht, kann er für die aktuell anstehende Krankensalbung das Öl selbst weihen. Dazu gibt es im Rituale ein eigenes Segensgebet: [Rituale, 56]

Gott, du bist der Vater allen Trostes.
Durch deinen Sohn
wolltest du die Gebrechen der Kranken heilen,
erhöre das Gebet, das der Glaube uns eingibt,
und sende deinen Heiligen Geist
auf dieses Salböl herab.
Als Gabe deiner Schöpfung
stärkt und belebt es den Leib.
Durch deinen Segen + werde es für alle,
die damit gesalbt werden,
ein geweihtes Öl,
ein heiliges Zeichen deines Erbarmens,
das Krankheit, Schmerz und Kummer vertreibt,
ein Schutz für Leib, Seele und Geist.
Im Namen unseres Herrn Jesus Christus,
der mit dir lebt und herrscht in alle Ewigkeit.

Auch bei diesem Segensgebet soll das Krankenöl Krankheit, Schmerz und Kummer vertreiben. Die „Bedrängnis" im Weihegebet des Bischofs wurde mit „Kummer" ersetzt. Die Bitte des Bischofs, „heilsam für den Leib, für Seele und Geist" zu sein, wurde mit der Bitte um „ Schutz für Leib, Seele und Geist" ersetzt.

Die Weiheworte des Bischofs „für alle, die wir damit salben" fehlen beim Segensgebet des Priesters, da dieser das Öl nur für diese eine Krankensalbung verwenden darf. [KKK 1530; CIC 999] Ansonsten sind die beiden Segensgebete durchaus vergleichbar.

Auf Seite 166 des Rituales gibt es noch ein weiteres Segensgebet, das der Priester über das Öl beten kann:

> Herr, sei uns gnädig nahe
> und heilige durch deinen Segen dieses Öl,
> das bereitet wird,
> um die angstvolle Sorge deiner Gläubigen zu mindern.
> Höre auf das Gebet des Glaubens und befreie alle,
> die mit dem geweihten Öl gesalbt werden,
> von jeder Krankheit, die sie niederdrückt.
> Durch Christus, unseren Herrn.

Dieses Segensgebet enthält eine neue Bitte: Es soll die angstvolle Sorge der Gläubigen mindern. Genau dies ist die Situation vieler Kranken. Daher sollte diese Bitte in das Weihegebet des Bischofs wie auch in das große Segensgebet des Priesters mit aufgenommen werden.

Das Segensgebet, mit dem der Priester bei der Krankensalbung den Kranken mit dem Krankenöl segnet, beinhaltet die gleiche Intension:

> Durch diese heilige Salbung helfe dir der Herr in seinem reichen Erbarmen, er stehe dir bei mit der Kraft des Heiligen Geistes: Der Herr, der dich von Sünden befreit, rette dich, in seiner Gnade richte er dich auf.

Dieses Segensgebet ist nicht nur im Rituale des Priesters genannt. Es ist auch im Katechismus der katholischen Kirche unter Nummer 1513 genannt und damit für alle Gläubigen frei zugänglich.

Weshalb entgegen dieser Faktenlage viele Menschen die „Letzte Ölung" wünschen und damit die „Krankensalbung" ablehnen, mitunter sogar als angebliches Sterbesakrament ablehnen, ist geschichtlich begründet.

Ziel dieses Buches soll daher sein, die geschichtliche Entwicklung der Krankensalbung von der Zeit Jesu[1] bis hin zur Gegenwart zu beleuchten. Daneben soll es auch einen Ausblick in die Zukunft geben.

## Wissenswertes zur Krankensalbung

Im Gotteslob heißt es unter Nummer 602, Absatz 2:

*In der Krankensalbung will Jesus Christus jenen Gläubigen begegnen, die sich wegen schwerer körperlicher oder psychischer Krankheit oder Altersschwäche oder auch vor einer schweren Operation in einem bedrohlich angegriffenen Gesundheitszustand befinden. Auch Kinder können die Krankensalbung empfangen. Sie ist das Sakrament der Kranken und nicht allein der Sterbenden. Die Krankensalbung kann bei erneuter schwerer Krankheit oder Verschlechterung des Gesundheitszustandes wiederholt werden.*

Die Anwendung der Krankensalbung für Sterbende beruht auf einer irrigen Gleichsetzung von Lebensgefahr und Sterbeprozess: Viele Menschen begeben sich z.T. freiwillig in Lebensgefahr. Aus diesem Grunde sind sie aber nicht sterbend.

Das Sakrament der Krankensalbung soll nach dem Verständnis des Zweiten Vatikanischen Konzils Menschen in Lebensgefahr gespendet werden. Sterbende sind jedoch nicht in Lebensgefahr, sondern sind Sterbende.

---

1 Bei Befürwortern der „Letzten Ölung" hat es den Anschein, als würde die Kirchengeschichte mit dem Konzil von Trient beginnen.

# 1 Geschichtliche Entwicklung

## 1.1 Biblische Zeugnisse

### 1.1.1 Das Leben und Wirken Jesu

Die biblische Grundlage für die Krankensalbung beginnt beim Leben und Wirken Jesus. Die Evangelien sind voll von Heilungswundern. Unter den zahlreichen Heilungswundern stechen jedoch einige heraus: Jesus zeigte in seinen Worten und Werken (Heilungswundern) deutlich auf, dass es keine Grenze für Hilfeleistung gibt. Wer in Not war, dem half er. Dabei gibt es nichts, was Jesus davon abhielt:

- **kein Sonntagsgebot (eines der 10 Gebote)**

  Jesus heilt an einem Sabbat ...

  - einen Mann mit verdorrter Hand (Mt12,9-13)

  - eine Frau mit verkrümmtem Rücken (Lk 13,10-14)

  - einen Mann mit Wassersucht (Lk 14,1-6)

  - einen Gelähmten (Joh 5,5-9)

  - einen von Geburt an Blinden (Joh 9,1.6f.13f)

Damit verstieß Jesus sozusagen als „Wiederholungstäter" gegen das Sabbatgebot, eines der 10 Gebote. Da Heilen als Arbeit angesehen wurde, hätte er nach jüdischem Verständnis alleine dafür die Todesstrafe verdient. Doch Jesus war die Heilung der Kranken so wichtig, dass er das Sabbatgebot brach. Als er einmal hierfür zur Rede gestellt wurde, fragte er zurück:

> Bindet nicht jeder von euch am Sabbat seinen Ochsen oder Esel von der Krippe los und führt ihn zur Tränke? (Lk 13,15)

An einer anderen Stelle begründete er sein Handeln mit deutlichen Worten:

> Der Sabbat wurde für den Menschen gemacht, nicht der Mensch für den Sabbat. (Mk 2,27)

- **keine religiösen oder nationalen Unterschiede**

Jesus heilte ...

- den Diener eines römischen Hauptmanns (Mt 8,5-13)

- zwei Besessene von Gadaren (Mt 8,28-34)

- die Tochter einer kanaanäischen Frau (Mt 15,21-28)

- die Tochter einer Syrophönizierin (Mk 7,24-30)

Damit macht Jesus deutlich, dass es für die Hilfe in Not geratener Menschen keine Grenzen gibt, keine nationalen, keine religiösen oder sonstige Grenzen. Einem in Not geratenen Menschen ist zu helfen, so man dies vermag.

- **keine Feindschaft**

- Jesus erzählt das Gleichnis vom barmherzigen Samariter (Lk 10,25-37)
  Seit der Teilung des Landes nach dem Tod von König Salomon (931 v.C.) waren die Menschen aus Juda (Juden) und die Menschen aus Samarien (Samariter) verfeindet. Sie führten sogar Kriege gegeneinander. Dies führte dazu, dass bis zur Zeit Jesu kein Jude mit einem Samariter gesprochen hat. Man hat ihn noch nicht einmal gegrüßt (Joh 4,9). Doch genau solch ein Samariter half einem halbtoten Juden.

- Jesus heilte den Diener des Hohepriesters, der kam, um Jesus gefangen zu nehmen. (Lk 22,47-53)
  Da kommt eine Gruppe Bewaffneter, um Jesus gefangen zu nehmen. Die Apostel verteidigen Jesus und es kommt zum Kampf. Dabei schlug Petrus dem Diener des Hohepriesters ein Ohr ab. Diesen Verwundeten heilte Jesus. Damit lebte Jesus seine eigenen Worte von der Feindesliebe (Mt 5,44 // Lk 6,27) vor.

Nichts hielt Jesus davon ab, einem Notleidenden zu helfen. Das Zeichen der Nächstenliebe verpflichtete ihn dazu, jedem Notleidenden zu helfen. Jesus half ihm, weil er ein Mensch ist, ein Kind Gottes.

## Jesus befreite Menschen von Dämonen

Zu den Heilungswundern Jesu sind auch die Befreiungen von unreinen Geistern und Dämonen zu zählen:

- einen Stummen, der von einem Dämon besessen war (Mt 9,32 // Lk 11,14)

- die kanaanäische Frau, deren Tochter von einem Dämon gequält wurde (Mt 15,22)

- der Knabe, der oft ins Feuer oder ins Wasser fiel (Mt 17,18)

- die Tochter der Syrophönizierin (Mk 7,26)

- der Mann in der Synagoge (Lk 4,33)

- der Mann, der Ketten und Fußfesseln zerriss (Lk 8,29)

- der Sohn eines Mannes, der plötzlich aufschreit (Lk 9,42)

Bei nüchterner Betrachtung würden wir heute in diesen Fällen von einer Befreiung von psychischen Erkrankungen sprechen. Diese sind jedoch im Rituale für die Krankensalbung nicht genannt. Statt dessen ist darin 20 mal von einer „Todesgefahr" genannt. Selbst bei „einem chirurgischen Eingriff kann die Krankensalbung immer dann gespendet werden, wenn eine gefahrbringende Erkrankung der Grund für die Operation ist." [Rituale, 28] Damit wird ignoriert, dass jede Operation und jeder invasiver Eingriff zu einer lebensbedrohlicher Situation führen kann, wo zuvor keine lebensgefährliche Situation bestand (siehe unten).

Psychisch kranke Menschen leiden oft sehr unter ihrer Krankheit, die entweder permanent vorliegt oder in Schüben wellenförmig kommt und geht. Sollte ihnen die Krankensalbung weiterhin vorenthalten werden, weil ihre Erkrankung keine „Todesnähe" darstellt, soweit man von Suizidgedanken absieht? Jesus wandte sich auch den psychisch Kranken zu und heilte diese. Stünde es somit nicht der Kirche gut an, in seiner Nachfolge stehend auch psychisch Kranken das Sakrament der Krankensalbung anzubieten?

## Jesus und der Tun-Ergehen-Zusammenhang

Früh im Alten Testament findet man zahlreiche Zeugnisse für den Tun-Ergehen-Zusammenhang. Man soll Vater und Mutter ehren, damit man lange lebe und es im Land gut ergehe (Dtn 5,16). Israel soll auf die Gesetze Gottes achten und sie halten, damit es einem gut ergehe und das Volk zahlreich werde (Dtn 6,3), und es den Kindern gut gehe (Dtn 12,28).

„Tue Gutes und es wird dir gut ergehen" ist die Kurzformel, deren Umkehrschluss lautet: „Wenn du aber Schlechtes tust, dann wird es dir schlecht ergehen." Als Schlussfolgerung dieses Tun-Ergehen-Zusammenhangs war: Wenn es einem Menschen schlecht geht, z.B. krank ist, dann muss er gesündigt haben. So suchten Ijobs Freunde nach dessen Schuld, nachdem dieser seinen Besitz, seine Kinder und seine Gesundheit verloren hat (Ijob 4,7).

Dieses Denken gab es auch zur Zeit Jesu. Mehrmals wurde Jesus gefragt, wer bei diesem Schicksal gesündigt habe:

- die Galiläer oder alle anderen Galiläer? (Lk 13,2)

- die vom Turm Erschlagenen oder alle Einwohner Jerusalems? (Lk 13,4)

- der Blindgeborene oder seine Eltern? (Joh 9,2)

Jesus wies jedes Mal dieses Denken zurück. Damit entkoppelte Jesus Krankheit von möglicherweise begangenen Sünden. Er zerschmetterte damit den Glauben des Tun-Ergehen-Zusammenhang. Leider ist vereinzelt dieses Denken noch heute bei einigen Christen anzutreffen. Sie bringen noch heute Krankheit und Sünde in Verbindung.[1]

Diese Entkoppelung von Sünde und Krankheit sollte daher auch in der Theologie angekommen sein, zumal schon das Buch Ijob erfahrenes Leid und Sünde entkoppelt hat.. Diese Trennung von Sünde und Leid gilt insbesondere für das Sakrament der Krankensalbung und den pastoralen Umgang mit Kranken.

---

1 Dass eine ungesunde Lebensweise Krankheiten fördert, ist logisch nachvollziehbar. Eine begangene Straftat (Ordnungswidrigkeit, Vergehen oder Verbrechen) steht jedoch in keinem Zusammenhang mit einer erlittenen Erkrankung.

## Jesus segnete Kinder

Nach katholischer Lehre dürfen die Kinder erst ab dem Vernunftgebrauch das Sakrament der Krankensalbung empfangen. [CIC 1004] Dazu gibt es eine deutliche Parallel in den Evangelien:

Da brachte man Kinder zu ihm, damit er ihnen die Hände auflegte und für sie betete. Die Jünger aber wiesen die Leute zurecht. Doch Jesus sagte: Lasst die Kinder und hindert sie nicht, zu mir zu kommen! Denn Menschen wie ihnen gehört das Himmelreich. Dann legte er ihnen die Hände auf und zog von dort weiter. (Mt 19,13-15 // Mk10,13-16; Lk 18,15-17)

Heute weisen nicht die Jünger die Leute zurecht, sondern die im Amt befindlichen Nachfolger Jesu. Es sind hierzu die Worte Jesus in Erinnerung zu rufen: „Lasst die Kinder und hindert sie nicht, zu mir zu kommen! Denn Menschen wie ihnen gehört das Himmelreich."

Jesus hat die Kinder entgegen dem Willen seiner Jünger durch die Auflegung seiner Hände gesegnet. Sie wollten etwas von dem Gnadenreichtum Jesu erhalten. Dabei ist nicht angegeben, dass eines der Kinder krank war oder sich sogar in Todesnähe befand. Um so mehr sollte kranken Kindern auf ihren Wunsch hin oder auf den Wunsch ihrer Eltern hin das Sakrament der Krankensalbung gespendet werden.

Als „Leib Christi" [KKK 805] und damit „mit Christus eins" [KKK795] sollte die Kirche so handeln, wie Jesus gehandelt hat. Sie sollte nicht die Fehler der Jünger fortsetzen, sondern sollte als „Mutter aller Glaubenden" [KKK 181] und „Werkzeug der Erlösung aller" [LG 9] die Kinder nicht ausschließen. Dem Handeln Jesu entsprechend würde die Kirche mit der Hineinnahme der Kinder in den Kreis derer, die als Kranke das Sakrament der Krankensalbung empfangen können, das „schon gegenwärtigen Reich Gottes" [KKK 763] erfahrbar machen. Daher sollten CIC 1004 und alle weiteren Texte, die die Kinder ohne Vernunftgebrauch vom Empfang der Krankensalbung ausschließen, entsprechend abgeändert werden.

## Jesus legte die Hände auf

Im Zusammenhang mit der „Krankensalbung" – ehemals „Letzte Ölung" – wird seit der frühen Kirche auf das vom Bischof geweihte Krankenöl geschaut. Es steht in Verbindung mit der Segensformel des Priesters im Mittelpunkt des Sakraments.

Es gibt jedoch keine Stelle in den Evangelien, in denen Jesus gesalbt hätte. Er wurde jedoch gesalbt, von der Sünderin (Lk 7,38; Joh 12,3). Er sollte nach seinem Tod gesalbt werden (Mk 16,1; Lk 24,1), doch da war er nicht mehr da. Er war auferstanden.

Jesus legte bei mehreren Heilungswundern den Kranken die Hände auf.

* Jesus legte Kranken die Hände auf und heilte sie (Mk 6,5; Lk 4,40].

* Jesus legte einem Blinden die Hände auf und heilte ihn (Mk 8,23.25).

* Jesus legte der verkrümmten Frau die Hände auf und heilte sie: (Lk 13,13).

Das Auflegen der Hände ist nicht nur eine körperliche Zuwendung an den Kranken:

* der Synagogenvorsteher bat Jesus um die Auflegung der Hände an seiner sterbenden Tochter (Mk 5,23).

* Jesus legte Kindern die Hände auf und segnete sie (Mt 19,15, Mk 10,16).

Das Auflegen der Hände ist auch eine alte Segensgeste, wie schon Mose praktizierte:

* Mose legte Josua die Hände auf und gab ihm Anweisungen (Num 27,23).

* Die beide Ältesten legten Susanna die Hände auf den Kopf (Dan 13,34).

Auch die Apostel legten als Segensgeste mehreren Menschen die Hände auf:

* Die Weihe der ersten 7 Diakone (Apg 1,1-7).

* Petrus und Johannes firmten die Samariter (Apg 8,14-19).

* Hananias segnete Saulus (Apg 9,17).

* Die Weihe von Barnabas und Saulus (Apg, 13,1-3).

* Paulus firmte 12 Bürger von Ephesus (Apg 19,1-7).

* Paulus legte dem Vater des Publius die Hände auf und heilte ihn (Apg 28,2)

Das Auflegen der Hände besitzt als Segensgeste eine Jahrtausende alte Tradition, In den Evangelien und der Apg steht die Handauflegung in engem Zusammenhang mit Heilungen. Da Jesus und die Apostel es praktizierten, sollte dies bei jeder

Krankensalbung, jedem Sterbesegen und jeder Aussegnung angewandt werden. Dabei kann den Anwesenden angeboten werden, dass sie dem Kranken, dem Sterbenden bzw. dem Verstorbenen als Segensgeste ebenso die Hände auflegen oder mit sonst einer Geste diesem alles Gute wünschen.[1]

## Jesus und die Sündenvergebung

Neben den Wundertaten sind die Sündenvergebungen durch Jesus zu nennen. Diese sind:

- Vergebung der Sünden eines Gelähmten (Mt 9,2)

- Vergebung der Sünden eines Gelähmten (Mk 2,5 // Lk 5,20)

- Vergebung der Sünden der Frau, die Jesus die Füße salbte (Lk 7,48)

Damit stehen 3 Sündenvergebungen durch Jesus 5 Heilungswunder Jesu gegenüber, die Jesus am Sabbat tätigte und damit gegen das Sabbatgebot verstieß. Daneben gibt es noch weitere Heilungswunder, die hier ungenannt sind.

Hinzu kommt eine Stelle, an der angedeutet wird, dass Jesus den Jüngern den Auftrag erteilte, Sünden zu vergeben:

> Amen, ich sage euch: Alles, was ihr auf Erden binden werdet, das wird auch im Himmel gebunden sein, und alles, was ihr auf Erden lösen werdet, das wird auch im Himmel gelöst sein.(Mt 18,18)

Daneben lässt sich im weitesten Sinn das Verkünden des Evangeliums auch mit der Vergebung der Sünden zusammenbringen. Es ist eine gute Nachricht (Eu-angelium), wenn dem reuigen Sünder gesagt wird, dass seine Sünden vergeben sind.

---

1  Die Erfahrung zeigt, dass diese meistens dem Kranken, dem Sterbenden bzw. dem Verstorbenen ebenso die Hände auf den Kopf legen. Andere hingegen fassen nur Schulter, Arme, Hände oder Füße an. Einige umarmen und küssen ihn. Dadurch werden die Anwesenden aktiv in die Segensfeier hineingenommen. Es bleibt somit nicht nur beim Gebet.

Blickt man in das aktuell im Gebrauch befindliche Gotteslob – das Gesang- und Gebetbuch der katholischen Kirche -, so gibt es darin zum „Sakrament der Buße und der Versöhnung" 25 Seiten. Über die „Krankensalbung und weitere Feiern mit Kranken" gibt es 4 Seiten. Damit hat die Sündenvergebung gegenüber der Krankensalbung ein deutliches Übergewicht. Nach den Evangelien legte Jesus jedoch ein großes Augenmerk auf Heilungswunder. Die Vergebung der Sünden erscheint daneben eher wie ein gelegentliches Beiwerk.

**Fazit**

Das Leben und Wirken Jesu ist vor allem durch körperliche Heilungen der Kranken gekennzeichnet „Vom Anfang der Verkündigung Jesu an steht die Krankensalbung im Zentrum seiner Botschaft. Jesus trug den Jüngern auf, Kranke mit Öl zu salben (vgl. Mk 6,13), damit sie zu neuen Lebenskräften kämen und in dieser Erneuerung und Wiedergeburt ihres Lebens von der Dynamik eines in seiner Vollendung noch ausstehenden Lebens erfasst würden. " [Knobloch, 65]


## 1.1.2 Die Jünger heilten Kranke

Das Heilen von Kranken war nicht nur auf Jesus beschränkt. Er erhob darauf keinen exklusiven Anspruch, sondern beauftragte dazu auch seine Jünger. Die Evangelien geben Zeugnis, dass Jesus seine Jünger zu zwei Aufgaben aussandte: (Lk 9,2)

* die Jünger sollten das Evangelium verkünden (Mk 16,15)
* die Jünger sollten Kranke heilen (Mt 10,8)

Mit der Erfüllung dieser beiden Aufgaben sollten die Jünger das Wirken Jesu fortsetzen, da er nicht ewig bei den Menschen sein werde (Mt 26,11).

Jesus begnügte sich nicht damit, „die Kranken und Leidenden auf einen Ausgleich im Jenseits zu vertrösten, sondern er hilft ihnen, indem er sie von Krankheiten und Dämonen befreit. Er lässt sich auf die Nöte der Menschen ein und zeigt ihnen in ihrer Notsituation und Hilfsbedürftigkeit , dass allein Gott helfen kann." [Èekolj, 92]

Dass die Jünger nicht nur zu Jesu Lebzeiten diesen beiden Aufgaben – Verkündigung des Evangeliums und Heilung der Kranken – nachkamen, belegen die Erzählungen von den Heilungswunder durch Apostel:

- Sie trieben viele Dämonen aus, salbten viele Kranke mit Öl und heilten sie. (Mk 6,7)

- Sie trieben viele Dämonen aus und salbten viele Kranke mit Öl und heilten sie. (Mk 6,13)

- Sie machten die Kranken gesund. (Lk 9,2)

- Sie verkündeten das Evangelium und heilten überall. (Lk 9,6)

- Die 72 Jünger berichteten, dass ihnen sogar die Dämonen untertan waren. (Lk 10,17)

- Petrus heilte in Jerusalem einen Gelähmten. (Apg 3,1-11)

- Philippus heilte Besessene, Lahme und Krüppel (Apg 8,7)

- Petrus heilte in Lydda den gelähmten Äneas (Apg 9,32-35)

- Paulus heilte in Lystra einen Gelähmten (Apg 14,8-10)

- Paulus heilte in Philippe einen Besessenen (Apg 16,16-18)

- Paulus erweckte einen toten Jungen auf. (Apg 20,9-11)

- Paulus heilte auf Malta den Vater des Publius (Apg 28,8f)

Die Apostel setzten die Tätigkeit Jesu fort. Somit wirkte Jesus durch die Taten der Apostel über seinen Tod hinaus fort. Neben der Verkündigung des Evangeliums war die Zuwendung an die Kranken in ihrem Handeln zentral.

# 1.1.3 „Ist einer unter euch krank ..." (Jak 5,14ff)

In den neutestamentlichen Briefen nimmt für den Umgang mit Kranken der Jakobusbrief eine zentrale Rolle ein. Darin heißt es:

> Ist einer unter euch krank, dann rufe er die Ältesten der Gemeinde zu sich; sie sollen Gebete über ihn sprechen und ihn im Namen des Herrn mit Öl salben. Das gläubige Gebet wird den Kranken retten und der Herr wird ihn aufrichten; und wenn er Sünden begangen hat, werden sie ihm vergeben. (Jak 5,14f)

Diese beiden Verse sollen in ihren Aussagen im Licht der gegenwärtigen Theologie und Praxis beleuchtet werden:

* Ist einer unter euch krank

    Am Anfang steht ein Konjunktiv. Für Gesunde ist dieser Satz nicht gedacht. Kranke sind die Personengruppe, der sich Jesus in besonderer Weise zuwenden will. Von einer „Todesgefahr", wie es im Rituale 28 mal, in KKK 1528 und in CIC 566 heißt, ist in Jak 5,14 keine Rede. Dort heißt es einfach, „Ist einer unter euch krank".

    Da der Begriff „krank" sehr dehnbar ist, soll später detailliert darauf eingegangen werden. Hier sei darauf verwiesen, dass es primär um Kranke geht.

* dann rufe er die Ältesten der Gemeinde zu sich

    Wenn die Bedingung „krank" erfüllt ist, dann gilt die folgende Aussage: Der Kranke soll die „Ältesten der Gemeinde" zu sich rufen.

    Die „Ältesten" werden von der katholischen Kirche gerne mit „Presbyter", d.h. Priester" übersetzt. In Wirklichkeit dürfte es zumindest im 1. Jh. gemäß der patriarchalischen Gesellschaftsordnung um die ältesten Gemeindemitglieder handeln, vielleicht auch um jene, die in dieser Gemeinde am längsten Christen sind.

    Die Ältesten sollen gerufen werden, weil sie nicht immer und schon gar nicht unverzüglich mitbekommen, wer in der Gemeinde krank ist. Mit der Vorstellung, dass mit Jak 5,14 zumindest die Schwere der Erkrankung gemeint ist, in der der Kranke ärztliche Hilfe braucht, ist jeder stationär in einer Klinik aufgenommene Patient ein potentieller Empfänger der Krankensalbung. Mit diesem Verständnis macht es Sinn, dass der Klinikseelsorger die Patienten besucht und ihnen das Sakrament der Krankensalbung anbietet.

Es heißt nicht „den Ältesten", sondern „die Ältesten. Sie sind im Plural genannt. Daher ist es nicht verwunderlich, dass es im Mittelalter Zeiten gab, in denen es so verstanden wurde, dass mehrere Priester kommen sollen. Alte Schriften belegen, dass im Mittelalter bis zu 7 Priestern zur Krankensalbung gekommen sind. Man hatte dabei die Vorstellung, viel hilft viel.

Die „Ältesten" kann jedoch auch so verstanden werden, dass es jemand ist, der in der Seelsorge der Gemeinde irgendwie tätig ist. In diesem Sinn kommen heute alle pastoralen Mitarbeiter in Frage, die Diakone wie auch die Pastoral- und Gemeindereferenten. Für die Klinikseelsorge würde es bedeuten, dass jeder mit kirchlichem Auftrag in der Klinikseelsorge Tätige zur Spendung der Krankensalbung berechtigt wäre.

• sie sollen Gebete über ihn sprechen und ihn im Namen des Herrn mit Öl salben

Noch heute werden bei der Krankensalbung über den Kranken Gebete gesprochen und der Kranke mit Öl gesalbt.

• Das gläubige Gebet wird den Kranken retten und der Herr wird ihn aufrichten

Damit steht das „gläubige Gebet" im Fokus, nicht die „Ältesten", die gerne als „Priester" übersetzt werden. Es stellt sich daher die Frage, ob nur Priester die Krankensalbung gültig spenden dürfen, [CIC 1003, KKK 1516; 1530] denn ein gläubiges und inniges Gebet kann auch eine pastorale Mitarbeiterin oder ein pastoraler Mitarbeiter beten.

Dem Verb „aufrichten" wurde in der Literatur bisher kaum Beachtung geschenkt. Dabei ist es ein Schlüsselbegriff dazu, ob damit eine seelische oder eine körperliche Aufrichtung gemeint ist. Dabei gibt es im Neuen Testament eine Stelle, in der es auch um das Aufrichten geht:

> Die Schwiegermutter des Simon lag mit Fieber im Bett. Sie sprachen sogleich mit Jesus über sie und er ging zu ihr, fasste sie an der Hand und richtete sie auf. Da wich das Fieber von ihr und sie diente ihnen. (Mk 1,30f)

Nach Mk 1,30f handelt es sich unmissverständlich um ein körperliches Aufrichten, d.h. um eine Genesung. Daher ist es wert, Mk 1,30f in der Auslegung um Jak 5,14f mit in den Blick zu nehmen.

- und wenn er Sünden begangen hat, werden sie ihm vergeben

Die Wortfolge „und wenn" leitet in einem Nebensatz ein Konjunktiv ein. Damit ist die Sündenvergebung im Zusammenhang mit der Krankensalbung eine doppelte Bedingung: 1. es handelt sich um einen Kranken; 2. der Kranke muss gesündigt haben.

Dieses 2. Konjunktiv ist so zu verstehen: Falls die Krankheit durch Sünden hervorgerufen wurde (z.B. durch eine ungesunde Lebensweise), dann werden dem Kranken seine Sünden vergeben. Dieser Konjunktiv basiert auf dem jüdischen Verständnis, dass sündhaftes Verhalten die Grundlage für Krankheit sei. Zwar beschäftigte sich bereits das Buch Ijob mit dieser Thematik und Jesus gab dieser Vorstellung eine klare Absage (siehe oben), doch für den Fall, dass noch jemand an dieser Verknüpfung von Sünde und erfahrenem Leid festhält, scheint der Verfasser von Jak 5,15 die Vergebung der Sünden an dieser Stelle angefügt zu haben. Wenn dieser Nebensatz nicht geschrieben wäre, würde der Krankensalbung nichts Pastorales und nichts Theologisches fehlen.

Dass die Sündenvergebung im Laufe der Geschichte einen solch großen Stellenwert bekommen hat, soll in der nachfolgenden Beschreibung der Entwicklung dieses Sakraments in den letzten 2000 Jahren aufgezeigt werden.

## Fazit

Die Betrachtung der einzelnen Sinneinheiten dieser beiden Verse von Jak 5,14f zeigt, dass es pastoral und theologisch betrachtet kleinere und größere Abweichungen zur aktuellen Praxis und Lehre gibt. Sie haben sich im Laufe der letzten 2000 Jahre entwickelt. Dieses Buch soll dabei die wichtigsten Stationen dieser Entwicklung aufzeigen.

# 1.2 Entwicklung bis zum 8. Jh.

Die ältesten Belege für die Krankensalbung sind liturgische Formulare zur Segnung des Öles, mit welchem die Kranken gesalbt wurden. „Das sogenannte koptische Fragment der Didache enthält ein solches Myrongebet, wobei die genaue Zweckbestimmung des Öles jedoch unklar bleibt." [Retterath, 29]

In den ersten Jahrhunderten wurde die Salbung Kranker sehr frei im Rahmen der unter Christen üblichen Krankenpflege gehandhabt, zumindest sind keinerlei Anzeichen einer kirchlich - rechtlichen Regelung erhalten. „Bis ins achte Jahrhundert hinein spendeten Laien die Salbung mit vom Bischof geweihtem Öl. Dabei war diese nicht, wie es später der Fall war, auf Todkranke beschränkt." [Meyer, 34]

Die sogenannten „Traditio Apostolica", deren Autorenschaft Hippolyt von Rom († 235) zugeschrieben wird, stellt einen der ersten Versuche der Regelung des Gemeindelebens dar. Der Text in der Version L, der bis heute den Kern des Segensgebetes über das Öl darstellt, spricht von Salbung und Einnahme des Öls mit dem Ziel der Stärkung und der Erlangung von Gesundheit für jene, die dieser bedürfen. [Winkler, 179]

Kaczynski gibt das Segensgebet wie folgt an: [Kaczynski, 260]

*Wie du, dieses Öl heiligend, o Gott, die Heiligkeit (sanctitatem) denen gibst, die damit gesalbt sind und es empfangen, (dieses Öl,) mit dem du Könige, Priester und Propheten gesalbt hast, so möge es denen Stärkung (confortationem) verleihen, die es kosten (gustantibus), und Gesundheit (sanitatem) denen, die es gebrauchen (utentibus}.*

Unter der Voraussetzung, dass der lateinische Text getreu die griechische Urfassung wiedergibt, lässt sich folgende Praxis der römischen Gemeinde am Anfang des 3. Jh. feststellen: „Die Gläubigen bringen zur Eucharistiefeier zusammen mit anderen Naturalien Öl in die Kirche mit, das der Bischof (gemeinsam mit dem Presbyterium) nach Abschluß des Hochgebets segnet. Das Öl ist nunmehr geheiligt und dazu geeignet, daß Gott an denen, die sich dieses Öls bedienen, d.h. davon trinken oder sich damit salben {lassen}, in der erwarteten Weise wirkt". [Kaczynski, 260] Dabei werden als körperliche Wirkung Stärkung und Gesundheit erwähnt, als geistliche die Gewährung von Heiligkeit.

Neben Hippolyt haben sich auch andere Kirchenväter mit der Spendung der Krankensalbung beschäftigt: Origenes (185-254) habe Jak 5 nur im Zusammenhang von Sündenvergebung genannt. [Soffner, 28] [Retterath, 30] Von den Kirchenvätern des Ostens erwähnen sie u.a. Gregor von Nazianz (329-390) und Johannes Chrysostomus (344-407). Weitere Belege finden sich bei Caesarius von Arles (470-542), Cassiodor (485-580) und Beda Venerabilis (672-735). [Retterat, 30]

In den ersten Jahrhunderten durfte Jeder und Jede die kranke Person salben: „Laien, Mönche, Nonnen, Priester. Es war auch möglich, dass der/die Kranke sich selbst salbte oder das Öl trank und schluckte. Der liturgische Akzent wurde nicht auf die Salbung oder auf das Schlucken, sondern auf die Segnung des Öls gelegt. Diese wurde vom Bischof, manchmal vom Priester vorgenommen." [Groen]

## Vita S. Martini des Sulpicius Severus

Sulpicius Severus (um 363-420/425) schrieb die erste Biographie des hl. Martin von Tours. Darin gibt es einen Hinweis auf die Spendung der Krankensalbung: Bei der wundersamen Heilung eines gelähmten Mädchens, sowie auch bei der eines stummen Mädchens scheint ein bestimmter Salbungsritus zugrunde zu liegen. „Es spiegelt sich hier vermutlich eine Praxis der Krankensalbung, wie sie im ausgehenden 4. Jahrhundert nördlich der Alpen üblich war. Zudem findet sich direkt im Anschluss an die Heilung des stummen Mädchens im Rahmen der Erzählung einer wunderbaren Vermehrung des von Martin gesegneten Krankenöls ein Hinweis darauf, dass das Krankenöl von Laien erbeten und aufbewahrt wurde. „Dass der Ablauf bei beiden geschilderten Heilungen, die an unterschiedlichen Orten situiert sind, einem vorgegebenen Schema folgt, unterstreicht, dass es sich offenbar um einen vorfindlichen Ritus handeln muss. Mit gleicher Beiläufigkeit schildert Sulpicius Severus im Rahmen der wunderbaren Krankenölvermehrung und -bewahrung auch die Aufbewahrung des Krankenöls in christlichen Häusern für den Fall einer eintretenden Erkrankung." [Winkler, 187]

In der Vita S. Martini heißt es, dass das gelähmte Mädchen in Trier das Krankenöl trinkt und beim stummen Mädchen in Chartres die Zunge berührt wird.[1] [Winkler, 188]. Dass das Krankenöl mitunter auch getrunken wurde, ist für uns heute befremdlich. Doch bis hinein ins Mittelalter war dies nicht unüblich. So schreibt Kaczynski über die Praxis der römischen Gemeinde am Anfang des 3. Jh.: „Die Gläubigen bringen zur

---

1 Dies geschah in Parallele zur Heilung eines Taubstummen in Mk 7,31-35. Dort berührte Jesus die Ohren und die Zunge mit Speichel, womit er den Taubstummen unter dem Anruf „Effata" (Öffne dich!) heilte.

Eucharistiefeier zusammen mit anderen Naturalien Öl in die Kirche mit, das der Bischof (gemeinsam mit dem Presbyterium) nach Abschluß des Hochgebets segnet. Das Öl ist nunmehr geheiligt und dazu geeignet, daß Gott an denen, die sich dieses Öls bedienen, d.h. davon trinken oder sich damit salben (lassen), in der erwarteten Weise wirkt". [Kaczynski, 260] Dabei werden als körperliche Wirkung Stärkung und Gesundheit erwähnt, als geistliche die Gewährung von Heiligkeit.

Um das Jahr 2010 erlebte ich selbst einen Versuch, das Krankenöls zu trinken:

*Herr O., ein Afrikaner, Mitte 30, lag mit einem externen Herzschrittmacher auf der Intensivstation. Er brauchte dringend einen Herzschrittmacher, denn sowie der externe Herzschrittmacher ausgeschaltet wurde, blieb das Herz stehen und Herr O. verfiel in Ohnmacht. Da Herr O. Christ war, wurde ihm vor der Operation eine Krankensalbung angeboten. Diese spendete ich ihm. Nachdem ich damit fertig war und meine Sachen – Krankenöl, Kreuz und Buch -einpackte, bat mich Herr O. um das Fläschchen mit dem Krankenöl. Er wollte davon trinken, damit der Dämon in ihm, der sein Herz ständig zum Stillstand bringt, vertreibe. Ich erfüllte seinen Wunsch nicht, da ich der Überzeugung war und immer noch bin, dass nur ein Herzschrittmacher seinen „bösen Dämon" vertreiben kann. Die Krankensalbung war somit „nur" eine Bitte an Gott, dass er die anstehende Operation gut gelingen möge. Herr O. erhielt den benötigten Herzschrittmacher und konnte Tage später die Klinik wieder verlassen.*

Weiter schreibt Jörg Winkler über die Vita S. Martini: „Im Mittelpunkt der beiden Krankenheilungen lassen sich als wiederkehrende Elemente das Gebet, die Segnung des Öls für den konkreten Gebrauch und das Trinken des Öls bzw. die Salbung und Berührung der betroffenen Körperregionen ausmachen." [Winkler, 189]

## Brief Innozenz I. an Bischof Decentius von Gubbio (416)

In dem häufig zitierten Brief von Papst Innozenz I. (†417) an den Bischof Decentius von Gubbio in Umbrien, datiert auf den 19.03.416, findet erstmals in diesem Brief Jak 5,14f. im Zusammenhang mit der Salbung von Kranken Erwähnung. Decentius geht es bei der Anwendung von Krankenöl um zwei Probleme: Wem gilt die Salbung? Und: Wer darf sie durchführen? Innozenz I. antwortete hierauf: [Winkler, 192]

*Da nun einmal Deine Liebe wie die übrigen Punkte so auch über den folgenden Rat einholen wollte, bemerkte auch mein geliebter Sohn, der Diakon Coelestinus, in seinem Schreiben, es sei von Deiner Liebe auch das angeführt, was in dem Brief des seligen Apostels Jakobus geschrieben steht: ‚Ist jemand krank unter euch, so rufe er die Priester, und sie sollen für ihn beten und ihn salben mit dem Öl im Namen des Herrn; und das Gebet des Glaubens wird dem Leidenden zum Heil sein, und der Herr wird ihn aufrichten, und wenn er gesündigt hat, wird er ihm verzeihen' (Jak 5,14f). Ohne Zweifel muss dies auf kranke Gläubige bezogen bzw. von ihnen verstanden werden. Sie können mit dem heiligen Öl des Chrisam gesalbt werden, das vom Bischof bereitet ist. Nicht nur Priester, sondern alle Christen dürfen es im eigenen Notfall oder in dem der Ihren zum Gesalbtwerden verwenden. Im Übrigen stellen wir fest, dass überflüssigerweise hinzugefügt wird, dass betreffs des Bischofs Zweifel bestehen, wo es doch außer Zweifel ist, dass es Priestern erlaubt ist. Den Priestern nämlich ist es zugesprochen, weil die Bischöfe, die durch andere Verrichtungen gehindert sind, nicht zu allen Kranken gehen können. Wenn übrigens ein Bischof im Stande ist oder es für angemessen hält, jemanden zu besuchen, zu segnen und mit dem Chrisam zu berühren, so kann er es ohne Bedenken tun, da ihm ja die Bereitung des Chrisam zusteht. Den Büßern kann dieses heilige Öl nicht aufgegossen werden, weil es der Art nach ein heiliges Zeichen ist.*

Die Antworten auf diese beiden Fragen sind eindeutig und klar: Die Salbung darf jeder Getaufte empfangen, soweit er kein Büßer – ein Exkommunizierter – ist. Die Salbung darf nicht nur Bischof und Priester vornehmen, sondern alle Christen. Aus der Antwort des Papstes geht auch hervor: „Nicht die Salbung mit Öl, sondern das Öl selbst wird altkirchlichem Sprachgebrauch entsprechend als Sakrament bezeichnet." [Kaczynski, 269]

Dazu weist Jörg Winkler darauf hin, dass das Salböl seine Wirksamkeit aus der Segnung durch den Bischof erhält und dass die Anwendung dieses Öles sowohl durch „sacerdotes" als auch durch alle Christen für eine Fremd- wie Selbstsalbung verwendet werden darf. „Alle Gläubigen, die in irgendeiner Weise krank sind (...), dürfen gesalbt werden; der Begriff kann daher sowohl physische wie psychische Erkrankung einschließen." [Winkler, 193]

Soffner weist darauf hin, dass Papst Innozenz I. die Sündenvergebung bei Krankensalbung ablehnte, was er mit den Worten unterstrich: „Die Büßenden dürfen nicht mit dem Öl gesalbt werden." Außerdem berechtigte er die Laien dazu, „in eigener Not oder in der Not der Ihrigen" zu salben. [Soffner, 29]

Papst Innozenz kommentierte im Jahr 417 die Bibelstelle 5,14 wie folgt. [Wenzlowsky, Bd.3, 125f]

*Ohne Zweifel muß Dieß von den gläubigen Kranken genommen oder verstanden werden, welche mit dem hl. Öle des Chrisam gesalbt werden können. welches vom Bischöfe bereitet ist. und dessen sich nicht bloß die Priester, sondern auch alle Christen für ihr oder der Ihrigen Bedürfniß zum Salben bedienen können. „Das übrigens ist. wie wir sehen, überflüssig hinzugefügt, daß bezüglich des Bischofs bezweifelt wird, was ohne Bedenken den Priestern gestattet ist. Den Priestern nemlich ist es zugesprochen, weil die Bischöfe, welche durch andere Verrichtungen gehindert sind, nicht zu allen Kranken gehen können. Wenn übrigens ein Bischof es im Stande ist oder es für angemessen hält, Jemand zu besuchen, zu segnen und mit dem Chrisam zu berühren, so kann er es ohne Bedenken thun, da ihm ja die Bereitung des Chrisam zusteht. Den Büßenden nemlich[1] kann dieses (hl. Öl) nicht aufgegossen werden, weil es zu den Sacramenten gehört."*

Dieser Text offenbart einige Besonderheiten:

- Die Kranken wurden nicht mit eigenen Öl gesalbt, sondern mit Chrisam.

- Die Salbung erfolgte durch kein Kreuzzeichen, sondern durch Berührung.

- Den Büßenden (Exkommunizierten) durfte die Krankensalbung nicht gespendet werden.

---

1  Im Anschluße an das oben über den Empfänger Gesagte. Daraus, daß den Büßenden der Papst den Empfang der letzten Ölung vorenthält, ergiebt sich, daß dieses Sacrament damals nicht nur bei naher Todesgefahr, sondern jedem kranken Gläubigen gespendet wurde; denn unmittelbar vorher ordnet ja Jnnocentius an, daß den Büßenden in Todesgefahr die Communion gereicht werde.
(So der Kommentar von Wenzlowsky an dieser Stelle.)

## Das römische Ölsegnungsgebet „Emitte"

Das römische Ölsegnungsgebet „Emitte" wird von Antoine Chavasse in seinen Ursprüngen bis in das 5. Jh. zurückdatiert. Es liegt ab dem 8. Jh. in unterschiedlichen Varianten vor. In seinem Kern geht es bereits auf das in der sogenannten „Traditio Apostolica" überlieferte Gebet zurück. Es ist mit einigen Veränderungen bis heute das Gebet zur Segnung des Krankenöls geblieben. [Winkler, 196]

Beide Fassungen der „Emitte" zeugen davon, dass es noch zu Beginn des 8. Jh. „üblich war, dass das Öl durch alle Gläubigen angewandt werden konnte und wohl auch wurde. Damit ist es dem einzelnen Anwendenden überlassen, bei welchen Gelegenheiten das Öl eingesetzt wird." [Winkler, 203]

Die griechische Übersetzung des koptischen Gebets zeigt deutlich, dass es auf das Segensgebet Hippolyts über das Krankenöl zurückgeht. Es greift die Vorlage Hippolyts im Sinn ihres Verfassers „nicht wörtlich, sondern mit anderen Worten" auf. Außerdem entspricht eine Formulierung dieses koptischen Textes einer Stelle im Segensgebet für das Krankenöl aus dem Euchologion des Serapion. [Kaczynski, 264]

*Sende, wir bitten dich, Herr, den Heiligen Geist, den Parakleten, vom Himmel auf dieses Fett des Öls, das du vom grünen Holz zur Stärkung des Geistes und des Leibes hervorbringen ließest. Und dein heiliger Segen sei jedem, der sich damit salbt, davon kostet und es berührt, Schutz des Leibes, der Seele und des Geistes, der alle Schmerzen, alle Schwächen und jede Krankheit des Leibes vertreibt, (dieses Öl,) womit du Priester, Könige, Propheten und Märtyrer gesalbt hast, dein vollkommenes Salböl, das von dir, Herr, gesegnet ist und das in unserem Innern bleibt: im Namen unseres Herrn Jesus Christus. Durch ihn erschaffst du, Herr, immerfort alle diese Gaben.*

Auch hier geht es neben der körperlichen Genesung - „jede Krankheit des Leibes" – auch um den „Schutz des Leibes, der Seele und des Geistes" (Prophylaxe).

## Testamentum Domini

Das Segensgebet des „Testamentum Domini" – aus dem syrischen Raum im 5. Jh. - lässt in seinen Formulierungen keine Abhängigkeit zu Hippolyt erkennen: „Sende über dieses Öl, das ein Bild deiner Fruchtbarkeit ist, die Fülle deines gütigen Erbarmens, daß es die Leidenden befreie, die Kranken gesund mache und jene, die umkehren, heilige, wenn sie zum Glauben an dich kommen. Denn du bist mächtig und herrlich in alle Ewigkeit." [Kaczynski, 261]

In der Hinführung zum eigentlichen Segensgebet wird nicht Gott angesprochen, sondern Christus. Dies ist für Segensgebete ungewöhnlich. Das Verb „umkehren" zielt auf Katechumenen ab. In Syrien wurde das Krankenöl nicht eindeutig vom Katechumenenöl unterschieden. Deutlich wird jedoch vom Gesund machen gesprochen.

## Caesarius von Arles

Caesarius (um 470-542), Bischof von Arles, „erwähnt die Krankensalbung viermal in seinen Sermones. Seine Situation und die der Kirche vor Ort ist davon gekennzeichnet, dass Aberglaube und heidnische Bräuche auch unter Christen immer noch weit verbreitet waren. Seine Bemühungen richten sich darauf, solche Praktiken abzuwehren, sie abzulösen und zu verdeutlichen, dass die Salbung mit Krankenöl neben der Eucharistie, in der Jesus selbst zu den Kranken kommt, das eigentliche Heilmittel für Christen darstellt." [Winkler, 204]

Caesarius erwähnt ebenfalls die geistliche Wirkung der Krankensalbung in der Sündenvergebung. Kaczynski stellt hierzu fest: „Durch die Gegenüberstellung von heidnischen Praktiken, die keineswegs wegen ihrer Unwirksamkeit, sondern wegen ihrer Schädlichkeit für die Seele abgelehnt werden, und christlichen Riten wird aber auch die geistliche Wirkung der Krankensalbung hervorgehoben, der Sündennachlass." [Winkler, 205]

Caesarius legte seinen Gläubigen nahe, dass sie nicht auf magische Mittel zurückgreifen sollen, sondern sich an die Kirche wenden und sich von dort das „heilige Öl" holen sollen, um dadurch Gesundheit und Sündenvergebung zu erlangen. [Soffner, 29]

Caesarius beklagte, dass gläubige Laien mit ihren Leiden wohl eher zu Zauberern oder Druiden gehen als zu ihrem Bischof oder dessen Priester. [Winkler, 225] Daher soll die Krankensalbung die magischen Praktiken, mit denen man körperliche Heilung herbeizuführen versucht, ablösen. [Kaczynski, 270]

## Beda Venerabilis

Auch bei Beda Venerabilis (672-735), der im angelsächsischen Raum als Mönch tätig war, konnten Laien sich und andere mit dem vom Bischof geweihten Öl salben. Mögliche Empfänger waren Kranke im weitesten Sinn, Kinder, psychisch Kranke und Invalide. Beda Venerabilis verband dazu Jak 5 mit Mk 6,12f, indem er schrieb: „... und trieben viele böse Geister aus und salbten viele Kranke mit Öl und machten sie gesund." [Soffner, 29f]

Für Beda Venerabilis verbindet sich mit der Sorge um das Kranksein der Menschen nicht nur die Sorge um das körperliche, sondern auch um das seelisch-geistliche Heil. Beda „erweist sich dabei besonders einflussreich auf die sogenannte Karolingische Reform. Beda entwickelt den Topos einer Krankheit im Glauben bzw. einer Krankheit der Seele, die als sündhaftes Tun verstanden werden muss, besonders in seinem Jakobuskommentar. Neu ist bei Beda die Verbindung von Besessenheit und Krankensalbung, die er unter Berufung auf den Jakobusbrief in seinem Markuskommentar anspricht". [Winkler, 207]

Bezüglich der Praxis der Krankensalbung betont Beda, dass dies (auch) Aufgabe der Priester ist, hält aber an der von Innozenz I. formulierten Lehre fest, dass es allen Gläubigen gestattet ist, das vom Bischof gesegnete Öl zur eigenen Salbung oder der von Angehörigen zu verwenden. Für Beda „liegt die Betonung auf der Sakramentalität des Öles, nicht auf der Salbungshandlung." [Winkler, 208r]

Für Beda sind die Presbyter „ganz im ursprünglichen Wortsinne Älteste an Erfahrung und Weisheit, die am besten wissen, was in dieser Erkrankungssituation zu tun ist." [Winkler, 208f] Kaczynski schlussfolgert hierzu: „Wenn zur Zeit Bedas nur die Priester das Recht gehabt hätten, die Kranken zu salben, wären seine Aussagen merkwürdig; denn es wäre den Gläubigen vor allem in den immer zahlreicheren Landgemeinden schwerlich möglich gewesen, mehrere Priester kommen zu lassen. Also muss er wohl an Laien gedacht haben." [Winkler, 209]

Beda nennt mehrmals die Krankensalbung. In seinem Kommentar zu Mk 6,12f. bringt er Jak 5,14f. mit diesem Text in Verbindung und folgert: „Daher ist es klar, daß von den Aposteln her der Brauch der heiligen Kirche überliefert ist, daß die Besessenen oder sonstige Kranke [energumeni vel alii quilibet aegroti) mit Öl gesalbt werden, das durch die bischöfliche Segnung geweiht ist" [Kaczynski, 271] Doch weder Markus noch Jakobus sagen etwas davon, dass Besessene zu salben sind oder dass das Öl vom Bischof geweiht sein muss. Beda will offensichtlich nur den bestehenden Brauch als auf die apostolische Zeit zurückgehend rechtfertigen.

Die stärker werdende Verknüpfung der Krankensalbung mit dem Bußsakrament fasst Kaczynski auf diese Weise zusammen: „in Gegenden, wo das Bußsakrament bereits häufiger im Leben empfangen wird, macht auch die Krankensalbung weniger Schwierigkeiten als in jenen Teilen der Kirche, wo die Buße als Krankenbuße bis zum Ende des Lebens aufgeschoben wird und damit auch die Krankensalbung nach und nach zur Salbung in der Todesstunde (unctio in extremis) wird." [Winkler, 210]

Für Ernsting vollzog Beda Venerabilis eine folgenreiche theologische Neuausrichtung der Krankensalbung. Mit Verweis auf Jak 5,15b stellt er die Sündenvergebung im Zusammenhang mit der Heilung ins Zentrum. „Viele werden wegen Sünden, die in der Seele begangen wurden, mit Krankheit oder auch mit Tod geschlagen. ... Wenn daher die Kranken in Sünden sind und sie diese den Priestern der Kirche bekannt haben und mit vollem Herzen danach gestrebt haben, diese (sc. die Sünden) hinter sich zu lassen und künftig zu vermeiden, dann werden sie ihnen erlassen werden." [Ernsting, 223]

## Zwei gallisch-altspanische Ölsegnungsgebete

Zwei gallisch-altspanische Ölsegnungsgebete dürften im 7. Jh. entstanden sein. Das „In tuo nomine" fand einen Verbreitung im gallischen oder germanischen Raum. Es zählt eine Reihe von Erkrankungen auf, gegen die das Krankenöl schützen soll: [Winkler, 212]

*Es nütze den Gelähmten, Fußlahmen, den Blinden und zugleich auch den Heimgesuchten. Es möge vertreiben Wechselfieber, Dreitagesfieber, den täglichen Schüttelfrost, den des Nachts oder des Tags. Es löse die Zunge der Stummen, es erquicke die Dürstenden [es belebe die Dürre]. - Amen. Es führe den Wahnsinn zur Einsicht zurück. - Amen. Es vertreibe Kopfschmerz, die Krankheit der Augen, der Hände, der Füße, der Arme und der Knie, des Herzens und der Eingeweide (des Darms) und aller Glieder, sowohl im Inneren wie auch außen und den Schmerz der innersten Regungen. - Amen. Es flöße dem Schlaf Ruhe ein und führe zusammen Heil und Gesundheit. - Amen. Wenn auch in deren Körpern etwas durch böse oder giftige Geburt hervorgebracht würde, möge durch die Berührung mit diesem Öl die Saat von der Wurzel her ersticken. - Amen. Es lindere Tierbisse, Tollwut, die Bisse von Skorpionen, Schlangen, Vipern und aller giftigen Dinge oder den Schmerz des Widernatürlichen und lasse Gesundheit hereinbrechen, es betäube die Wunden der Bisse [Wunden, Bisswunden]. - Amen. Du, Herr, mögest gebieten, dass der Angriff von Dämonen, sowohl die Angriffe unreiner Geister, das sind Legionen und Schatten und Anfechtungen von Dämonen, als auch das Eindringen, und auch die Künste Übel verursachender Wahrsager und Seher, sowohl die Einflüsterungen [Zauberformeln] der Götter, als auch deren gemeine Gifte, die sowohl durch einen unreinen Geist wie auch gottlose [widergöttliche] Macht oder durch teuflische Praxis hervorgebracht werden], abgewehrt werden]; dass all diese, ihre Gifte durch die inbrünstige Anrufung deiner abgewehrt werden:*

Das „Domine Iesu Christe" dürfte auch im 7.Jh. entstanden sein, fand aber keine weitere Verbreitung. Es ist im Liber Ordinum (Ordo A) der Abtei von Silos überliefert, dessen Entstehung in das 11. Jh. zu datieren ist. „Die Errettung aus dem Tod („suscitare mortuos") ist neben der Heilung von Krankheiten als weitere Wirkung des Öls benannt und macht deutlich, dass der Tod im Kontext der Salbung bereits im Blickfeld ist, obwohl natürlich die Wirkung auch in dieser Situation ganz auf die körperliche Aufrichtung und Heilung zielt." [Winkler, 216]

## Bonifatius (673-754)

In der Mitte des 8. Jh. schildert Bonifatius in einem Brief an Papst Zacharias die Zustände der Kirche im fränkischen Reich als desolat. Er berichtet von moralischer Verwahrlosung des Klerus und bittet den Papst um Instruktionen, um diesem Zustand begegnen zu können. [Winkler, 229]

Der 74-jährige Bonifatius erließ im Jahr 747 in seinen Synodal-Statuten unter Nr. 32: "Wenn Jemand in einer Krankheit die Busse empfangen will, und den Priester zu sich ruft, aber vor dessen Ankunft die Sprache oder das Bewusstsein verliert, so sollen die, welche ihn hörten, Zeugnis für ihn ablegen (dass er wirklich habe beichten wollen) und er soll dann die Busse empfangen. Scheint er sogleich zu sterben, so soll er zugleich auch durch die Händeauflegung reconcilirt und ihm die Eucharistie in den Mund gelegt werden." [Schmitz I, 427f] In Hinblick auf sein hohes Alter, legt es den Gedanken nahe, dass Bonifatius persönlich dem seelsorglich gut begleiteten Sterben einen hohen Stellenwert zugeschrieben hat.

Bonifatius schrieb in seinen Statuten fest, dass ein Büßer mit der Absolution nicht sogleich wieder in die Kirche zurückkehren konnte. Er hatte sich am Aschermittwoch wieder in der Kirche einzufinden, um das Bekenntnis zu erneuern. „Das geschah in offenbarer Analogie des Verfahrens mit den Kranken, welche in der Todesgefahr reconciliirt worden waren, aber die Todesgefahr überlebten und alsdann zur Leistung der Busse verpflichtet wurden. Darin hatte Bonifaz die traditionelle kirchliche Praxis erneuert." [Schmitz II, 38]

Die Tendenzen, die Liturgie im fränkischen Einflussbereich zu ordnen, verstärken sich ab der 2. Hälfte des 8. Jh. unter Karl dem Großen, der nicht zuletzt aufgrund seiner eigenen Frömmigkeit ein Interesse für liturgische Fragen an den Tag legte. „Sie zielten auf eine häufigere Feier, wobei es schließlich darum ging, das Sakrament für die Kranken mindestens in Lebensgefahr zu spenden. ... In den 'Capitula ecclesiastica', die in den

Zeitraum zwischen 810 und 813 zu datieren sind, betont Karl nochmals, dass die Priester stets die Eucharistie mit sich zu führen haben, damit kein Kranker ohne Kommunion (Viaticum) sterben muss". [Winkler, 229]

## Weitere Quellen

Kaczynski nennt in seiner Dissertation weitere Quellen, die sich bezüglich der Krankensalbung geäußert haben: [Kaczynski, 270f.]

- Cassiodor († nach 580)
  Er erläutert in seinen „Zusammenfassungen zu den Apostelbriefen" auch Jak 5,12-20, Dabei bezeugt er für Süditalien die Praxis der Krankensalbung, spricht aber nicht davon, wie sie vollzogen wird.

- Eligius von Noyon († 660)
  Er stellt sich in einer Predigt gegen die Praxis, Scharlatane, Zauberer und Wahrsager zu befragen oder Phylakterien [Amulette} zu verwenden. Der Kranke soll dagegen sein Vertrauen allein auf die göttliche Barmherzigkeit richten, in Ehrfurcht die Eucharistie empfangen und von der Kirche das gesegnete Öl erbitten, durch das er im gläubigen Gebet nicht nur Gesundheit, sondern auch Sündennachlass erhalten wird.

## Zusammenfassung

Damit konnten bis zum 8. Jh. auch Laien die Krankensalbung spenden. Entscheidend war, dass sie sich das vom Bischof geweihte Öl holten. Dabei war der Vollzug nicht auf eine bestimmte liturgische Form festgelegt. Dies änderte sich ab dem 9. Jh.

Kaczynski fasst die erste Epoche der Geschichte der Krankensalbung mit diesen Worten zusammen: „Die Gläubigen brachten zunächst selbst Öl in die Kirche mit, das dort vom Bischof oder Presbyter gesegnet wurde. Im römischen Ritus geschah dies am Ende des Hochgebets der Meßfeier, seit dem 5. Jh. nur durch den Bischof am Gründonnerstag; in anderen westlichen Riten wurde die Ölsegnung in Verbindung mit der Salbung vorgenommen, bevor man den römischen Brauch übernahm. ... Als die Gläubigen kein Öl mehr in die Kirche mitbrachten, konnten sie dort gesegnetes Öl erhalten, um es nach Hause mitzunehmen und bei Bedarf anzuwenden. Es handelte sich um einen ähnlichen Vorgang wie beim Mitnehmen der Eucharistie zur Hauskommunion." [Kaczynski, 272]

Weiter schreibt Kaczynski: „Die Laien hatten grundsätzlich bis ins 8. Jh. die Möglichkeit, das gesegnete Öl bei sich oder den Ihrigen selbst anzuwenden. Welche Körperstelle man salbte, geht aus den Gebetstexten nicht hervor. Weil jedoch die körperliche Heilung als erste Wirkung der Krankensalbung betrachtet wurde, ist anzunehmen, daß man vor allem die kranken Körperstellen salbte. ... Offensichtlich nur in der ältesten Zeit pflegte man das Öl auch zu trinken. ... In Anbetracht der in manchen Gebeten zitierten Wirkungen scheint es, daß man bei der Bestimmung der Leiden, bei denen man es anwenden durfte, großzügig war: Jede Plage, jede Mühe, jeder Schmerz, jede Schwäche, jede Krankheit wird genannt.

Die Anwendung des Öls durch die Laien schloss eine Anwendung durch die Presbyter nicht aus, wie für Rom im 5. Jh. eindeutig bezeugt ist.

Der kranke Mensch als ganzer war gemeint, wenn er gesalbt wurde. In den Segensgebeten standen freilich die körperlichen Wirkungen der Krankensalbung vielfach im Vordergrund, während die seelischen und geistlichen eher zurückhaltend erwähnt wurden. Die Vergebung von Sünden, die keine Exkommunikation nach sich zogen, kam erst allmählich als Wirkung der Salbung in den Gebeten zur Sprache." [Kaczynski, 273]

# 1.3 Die Zeit bis zum Trienter Konzil

## 1.3.1 Die Zeit der Karolinger

Ab dem 8. Jh. erfolgte in der Kirche des Westens ein tiefgreifender Wandel in der Auffassung und der Praxis der Krankensalbung. Am deutlichsten wird die auftretende Sinnverschiebung an folgenden Punkten sichtbar: „Die Ölweihe geschieht nur durch den Bischof, die Salbung nur durch den Priester; es tritt eine allgemeine Verfeierlichung ein, häufig kommen mehrere Priester, was eine erhebliche 'Verteuerung' bedeutet. Genaue Anweisungen über die Salbung werden aufgeschrieben". [Schneider, 226] Die eigentliche Umschichtung des Bewußtseins und in der Anwendung der Krankensalbung entstand „durch die Verbindung der Krankensalbung mit der Beichte des Sterbenden und seiner Wegzehrung." [Schneider, 227]

Von wenigen Ausnahmen abgesehen, werden erst mit der karolingischen Reform um das Jahr 800 die Belege für die Krankensalbung zahlreicher und eindeutiger. „In der weiteren Entwicklung wurde die Spendung der Krankensalbung immer mehr auf das Ende des Lebens verschoben, sie wurde zu einem Sterbesakrament. Dieser Wandel wird besonders deutlich durch die Namensänderung, die sich ab 1200 immer mehr durchsetzte: aus 'unctio infirmorum' wurde forthin 'unctio extrema'." [Retterath, 32]

Die zweite Epoche in der Geschichte der Krankensalbung in der Westkirche ist dadurch gekennzeichnet, dass man sich bemühte, sie mehr in das seelsorgliche Wirken einzubeziehen. In Folge entstanden die ersten Formulare für die Feier der Krankensalbung. „Im Laufe der Zeit wurden die liturgischen Ordnungen für das Krankensakrament den pastoralen Gegebenheiten und Notwendigkeiten angepaßt; die praktische Entwicklung hin zum Sterbesakrament wurde nachträglich theologisch gerechtfertigt, und die spekulative Theologie blieb ihrerseits nicht ohne Einfluß auf die Praxis." [Kaczynski, 274]

Beim Übergang vom 8. zum 9. Jh. ist in der Praxis und Lehre der Krankensalbung eine deutliche Zäsur erkennbar. Der Vollzug der Krankensalbung scheint sehr frei gewesen zu sein, da keinerlei Anzeichen einer kirchlich-rechtlichen Regelung erhalten sind. Es findet sich keine überlieferte Ordnung für die Feier der Krankensalbung. Erst Ende des 8. Jh. begann man, den Salbungsritus planmäßig festzulegen. [Winkler, 224]

Karl dem Großen lag viel an der Christianisierung seines Landes. So wurde in einem Capitulare Karls des Großen aus dem Jahr 769 hinsichtlich der Kranken und Büßer verordnet, „daß die Sterbenden nicht ohne Salbung mit dem gesegneten Öl, Versöhnung und Wegzehrung sterben sollen". [Kaczynski, 274] Damit war im Land Karls des Großen ein entscheidender Schritt von der „Krankensalbung" hin zur „Letzten Ölung" getan.

In Bezug auf Jak 5,14f bestimmte Karl der Große, „dass jeder Priester Kranken- bzw.(!) Katechumenenöl aus der Liturgie des Gründonnerstags mit sich zu führen habe, so dass Kranke mit dem Öl im Namen des Herrn gesalbt werden können". [Winkler, 230]

Das Rituale Theodulfs (760-821) schrieb die Salbung von Sterbenden in der Kirche vor. Dies entsprach der vielfach bezeugten Sitte, die Sterbenden am Altar niederzulegen. Diese Forderung ließ sich nicht allgemein durchführen, was auf einen seltenen Empfang des Sakraments hindeutet. Die karolingischen Kapitularien des 8. Jh. sahen denn auch bereits die Spendung in der Wohnung des Kranken vor, und zwar in der gleichen feierlichen Form wie in der Kirche. „Dazu gehörte streng genommen - im Hinblick auf das Jakobuswort - auch die Anwesenheit mehrerer Priester. Die karolingischen Kapitularien verpflichteten indes nur den Pfarrer zur Spendung des Sakraments, ohne die Teilnahme anderer Priester zu erwähnen. Doch galt diese bis ins Hochmittelalter hinein als passender und richtiger. Der mit solch feierlicher Gestaltung verbundene Aufwand trug jedenfalls auch dazu bei, das gewöhnliche Volk vom Empfang des Sakraments abzuhalten." [Poschmann, 133]

In den Statuta Bonifacii (um 820) wird den Priestern bei Strafe verboten, das geweihte Öl den Laien auszuhändigen. Nur Priester wurden als geeignete Spender der Krankensalbung angesehen. Auch soll die Krankensalbung erst am Lebensende gespendet werden. Die hohen „Stolgebühren", die bis zu 2 Kühen reichten, förderten die Spendung des Sakraments am Lebensende. [Soffner, 30]

Eine ganze Reihe von Ordines aus dem 9. bis 12. Jh. belegen, dass die Krankensalbung für 7 aufeinander folgende Tage vorgeschrieben wurde. Man sah darin „ein besonders wirksames Gebet der Kirche, dessen Kraft durch die Wiederholung nur gesteigert werden konnte. [Poschmann, 133] Der spätere Streit, dass das Sakrament nur einmal empfangen werden durfte, steht dieser Praxis entgegen.

Chelini hat in seinem ausgezeichneten Werk über die Frömmigkeit der Karolingerzeit nachgewiesen, dass das Sterben damals in deutlich höherem Maße christianisiert war, als die sonstigen Situationen des sozialen Lebens. Es fällt auf, dass „ein immer größerer Apparat an Riten die Sterbestunde und das Totengedenken prägte. Aber alle diese Maßnahmen, sei es die Einkleidung mit dem Ordenshabit kurz vor dem Tode, seien es Totenmessen, Gebetsverbrüderung u.ä. beziehen sich keineswegs auf den Tod, sondern auf das Weiterleben der Seele danach. Sie sollten Hilfen für ihre Rettung vor Dämonen und Hölle sein." [Dinzelbacher, 19]

Mit dem Abschied von der Krankensalbung entstand für Kranke eine spiruituelle Lücke, die die Menschen irgendwie schließen wollten. So stellte Bischof Jonas von Orleans (818-843) fest, dass viele Christen den Brauch der Krankensalbung aufgegeben haben, und klagt, ähnlich wie Bischof Caesarius von Arles (470-542) schon drei Jahrhunderte vorher, dass die Leute in ihren Krankheiten zu Wahrsagern und Zauberern gehen, anstatt sich von den Priestern der Kirche das gesegnete Öl zur Heilung des Leibes und der Seele geben zu lassen. [Kaczynski, 274]

Parallel zu diesem Wandel von der „Krankensalbung" hin zur „Letzten Ölung" kam die Krankensalbung immer mehr außer Übung, so dass sie vielerorts neu eingeführt werden musste; man tat dies auch im Hinblick auf einen guten Tod. „Damit war aber die verhängnisvolle Entwicklung eingeläutet zur Umdeutung der Krankensalbung zum Sterbesakrament, dem noch die Sterbendenkommunion vorangehen sollte. Die mittelalterliche Theologie zementierte diese Umdeutung, indem den Sakramenten des Lebensbeginns ('sacramenta ineuntium', die Sakramente der ins Leben Tretenden: Taufe - Eucharistie - Firmung, in dieser schon veränderten Reihenfolge) drei Sakramente des Lebensendes ('sacramenta exeuntium', die Sakramente der aus dem Leben Tretenden) entgegengestellt werden sollten: Buße - Eucharistie -'Letzte Ölung', so Albert der Große." [Kunzler, 460]

Mit dem Wandel von der „Krankensalbung" hin zur „Letzten Ölung" wurde auch die Autorisierung des Spenders geändert. Die „Krankensalbung" durfte jeder Christ spenden, da die Wirkkraft des Sakraments im Krankenöl gesehen wurde. Die „Letzte Ölung" hingegen sollte nur von einem Priester gespendet werden dürfen. Eine Begründung konnte nicht gefunden werden.

Es wurde ab dem 8. Jh. nicht nur aus der „Krankensalbung" eine „Letzte Ölung" gemacht. Es wurde den Laien verboten, den Kranken die heilige Kommunion zu reichen. Bischöfe Hinkmar von Reims († 882) und Rather von Verona († 974) bezeugen Verbote, den Laien die Krankenkommunion zu reichen. Die Gründe beschreibt Walter so: „Im einen wie im anderen Fall erklärt sich das Verbot der Darreichung durch Laien mit der Besorgnis vor missbräuchlicher Verwendung in abergläubischer Absicht bzw. mit dem Bemühen um Sicherheit des Kultes, dem wohl auch die entsprechenden, jetzt erstmals greifbaren Ritualien zu verdanken sind." [Winkler, 227]

Ab dem 9. Jh. erschienen mehrere Bücher, die die Krankensalbung und Büßende in Zusammenhang brachten. [Haggenmüller, 91] So ist es nicht verwunderlich, dass es auch

„zur Krankenbuße dienende Formeln" gab. [Haggenmüller, 211]

Winkler stimmt Vorgrimler zu, der feststellte: „Es besteht kein zwingender theologischer Grund, die Applikation des geweihten Öls durch Laien eine 'private' Salbung (im Gegensatz zu einer 'liturgischen', 'kirchlichen' oder 'sakramentalen') zu nennen." Festzuhalten ist, dass das Öl wahrscheinlich häufiger durch Laien verwendet wurde als vielfach angenommen wird, denn bezeugt ist die Salbung von Kranken meist in den Viten Heiliger oder heiligmäßiger Priester oder Ordensleute. [Winkler, 223]

Jörg Winkler resümiert: „Es kommen beide Sakramente in der Situation äußerster Lebensgefahr zusammen und die Salbung mit dem Krankenöl erhält die Bedeutung einer Bußsalbung. Die ursprünglich intendierte und in den Texten der Gebete auch weitergetragene körperliche Heilung konnte nicht mehr erhofft werden. So beschränkte sich die Wirkung des Sakraments alleine auf die spirituelle Ebene. In diesen Entwicklungen liegt wohl der Ursprung der Rede von der Letzten Ölung, die das Krankensakrament über fast 1000 Jahre prägen sollte." [Winkler, 232f]

## Synoden des 9. Jh.

Das 9. Jh. ist gekennzeichnet von einer Vielzahl von Synoden, die sich mit der Krankensalbung beschäftigten. Hiervon eine kleine Auswahl:

Eine burgundische Synode (zwischen 800 und 840) stellte zwei Forderungen: Der Priester soll, wenn er auf Reisen geht, dies nicht ohne Chrisam – dem geweihten Öl für die Eucharistie - tun, damit er überall, wo dies zufällig erforderlich ist, seinen Dienst ausüben kann. Die Priester müssen den Chrisam unter Verschluss aufbewahren und dürfen ihn niemandem unter dem Vorwand des Heilmittels oder aus einem anderen Grund geben. „Es ist nämlich eine Art Sakrament" und darf nur von Priestern benutzt werden. [Kaczynski, 276]

Die Synode zu Chalon-sur-Saône (813) bestimmte, daß die „Kranken mit dem vom Bischof gesegneten Öl von den Priestern gesalbt werden müssen" und daß „diese Arznei, die die Leiden der Seele und des Leibes heilt, nicht geringgeachtet werden darf" [Kaczynski, 275]

Die Synode von Aachen (836) mahnte die Priester, dafür zu sorgen, dass kein Kranker aufgrund ihrer Nachlässigkeit das Bußsakrament sowie das priesterliche Gebet und die Krankensalbung entbehren muß. [Kaczynski, 275]

Die Synode zu Mainz (847) bestimmte, „die Trias der Sakramente in der Todesgefahr zu spenden. Dabei wird die Reihenfolge Buße, Salbung mit Krankenöl und Viaticum beibehalten." [Winkler, 235] Damit forderte sie zur Krankensalbung bei Todesgefahr auf. [Kaczynski, 275]

Die Synode zu Pavia (850) zur Salbung forderte offensichtlich noch den baldigen Tod des Erkrankten, da sie mit der Genesung als einer Wirkung des Sakraments rechnet.

Bischof Herard von Tours (858) betonten die Bedeutung der Salbung für Sterbende. [Winkler, 236-239] „Die Kranken sollen ohne Verzug versöhnt werden und noch lebend das Viaticum empfangen und auch die Segnung des geweihten Öls nicht entbehren" [Kaczynski, 276]

Die Synode zu Worms (868) übernahm ohne Kommentar die Worte von Papst Innozenz I., strich aber die Möglichkeit, dass Laien das Öl anwenden dürfen. [Kaczynski, 275]

Eine normannische Synode des 9. oder 10. Jh. verlangte: „Alle Schwerkranken sollen den Priester rufen und ihre Beichte erneuern, um so die Versöhnung zu erlangen; sie sollen mit dem Öl gesalbt werden und vor dem Ende vom Priester die Kommunion empfangen". [Kaczynski, 276]

Kaczynski zieht über die Synoden das Resümé: „Die Mahnungen zum Empfang der Krankensalbung wurden immer häufiger im Zusammenhang mit den Anordnungen zur Krankenbuße auf dem Sterbebett und zum Viaticum gegeben. ... Solche Empfehlungen, das Sakrament bei schwerer, lebensbedrohender Krankheit zu empfangen, waren ein Schritt hin zur Beschränkung der Salbung auf schwere Krankheit und Lebensgefahr und damit zur Umdeutung des Krankensakraments zum Sterbesakrament, zumal dann, wenn es erst nach dem Viaticum gespendet werden sollte." [Kaczynski, 276]

Es ist auffallend und daher bedenkenswert, das zu dieser Zeit in fränkischen Sakramentaren die ältesten bekannten Texte für Exorzismen auftauchen. Möglicherweise wurden sie für nötig erachtet, weil für Kranke, die nicht im Sterben lagen, keine anderen besonderen Gottesdienste, vor allem nicht die Feier der Krankensalbung, vorgesehen waren. „Man hatte jedoch den grundsätzlichen Zusammenhang zwischen Sünde und Krankheit erkannt und wollte den Urheber der Sünde treffen." [Kaczynski, 276]

## 1.3.2 Die Zeit der Scholastik

### Die Zeit der Frühscholastik

Als Epoche der Frühscholastik wird das 11. Jh. oder auch nur dessen 2. Hälfte und zumindest der Anfang des 12. Jh. betrachtet. Eine Vorstufe der scholastischen Denkweise begegnet uns bei Anselm von Canterbury (1033–1109) in seinem Bestreben, zwingende philosophische Beweisgründe für theologische Aussagen zu finden (Gottesbeweis), und in seiner Verwendung von Dialogen.

Der Beginn der Scholastik im 9./10. Jh., die eine Rationalisierung des theologischen Denkens einleitet, markiert einen weiteren Schritt auf dem Weg der Entwicklung zur Letzten Ölung. „Im Zuge allgemeiner Verwissenschaftlichung des Denkens kann sich auch die Theologie nicht entziehen und ist zur Selbstvergewisserung aufgefordert. Damit verbunden ist eine gewisse Abkehr vom ganzheitlichen Denken, die einerseits dazu beiträgt, die unterschiedlichen Entwicklungen besser analysieren und systematisieren zu können, andererseits jedoch auch den konkreten Menschen aus dem Blick verliert. ...
Diese Entwicklung führt schließlich auch dazu, dass eher aus pragmatischen, disziplinarischen und ekklesiologischen Gründen durchgeführte Reformen im Nachhinein theologisch fundiert werden." [Winkler, 240]

Es bildeten sich drei Ölungen heraus: „eine Taufölung, eine Firmölung, eine Krankenölung". Daneben bildete sich noch eine 4. Salbung heraus, die „einfache Krankenölung". Mit ihr wurden weiterhin Kranke gesalbt. Die „Krankenölung" war den Sterbenden vorbehalten. [Winkler, 242f] Die auch von Laien gespendete „einfache Krankenölung" wurde in Blick auf Mk 6,13 gespendet, die „Krankenölung" in Blick auf Jak 5,14f. [Winkler, 245]

In der Frühscholastik unterschieden Hugo von Sankt Viktor (1097-1141) und Petrus Lombardus (1100-1160) drei Arten von kirchlichen „Ölungen": die Tauf-, Firm- und Krankenölung, Später fügte man als vierte Art noch die private, auch von Laien vorgenommene Krankensalbung hinzu. Damit wurde die Praxis der ersten Jahrhunderte fortgesetzt, aber der Sakramentencharakter abgesprochen. „Unter den eigentlichen Sakramenten erscheint demgemäß von der ersten Bezeugung der Siebenzahl an nur die vom Priester erteilte Ölung". [Poschmann, 134] Es bekamen zumindest vereinzelt bis in das Mittelalter hinein die Laien das Krankenöl, um damit bei schwerer Krankheit den Kranken zu salben. Sie führten damit den Brauch der ersten Jahrhunderte fort und verhinderten damit das seelsorgliche Vakuum, das durch den Wandel von der

„Krankensalbung" hin zur „Letzten Ölung" entstand. Offensichtlich duldete es die Amtskirche, sprach jedoch der von den Laien gespendeten Krankensalbung den Charakter eines Sakraments ab. Das schien aber die Laien wenig zu stören. Konnten sie doch das weiterhin praktizieren, was seit Jahrhunderten Usus war..

Damit war um das Jahr 1100 die Grundlage der heutigen drei heiligen Öle gelegt: Das Katechumenenöl für die Taufbewerber (Täuflinge vor der Taufe). Das Chrisamöl für die Täuflinge nach der Taufe und die Firmlinge. Daneben wird es auch für die Priester- und Bischofsweihe verwendet. Das Krankenöl wird bei der Krankensalbung verwendet.

Hugo von Sankt Viktor vertrat die Auffassung, dass die Krankensalbung Körper und Seele Erleichterung und Trost spende. Zweck des Sakraments sei die Vergebung der Sünden und, wenn es zum Wohl des Kranken gereiche, auch zur körperlichen Genesung. Dadurch sei die Krankensalbung wiederholbar. Auch für Bonaventura war die körperliche Genesung sekundär. [Èekolj, 84]

## Zeit der Hochscholastik

Im Lauf des 12. Jh. fand durch die stärkere Aristoteles-Rezeption ein langsamer Übergang zur Hochscholastik statt. Eine entscheidende Rolle spielte die im 2. Viertel des 12. Jh. begonnene Übersetzung der Schriften des Aristoteles und muslimischen Philosophen ins Lateinische, wie jene von Michael Scotus (1180-1235). Die Aristoteleskommentare des Averroes († 1198) übten auf die lateinische Philosophie des Mittelalters großen Einfluss aus. Averroes wurde daher schlicht als „der Kommentator" bezeichnet, so wie Aristoteles nur als „der Philosoph". Dieses Schrifttum prägte fortan den Universitätsunterricht, und damit begann die scholastische Wissenschaft im Westen im eigentlichen Sinne. Die Scholastik wurde durch Friedrich II. (1194-1250) gefördert, der 1224 die Universität von Neapel gegründet hat. Er erließ 1240 eine Verordnung, die das medizinische Studium regelte.

Die Scholastik fand ihren Höhepunkt in Thomas von Aquin (1225-1274). Während der Scholastik rückte die Heilung in den Hintergrund, die Vorbereitung auf die Ewigkeit und die Sündenvergebung in den Vordergrund. Die Scholastik versuchte die vorgefundene Praxis theologisch zu begründen: Bereits für Petrus Lombardus (1095-1160) war die Salbung vollends ein Sterbesakrament. Nach Thomas von Aquin bereitet die Salbung den Sterbenden – er muss im Sterben liegen - auf die Teilnahme an der Herrlichkeit vor. Duns Scotus (1266-1308) verlangt als Zeitpunkt für den Empfang der Salbung anstelle der Todesgefahr den Augenblick des Todes. Eine ähnliche Haltung hatte auch

Bonaventura (1221-1275). [Soffner, 31f] Damit wurde während der Scholastik die seit dem 9. Jh. verbreitete Praxis der Salbung als Sterbesakrament theologisch untermauert.

Thomas von Aquin sah den Zweck der Letzten Ölung in der Heilung aus der Sünde und soll den Menschen auf seine nahe Herrlichkeit vorbereiten. Die körperliche Krankheit kann sogar etwas Gutes für die seelische Gesundheit sein, wenn sie in Demut und Geduld ertragen wird. Die Krankensalbung sei wie die Buße wiederholbar. Zudem verleihe die Krankensalbung dem Kranken neue Kraft, sodass er die innerliche Krankheit der Sünde überwinden könne. [Èekolj, 84f]

In der lateinischen Kirche wurde seit dem Hochmittelalter (12./13.Jh.), in den liturgischen Büchern erst seit dem 15. Jh.. für das Sakrament der Kranken, der Name „Letzte Ölung" (Extrema Unctio) verstanden. Sie wurde als „Salbung in den letzten Augenblicken des Lebens" (Unctio in extremis: Petrus Lombardus († 1160)) oder „Salbung der Sterbenden" (Unctio exeuntium: Albertus Magnus († 1280) bezeichnet und zunächst nicht als letzte sakramentale Salbung verstanden. [Kaczynski, 247 ]

Im Kontext des Empfangs der Letzten Ölung wurde in der Scholastik auch die Frage nach der Wiederholbarkeit des Sakraments erörtert. Die Problematik entsteht primär durch die theologische Diskussion um die Wirkung der Krankensalbung. Wenn die Sündentilgung als „wesentliche oder ausschließliche Wirkung des Sakraments verstanden und die Letzte Ölung so zur Bußsalbung wird und zudem diese Buße im Sinne der öffentlichen Buße interpretiert wird, so ist eine Wiederholbarkeit infrage zu stellen." [Winkler, 257]

Das kirchliche Lehramt hat sich in dieser Zeit fast ausschließlich in Auseinandersetzung mit divergierenden Auffassungen beschäftigt. So wird das Krankensakrament 1208 in einer „Professio Fidei" von Innozenz III. noch als „Unctio Infirmorum" (Krankensalbung) tituliert. Bereits 1254 spricht der Brief „Sub catholicae professione" an die griechische Kirche von der „Infirmis vero iuxta verbu Apostoli [Iac 5,14s] unctio adhibetur extrema" (Nach dem Wort des Apostels (Jak 5,14f) wird die letzte Salbung für die Kranken verwendet). Martin V. spricht in der Bulle „Inter Cunctas", die während des Konzils von Konstanz 1418 für die rückkehrwilligen Anhänger der Lehren von Wyclif und Hus erlassen wurde, von einer Todsünde, die jeder begeht, der die Letzte Ölung als Sakrament ablehnt. [Winkler, 263]

Die scholastische Theologie deutete ab Ende des 12. Jh. die Salbung als „Letzte Ölung" (extrema unctio), welches Sterbenden als Sakrament zu spenden sei. „Die scholastische Überlegung war ... dass die Ölung die Überbleibsel der Sünden des

Sterbenden hinweg nimmt und ihn oder sie auf die himmlische Herrlichkeit vorbereitet." [Groen]

Die Theologen der Scholastik sahen in der Krankensalbung die "Beseitigung aller Hindernisse vor dem Eingang in die himmlische Glorie" – im 19. Jahrhundert dann auch als "Todesweihe" bezeichnet –, ihre Spendung war "die Vollendung des kirchlichen Bemühens um die Heilung der Seele" am Lebensende. [Kaczynski, 281-284]

## 1.3.3 Die Zeit der „Vita apostolica"

Die „Vita apostolica" (lat. für „apostolisches Leben") ist ein christliches Lebensideal, das sich am Vorbild der Apostel orientiert. Zu den wichtigsten Merkmalen der „Vita apostolica" gehören ein Leben in Armut und die Verkündigung des Evangeliums. Als biblische Begründung gilt der sogenannte Missionsbefehl in Mk 6,8–11, Mt 10,5–15 und Lk 9,1–6. Die Apostel sollen sich auf den Weg machen, ohne Vorrat und Vorratstasche, auch ohne Geld, ohne zweites Hemd, nur mit Sandalen an den Füßen; in keinem Haus und in keiner Stadt sollen sie sich länger aufhalten.

In der Blüte des Mittelalters ging es der Gesellschaft wirtschaftlich gut. Der Handel florierte. Die Menschen hatten Arbeit und Lohn. Nicht wenige kamen zu Reichtum. Aber die katholische Kirche geriet in eine schwere Krise, da die Menschen die Diskrepanz zwischen dem Lebensstil des Klerus und ihren Predigten sahen.

Die Menschen wollten die „Vita apostolica" leben. Eine Möglichkeit, die sich damals herausbildete, waren die Bettelorden. Sie richteten ihre Lebensform an einer Verbindung des Ideals der „Vita apostolica" und dem evangelischen Rat der Armut aus:

- Franziskaner

  Franziskus von Assisi (1181-1226) war von dem Jesuwort „Wer vollkommen sein will unter euch, verlasse alles, und was er hat, gebe er den Armen, dann komme er und folge mir nach. (Mt 19,21). ergriffen. Da er noch weitere Menschen traf, die auch diese Lebensform leben wollten, gründete er um 1206 den „Orden der Minderen Brüder". Dieser wurde um 1210 von Papst Innozenz III. bestätigt. 1212 nahm Franziskus Klara (1193-1253), eine junge Nonne, in seine Gemeinschaft auf. Sie gründete die „Klarissen", einen der weiblichen Zweige der Franziskanischen Bewegung.

  Zu den bedeutendsten franziskanischen Theologen und Philosophen des 13. und 14. Jahrhunderts gehörten Antonius von Padua (1195-1231), Alexander von Hales (1185-

1245), Bonaventura von Bagnoregio (1221-1274), Roger Bacon (1220-1292), Johannes Duns Scotus (1266-1308) und Wilhelm von Ockham (1288-1347).

- Dominikaner

Dominikus (1170-1221) wurde 1201 Subprior des Kapitels von Osma in Kastilien. Auf Reisen im Gefolge seines Bischofs Diego de Acevedo wurde er in Südfrankreich mit den dortigen Erfolgen der Katharer konfrontiert. Der Katharismus fand aufgrund der asketischen Lebensweise und rhetorischen Überzeugungskraft seiner Prediger großen Anklang in der Bevölkerung.

Mit Unterstützung des Bischofs von Toulouse gründeten Bischof Diego und Dominikus 1206/1207 in Prouille in der Nähe von Fanjeaux einen Konvent für bekehrte Katharerinnen, die in den ersten Jahren nach der Regel der Zisterzienser lebten. Während Diego nach Osma zurückkehrte, blieb Dominikus in Südfrankreich und widmete sich von Prouille aus weiter seiner inneren Berufung, durch ein Wanderleben zu Fuß in apostolischer Armut und durch rastlosen Einsatz als Prediger die Bevölkerung wieder zum katholischen Glauben zu bekehren. Dieses Programm, welches das Betteln als Form des Lebensunterhalts einschloss, widersprach den noch gültigen kirchlichen Vorschriften. Papst Innozenz III. erteilte Dominikus auf seine Bitten am 17.11.1206 eine erste offizielle Genehmigung für diese Lebensweise. 1215 wurden Dominikus und sechs seiner Gefährten durch Bischof Folquet von Toulouse in rechtsverbindlicher Form als Predigergemeinschaft approbiert.

- Karmeliten

Karmeliten sind die Mitglieder des „Ordens der Brüder der allerseligsten Jungfrau Maria vom Berge Karmel" (lat. „Ordo Fratrum Beatissimae Mariae Virginis de Monte Carmelo"). Ihr Orden wurde um das Jahr 1150 am Karmelgebirge im Heiligen Land gegründet. Er entspringt der Tradition des Eremitentums.

Die ersten Brüder lebten noch ohne Ordensregel in asketischer Lebensweise als Eremiten, aber in einer lockeren Gemeinschaft. Der Prophet Elija war für die Brüder Vorbild. Um 1206 wandten sie sich an den lateinischen Patriarchen von Jerusalem, damit er ihnen eine Regel gebe. Diese Regel war auf eine rein kontemplative Lebensweise zugeschnitten. Danach wohnten sie in einer Klosteranlage, in der jeder sich in einer Zelle allein dem Gebet und der Arbeit widmete. Das Vorrücken der Muslime im 13. Jh. erzwang 1238 die Auswanderung der Karmeliten nach Europa. Papst Innozenz IV. änderte 1247/53 die Regel so, dass ein Bettelorden entstand, der den Brüdern neben dem immer noch als Ideal verfolgten Eremitentum auch die Tätigkeit als Seelsorger und wissenschaftliches Studium ermöglichte. Noch im 13. Jh. schlossen sich auch Frauen dem Orden an: Einige zogen als Klausnerinnen in bestehende Männerklöster, andere lebten in Beginenkonventen, beispielsweise in Nordfrankreich, in Italien und Spanien.

- Augustiner-Eremiten

Der Augustinerorden (Ordo Sancti Augustini, Ordenskürzel OSA; bis 1963 Augustiner-Eremiten, Ordo Eremitarum Sancti Augustini, OESA) entstand im 13. Jh. als 4. großer Bettelorden des Hochmittelalters. Die nach dem Kirchenvater Augustinus von Hippo benannte Ordensgemeinschaft richtet sich, wie andere augustinische Orden auch, nach der Augustinusregel.

Der Orden entstand im 13. Jahrhundert durch einen Zusammenschluss mehrerer älterer italienischer, nur lose organisierter Eremitengruppen zu einem strukturierten Orden. Eingeleitet wurde die "große Vereinigung" von Papst Innozenz IV., der in Rom im Jahr 1244 eine Gründungsversammlung abhielt.

Welches Potential im Mittelalter in der „Vita apostolica" steckte, zeigt auf, dass beim Tod der Klara 111 Klöster der Klarissen gab. Ende des 14. Jh. waren es über 400 Klöster.

Neben diesen 4 Bettelorden, die bis heute überlebt haben, gab es noch andere Armutsbewegungen des Mittelalters, die jedoch von der katholischen Kirche bekämpft wurden. Dazu gehörten vor allem die bereits oben genannten Katharer. Die katharische Kirche besaß Diözesen, Bischöfe und Diakone und hielt selbst Konzilien zu Glaubensfragen ab.

Um den Kontext zu verstehen, in dem die Katharer entstanden sind, war dieser Ausflug in die Armutsbewegung des Mittelalter und der damit verbundenen „Vita apostolica" unerlässlich. Da auch die Katharer so etwas wie die „Letzte Ölung" kannten, sollten sie in diesem Zusammenhang genannt werden.

## Die Katharer

Die Katharer (wörtlich „die Reinen", von griechisch „katharós" für „rein") waren Anhänger der bekanntesten und radikalsten heterodoxen Strömung des mittelalterlichen Christentums, die vom 12. bis zum 14. Jh. vornehmlich im Süden Frankreichs sowie in Italien, Spanien und Deutschland verbreitet war. Zuweilen werden sie auch Albigenser nach der südfranzösischen Stadt Albi genannt, die eine Hochburg der Katharer war. Papst Innozenz III. (1161-1216) initiierte den Albigenserkreuzzug (1209 bis 1229) , der den Untergang der Katharer einleitete.

Fast alle liturgischen Ordnungen für die Feier der Letzten Ölung, die seit dem 8. Jh. in großer Zahl entstanden, verbinden die Letzte Ölung mit der Beichte der Sterbenden und mit den entsprechenden Bußauflagen im Fall der Gesundung: „Der Gesalbte durfte z.B. lebenslang nicht mehr tanzen, durfte sein Leben lang kein Fleisch mehr essen, durfte keinen ehelichen Verkehr mehr haben, weshalb sich mancherorts einbürgerte, vorher auch den Ehegatten um die Zustimmung zur Krankensalbung zu bitten, was ja auch nur recht und billig war. Wenn einer gesalbt wurde, so schien es in der Tat besser, er wurde nicht wieder gesund." [Schneider, 227]

Diese asketische Lebensweise nach dem Empfang der Letzten Ölung führte u.a. zum „Consolamentum", der Geisttaufe der Katharer. „Bewegungen wie die der Waldenser oder der Katharer fühlten sich dazu berufen, für eine Rückführung der Kirche in Armut und Reinheit zu kämpfen. Die ausführliche Ketzergesetzgebung insbesondere des IV. Laterankonzils gibt deutliches Zeugnis davon, wie ernst die Problematik der Häresie genommen wurde". [Schmiegel, 187] Päpstliche Legaten versuchten, die Albigenser zu bekehren, aber die „einfachen Menschen schenkten den Predigten der bettelarmen Katharern und Waldensern mehr Glauben als den Legaten, die hoch zu Roß und zudem autoritär das Volk belehren wollte." [Müller-Baußmann, 37]

Durch die „Geisttaufe" (Consolamentum von lat.: "Tröstung", nach Röm 1,12 und Kol 2,2) wurde man Katharer. Wer in den engeren Kreis der katharischen Kirche aufgenommen wurde, war ein Vollkommener („Perfecti" oder „Perfectae"). Er konnte andere Menschen durch die „Geisttaufe" in die katharische Kirche aufnehmen. Beging ein „Perfectus" eine Sünde, war nicht nur sein Consolamentum hinfällig, sondern auch alle Geisttaufen, die von dem sündigen „Perfectus" gespendet worden waren. Als „Perfecti" hatten sie ein entbehrungsreiches Leben zu führen. Neben dem Verbot der Ehe und der geschlechtlichen Beziehungen mussten sie auch strenge Speisevorschriften befolgt, z.B. war die Kost stets fleischlos; das Töten von Menschen, vierbeinigen Tieren und Vögeln war verboten, außerdem durften sie weder fluchen, lügen, noch einen Eid leisten und waren zur Arbeit verpflichtet. Schwangeren Frauen durfte kein Consolamentum erteilt werden, da sie nach Ansicht der Katharer einen Dämon im Leib hatten. Die Katharer lehnten generell die Zeugung von Kindern ab (Antinatalismus), da Adam und Eva ursprünglich ohne Sexualität gelebt hätten und vom Teufel zur Sünde der Reproduktion verführt worden seien. [Wikipedia: Katharer]

Für die normalen Gläubigen war der Lebenswandel der „perfecti" unerreichbar. Für sie gab es aber dennoch die Möglichkeit, zum Heil zu gelangen, indem sie bei schwerer Krankheit oder Sterben „Consolamentum" empfingen. Die Zeit der Askese vom Empfang des „Consolamentums" an bis zum Tod nannte man „endura". [Nimmervoll, 20]

„Das 'Consolamentum' konnte nur einmal im Leben empfangen werden und mußte durch strengste Askese bewahrt werden, weshalb es zumeist an sterbende 'Croyants', die katharischen Sympathisanten, kurz vor dem Tod erteilt wurde." [Müller, 22]

Wenn der Sterbende wieder gesund wurde und doch sündigte, wurde es der ungültigen Ausführung des „Consolamentum" zugeschrieben und es konnte in solchen Ausnahmefällen wiederholt werden.

Die Verbindung zur „Letzten Ölung" besteht auch darin: Kranke oder Sterbende, die sich erst am Ende ihres Lebens entschieden, das „Consolamentum" zu empfangen, jedoch nun nicht mehr die Möglichkeit hatten, ein strenges asketisches Leben als „Perfecti" zu leben. Sie konnten dadurch noch ihre Seele retten und die Vollkommenenwürde erlangen, indem sie keinerlei Nahrungsmittel mehr zu sich nahmen und dadurch, so sie nicht zuvor verstarben, verhungerten. Bei der Ausführung dieser Art der „Endura" kamen auch Kinder ums Leben. [Wikipedia: Katharer]

Man muss beim „Consolamentum" und der „endura" zwei Formen unterscheiden. Die erste Form der „endura" war ein strenges Fasten, nach welchem man das „Consolamentum" empfing, wodurch man dann in den Stand des vollkommenen Katharers (des „Perfectus" bzw. der „Perfecta") aufgenommen wurde, um die Katharerkirche zu leiten. Die zweite und radikale Form des „Consolamentum" war das sogenannte „Krankenconsolamentum", das den Credentes (Art Sympathisanten der Katharer; sie hatten die „perfecti" zu versorgen) angeboten wurde. Sie empfingen dieses Sakrament erst bei schwerer Krankheit oder am Ende ihres Lebens. Nach dem Empfang hielten sie eine radikale „endura" ein, die im völligen Nahrungsverzicht bestand. Schwierig wurde dies, wenn sie nach Empfang des „Krankenconsolamentum" wieder gesund wurden. Außer dem Verhungern wählten die Katharer dann manchmal auch andere Arten des Freitodes. So schreibt Otto Rahn: „sie nahmen Gift, sie hungerten sich zu Tode, sie öffneten sich die Pulsadern, stürzten sich in einen Schlucht oder legten sich im Winter nach einem heißen Bad auf kalte Steinfliesen, um eine Lungenentzündung zu bekommen." [Neidhardt, 5]

Das Konzil von Toulouse (1229) verbot den katharischen Ärzten, ihren Beruf auszuüben. Selbst der Verdacht dieser Häresie genügte zu diesem Berufsverbot. Da sie als Ärzte Zugang zu Kranken hatten, sollte damit verhindert werden, dass sie den Todkranken das „Consolamentum" spendeten. Statt dessen sollten sie die „Letzte Ölung" erhalten. Um hier die Rechtgläubigkeit zu gewährleisten, durfte nur ein Priester die „Letzte Ölung" spenden. [Kolmer, 71f]

Wie stark der Einfluss der „Letzte Ölung" auf das „Consolamentum" war, bedarf einer eigenen Untersuchung. Fakt ist, dass es zur Zeit der Katharer für Sterbende zwei konkurrierende Sakramente gab. Dass die katholische Kirche damals nicht von der „Letzten Ölung" ließ und zur „Krankensalbung" zurückkehrte, mag der Haltung jener Gesellschaft geschuldet sein, die Auffarth zugespitzt so ausdrückte: „Nicht gut leben, sondern gut sterben, war das religiöse Ziel." [Nimmervoll, 20]

## Bezug zur Gegenwart

Die evangelische und die katholische Kirche taumeln seit Jahren von einem Skandal zum nächsten. Dabei stören sich die Gläubigen einerseits am Skandal, andererseits am Umgang mit dem Skandal. Dabei erstreckt sich der Umgang mit dem Skandal von einer echten Aufarbeitung bis hin zur Leugnung und Aussitzen der Sache. Wie damals wenden sich die Gläubigen von der Kirche ab. Anders als im Mittelalter ist heute keine Gruppe da, die diese Menschen auffängt. Als Ordensfrau oder Ordensmann sexuell enthaltsam zu leben, ist für die meisten Menschen indiskutabel. Daher stehen sie heute in einem gewissen Vakuum. Sie sind „wie Schafe, die keinen Hirten haben". (Mt 9,36 // Mk 6,34)

Hinzu kommt, dass es nicht wenige Exkommunizierte – sie dürfen keine heilige Kommunion empfangen, z.B. die geschiedenen Wiederverheirateten – von der Kirche verstoßen wurden. Sie dürfen zwar weiterhin an der Eucharistie teilnehmen, aber die Vereinigung „mit Christus, der uns an seinem Leib und seinem Blut teilhaben läßt", ist ihnen verwehrt. Das „Brot der Engel", das „Himmelsbrot", die Arznei der Unsterblichkeit" (KKK 1331) ist ihnen verwehrt, ebenso alle anderen Sakramente.

„Gott ja – Kirche nein", ist eines der Schlagworte dieser ausgetretenen oder verstoßenen Christen. Viele von ihnen bemühen sich, das Christsein auch außerhalb der Kirche zu leben. Dabei könnte die Kirche ihnen so viel geben, insbesondere die Sakramente.

Daher ist eine offene Haltung gegenüber Kranken eine große Chance, dass ausgetretene Christen bei der Spendung der Krankensalbung als Sakrament für Kranke – meist ist man im Laufe des Lebens öfters schwer krank, als dass man sterbend ist – den Wert der Kirche erfahren. Hier steht nicht nur der Priester, sondern die ganze Kirche [Rituale, 13] dem Kranken und seinen Angehörigen zur Seite. Durch diese Erfahrung könnten Menschen wieder den Weg zurück zur Kirche finden. Man muss ihnen hierfür nur die Tür weit öffnen.

## 1.3.4 Das „Ave Maria"

### Biblische Wurzeln

Das „Ave Maria" gehört zu den Grundgebeten des Christentums. Es setzt sich aus zwei biblischen Texten zusammen:

Sei gegrüßt, du Begnadete, der Herr ist mit dir. (Lk 1,28)

Diese Worte sprach der Engel Gabriel zu Maria, als er ihr die Geburt Jesu durch Maria verkündet hatte.

Gesegnet bist du unter den Frauen und gesegnet ist die Frucht deines Leibes. (Lk 1,42)

Diese Worte sprach Elisabeth, als sie von Maria besucht wurde.

Diese beiden Bibelverse wurden zusammengefügt, etwas umgestellt und die Namen „Jesus" und „Maria" hinzugefügt, woraus das „Ave Maria" in seiner Grundform entstand. Es wurde in Latein gebetet, der liturgischen Sprache der katholischen Kirche bis in die Mitte des 20. Jh. Bei der Eindeutschung blieb aus unverständlichen Gründen das „gebenedeit" für „gesegnet" erhalten. Heute kann kaum ein Katholik das „gebenedeit" korrekt übersetzen.

Gegrüßt seist du, Maria, der Herr ist mit dir.
Du bist gebenedeit unter den Frauen und gesegnet ist die Frucht deines Leibes, Jesus.

Seit dem 6. Jh. hat sich das „Ave Maria" in der Ostkirche verbreitet.

## Die Entwicklung des „Ave Maria" im Mittelalter

Inspiriert durch den Aufruf des Apostel Paulus „Betet ohne Unterlass" (1.Thess 5,17) im orientalischen Mönchtum im 3. oder 4. Jh. zur Anwendung einer Gebetsschnur (Komboskini) mit meist 30 oder 100 Knoten. Es gab sie auch mit bis zu 500 Knoten. Hieraus entwickelt sich im frühen Mittelalter die „Paternosterschnur". Mit ihr wurde für jeden Knoten ein „Vater unser" gebetet. Ab dem 11. Jh. wurde es durch das „Ave Maria" abgelöst, das dann zumeist – in Anlehnung an die 150 Psalmen - 150 mal gebetet wurde. Petrus Damiani (1006-1072) schuf dazu den Text: „Ave Maria, gratia plena. Dominus tecum. Benedicta tu in mulieribus." [Wikipedia: Rosenkranz]

Der Text des „Ave Maria" entstand wahrscheinlich gegen Ende des 7. Jh. als Offertorium zum Fest Mariä Verkündigung und blieb bis ins 12. Jh. weitgehend auf diesen liturgischen Kontext beschränkt. „Bei der abschließenden Bitte um Beistand in der Sterbestunde, die als einziger Textteil (mit Ausnahme der Namenszusätze „Maria" und „Jesus") nicht direkt biblischen Ursprungs ist, handelt es sich um eine frühneuzeitliche Ergänzung." [Buschbeck, 28]

Etwa um die Jahrtausendwende wird das „Ave Maria" nicht mehr nur im Zusammenhang mit den Psalmen des Stundengebets als Antiphon verwendet , sondern es wird eigenständig und auch zu einem Gebet für das Volk. Anfangs als Anhang zum „Vater unser" findet man es bald als eigenständiges Wiederholungsgebet, aus dem sich nach und nach der Rosenkranz entwickelt. Seit 1200 fordern mehrere Synoden, dass Christ/innen außer „Glaubensbekenntnis" und „Vater unser" auch das „Ave Maria" können sollten. Das „Ave Maria" wird besonderes durch die Mönche des Zisterzienserordens gefördert. [Wallner]

Alanus de Rupe (1428-1475) schrieb nach einer Vision der Gottesmutter im Jahr 1464 den „Marienpsalter". Die erste Rosenkranzbruderschaft verpflichtete sich, innerhalb einer Woche ein „Psalterium" zu beten, 150 „Ave Maria" und 15 Paternoster. [Wikipedia: Alanus de Rupe]

# Das „Ave Maria" in den Synoden

Die Synode zu Albi (1254) beschloss: „Da Viele aus purer Unkenntniß der Glaubensartikel in Häresie verfallen sind, so müssen fortan alle Knaben vom siebenten Jahre an von ihren Eltern an Sonn- und Feiertagen in die Kirche gebracht werden, um im katholischen Glauben unterrichtet zu werden und das Credo, Pater noster und Ave Maria zu erlernen." [Hefele VI, 51]

Die Synode zu Beziers (1258) beschloss genaue rituelle Vorschriften zur Spendung der 7 Sakramente. Auch soll das Volk „fleißig zum Beten des Vaterunsers, des Glaubensbekenntnisses und des Ave Maria (salutationes beatae Mariae) angehalten werden soll." [Hefele VI, 56]

Die Synode zu Ofen (Ungarn) (1279) beschloss: „So oft ein Cleriker an einem Altar oder einem Marienbild oder einem Crucifix vorübergeht, und besonders wenn er sich zum Officium in den Chor begibt, muß er das Haupt neigen und den pileus (Hut, wohl hier = Birett) ehrerbietig abnehmen. So oft im Officium das Ave Maria gesprochen wird, müssen alle Cleriker die Kniee beugen". [Hefele VI, 191]

Die Synode zu Bergen (1321) beschloss: „Nichtparochianen, mit Ausnahme der Reisenden, sollen sie an ihre Pfarrer weisen und sich vergewissern, daß die Pönitenten das Credo, Pasternoster und Ave Maria kennen. Auch sollen sie ihnen keine zu schweren oder unmöglichen Bußen auferlegen." [Hefele VI, 608]

Die Synode zu Mainz (1423) beschloss: „Alle Freitage soll gegen Mittag in jeder Haupt-, Colegial- und Pfarrkirche mit der großen Glocke geläutet werden, damit die Gläubigen in dieser Stunde an das Leiden Christi und die Erlösung denken. Ebenso soll in allen diesen Kirchen täglich um Sonnenaufgang dreimal die Glocke geschlagen werden zum Andenken an die Schmerzen der hl. Jungfrau unter dem Kreuze, wie schon bisher alle Abende zur Begrüßung der hl. Jungfrau ähnlich geläutet worden ist, so daß die Gläubigen (den Tag) mit dem Lobe der hl. Jungfrau beginnen und sie mit dem englischen Gruß verehren. Wer am Freitag zur Erinnerung an das Leiden Christi drei Vater Unser und drei Ave Maria, und an jedem Tage Morgens bei jenem Glockenzeichen drei Ave Maria knieend betet, erhält jedesmal vierzigtägigen Ablaß. Die Suffraganbischöfe sollen dieß auch in ihren Diöcesen so einführen." [Hefele VII, 383]

In den Provinzstatuten von Upsala (zwischen 1443 und 1448) heißt es: „32. Eltern und Pathen sollen die Kinder das Gebet des Herrn, das apostolische Symbolum und das Ave Maria lehren." [Hefele VIII, 23]

## Heutige Fassungen der Ostkirche und der Westkirche

Die heutige Gebetsform des Ave Maria in der Ostkirche und in der Westkirche lautet [Wikipedia: Ave Maria]:

| *Ostkirche* | *Westkirche* |
|---|---|
| Gottesgebärerin und Jungfrau, gegrüßet seist du, hochbegnadete Maria, der Herr ist mit dir. Gesegnet bist du unter den Frauen, und gesegnet ist die Frucht deines Leibes, weil du den Retter unserer Seelen geboren hast. | Gegrüßet seist du, Maria, voll der Gnade, der Herr ist mit dir. Du bist gebenedeit unter den Frauen, und gebenedeit ist die Frucht deines Leibes, Jesus. Heilige Maria, Mutter Gottes, bitte für uns Sünder jetzt und in der Stunde unseres Todes. |

Tab. 1 „Ave Maria" der Ostkirche und der Westkirche

Auffallend ist, dass die Bitte, Maria möge in unserer Todesstunde für uns bei Gott bittend eintreten, in der orthodoxen Form fehlt. Entweder wurde diese Bitte in der Ostkirche fallen gelassen oder in der Westkirche hinzugefügt. Dieser Unterschied verdient es, näher untersucht zu werden.

Doch welche Verbindung gibt es zwischen dem „Ave Maria" und der Krankensalbung? Das soll nachfolgend dargelegt werden.

### Die „Ars moriendi" und „jetzt und in der Stunde unseres Todes"

Wie im Kapitel „Vita apostolica" aufgezeigt, lautete in jener Zeit das religiöse Ziel, „Nicht gut leben, sondern gut sterben." Das gute Sterben wurde wichtig.

Entwicklungsgeschichtlich steht die „Ars moriendi" unter dem Einfluss der theologisch-asketischen Traktate des frühen und hohen Mittelalters, die sich mit Tod und Leben befasst hatten. Am Anfang der Ars moriendi-Tradition im engeren Sinne steht ein Komplex von Fragen und Ermahnungen für die Sterbestunde, der in der „Admonitio morienti et de peccatis suis nimis formidanti" des Anselm von Canterbury (1034-1109) ausformuliert wurde [Schulte, 55]

Im Mittelalter fürchtete man - vor dem Hintergrund vieler Seuchen wie dem Schwarzen Tod - vor allem den unerwarteten Tod. Einige Heilige, wie etwa der hl. Christophorus oder der hl. Josef, wurden gegen ein unvorbereitetes Sterben bzw. um ein gutes Sterben angerufen. Der tägliche Anblick des hl. Christophorus sollte vor einem unvorbereiteten Tod bewahren. Die übergroße Darstellung des hl. Christophorus an vielen Kirchen diente diesem Zweck. Man fürchtete insbesondere, ohne die rechte Vorbereitung der Seele und ohne christliche Begleitung sterben zu müssen, etwa, indem man von Räubern erschlagen wurde. [Wikipedia: Ars moriendi]

„Die wachsende Bedeutung des 'guten Todes' im späten Mittelalter, d. h. einer von Reue erfüllten letzten Stunde, konzentrierte die Entscheidung über Heil oder Unheil im Jenseits in jenem kurzen letzten Moment des Lebens. Sie machte vielleicht dadurch überhaupt erst eine weitergehende Hingabe an das profane Leben möglich." [Dinzelbacher, 30]

Dinzelbacher schreibt weiter: „Das 'memento mori' führte so zu einem verstärktem 'carpe diem' und bildete damit einen der Faktoren, aus denen das säkularisierte Weltbild dieser, unserer Gegenwart erwachsen sollte. Noch war dieser letzte Augenblick verbunden mit Gedanken an Gericht und Jenseits; aber diese werden im weiteren Verlauf der Geschichte nach dem Barock immer blasser, bis sie für die Mehrzahl der Menschen in der Gegenwart irrelevant geworden sind. Nur mehr die Angst vor der Sterbestunde ist geblieben." [Dinzelbacher, 46]

Ab dem Hochmittelalter wurde die Sterbestunde zu einem beliebten Motiv christlicher Ikonographie. Sie erscheint vor allem in Verbindung mit „Ars moriendi" Darstellungen oder in Szenen der Krankensalbung. Das Sterben der Märtyrer und Heiligen galt als besonders vorbildlich, „eine weitere besondere Bedeutung kommt dem Sterben Mariens, im Kreis der Apostel, zu, welches seit dem 10 Jahrhundert und verstärkt im 14. und 15. Jahrhundert als Exempel für den guten Tod herangezogen und künstlerisch dargestellt wurde." [Rath II, 32]

Auf dem Hintergrund dieses Prozesses entwickelte sich bei den Menschen eine große Furcht vor dem plötzlichen Tod, „denn in diesem Fall konnte man nicht mehr rechtzeitig Vorsorge treffen und musste mit der ewigen Verdammnis rechnen." [Rath II, 37]

„Die Sterbestunde wurde einem extremen Anfechtungserlebnis gleichgesetzt, ihr Entscheidungscharakter verstärkte die Heilssorge, die sich zur Heilsangst steigern konnte. Daher ist es nur allzu verständlich, dass man gerade in der letzten Phase der Krankheit und speziell in der Todesstunde, von deren Verlauf das Seelenheil des

Sterbenden abhängig gemacht wurde, größten Wert auf geistlichen Beistand legte." [Resch, 190]

Um die Menschen etwas zu entlasten, wurde auf dem Vierten Laterankonzil (1215) „die jährliche Beichte als Sakrament eingeführt und in geistlichen Schriften immer wieder betont, dass der gesamte Lebenswandel freiwillig – nicht aus Angst vor der Verdammung – auf das Seelenheil gerichtet sein muss". [Wuttke, 104]

Auf diesem theologischen Hintergrund erweiterte man im 14. Jh. das „Ave Maria" mit der Bitte um die Fürsprache Mariens: „Heilige Maria, Mutter Gottes, bitte für uns Sünder, jetzt und in der Stunde unseres Todes." [Wallner] Nach Norbert Kebekus erhielt das „Ave Maria" im ausgehenden Mittelalter bzw. der frühen Neuzeit den zweiten Gebetsteil, „die Bitte um die Fürsprache der Gottesmutter". [Kebekus]

Boff kann es etwas genauer datieren: „Die letzte Hinzufügung '... jetzt und in der Stunde unseres Todes' ist 1350 wiederum in einem Brevier der Kartäuser belegt, denen es die Trinitarier und Kamaldulenser später gleichtun. Im Jahre 1525 findet sich der Satz schon in den Katechismen." [Boff, 31]

Dabei war es anfangs keine einheitliche Erweiterung, sondern ein Weg der Wortfindung: Die Bitte um die Hilfe der Gottesmutter in der Sterbestunde unterlag einer Entwicklung. „Der Wortlaut der Bitte festigte sich nur schrittweise. So heisst es z. B.: (( Sancta Maria , ora pro nobis)) ; dann : ((Mater Dei, ora pro nobis peccatoribus)) und ((Sancta Maria, ora pro nobis nunc et in hora mortis)) (noch ohne nostrae ), bis im 15. Jahrhundert die definitive Form feststand, die sich nicht mehr geändert hat."[1] Gemeinsam ist jedoch die Bitte an Maria, dem Beter in seiner Sterbestunde beizustehen und bei Gott für den Sterbenden Fürbitte zu halten.

## Seeschlacht bei Lepanto und ihre Folgen

Einen deutlichen Vorschub erhielt das „Ave Maria" in der 2. Hälfte des 16. Jh. Die Osmanen beherrschten damals mit ihrer Flotte das Mittelmeer und eroberten im Jahr 1570 die von der Republik Venedig kontrollierte Insel Zypern. Dies war der Impuls, mit der „Heiligen Liga", einem zwischen Papst Pius V., Spanien, Venedig und Genua geschlossen Verbund, die Vorherrschaft der Osmanen im Mittelmeer zu brechen. Die Seeschlacht bei Lepanto am 07.10.1571 brachte den Christen den Sieg. Damit brachen

---

1 Johannes Vinecke: Das Echo des Ave Maria und des Salve Regina in dem Brief des Templers Ramon Saguardia an die Königin Blanca von Katalonien-Aragon.
https://publicacions.iec.cat/repository/pdf/00000154/00000043.pdf

sie die Vorherrschaft der Osmanen im Mittelmeer. Papst Pius V. nahm dies zum äußeren Anlass, am 07.10.1572 sowohl das Rosenkranzfest als auch des Rosenkranzgebetes in seiner heutigen Form einzuführen. [Wikipedia: Seeschlacht von Lepanto]

Im Jahr 1884 führte Papst Leo XIII. den Oktober als Rosenkranzmonat ein. Papst Johannes XXIII. empfahl 1959 den Rosenkranzmonat Oktober als Vorbereitung auf das Zweite Vatikanische Konzil. Papst Paul VI. widmete 1969 dem Oktober als Rosenkranzmonat ein apostolisches Schreiben. [Wikipedia: Rosenkranz]

Durch diese päpstlich vorgeschriebene Verbreitung des Rosenkrankgebetes fand das „Ave Maria" in der katholischen Kirche weite Verbreitung. Durch das Beten des Rosenkranzes gibt es in der katholischen Kirche kein Gebet, das noch häufiger gebetet wird.[1]

## Das „Ave Maria" von morgen

Das „Ave Maria" wurde in den 1960er Jahren geändert, weil es nicht unserem Sprachgebrauch entsprach. „Weib" wurde zumeist abwertend empfunden, zuweilen sogar als Schimpfwort benutzt.[2] So wollte man die Gottesmutter nicht sehen. Somit wurde der Ausdruck „gebenedeit unter den Weibern" abgeändert zu „gebenedeit unter den Frauen". Damit entspricht es unserem heutigen Sprachgebrauch.

Nun stehen weitere sprachliche Anpassungen des „Ave Maria" an. Auch hierbei handelt es sich um keine inhaltliche Änderung, sondern um eine sprachliche Anpassung, so wie in den 1960er Jahren, als das „Weib" zur „Frau" wurde.

Die eine sprachliche Anpassung betrifft das „gebenedeit", das heute kaum jemand versteht. Die Gläubigen sollten jedoch die Worte verstehen, die sie in ihren Gebeten benutzen. So können sie den Sinn ihrer Gebete erfassen und sagen nicht nur sinn- und gedankenlos vorgegebene Worte auf. (Mt 6,7) Es ist daher notwendig, das „gebenedeit" mit „gesegnet" zu ersetzen. Damit können die Gläubigen die gebeteten Worte verstehen. Außerdem wäre diese Änderung auch eine sprachliche Anpassung, wie die Ostkirche das „Ave Maria" betet.

---

1  Bei einem klassischen Rosenkranzgebet werden zu den 5 Vater-unser-Gebeten 50 Ave Maria gebetet. Dies kann mit der Anzahl der gefeierten Heiligen Messen nicht wettgemacht werden.

2  In Bayern und Österreich ist „Weibsbild" und „Weib" noch heute ein wertschätzender Ausdruck.

Die andere sprachliche Anpassung betrifft den Ausdruck „Frucht deines Leibes". Zwar wird in der Medizin bis heute zuweilen das ungeborene Kind als „Leibesfrucht" bezeichnet. In 12 von 16 deutschen Bestattungsgesetzen wird der Ausdruck „Leibesfrucht" für im Mutterleib verstorbene Kinder benutzt. [Schäfer, 70] Selbst in der Einheitsübersetzung gibt es 3 Stellen mit „Leibesfrucht", Gen 30,2; Jes 13,18; Klg 2,20. Das alles ist jedoch kein Argument, dass man ungeborene Kinder weiterhin als „Leibesfrucht" bezeichnet, denn „Frucht" leitet sich vom lateinisch „fructus" ab und bezeichnet die Gesamtheit der Organe einer Pflanze, die aus einer Blüte hervorgehen, und die die Pflanzensamen bis zu deren Reife umschließen. Früchte bilden prinzipiell nur die Pflanzen, die einen geschlossenen Fruchtknoten besitzen (Bedecktsamer = Angiospermen). Bei den Nacktsamern (Gymnospermen; hierzu gehören Nadelbäume und Ginkgo-Baum) entstehen nur freie Samen. [Wikipedia, Frucht] Damit gehört der Ausdruck „Frucht" in den Bereich der Botanik, nicht in den Bereich der Zoologie. Daher wächst im Mutterleib einer Schwangeren keine „Frucht" und keine „Leibesfrucht" heran, sondern ein „Kind". Dies sollte auch entsprechend im „Ave Maria" gebetet werden. Bei der nächsten Überarbeitung der biblischen Texte sollte auch die Bezeichnung „Leibesfrucht" entsprechend abgeändert werden.

Damit sollte das abgeänderte „Ave Maria" so lauten:

Gegrüßt seist du, Maria,
voll der Gnade,
der Herr ist mit dir.
Du bist gesegnet unter den Frauen
und gesegnet ist dein Kind, Jesus.
Heilige Maria, Mutter Gottes,
bitte für uns Sünder,
jetzt und in der Stunde unseres Todes. Amen.

# 1.3.5 Das Spätmittelalter

Das Spätmittelalter umfasst die Jahre von 1250 bis ca. 1500. In der älteren Forschung wird es auch als der "Herbst des Mittelalters" bezeichnet, nach dem Scheitern der klassischen Kaiseridee (Habsburger und Luxemburger).

Im 12. Jh. kamen zahlreiche Pontificale auf, die sich mit der Spendung der „Letzten Ölung" beschäftigten. Kaczynski und Winkler haben sie in ihren Publikationen gut herausgearbeitet:

- Pontificale Romano-Germanicum (um 950)

Das in Mainz entstandene, später in Rom eingeführte und in der ganzen westlichen Kirche als „Pontificale Romano-Germanicum" verbreitete Buch enthält zwei Ordnungen für die Krankenliturgie. In der ersten ist keine Salbung vorgesehen. Die zweite ist eine sehr ausgedehnte Feier, die den Titel trägt „Ordo ad unguendum infirmum" (Ordnung für die Krankensalbung). Vorausgesetzt wird ausdrücklich, dass der Kranke vorher das Bußsakrament empfangen hat und dass der Kranke nicht im Bett liegt. Er soll niederknien und dann zur Rechten des Priesters stehen. Die Feier selbst sollte von mehreren Priestern geleitet werden. Das Salbungsgebet ist ganz auf die Vergebung von Sünden ausgerichtet. Der Hauptakzent der Feier liegt auf der Bitte um Gesundung. [Kaczynski, 278]

- Pontificale Romanum (12. Jh.)

Mit geringen Veränderungen wurde der Ritus des Pontificale Romano-Germanicum in das Pontificale Romanum übernommen. In manchen Bistümern blieb er bis ins 17. Jh. in Gebrauch. Im ersten Formular werden die fünf Sinne unter Verwendung optativer Formeln gesalbt. Im zweiten Formular erfolgt auch die Salbungen der fünf Sinne, jedoch unter Verwendung einer indikativischen Formel, bevor die Füße, ebenfalls von einer indikativischen Formel begleitet, gesalbt werden. „Diese umständlichen Feiern konnten nur noch selten und am ehesten in klösterlichen Gemeinschaften gehalten werden." [Kaczynski, 279]

- Rituale des Klosters Rheinau (12. Jh.)

Da das Pontificale Romanum eine umständliche Feier vorschreibt, kam von den Klöstern der Wunsch nach Verkürzung und Vereinfachung auf. Hierbei war der einflussreiche Klosterverband von Cluny maßgebend. So sieht das Rituale des Klosters Rheinau für die Liturgie der Krankensalbung nur einen Priester vor. Nach einer einleitenden Oration, wird Jak 5,14f. zitiert. Es folgen 7 Bußpsalmen, während denen der Priester die Salbung der fünf Sinne, der Füße und der Lenden vornimmt. „Während in den Consuetudines von Cluny Anweisungen zur Krankenkommunion folgen, steht im Rheinauer Rituale die Aufforderung zu einem Schuldbekenntnis". [Kaczynski, 280]

- Pontifikale der Römischen Kurie (13. Jh.)
  Das Pontifikale der Römischen Kurie für die Krankensalbung entspricht in seiner Struktur dem von Cluny, nicht jedoch in allen Texten. Es sieht die Salbung des Kranken nach dem Bußakt und vor dem Viaticum und den Sterbegebeten vor. Zu den Salbungen werden nur noch die optativen Begleittexte verwendet, die von der Sündenvergebung sprechen und die die scholastische Theologie der Krankensalbung entscheidend beeinflussen sollten. „Gebetet wird auch in diesem Ordo um die körperliche Gesundung, nicht um die Bewältigung des Sterbens." [Kaczynski, 281]

# 1.3.6 Westkirche - Ostkirche

In der Westkirche gab es ab der karolingischen Reform einige große Veränderungen [Groen]:

1. Laien durften nicht mehr salben, sondern es war den Priester vorbehalten.

2. Die Salbung wurde an die Buße und die letzte Wegzehrung (Viatikum) gekoppelt. Weil die Buße schwer war, wurde sie schon in der Frühkirche oft bis auf das Lebensende verschoben.

3. Aufgrund der damals hohen Sterblichkeit wurden Priester angeordnet, in ihrer Seelsorgepraxis an erster Stelle die Sterbenden und Schwerkranken zu salben. Aus dieser Anordnung heraus ergab sich später die Vorschrift: Nicht-Schwerkranke und und Nicht-Sterbende dürfen nicht gesalbt werden.

4. Die Texte der Salbung wurden gemeinsam mit denjenigen des Bußgottesdienstes und des Sterberituals in einem liturgischen Buch aufgenommen. Dies verstärkte die Koppelung der Salbung ans Sterbebett.

5. Die geistlichen Auswirkungen der Salbung, vor allem die Sündenvergebung, wurden immer mehr, und die körperlichen Auswirkungen, die Heilung, immer weniger betont.

6. Am Ende des Mittelalters wurde die Reihenfolge der Sterbesakramente Buße–Ölung–Viatikum in Buße–Viatikum–Ölung verändert.

7. Es sollten sich sieben Priester an der Salbung beteiligen und es wurde vorgeschrieben, die Salbung solle sieben Tage lang wiederholt werden. Zudem musste die Familie des Sterbenden dem Priester oder, falls mehrere da waren, den Priestern hohe Stolgelder bezahlen. Am Anfang der Neuzeit wird das tridentinische Rituale Romanum dennoch nur noch von einem Priester als Spender des Sakramentes sprechen und diese Auffassung setzte sich schließlich durch.

8. Es wurde den Priestern im Lauf des Mittelalters untersagt, das Olivenöl selbst zu weihen. Zumal dieses Öl in Westeuropa knapp war. Die beiden letzten Faktoren trugen gewiss dazu bei, dass die Ölung in Westeuropa ein seltenes Ereignis wurde.

Spätestens seit Symeon von Thessalonich († 1430) warfen die orthodoxen Christen der lateinischen Kirche Glaubensfälschung vor, weil sie das Sakrament der Krankenheilung in ein Sakrament der Sterbenden verkehrt hätten. [Poschmann, 132]

Würde die katholische Kirche die „Krankensalbung" nicht mehr weiterhin auch Sterbenden spenden, wäre damit nicht nur dieser Vorwurf der „Glaubensfälschung" aufgehoben, es wäre auch ein weiterer Schritt zur praktizierten Sakramentengemeinschaft.

# 1.4 Das Trienter Konzil

## 1.4.1 Vorgeschichte

### Das Konzil von Florenz (1439-1445)

Papst Eugen IV. gab am 22.11.1439 die Bulle „Exsultate Deo" heraus. Ihr Tenor ist die Union mit den Armeniern. Es findet darin auch die Krankensalbung Erwähnung. „In klarer scholastischer Form -der Text ist eine fast wortgetreue Übernahme der Ausführungen des Hl. Thomas von Aquin in seinem Werk 'De ecclesiae sacramentis' - wurden Materie, Form, Spender und Wirkungen aufgezählt. Die Materie der Krankensalbung sei vom Bischof geweihtes Olivenöl. Als Forma sacramenti wird folgender Text festgelegt: 'Per istam sanctam unctionem et suam piissimam misericordiam indulgeat tibi Dominus, quicquid deliquisti per visum», et similiter in aliis membris.[1] Gespendet werde sie von Priestern, ihre Wirkung seien die Heilung des Geistes und, insoweit es der Seele nütze, auch die Heilung des Leibes. [Retterath, 33] Zumindest der Segensformel nach war es damit ein Sterbesakrament mit dem Zweck der Sündenvergebung. Von Heilung des Leibes war keine Rede.

Die Entwicklung des Sakraments der Kranken zur „Extrema Unctio" wurde erstmals im Dekret für die Armenier des Konzils von Florenz lehrhaft dokumentiert. „Dort wird, der scholastischen Auffassung folgend, das Sakrament als 'Extrema Unctio' bezeichnet, dessen Materie durch den Bischof gesegnetes Olivenöl ist und das nur einem solch Kranken gespendet werden darf, dessen Tod befürchtet wird. Es verfügt die Siebenzahl der Salbungen, legt die Spendeformel fest und bestimmt den Priester als Spender:" [Winkler, 292]

Das sogenannte „Armenierdekret", das während das Konzils von Florenz (1431-1445) verfasst wurde, befasste sich ausführlicher mit der Letzten Ölung. Obwohl es inhaltlich nur die Schrift „De articulis fidei et Ecclesiae sacramentis" des hl. Thomas von Aquin wiedergibt, hat sich diese Schrift als „besonders für das Trienter Konzil und darüber hinaus bis zum Zweiten Vatikanischen Konzil als folgenreich erwiesen", wie es Lecler beschrieb. [Winkler, 264]

---

1  Möge der Herr Ihnen durch diese heilige Salbung und seine fromme Barmherzigkeit alles vergeben, was Sie visuell und in ähnlicher Weise an anderen Mitgliedern begangen haben.

# Theologische und pastorale Spannungen

Am Vorabend des Konzils von Trient (1545-1563) war die Spendung der Krankensalbung „einerseits davon gekennzeichnet, dass es kaum eine Spendung des Sakraments durch den Klerus zu geben scheint, so dass es ausdrücklicher und wiederholter Anweisungen bedurfte, dieses Sakrament zu spenden; wenigstens all jenen, die dem Tode bereits sehr nahe sind. Andererseits machen die wiederholten Verbote der Salbung durch Laien mit dem Öl, das zunächst noch als 'genus sacramenti' verstanden wurde, deutlich, dass eine solche Salbungspraxis durchaus und wahrscheinlich in nicht geringem Maße in Übung war. Die Salbung durch Laien, die zudem nicht mit einer nichtsakramentalen Salbung gleichgesetzt werden kann, war keinesfalls gänzlich außer Übung gekommen." [Winkler, 289]

Wenn der Pfarrer eine Bitte der Gläubigen ablehnte, gingen diese oft zu Ordensmännern, die ihnen dann meist ihre Bitten erfüllte. Damit wurde oft pastoral gehandelt, aber auch die Autorität der Pfarrer untergraben. Um dies zumindest bei der „Letzten Ölung" zu verhindern, erließ Papst Leo X. am 19.12.1516 mit der Konstitution „Dum intral" das Verbot, dass Ordenspriester Kranken oder Sterbenden die Krankensalbung spenden, wenn zuvor der zuständige Pfarrer eine Spendung schon verweigert hatte. [Retterath, 33f]

Noch heute kommen die Laien mit ihren religiösen Wünschen zu Ordensleuten, weil der Pfarrer diese abgelehnt hat. Mag es bei der Trauung oder der Beerdigung um einen bestimmten Text oder um ein bestimmtes Lied gehen, das sich die Laien wünschen und der Pfarrer es ablehnt oder der Pfarrer gegen den Willen der Laien haben will. Dabei bietet es auch große Chancen, die bei einer Ablehnung ungenutzt bleiben.[1]

---

1 Ich machte selbst mit den ausgefallensten Wünschen der Menschen die besten Erfahrungen. Ich frage dabei immer nach dem Grund, warum dieser Text oder dieses Lied gewünscht wird. Als Beispiel und Ermutigung seien ein paar ausgefallene Liedwünsche und die dabei gemachten Erfahrungen genannt:
Zur Beerdigung eines 40-Jährigen, Mitglied einer Motorradgruppe, wurde ein Hardrock-Lied von ACDC gewünscht, weil es sein Lieblingslied war. Am Ende meiner Ansprache wies ich darauf hin, dass es das Lieblingslied des Verstorbenen war. Als die ersten Taktes des Liedes ertönten, schossen den Männern in der Motorradkleidung Tränen in die Augen. Damit war klar, dieses Lied hat mehr Emotionen ausgelöst als meine Ansprache.
Zur Beerdigung wünschte die ca. 60-Jährige das Schlusslied aus dem Film „Das

## Die Reformatoren

Die Reformatoren des 16. Jh. waren der Meinung, dass die Krankensalbung nicht von Jesus Christus selber eingesetzt worden war – das war die Bedingung für die kirchliche Sakramentenspendung – und dass die Praxis der Letzten Ölung einen scharfen Gegensatz zum Salben der Kranken zur Zeit des Neuen Testamentes (Jak 5,14f) und der Frühkirche bildete. Manche Reformatoren waren auch der Ansicht, dass nach der Anfangszeit des Christentums die Gnadengabe, das Charisma der Heilung aufgehört hatte, zu existieren und dass auch aus dem Grund ein kirchliches ‚Heilungsritual' überflüssig war. Wegen dieser Argumente wurde die Krankensalbung als Sakramentalfeier abgelehnt und sie verschwand etwa vier Jahrhunderte lang aus dem Gesichtskreis der protestantischen Liturgie. [Groen]

Martin Luther (1483-1546) übte heftige Kritik an der „Extrema Unctio". Einerseits sei sie eine menschliche Erfindung, die, von den Vätern überliefert, jedoch ohne Mandat und Verheißung einer konkreten Gnade und somit kein Sakrament. Andererseits sei sie nicht ausschließlich Sterbenden zu spenden, sondern, gemäß der Schrift, an Kranke. [Winkler 301f]

Luther bezieht sich bei seiner Kritik gegen die „**Extrema Unctio**" auf Jak 5,14f und argumentiert vom „Sitz im Leben" der Textstelle aus. Hier gehe es um einen Kranken, der wieder gesund werden will und soll, nicht um einen Sterbenden. „Der Apostel wollte ja nicht, dass sie die 'letzte' Ölung sein sollte und bloß den Sterbenden zu geben sei,

---

Leben des Brain", weil sie trotz ihrer Krebserkrankung immerzu fröhlich war. Das Lied sollte vor dem Auszug aus der Trauerhalle in voller Länge gehört werden. Als nach meinen Gebeten der Auszug beginnen sollte, fing das Lied wieder von vorne an. Wir sahen es als letzten Gruß der Verstorbenen an uns.

Zur Beerdigung eines Mitte 40-Jährigen war das Lied „Highway to Hell", weil er sein Leben als solches empfand, insbesondere, weil er nach einem Schlaganfall seine letzten 10 Jahre schwerer Pflegefall war. Alle Trauernden fanden diese Liedauswahl zutreffend.

Ein Brautpaar wünschte sich als Eingangslied für ihre Trauung das Badnerlied, weil er aus Baden kam, sie aus Berlin. Beide in Bayern arbeitend lernten sie sich kennen. Irgendwann sagte er, dass sie das Badnerlied lernen müsse. Da war für sie klar, wenn er ihr einen Heiratsantrag macht, werde sie „Ja" sagen. Denn wenn er in Bayern lebend seine Herkunft nicht verleugnet, dann wird er auch seine Ehefrau nie verleugnen. Damit stand das Badnerlied am Anfang ihrer Ehe und ihrer Trauung.

sondern er sagte ganz ohne Umschweife: 'Wenn einer krank wird', und nicht etwa: 'Wenn einer stirbt.'" [Ernsting, 224]

Melanchthon und Calvin behaupteten, dass die Extrema Unctio keine Gnade verleihe, somit auch keine Sünden vergebe und keine Kranken aufzurichten vermag. Die Debatte auf dem Trienter Konzil kreise daher vor allem um die Frage, welche Art der Sünde mit der Extrema Unctio vergeben werde. Die primär spirituelle Wirkung wurde nicht infrage gestellt. [Winkler, 314]

# 1.4.2 Das Trienter Konzil (1545-1563)

Das Konzil von Trient muss als Reaktion auf die Reformatoren verstanden werden. Luther lehnte mit Verweis auf Jak 5,14f die Krankensalbung als Sakrament ab, weil sie den Sterbenden gespendet wurde, nicht den Kranken. Das Konzil bestätigte mit dem Verweis auf die Lehre des Thomas von Aquin – als Vollendung der Buße - den Charakter des Sakraments und hielt an der Spendung an die Sterbenden fest. [Èekolj, 85]

## Der Zweck des Sakraments

Durch den Verweis von Martin Luther auf die Kranken, gemäß Jak 5,14f, verhärtete sich bei vielen Konzilsvätern die Haltung, dass diese Ölung für Sterbende seien. Zwar gab es unter den Konzilsvätern „einige wenige", die in dem Zweck der Krankensalbung die körperliche Genesung sehen. „Allerdings betrachtet man ihn durch die Betonung des möglichen und ungewissen Charakters der Heilung als zweitrangig und bedingt. Dem Geistigen untergeordnet und nur als seine Funktion, Gesundheit des Leibes, gewiss. Aber sie muss für das Heil des Menschen wichtig und nützlich sein." [Stüber, 80] Diese Haltung („wenn dies seinem geistlichen Heil dienlich ist") findet sich noch heute im Rituale auf Seite 27.

In der 2. Tagungsperiode in Bologna wurde die Krankensalbung thematisiert. Ein Teil der Bischöfe waren in Trient geblieben. Daher forderte der Kaiser die Rückkehr nach Trient. Die in Bologna ausgearbeiteten Papiere erhielten keine Geltung. Auf den 01.05.1551 wurde das Konzil in Trient einberufen. Zwischen dem 15.10. und 18.11.1551 wurde mit dem Bußsakrament auch die Krankensalbung behandelt. „Die schließlich verabschiedeten Dekrete über die Krankensalbung, vier Lehrdekrete und vier Canones, gehen auf den Entwurf einer Gruppe von Bischöfen zurück, an deren Spitze der

Erzbischof von Mainz stand. Der Charakter der Texte, besonders der Canones, läßt eindeutig erkennen, daß sie hauptsächlich die Zurückweisung der protestantischen Glaubenslehren zum Ziel hatten." [Retterath, 35]

„Man verstand die Wirkungen der Krankensalbung nicht mehr als Trost und Aufrichtung, sondern als eine die Sünden tilgende Vorbereitung auf die himmlische Herrlichkeit, weshalb ihr erster Zweck die Vergebung von noch vorhandenen läßlichen Sünden oder in der Heilung einer von der Sünde verursachten Schwäche zum Eintritt in die himmlische Herrlichkeit gesehen wurde." In Kurzform: „Aus der Krankensalbung war eine gefürchtete Todesweihe geworden." [Kunzler, 460]

## Der Spender des Sakraments

Es wurde auf dem Trienter Konzil auch die Frage nach dem Spender des Sakraments behandelt: „der Diener der Letzten Ölung ist nicht allein der Priester; es sind die Priester der Kirche, die Jakobus zur Salbung der Kranken heranzuziehen ermahnt; es sind nicht von Bischöfen geweihte Priester, sondern die Ältesten dem Alter nach in jeder Gemeinde", so Steiner. „Von besonderer Bedeutung ist bei der Diskussion des Artikels der Brief Innozenz I. an den Bischof von Gubbio, mit dessen Hilfe Calvin dafür argumentiert, dass die Anwendung des Krankenöls allen Christen erlaubt sei." [Winkler, 317]

Jörg Winkler geht davon aus, dass der Brief Innozenz I. an Bischof von Gubbio den Konzilsteilnehmern vorlag und ihnen „offensichtlich einiges Kopfzerbrechen bereitet hat, wie in der Diskussion zwischen dem 20. und 30. Oktober deutlich wurde". [Winkler, 327f]

Obwohl die katholische Kirche stark auf Hierarchie und Traditionen setzt und man offensichtlich von der päpstlichen Entscheidung des 5. Jh. wusste, schrieb man auf dem Konzil von Trient vor, dass der Spender der gültigen Krankensalbung nur ein Priester oder Bischof sein könne. [DH 1719]. Dies betonte eine Note der Glaubenskongregation aus dem Jahr 2005: „Der Codex des Kanonischen Rechtes nimmt (…) genau die Lehre des Konzils von Trient auf (…), wonach nur die Priester (Bischöfe, Presbyter) Spender des Sakraments der Krankensalbung sind. Diese Lehre ist definitive tenenda." [KG 2005]

Das Trienter Konzil bezog sich mit den „praesbyteri ecclesiae" auf 1.Tim 4,14 und ging damit für Jak 5,14f vom Weihepriestertum aus. Die Konzilsväter leugneten nicht, dass das Krankenöl früher auch von Laien angewandt wurde, verstanden darunter jedoch keine sakramentale Salbung. In Ablehnung der protestantischen Position, dass unter den

Presbytern des Jak 5,14f Älteste nach Alter oder Würde zu verstehen wären, legte das Konzil fest, dass die Letzte Ölung nur dann sakramentalen Charakter haben könne, wenn sie von einem Inhaber kirchlicher Weihegewalt gespendet wurde. [Winkler, 326] Dies bedeutete das endgültige Aus der Krankensalbung durch Laien.

## Das Sterbesakrament

Das Konzil von Trient muss im Denken und Glauben der damaligen Zeit verstanden werden. Das Leben des Christen war als ständige Bedrohung durch den Teufel angesehen. So ist es nicht verwunderlich, dass es zu diesem Beschluss kam:

*Angesichts der letzten und härtesten Angriffe des Teufels im Moment des Sterbens schenkt die Kirche den Gläubigen die Waffen, die in diesem Moment eingesetzt werden müssen. Die Krankensalbung wird durch die apostolische Überlieferung von Jakobus empfohlen und verbreitet. [DH 1695]*

Davon abgeleitet ist der heute noch vereinzelt anzutreffende Glaube, dass die Sterbestunde die wichtigste Stunde im Leben eines Christen sei. Da niemand seine eigene Sterbestunde kennt, und bei einem gewaltlosen Tod auch niemand die Sterbestunde eines Anderen, muss diesem Beschluss entgegen gehalten werden, dass die wichtigste Stunde die aktuelle Stunde ist. Sie könnte die Sterbestunde sein.

# 1.4.3 Stimmen über das Trienter Konzil

Verschiedene Theologen, die sich mit dem Thema „Krankensalbung" auf dem Konzil von Trient beschäftigt haben, äußern sich offen und mutig über dieses große Konzil, allen voran Jörg Winkler

Bezüglich des Umgangs mit Quellen auf dem Trienter Konzil fasst Jörg Winkler zusammen: „Pierre Adnes unterstellt den Theologen und Konzilsvätern im Umgang mit der Geschichte des Sakraments wenig kritischen Sinn und führt hierzu als Beispiel den Traktat 'De visitatione infirmorum' an, der fälschlich dem heiligen Augustinus zugeschrieben wird, jedoch eine anonyme Schrift aus dem 12. Jahrhundert ist. Genau diese Fehleinschätzung zeitigt hinsichtlich der Bewertung anderer Quellen enorme Folgen, wie Duval deutlich macht. Er legt dar, dass eine geschichtliche Einordnung der historischen Dokumente den Konzilstheologen und -vätern nur bedingt möglich war, weshalb die Veränderungen, die während der Karolingischen Reform von der Krankenölung zur Extrema Unctio führten, historisch und oft auch hinsichtlich der Bedeutsamkeit der einzelnen Dokumente nicht einordenbar waren". [Winkler, 336]

Die dem Konzil vorliegende Dokumente wurden „quasi durch die Brille der augustinischen Worte gelesen", auch wenn diese überhaupt nicht auf Augustinus rekurrieren oder der Traktat je erwähnt worden wäre. „Ähnlich unreflektiert wurde die Sakramentenlehre des Florentinums, die im sog. Armenierdekret enthalten ist, als Referenztext verwendet, der wiederum in Bezug auf die Extrema Unctio gänzlich auf Thomas von Aquin zurückzuführen ist." [Winkler, 336]

Jörg Winkler schreibt daher: „Es kann daher nicht behauptet werden, dass sich das Konzil mit den historischen Zeugnissen in adäquater Weise auseinandersetzen konnte. Liturgische Texte, teilkirchliche Traditionen oder ostkirchliche Zeugnisse und die dortige Praxis wurden überhaupt nicht herangezogen. ... Auf diese Weise wurde 'die Gegenwart in die Vergangenheit projiziert', wie Adnès zutreffend die Vorgehensweise verdeutlicht." [Winkler, 337]

Weiter schreibt Jörg Winkler: „Zweifelsohne dürfen beim Urteil über die Arbeit des Konzils nicht die Maßstäbe der Erkenntnis moderner Geschichtswissenschaft vorausgesetzt werden. Nachdenklich stimmt jedenfalls, dass anhand der Auseinandersetzungen erkennbar ist, dass man die Schwierigkeiten und historischen Brüche durchaus wahrgenommen hat. Wohl aber wurden daraus nach dem Prinzip 'es kann nicht sein, was nicht sein darf' keine neuen Erkenntnisse gewonnen." [Winkler,

337f] „Kranksein ist damit weiterhin als ein Kranksein zum Tode bestimmt und festigt eine Sichtweise des Krankensakraments, wie sie sich zu Beginn der Karolingischen Reform zu entwickeln begonnen hat. Hätte das Konzil auch liturgische Texte in ihre Diskussionen mit einbezogen, hätte man eventuell in den so nur zaghaften Versuchen, das Sakrament auch für Nicht-Sterbende zu öffnen, mutiger werden können." [Winkler, 339]

Die Krankensalbung wurde von den Konzilsvätern nicht als ein Sakrament für die Kranken verstanden, wie es Martin Luther forderte, sondern als Sterbesakrament und als solches festgeschrieben.


## 1.4.4 Die Nachwirkungen

In seiner Auseinandersetzung mit der reformatorischen Theologie hielt das Trienter Konzil (1545–1563) an der damals etablierten Lehre und Praxis des Sakramentes fest. Das aus dem Trienter Konzil entstandene Rituale Romanu beschreibt Basilius J. Groen folgendermaßen:

*Die Kernstruktur der Krankensalbung im nach dem Trienter Konzil 1614 promulgierten Rituale Romanum ist folgende: Nach dem Gruß spricht der Priester drei Gebete um Segen und Schutz. Dann breitet er seine Rechte über den Kopf der kranken Person und betet, dass "alle Macht des Teufels in dir gelöscht wird" (... extinguatur in te omnis virtus diaboli ...). Danach salbt er Augen, Ohren, Nase, Mund, Hände und Füße – letztere Salbung kann eventuell unterlassen werden – und spricht dabei eine Formel, die Gottes Vergebung der Sünden, die durch die einzelnen Sinne begangen worden sind, betont (Per istam sanctam unctionem et suam piissimam misericordiam indulgeat tibi Dominus quidquid per visum bzw. auditum, odoratum, gustum et locutionem, tactum, gressum)[1]. Zum Schluss spricht der Priester drei Gebete zur Heilung des kranken Menschen. Währenddessen sollten die übrigen Anwesenden für den/die Kranke/n beten, z.B. indem sie die sieben Bußpsalmen mit der Allerheiligenlitanei rezitieren. Das Ritual wurde ganz lateinisch vollzogen und fand fast immer im Sterbenskontext statt. Bemerkenswert ist die Tatsache, dass trotz der veränderten Situation, in der die Salbung seit dem*

---

1 Möge der Herr dir durch diese heilige Salbung und seine fromme Barmherzigkeit alles gewähren, was er für richtig hält. Hören, Riechen, Schmecken und Sprechen, Tasten, Gehen.

*Mittelalter vollzogen wurde – ‚Todesweihe' statt Heilungsritual – die Gebete am Ende des Formulars, die älter als die hoch- und spätmittelalterliche scholastische Theologie sind und von Heilung und Genesung sprechen, erhalten blieben.*

Das Trienter Konzil blendete die von Martin Luther geforderte Zuwendung an die Kranken rigeros aus. Die Ölung wurde als Sterbesakrament festgeschrieben. „Zusammen mit der Beichte und der Sterbendenkommunion als eines der Sterbesakramente wurde die „Letzte Ölung" noch aus einem anderen Grund gefürchtet: Wenn jemand, der die Krankensalbung empfangen hatte, gegen alle Hoffnung wieder genas, dann versetzte ihn das ja schon empfangene Sakrament der Vorbereitung auf einen guten Tod für den Rest seines Lebens in eine Art Büßerstand mit z. T. erhebliche Folgen;" [Kunzler, 460]

„Erst in neuester Zeit stieß dieses im Abendland zur Tradition gewordene Mißverständnis der Krankensalbung zunehmend auf Kritik, so vor allem in der Liturgischen Bewegung. Es war deren Verdienst, daß schon vor dem Konzil zumindest die Bezeichnung 'Letzte Ölung' durch 'Krankensalbung' vielfach ersetzt wurde." [Kunzler, 461]

## Liturgische Bücher

Die auf dem Trienter Konzil mehrfach geforderte Überarbeitung der liturgischen Bücher konnte von diesem selbst nicht mehr geleistet werden. Daher wurde in der letzten Sitzung des Konzils am 04.12.1563 diese Aufgabe dem Papst übertragen. Innerhalb kurzer Zeit erschienen die römischen-tridentinischen Liturgiebücher: 1568 das Breviarium Romanum, 1570 das Missale Romanum, 1584 das Martyrologium Romanum, 1600 das Caeremoniale Episcoporum und 1614 das Rituale Romanum. Die Zentralisierung der Liturgie hatte zum Ziel, die häufig aufgetretenen Missstände bei der Feier der Liturgie zu beheben. [Retterath, 36]

Der Titulus VI des Rituale Romanum von 1614 blieb bis zum Zweiten Vatikanischen Konzil gültig. Das Rituale vor Vorlage zahlreicher Diözesanrituale. „Je nach Rituale wurden verschiedene Aspekte und Wirkungen des Sakraments betont.: [Èekolj, 86f]

1. Die Krankensalbung bewirkt die Vergebung der Sünden.

2. Die Krankensalbung führt zur Genesung der Kranken.

3. Die Krankensalbung dient als Vorbereitung auf den guten Tod.

Dem Trienter Konzil folgte die posttridentinische Liturgiereform, die offensichtlich regional und zeitlich unterschiedlich und keineswegs widerspruchslos abgelaufen ist.

„Der Catechismus Romanus von 1566 beleuchtet die Rezeption der Aussagen zur Extrema Unctio im unmittelbaren Nachgang zu Trient. Das RitRom 1614 ist vor allem auch deshalb bedeutsam, weil es sich als Modellbuch für zukünftige regionale Ritualien versteht. Eine verbindliche Wirksamkeit entfaltet es jedoch erst am Ende des 19. Jahrhunderts, als auf Geheiß Roms die regionalen und diözesanen Ritualien sich als 'Appendices' bzw. 'Supplementa' des Rituale Romanum bezeichnen mussten." [Winkler, 341]

Da die alten Teilkirchen und Ordensgemeinschaften eine eigene liturgische Tradition aufzuweisen hatten - so z. B. Braga, Köln, Lyon, Mainz und Trier sowie die Zisterzienser, Prämonstratenser und Karthäuser - wollte Rom diesen nicht eine neue Liturgie aufzwingen. Papst Pius V. befreite in den Einführungsbullen zum neuen Missale und Brevier daher jene Kirchen und Orden, die über eine mindestens zweihundertjährige Eigentradtion im Bereich ihrer Liturgie vorweisen könnten, von der Verpflichtung, die neuen römischen Liturgiebücher einzuführen. Dieses Privileg galt somit auch für die Trierer Kirche, die ihre eigenen liturgischen Bücher teilweise bis zu Beginn des 20. Jh. hinein beibehielt. [Retterath, 37]

# 1.5 Die Zeit der Aufklärung

## Liturgische Bücher

Das Rituale Romanum 1614 stellt „eine Fülle von Riten für die Krankensorge zur Verfügung", darunter „das Viaticum; die Kommunion eines Kranken, der dem Tode noch nicht nahe ist, ist nicht vorgesehen." Die Extrema Unctio wird als eine „himmlische Medizin, heilsam für Seele und Körper", beschrieben. Sie darf nur gefährlich Kranken gespendet werden, die noch bei Bewusstsein und mit gläubigem Willen ausgestattet sein müssen. Es gefordert, dass die Todesgefahr gewiss oder der Eintritt des Todes in den nächsten Tagen erwartet werden kann. [Winkler, 349] „Keinen Grund für den Sakramentenempfang stellen der Eintritt in eine Schlacht, das Vorhaben einer Seereise oder Pilgerfahrt oder andere Gefahren dar. Ebenso ist die Spendung an Kinder vor Erlangung des Vernunftgebrauchs weiterhin untersagt." [Winkler, 351]

War im Rituale Romanum 1614 noch der Verdacht der Todesgefahr Voraussetzung für die Extrema Unctio, so fordert das Rituale Romanum 1925 nun Gewissheit, dass es sich um einen Sterbenden handelt. Daher wurde eine Wiederholung der Spendung in derselben Krankheit generell ausgeschlossen. „Ebenfalls dem CIC/1917 folgend wurde die Bestimmung aufgenommen, dass die Extrema Unctio jenen, die in Todsünde verharren, nicht gespendet werden darf. Im Zweifel darüber, ob der Kranke noch am Leben ist, wird gemäß can. 941 (CIC/1917) die bedingungsweise Spendung vorgesehen".[1] [Wikler, 359]

Seit Ende des 19. Jh. verbreiteten sich Theorien vom „Sakrament der Todesweihe'" (!), von der „sakramentalen Besiegelung" des Sterbens, vom „Sakrament der Auferstehung" und der „christlichen Vollendung des ganzen Menschen" sowie vom „Sakrament der Tauferneuerung angesichts des Todes". Dies war möglich, „weil man die liturgischen Texte, mit denen die Kirche seit dem Altertum das Krankenöl geweiht und seit dem Mittelalter das Sakrament gefeiert hatte, nicht zur Kenntnis nahm." [Kaczynski, 247]

---

1 Hier scheint auch die katholische Kirche von der Angst vor dem Scheintod ergriffen zu sein. Dabei haben es die Ärzte Ende des 19. Jh. erreicht, dass nur ein approbierter Arzt den Tod eines Menschen feststellen darf. Damit war die Gefahr einer falschen Todesfeststellung auf nahezu Null reduziert. Die Angst, scheintot bestattet zu werden, hielt aber bis in den Anfang des 20. Jh. Siehe: Klaus Schäfer: Vom Scheintod zum Hirntod.

In den Jahren der Aufklärung wurden bis in das 19. Jh. hinein in vielen Diözesen eigene Rituale für die Krankenliturgie herausgegeben. Auf einige soll kurz eingegangen werden:

- Trierer Kirche: 1574 und 1576

  Das Trierer Rituale hat viele Texte aus dem „Sacerdotale Romanum" entnommen

  Die Spendung der „Letzten Ölung" war verbunden mit der Spendung der heiligen Kommunion. Für die Übertragung der Kommunion gab es eigene Vorschriften. So sollten bei Austeilung der Krankenkommunion die Kirchenglocken schlagen, damit die Nachbarn zusammenkommen, um den Priester mit dem Allerheiligsten zu begleiten und für den Kranken Bittgebete zu verrichten. Der Priester hat sich mit Chorrock und Stola zu bekleiden. Auf seinem Weg zum Kranken soll ein Kirchendiener mit Licht und einer Klingel vorausgehen. Die übrigen Gläubigen folgen in Prozession. Auf dem Weg soll man Loblieder, Psalmen, Gebete und Hymnen sprechen. [Retterath, 60f]

  Im Haus des Kranken sollen auf einer weißen Decke ein Kreuz und Kerzen stehen, dazu Wasser, Salz, einige Krumen Brot und Leinen oder Werg zum Abwaschen und Trocknen der Hände des Priesters. Dieses muss unmittelbar nach dem Gebrauch verbrannt werden. Dem Kranken sollen die Füße und übrigen Salbungsstellen gewaschen sein. [Ritterath, 86]

- Bayerische Benediktinerkongregation (1735)

  Die Bayerische Benediktinerkongregation brauchte bis 1735, um ein eigenes Ceremoniale zu verabschieden. So lag erst ab 1737 ein verbindlicher Text in gedruckter Form vor Darin ist der rituelle Ablauf des Sterbens beschrieben: Nach der Beichte sollte der Abt ihm persönlich das Viaticum reichen. Dann wurde die Krankensalbung gespendet. Nahte der Tod, so rief die Kapitelglocke die Mitbrüder herbei, die die Allerheiligenlitanei sangen. Bei längerer Agonie blieben einige Brüder bei dem Sterbenden. Nach seinem Tod folgte eine Reihe von Gebeten. Die große Glocke wurde geläutet. [Schrott, 56]

- Linzer Rituale (1805)

  Ernest Johann Reichsgraf von Herberstein war der erste Bischof von Linz. Bereits 2 Jahre nach der Errichtung der Diözese Linz im Jahr 1785 durch Kaiser Joseph II. wollte er eine Diözesansynode einberufen. Durch seinen frühen Tod im Jahr 1788 blieb dem Bischof die Enttäuschung erspart, dass der Kaiser dies nicht genehmigt hatte und damit die Beschlüsse ungültig waren. [Hollerweger, 181]

Im Jahr 1805 veröffentlichte der Linzer Bischof Joseph Anton Gall anonym ein Taufformular und eine Ordnung für die Krankensalbung. Beide Riten fanden durch die Linzer Monatsschrift weite Verbreitung. Galls früher Tod im Alter von 59 Jahren hinderte ihn daran, ein deutsches Rituale zu veröffentlichen. [Hollerweger, 192f] In diesem Rituale gehen nur die Kindertaufe und die Krankensalbung auf Bischof Gall zurück. [Ignazi, 115]

Ab 1812 wurde versucht, ein zweites Rituale heraus zu bringen. Dies scheiterte unter anderem am fehlenden Rituale von 1768. Stadtpfarrer Franz J. Freindaller, der das neue Rituale in der Linzer Monatsschrift herausgeben sollte, verwehrte sich in seinem Antwortschreiben dagegen: „Das Rituale Salisburgense hat in der letzten Auflage 97 Jahre gedauert. In der neuen, wollte Gott, wird es auch ein Seculum erleben. Da innerhalb der letzten dreyssig Jahre sich der Zeitgeist dreymal geändert hat, so mag er sich innerhalb hundert Jahren zehnmal ändern. Wie weit würde man also fehlen, wenn man dem Geist unseres Zeitalters bey Revision des Rituals einen Einfluß gestatten wollte? Nein: Tradition, Alterthum, Observanz müssen unsre Richtschnur seyn und bleiben. Davon ist nie eine Abweichung zu gestatten." [Hollwerweger, 198]

• Das „Deutsche Rituale"

Ludwig Busch (1765-1822) arbeitete ein eigenes Rituale aus. Es erschien 1803 in 1. Auflage, 1810 in 2. Auflage und 1824 in einer 3. Auflage. [Probst, 156] Dieses Rituale fand „in einen großen Teil Deutschlands Eingang", auch wenn Buschs Aktivitäten mitunter pastoral als reformatorisch angesehen wurden. [Probst, 158]

Busch kürzte die „Letzte Ölung" des Bamberger Rituals aus dem Jahr 1774 – es hatte 776 Seiten im Format 23x19 cm [Probst, 157] - von 12 auf 6 Elemente: [Probst, 170] Bush veränderte und kürzte nicht nur die Segensformel der Krankensalbung. Er fügte auch einen Satz hinzu, den das Diözesanrituale und das damalige römische Rituale nicht enthält: „Der barmherzige Gott verzeihe dir alle deine Sünden, die du, durch deinen sinnlichen Körper gereizt, begangen hast. A. Amen." [Probst, 172]

Probst würdigt die Leistungen Busch´s mit den Worten: „Busch gebührt - nach der Quellenlage geurteilt — das Verdienst, als erster einen gangbaren Weg zwischen bloßer Übersetzung und revolutionärem Neuentwurf gegangen zu sein, indem er das Neue organisch mit der Tradition verbinden wollte. Zu diesem Prinzip hat sich auch die Liturgiereform des Zweiten Vatikanischen Konzils bekannt." [Probst, 172]

In Literatur und Riten sind vor dem Zweiten Vatikanum drei Aussagen zur Wirkung der Extrema Unctio feststellbar: [Winkler, 369f]

1. Die Bitte um Sündenvergebung.

2. Die Bitte um Genesung des Kranken.

3. Die Vorbereitung auf den baldigen Tod.

Jörg Winkler schreibt über das Verständnis der Extrema Unctio vor dem Zweiten Vatikanum: „Zu beobachten ist in der Praxis die traditionelle Verbindung des Sakraments mit dem Sterben des Christen. Das Sakrament wird als Todesbote wahrgenommen und wird von vielen als fast magische Abwehr gegen die Versuchungen des Bösen im Todeskampf verstanden." [Winkler, 369]

Das Rituale Romanum 1925 wurde auf das Erscheinen des CIC 1917 notwendig. Es schärft ein, dass nur der Priester das Sakrament spenden darf. Darin werden „ordentliche und außerordentliche Spender unterschieden. Als ordentlicher Spender handelt der Ortspfarrer, außerordentlich andere Pfarrer oder Priester mit einer entsprechenden Erlaubnis oder wenn eine solche vorausgesetzt werden kann. Im Notfall ist die Spendung 'ex caritate' jedem Priester gestattet." [Winkler, 358]

# 1.6 Die Sterbesakramente

Im Vorfeld des Zweiten Vatikanischen Konzils standen somit drei Sterbesakrament im Gebrauch: Die Buße, die Wegzehrung (Viaticum) und die „Letzte Ölung".

## 1.6.1 Die Buße (benedictio poenitentiae)

### Geschichtliche Entwicklung

Bereits im Altertum glaubten die Menschen an den Tun-Ergehen-Zusammenhang,[1] der bereits in alten ägyptischen Schriften seinen Niederschlag fand (z.B. Ptahhotep (ca. 2450 v.C.)). Über die Weisheitsliteratur fand dieses Denken in den jüdischen Kulturraum. Dort kollidierte es mit der Erfahrung, dass auch gute Menschen schweres Leid erfahren. Dies wurde in dem Buch Ijob (Schlussredaktion ist ungewiss, wird aber auf 500 bis 100 v.C. datiert).aufgegriffen und behandelt. Die darin angegebene Antwort auf die Theodizee-Frage[2] lautet, Leid ist eine von Gott geschickte oder von ihm zugelassene Glaubensprüfung. Mohammed übernahm dieses Gedankengut in den Koran.

Cyprian von Karthago († 258) und Augustinus von Hippo ( † 430) zählten als Gründe auf, bei denen der Sünder ohne vollständige Buße wieder in die Kirche aufgenommen werden und die heilige Kommunion empfangen konnten: die Gefahr des Abfalles für den Sünder, die Gefahr der Verfolgung, die Notwendigkeit einer Reise und jede Krankheit. (Schmitz I, 79f]

Dionysius von Alexandria († 265) stellte sich der Vorstellung entgegen, dass Sündern die Aufnahme in die Kirche verweigert werden solle. Dionysius ermahnte seine Amtsgenossen und Priester, den reumütigen Sündern auf dem Todesbette und in schwerer Krankheit die Aufnahme zu erteilen, und, wie es scheint, hatte sein Einfluss eine allgemeine Einigung in Behandlung der Gefallenen erzielt." [Schmitz I, 15] Diese gnädige Haltung hat sich bis heute in der Kirche gehalten.

---

1 Tue Gutes, dann werden dir die Götter Gutes zukommen lassen. Wenn du aber Schlechtest tust, werden dich die Götter dafür strafen. Bei erfahrenem Leid denken viele Menschen noch heute so.

2 Warum gibt es bei einem allmächtigen und liebenden Gott Leid in der Welt? Entweder ist Gott allmächtig, aber nicht liebevoll, oder er ist liebevoll, aber nicht allmächtig. Dieses Paradocon konnte bis heute nicht aufgelöst werden.

## Heutiges Verständnis und Praxis

Heute erkennt man den Tun-Ergehen-Zusammenhang anders: Wenn ich ungesund lebe, werde ich früher und schwerer krank. Wenn ich gesundheitsbewusst lebe, habe ich eine große Chance, gesund alt zu werden. Wenn ich dennoch erkranke, habe ich größere Reserven, die mich wieder schneller gesunden lassen.

„Die theologische Deutung der Krankensalbung kann nicht mehr von einem inneren Zusammenhang von Krankheit und Sünde ausgehen. Dass die Krankensalbung in einer Situation tiefer Krise des Leidenden eine spezifische „Begegnung mit dem leidenden Herrn" sein soll, ist ein interessebedingtes, ideologisches Konstrukt, ebenso die Forderung, die Krankensalbung als Tauferneuerung zu verstehen. So bleibt als theologische Basis offensichtlich nur der ekklesiale Aspekt: In einer andrängenden Not, mit Ängsten, Schmerzen und Hilflosigkeit verbunden, die an Mitleid und Solidarität appelliert, bekennt sich die Kirche in einem Sakrament, das wesentlich im fürbittenden Gebet (Epiklese) im Vertrauen auf Gott besteht, als mit dem leidenden Mitmenschen zutiefst verbunden." [Herbert Vorgrimler]


# 1.6.2 Die Wegzehrung

## Geschichtliche Entwicklung

Zwar geht der Brauch, den Kranken die Kommunion nach Hause zu bringen, bis in die frühchristliche Zeit zurück. In der zwischen 810 und 813 verfassten „Capitula ecclesiastica" wird den Priestern vorgeschrieben, stets die Eucharistie mit sich zu führen, „damit kein Kranker ohne Kommunion (Viaticum) sterben muss". Trotz dieser über 1200 alten Praxis ist es verwunderlich, dass bis heute die „Wegzehrung" kaum als Sterbesakrament angesehen und daher auch kaum praktiziert wird.

Der Brauch, die Eucharistie in eine kleine Prozession zu übertragen, geht auf das 7. Jh. zurück und wurde ab Mitte des 13. Jh. allgemein üblich. Papst Urban IV. (1200-1264) erließ im Jahr 1263 ein Dekret für die Durchführung solcher Prozessionen. [Retterath, 61]

Ein eigener Ritus für die Spendung der Krankenkommunion in den Ritualen kam bis ins 16. Jh. relativ selten vor. „Meist wurde in Zusammenhang mit der Krankensalbung nur ein Hinweis auf die Kommunionspendung gegeben. Das Rituale Heinrich I. von Breslau, die Diözesanritualien von Straßburg 1500, Konstanz 1502, Speyer 1512 und

Mainz 1513 kennen bereits einen eigenen Ritus, in Köln dagegen ist er erst ab dem Rituale von 1614 bezeugt." [Retterath, 59]

Für die Austeilung der Krankenkommunion sollen im 16. Jh. in der Erzdiözese Trier die Kirchenglocken schlagen, damit die Nachbarn zusammenkommen, um den Priester mit dem Allerheiligsten zu begleiten und für den Kranken Bittgebete zu verrichten. Der Priester hat sich mit Chorrock und Stola zu bekleiden. Auf seinem Weg zum Kranken soll ein Kirchendiener mit Licht und einer Klingel vorausgehen. Die übrigen Gläubigen folgen in Prozession. Auf dem Weg soll man Loblieder, Psalmen, Gebete und Hymnen sprechen. [Retterath, 60f]

**Heutiges Verständnis und Praxis**

Das eigentliche Sterbesakrament war nie die „Letzte Ölung", sondern das „Viaticum", zu deutsch die „Wegzehrung", also der allerletzte Empfang der Eucharistie im Leben eines Christen. Für Andreas Odenthal ist der Begriff der „Wegzehrung" ein herrliches Bild: „Ich brauche eine Mahlzeit, um diese entscheidende Hürde, die Schwelle des Todes, zu überschreiten. Das ist das Sterbe-Sakrament! Das kann übrigens jeder und jede spenden, dazu muss man nicht Priester sein."

Das ist die Theorie. In der Praxis trifft man in Krankenhäusern oft Sterbende, die so schwach sind, die zwar noch alles wahrnehmen können, aber weder sprechen noch schlucken können. Auf der Intensivstation – auf ihr verstarben je nach Klinik-Typ zwischen 10 und 50% der Sterbenden dieser Klinik – sind die meisten Sterbenden künstlich beatmet und können daher nicht die „Wegzehrung" zu sich nehmen. Zudem liegen auf der Intensivstation viele Sterbende im Koma, was ebenfalls den Empfang der „Wegzehrung" unmöglich macht.

## 1.6.3 Die „Letzte Ölung"

Die „Letzte Ölung" begann auf der Grundlage von Jak 5,14f als Krankensalbung, die Jahrhunderte lang von Laien gespendet wurde. Dazu erbaten sie vom Bischof das geweihte Öl und spendeten es den Kranken.

Im 8. Jh. wurde die „Krankensalbung" zum Sakrament für Sterbende umfunktioniert. Damit einher ging nicht nur die Namensänderung zur „Letzten Ölung", es wurde den Laien verboten, die „Letzte Ölung" zu spenden. Ebenso wurde verboten, den Kranken die heilige Kommunion zu reichen und den Sterbenden die Wegzehrung (Viaticum). Man darf dies als großen Schritt hin zur Klerikalisierung der Kirche ansehen. Den Laien wurden Kompetenzen abgesprochen, die sie über Jahrhunderte praktiziert hatten. Ob dies der Grund für die Veränderung war, konnte nicht geklärt werden. De facto begann jedoch damit die Klerikalisierung.

Zunächst wurde sie einfach als „Salbung" bezeichnet, so wie die Salbung mit Katechumenenöl für die Taufbewerber und die Salbung mit Chrisam bei den Weihen (z.B. Bischofsweihe, Priesterweihe, Diakonweihe). Als „Letzte Ölung" (Extrema Unctio) wurde sie seit dem Hochmittelalter (12./13.Jh.) bezeichnet, in den liturgischen Büchern erst seit dem 15. Jh.

Weil es die „Letzte Ölung" war, wurde in der Scholastik die Frage diskutiert, ob man sie nur einmal oder mehrmals spenden darf, denn es konnte nicht mehrmals eine „Letzte Ölung" geben. Man kann ja auch nicht mehrmals sterben. Man kann zwar mehrmals schwer krank sein, aber nur einmal sterben.

Die Katharer praktizierten die „Letzte Ölung" in der Form der „endura" radikal. Sie hungerten sich zu Tode oder begingen aktiv Suizid, damit es auf jeden Fall die „Letzte Ölung" blieb. Auch sonst in der Kirche war weniger ein gutes Leben das religiöse Ziel, sondern ein gutes Sterben.

In Abgrenzung zu den Katharern und um die Rechtgläubigkeit zu gewährleisten, wurde auf dem Konzil von Toulouse (1229) beschlossen, dass nur Priester die „Letzte Ölung" spenden.

Martin Luther lehnte die „Letzte Ölung" ab. Er verstand es als „Krankensalbung". Im Verständnis, dass der Todeskampf des Sterbenden ein Ringen zwischen dem Schutzengel und dem Teufel um die Seele des Sterbenden war, hielt das Trienter Konzil (1545-1563) daran fest, dass das Sakrament als „Letzte Ölung" zu spenden sei. Das Sakrament der „Buße" und der „Wegzehrung" schien den Konzilsvätern zu wenig oder zu schwach zu sein. Die von Martin Luther geforderte Zuwendung an die Kranken durch eine „Krankensalbung" wurde damit rigoros ausgeblendet.

In den folgenden Jahrhunderten erschienen verschiedene Rituale, die allesamt die „Letzte Ölung" als Sterbesakrament enthielten. Mit diesem Verständnis ging die katholische Kirche in das Zweite Vatikanische Konzil.

# 1.7 Das Zweite Vatikanische Konzil

## 1.7.1 Der Prozess des Zweiten Vatikanischen Konzils

Zur Zeit des Zweiten Vatikanischen Konzils (1962-1965) wurde für die Begleitung der Kranken und Sterbenden das „Collectio Ritum" verwendet, das im Jahr 1925 aus dem „Rituale Romanum" entstanden ist. Es sah schon die Möglichkeit vor, das Sakrament der Krankensalbung in der Volkssprache zu feiern, wobei die Spendeformel auf Latein zu beten war.

Bis zum 2. Vatikanum bestand im deutschsprachigen Raum der „Versehgang" aus Beichte, Letzter Ölung und Wegzehrung. Gestorben wurde vor allem zu Hause, in der eigenen Wohnung, versehen mit den Sakramenten der Kirche. Dies wurde auch in den Kirchenbüchern vermerkt.

Das Zweite Vatikanische Konzil löste eine Liturgiereform aus, mit der die Volkssprache als liturgische Sprache einen großen Raum erhielt, im Grunde Latein sogar ablöste. Im deutschen Sprachgebiet wurde auch bei der Krankensalbung das Monopol des Lateins durchbrochen und es konnte fast die ganze Feier in deutscher Sprache begangen werden. „Das sich auf die Macht des Teufels beziehende Gebet und die Spendeformel mussten jedoch lateinisch bleiben." [Groen]

Schon im Vorfeld des Konzils trafen unterschiedliche Auffassungen und Positionen aufeinander. Dabei griff die Unterkommission zu Beginn die in einigen Voten der Bischöfe, Orden und Universitäten vorgebrachten Wünsche und Anmerkungen auf. Aufgrund der inhaltlichen Unterschiede zwischen Jak 5,14f und den Beschlüssen des Trienter Konzils gab es große Diskussionen. Daneben wurde auch über die Bedeutung der Handauflegung und die Schwere der Erkrankung diskutiert, ebenso auch über die Wiederholbarkeit des Sakraments. Damit wurde ein erstes Schema für die „Krankensalbung" ausgearbeitet. Hierauf gingen etwa 1.500 Rückmeldungen ein. „Die meisten Eingaben beschäftigten sich mit der Einführung zumindest muttersprachlicher Teile bei allen Sakramentenfeiern und Sakramentalien, bisweilen auch für Teile des ersten Teils der Messe." [Winkler, 386]

In der Debatte des Konzils wollte Kardinal Michael Browne keine Veränderung und verwies auf die lange Verwendung der Bezeichnung „Extrema Unctio" seit dem I. Konzil von Lyon (1245). Er sah in der Veränderung des Namens eine Veränderung des Sakraments. Dies dürfe nicht geschehen. Bischof Saboia Brandeira Melo berief sich auf die Unfehlbarkeit der Kirche bezüglich der Interpretation des Krankseins in Jak 5,14. Der

Kranke befände sich in unmittelbarer Todesgefahr, wie sich aus dem Kontext ergäbe. Der Limburger Bischof Wilhelm Kempf war unter ausschließlicher Berufung auf eine „Traditio classica ecclesiae" gleichfalls gegen eine Veränderung des Sakraments.

Für eine Weitung des Sakraments für alle Kranken sprach sich Bischof-Koadjutor Pierre Rouge aus Nimes aus. Er wies darauf hin, dass die Schlussfassung des Trienter Textes nicht ausschließlich von der Spendung an Sterbende spricht. „Zweitens wies er auf die sich durch den biblischen Befund begründende Aussage hin, dass das Sakrament einer allgemeinen Krankensorge Jesu und der frühen Kirche entspricht, und es daher von Christus eingesetzt und im Jakobusbrief promulgiert ist. Drittens verwies er auf das zweite Lehrkapitel und den entsprechenden Canon des Trienter Konzils, wonach das Sakrament als zur Aufrichtung der Kranken bestimmt ist und auch die körperliche Genesung als Wirkung benannt wird." [Winkler, 416]

Unter dem Einfluss liturgiewissenschaftlicher und theologiehistorischer Forschung entschied man sich während des Zweiten Vatikanischen Konzils, die Ölungspraxis zu reformieren. Es wurde der Name ‚Krankensalbung' (unctio infirmorum) bevorzugt, sowie dargelegt, dass die Salbung nicht nur Sterbenden vorbehalten war, sondern dass sie auch Kranken und Senioren, die beginnen, in Lebensgefahr zu geraten, gegeben werden konnte. Ebenfalls wurde die Reihenfolge Buße–Viatikum–Ölung wieder in ihre ursprüngliche Form gebracht, nämlich Buße–Ölung–Viatikum. Dadurch wurde wiederum klar gemacht, dass, wie in der Orthodoxen Kirche, nicht die Ölung, sondern die Wegzehrung das eigentliche Sterbesakrament ist. [Groen]

## 1.7.2 Beschlüsse zur Krankensalbung

Das Vatikanum II behandelt die Krankensalbung in 4 Dokumenten:

### Sacrosanctum Concilium (SC) 73-75

*Die "Letzte Ölung, die auch - und zwar besser - "Krankensalbung" genannt werden kann, ist nicht nur das Sakrament derer, die sich in äußerster Lebensgefahr befinden. Daher ist der rechte Augenblick für ihren Empfang sicher schon gegeben, wenn der Gläubige beginnt, wegen Krankheit oder Altersschwäche in Lebensgefahr zu geraten. (SC 73)*

Mit SC 73 macht das Vatikanum II mit der „Krankensalbung" einen Schritt auf die Intension von Jak 5,14f und die Praxis der ersten 9 Jh. zu, bleibt damit aber der „Letzten Ölung" als Sakrament für Sterbende, dem Missbrauch und des Missverständnisses des Sakrament verhaftet. Im Sprung erstarrt, könnte man sagen. Da sich das Vatikanum II mit der „Letzten Ölung" für Sterbende nicht völlig vom Sterben löste, trägt es entscheidend dazu bei, dass die angebotene Krankensalbung für Kranke von diesen erschrocken abgelehnt wird, weil sie es noch immer mit der „Letzten Ölung" gleichsetzen.

*Neben den Riten für getrennte Spendung von Krankensalbung und Wegzehrung soll ein zusammenhängender Ordo geschaffen werden, gemäß dem die Salbung dem Kranken nach der Beichte und vor dem Empfang der Wegzehrung erteilt wird. (SC 74)*

Damit wird eine satirische Definition von katholisch sichtbar: „Wie es war im Anfang, so auch jetzt und alle Zeit, bis in Ewigkeit. Amen." Man verbindet die „Krankensalbung" mit der „Wegzehrung" und bringt das Kranksein wieder mit Sterben und Tod in Verbindung. In einem Ritus zusammengefasst wird noch die Beichte an den Anfang gestellt werden.

Es steht außer Frage, dass eine Beichte am Ende des Lebens sinnvoll und heilvoll ist. Die Beichte sollte der „Wegzehrung" als stärkende „Seelenspeise" für den letzten Lebensweg und damit als Sterbesakrament vorausgehen. Die Praxis der „Wegzehrung" als Sterbesakrament ist seit dem 9. Jh. belegt. Mit der Verknüpfung der Beichte, der „Krankensalbung", die damit als „Letzte Ölung" missbraucht wird, und der „Wegzehrung" zu einem zusammenhängenden Ordo wurde in nicht nachvollziehbarer Weise an der Tradition festgehalten: Die Beichte steht für sich alleine, da es niemanden etwas angeht, ob ein Christ gebeichtet hat. Außerdem erfolgt sie unter Ausschluss der Öffentlichkeit. Die „Krankensalbung" ist nach Jak 5,14f ein Sakrament für Kranke und steht damit auch für sich alleine. Die „Wegzehrung" ist das Sterbesakrament. Wenn hierzu noch eine kurze Liturgie gewünscht wird, dann nicht durch die „Krankensalbung", sondern durch den „Sterbesegen".

*Die Zahl der Salbungen soll den Umständen angepaßt werden; die Gebete, die zum Ritus der Krankensalbung gehören, sollen so revidiert werden, daß sie den verschiedenen Verhältnissen der das Sakrament empfangenden Kranken gerecht werden. (SC 75)*

An SC 75 ist nichts auszusetzen: Die „Krankensalbung" soll öfters empfangen werden können. Da man nur einmal sterben kann, ist dies ein klares Zeichen dafür, dass mit SC 75 die „Krankensalbung" als Sakrament für Kranke angesehen wird. Die Gebete sollen auf die verschiedenen Situationen angepasst sein.[1]

## Orientalium Ecclesiarum (OE) 27

*Unter Wahrung der erwähnten Grundsätze können Ostchristen, die guten Glaubens von der katholischen Kirche getrennt sind, wenn sie von sich aus darum bitten und recht vorbereitet sind, zu den Sakramenten der Buße, der Eucharistie und der Krankensalbung zugelassen werden. Ebenso ist es Katholiken erlaubt, dieselben Sakramente von nichtkatholischen Geistlichen zu erbitten, in deren Kirche die Sakramente gültig gespendet werden, sooft dazu ein ernstes Bedürfnis oder ein wirklicher geistlicher Nutzen rät und der Zugang zu einem katholischen Priester sich als physisch oder moralisch unmöglich herausstellt [OE 27]*

Es ist lobenswert, dass in OE 27 für die Buße, die Eucharistie – und damit auch für die „Wegzehrung" – und die „Krankensalbung" mit der Orthodoxen Kirche Sakramentengemeinschaft besteht. Das heißt, dass in Notfällen jeder orthodoxe Priester diese in vollkommener Übereinstimmung den katholischen Christen spenden und umgekehrt jeder katholische Priester sie einem orthodoxen Christen gültig spenden darf.

---

1 Das Leben ist bunt wie ein Regenbogen, ebenso sind es auch die verschiedenen Situationen der Kranken. Wie jedoch die Farben des Regenbogens grob in Rot, Orange, Gelb, Grün, Blau und Violett zusammengefasst sind, so kann auch das „Rituale" einerseits auf die häufigsten Situationen und andererseits auf die schwierigsten Situationen (z.B. bei einem Kind, nach einem Unfall, nach einem misslungenem Suizidversuch) eingehen.

*Durch die heilige Krankensalbung und das Gebet der Priester empfiehlt die ganze Kirche die Kranken dem leidenden und verherrlichten Herrn, daß er sie aufrichte und rette (vgl. Jak 5,14-16), ja sie ermahnt sie, sich bewußt dem Leiden und dem Tode Christi zu vereinigen (vgl. Röm 8,17; Kol 1,24; 2 Tim 2,11-12; 1 Petr 4,13) und so zum Wohle des Gottesvolkes beizutragen. [LG 11]*

Auch in LG 11 wird die „Krankensalbung" als Sakrament für die Kranken gesehen. Heute schwer vermittelbar ist die Leidenstheologie, wonach der Kranke sein Leiden mit dem Leiden Jesu vereinen soll. Das mag für einzelne Kranke zutreffend sein,[1] aber eine Mehrzahl der Gläubigen lehnt eine solche Leidenstheologie ab, zumal die Medizin alles dafür tut, dass die Kranken körperlich nicht leiden. Das eigene Leid als „Wohl des Gottesvolk" anzusehen, klingt heute wie eine Aussage aus dem finsteren Mittelalter.

Statt dieser Leidenstheologie könnte man darauf verweisen, dass in der Liturgie zwar 4 Gebetsformen - Gott zu loben, zu preisen, zu bitten und zu danken – gepflegt werden, dass es jedoch 5 Gebetsformen gibt: Mit Gott zu hadern, ihn anzuklagen, ja sogar mit ihm zu ringen. Dafür gibt es zahlreiche biblische Beispiele:

- In den Klageliedern bringt das Volk Israel seine Not klagend vor Gott.

- Auch in den Klagepsalmen wird Gott angeklagt. (z.B. Ps 22)

- Jakob hat sogar körperlich mit Gott gerungen. (Gen 32,23-33)

- Ijob wollte gegen Gott einen Rechtsstreit führen. (Ijob 13,3-8)

- Jesus betete am Kreuz den Anfang des Klagepsalm 22:
  „Mein Gott, mein Gott, warum hast du mich verlassen?" (Mt 27,46 / Mk 15,34)

Wenn also Jesus am Kreuz in seiner Not so gebetet hat und Christsein die Nachfolge Jesu bedeutet, dann dürfen wir in unserer Not, in unserem Leiden auch klagend vor Gott hin treten, mit gutem Gewissen. Diese Deutung hat die katholische Kirche bis heute verschlafen:

---

1 Ein unheilbar kranker Krebspatient sagte mir angesichts eines Kreuzes mit Korpus, das gegenüber seinem Bett an der Wand hing: „Abends vor dem Einschlafen halte ich mit diesem Jesus am Kreuz Zwiesprache. Ich sage zu ihm: 'Du hast Schmerzen. Ich habe Schmerzen. Du hast den Tod vor Augen. Ich habe den Tod vor Augen. Gemeinsam leiden wir jetzt. Gemeinsam werden wir den Weg in die ewige Glückseligkeit schaffen.'"

- Schmerzen werden als „Versuchungen Satans" gedeutet [Rituale, 12]

- durch Beten die Schmerzen besser ertragen [Rituale, 41]

- Gott lädt zum Gastmahl ohne Schmerz und ohne Trauer ein [Rituale, 74] (Jenseitsvertröstung)

- durch Krankensalbung sollen Scherzen gelindert werden [Rituale, 86]

- Jesus hat ein Herz für alle Leidenden, denn er hat Schmerzen mit uns geteilt [Benediktionale, 107]

- „wir preisen dich auch um der Schmerzen und des Todes willen" [Benediktionale, 188]

- „Durch Mittel beruhigt der Arzt den Schmerz" [Benediktionale, 326]

- Gott möge den Kranken Linderung ihrer Schmerzen gewähren [Benediktionale, 328]

- „Wenn ich dir anhängen werde mit meinem ganzen Wesen, dann wird mich keinerlei Schmerz und Trübsal mehr bedrücken" [KKK 45] (Leid als Entfernung von Gott)

- Leid ließ Gott zu, um „der Welt das Vollmaß seiner Liebe zu schenken" [KKK 760]

- „Schmerzlindernde Mittel zu verwenden, um die Leiden des Sterbenden zu erleichtern selbst auf die Gefahr hin, sein Leben abzukürzen, kann sittlich der Menschenwürde entsprechen, falls der Tod weder als Ziel noch als Mittel gewollt, sondern bloß als unvermeidbar vorausgesehen und in Kauf genommen wird." [KKK 2279] (sehr löblich)

- Die Kirche nimmt an den Freuden und Schmerzen der Menschen teil [AG 12]

- Die Rätsel von Tod, Schuld und Schmerz bleiben ohne Lösung. [GS 21]

Da die Begriffe des Leidens (leiden, Leid, Leiden) so zahlreich sind, wurden sie nur statistisch erfasst. Es wäre eine eigene Untersuchung wert, wie die „katholische Schriften" zum Leid stehen.

In den „katholischen Schriften" ist „hadern" nicht genannt. Zur Klage gibt es diese Aussagen:

- Die Propheten klagten Israel an. [KKK 761]

- Der ewige Tod ist eine beklagenswerte Wirklichkeit. [KKK 1056]

- Die Anklagen der Propheten werden nicht entkräftet. [KKK 426]

- Der Tod wird nicht mehr sein, nicht Trauer noch Klage. [Rituale, 127], [Benediktionale, 413]

- „Danach besteht das Alte Testament aus 46 (45, wenn man Jeremia und die Klagelieder zusammennimmt) und das Neue Testament aus 27 Schriften". [KKK 120]

- Die Klagerufe der Psalme bezeugen das Verlagen nach dem Heiligen Geist. [KKK 708]

- Bei Gott wird es „keine Trauer, keine Klage, keine Mühsal" geben. [KKK 1044]

- „die laute Klage des in Ägypten unterdrückten Volkes" [KKK 1867]

- „die Klage der Fremden, der Witwen und Waisen" [KKK 1867]

- „Aber der Lohn der Arbeiter, die eure Felder abgemäht haben, der Lohn, den ihr ihnen vorenthalten habt, schreit zum Himmel; die Klagerufe derer, die eure Ernte eingebracht haben, dringen zu den Ohren des Herrn der himmlischen Heere." [KKK 2445]

- „Unser Bittgebet ist auf geheimnisvolle Weise eine Antwort – Antwort auf die Klage des lebendigen Gottes". [KKK 2561]

- Abraham bringt eine „verhüllte Klage" vor Gott. [KKK 2570]

- Das Gebet der Propheten „ ist manchmal eine Aussprache oder eine Klage, immer aber eine Fürbitte". [KKK 2584]

- Das Psalmengebet hat vielfältige Ausdrucksformen, ob „ als Lob-, Klage- oder Danklied, ...". [KKK 2588]

- „Das Neue Testament enthält kaum Klagegebete, wie sie im Alten Testament häufig vorkommen. Im auferstandenen Christus ist das Gebet der Kirche von Hoffnung getragen, auch wenn wir noch warten und uns Tag für Tag bekehren müssen." [KKK 2630]

In den „katholischen Schriften" ist klagen und Klage ausschließlich im biblischen Rückblick genannt. Dem aktuell lebenden Gläubigen wird weder Hadern noch Klagen als eine Gebetsform angeboten. KKK 2630 kann vielleicht die Antwort liefern: Als Christ hat man in der Hoffnung auf eine bessere Welt im Jenseits zu hoffen. Der Patient[1] habe

---

1 Der Begriff „Patient" stammt aus dem Lateinischen und bedeutet: leidend, duldend, erdulden.

somit keine Berechtigung, in seinem Leid mit Gott zu hadern, Gott anzuklagen.

In ihrer spiritueller Überlastung bleibt den Leidenden nur, entweder in mündiger Weise den Mut aufzubringen, mit Gott zu hadern, ihn anzuklagen oder den Kontakt mit Gott aufzugeben. Er ist nach den „katholischen Schriften" keine „Klagemauer", an die der Gläubige sein Leid vorbringen darf.

Als Christen sind wir berufen, in der „Nachfolge Christi" zu leben. [GS 43], [KKK 1694] „ Es gehört zur Nachfolge Christi, daß man die Gebote hält." [KKK 2053] Ordensleute sollen in besonderer Weise die Nachfolge Christi leben. [PC 2], [CIC 573] Dabei hat Jesus in seinem Leid am Kreuz zumindest begonnen, den Psalm 22 zu beten: „Mein Gott, mein Gott, warum hast du mich verlassen?" (Mt 27,46 / Mk 15,34) Warum sollen die Gläubigen in ihrer Not – in der Nachfolge Christi stehend – nicht in ähnlicher Weise beten?

In der Liturgie pflegen wir 4 Gebetsformen: Gott zu loben, zu preisen, zu bitten und zu danken. Die Bibel lehrt uns, dass es daneben noch eine 5. Gebetsform gibt, zu hadern, zu klagen. Dies ist kein Privileg des Alten Testaments, sondern wurde auch im Neuen Testament gelebt. Selbst Jesus hat es uns vorgelebt.

Wie die nachfolgende Tabelle zeigt, kommt die Klage in den „katholischen Schriften" nur verkümmert vor, wenn überhaupt. Dagegen werden die 4 anderen Gebetsformen z.T. recht häufig genannt. Es ist wünschenswert, dass auch die Klage und das Hadern in gleicher Weise in den „katholischen Schriften" ihren Niederschlag findet. Dann müssten die Gläubigen nicht mit schlechtem Gewissen hadern und klagen. Dann würden Gläubige sich nicht von Gott abwenden, weil sie in ihrem Leid diese 5. Gebetsform haben, über der sie weiterhin mit Gott in Kontakt bleiben können.

| | L | S | h | k | K | lo | Lo | pr | Pr | bi | Bi | da | Da |
|---|---|---|---|---|---|---|---|---|---|---|---|---|---|
| AA | 16 | | | | | 1 | | 1 | | | | | 2 |
| AG | 20 | 1 | | 1 | | 1 | 1 | 2 | | 1 | 1 | | 3 |
| CD | 8 | | | | | | | | | 2 | 1 | | |
| DH | | 1 | | 1 | | | | | | 1 | 2 | | 1 |
| DV | | | | | | 1 | | | | | | | |
| GE | | | | | | | | | | | 1 | | |
| GS | 50 | 5 | | 2 | | | 2 | 1 | | 2 | | | 3 |
| IM | 1 | | | | | | | | 1 | | | | |
| LG | 30 | | | | | 2 | 10 | 2 | | 5 | 1 | | 7 |
| NA | 4 | | | | | | | | | | | | |
| OE | 1 | | | | | | 1 | | | 2 | | | |
| OT | | | | | | | | | | 1 | | | |
| PC | 2 | | | | | 1 | 1 | | | | | | |
| PO | 10 | 1 | | 1 | | 2 | 4 | | | 8 | 1 | | 4 |
| SC | 7 | | | | | 3 | 4 | | | 2 | | | |
| UR | 6 | | | | | | 2 | 1 | | 1 | | | 2 |
| CIC | 28 | | | | 64 | | 2 | | | 26 | | | 3 |
| KKK | 211 | 23 | | 5 | 12 | 15 | 86 | 21 | 12 | 61 | 122 | 11 | 79 |
| Rituale | 73 | 18 | | 2 | 2 | 12 | 10 | 14 | 1 | 49 | 5 | 6 | 10 |
| Benediktionale | 92 | 6 | | | 1 | 104 | 94 | 158 | 48 | 460 | 35 | 60 | 128 |

Tab. 1 Anzahl der Begriffe in den „kirchlichen Schriften"

L = Leid, S = Schmerz, h = hadern, k = klagen, K = Klagen[1]

lo = loben, Lo = Lob, pr = preisen, Pr = Preis,

bi = bitten, Bi = Bitte, da = danken, Da = Dank

---

1 Im CIC kommt „Klage" (auch Klageanspruch, Klageantrag, Klagebegehren, Klagevortrag, ...) ausschließlich im Sinne einer gerichtlichen Klage vor.

# Presbyterorum Ordinis (PO) 5

*Die Priester richten in der Krankensalbung die Kranken auf [PO 5]*

Diese Aussage von PO 5 ist eindeutig zweideutig[1] und damit missverständlich. Jede Position zur „Krankensalbung" kann das herauslesen, was sie darin erkennen möchte: Die Einen sehen darin (auch) ein seelisches Aufrichten, um das eigene Sterben anzunehmen und mit der „Letzten Ölung" gestärkt ins Jenseits zu gehen. Die Anderen sehen darin ein körperliches Aufrichten, gemäß Mk 1,30f: „Die Schwiegermutter des Simon lag mit Fieber im Bett. Sie sprachen sogleich mit Jesus über sie und er ging zu ihr, fasste sie an der Hand und richtete sie auf. Da wich das Fieber von ihr und sie diente ihnen."

*Am meisten sollen sie für die Kranken und Sterbenden besorgt sein, sie besuchen und im Herrn aufrichten. [PO 6]*

Das Aufrichten der Kranken kann durch die „Krankensalbung", das Aufrichten der Sterbenden kann durch die „Wegzehrung" verstanden werden. PO 6 schreibt es lediglich im Zusammenhang mit dem Besuch der Kranken und der Sterbenden. Es ist vollkommen offen, durch was nach PO 6 die Kranken aufgerichtet werden sollen. Dem Wort nach sollen sie durch den Krankenbesuch aufgerichtet werden. Doch Priester haben für Kranke und Sterbende mehr zu bieten als nur ein seelsorgliches Gespräch.

Seit dem Vatikanum II sind inzwischen 2 Generationen vergangen. Noch immer begegne ich bei meiner Funktion als Klinikseelsorger erschrockenen Gesichtern, manchmal schon beim Betreten des Krankenzimmers. „Hat man Sie geschickt?" oder „Soweit ist es bei mir noch nicht" oder gar „Ich will noch nicht sterben!" sind dabei die häufigsten Äußerungen. Dies zeigt, wie tief die Vorstellung in den Köpfen der Menschen steckt, dass der Pfarrer kommt, wenn der Arzt mit seiner Kunst am Ende ist und jetzt das Sterben ansteht. Es ist ernüchternd, festzustellen, dass selbst nach 60 Jahren PO 6 die Sorge der Priester um die Kranken noch nicht angekommen ist. Noch immer wird der Krankenbesuch des Priesters in einem Krankenhaus mit einem baldigen Tod in Verbindung gebracht.

---

1 Es ist unklar, ob diese eindeutige Zweideutigkeit als Kompromissformel das Ergebnis einer Diskussion war. Da es hierbei um den Priester und sein Selbstverständnis geht, kann es gut gewesen sein, dass hier zwei Positionen aufeinander getroffen sind, die schließlich zu dieser Kompromissformel führten.

## Zusammenfassung

An 6 Stellen in 4 Dokumenten des Vatikanums II wird die „Krankensalbung" genannt. Dabei wird sie an 2 Stellen als „Letzte Ölung" verstanden, an 3 Stellen als „Krankensalbung". In OE 27 wird sie lediglich genannt, aber weder Kranken noch Sterbenden zugeordnet. In PO 5 ist die Aussage über die „Krankensalbung" eindeutig zweideutig.

Die Einordnung der „Krankensalbung" lässt sich nach den Dokumenten des Vatikanums II sowohl als „Krankensalbung" als Sakrament für

| Quelle | KS | LÖ |
|--------|----|----|
| SC 73 | X | X |
| SC 74 | | X |
| SC 75 | X | |
| OE 27 | - | - |
| LG 11 | X | |
| PO 5 | ? | ? |

Tab 1 Verständnis der Krankensalbung im Vatikanum II

die Kranken verstehen, wie auch als „Letzte Ölung" als Sakrament der Sterbenden. Mit dieser sowohl-als-auch-Strategie erwies sie der Pastoral einen Bärendienst: Die Traditionalisten sehen darin die „Letzte Ölung", weswegen diese Kranken das Angebot der Krankensalbung ablehnen. Doch genau diese Hinwendung an die Kranken ist in SC 73 mit einer Aussage ausdrücklich formuliert. Aber die andere Aussage von SC 73 verharrt weiterhin bei der „Letzten Ölung" als Sakrament für die Sterbende. Dadurch ist die „Krankensalbung" für viele Kranke ein gefürchtetes Sakrament, und wird der Priester im Krankenhaus bei seinem Krankenbesuch, gemäß PO 6, noch immer als „Todesbote" verstanden.

## 1.7.3 Beschlüsse zur Wegzehrung

Das Vatikanum II behandelt die Wegzehrung in 3 Dokumenten:

### Sacrosanctum Concilium (SC) 74:

*Neben den Riten für getrennte Spendung von Krankensalbung und Wegzehrung soll ein zusammenhängender Ordo geschaffen werden, gemäß dem die Salbung dem Kranken nach der Beichte und vor dem Empfang der Wegzehrung erteilt wird.*

Den Konzilsvätern ist es wichtig, dass kein Sterbender die Wegzehrung unwürdig empfängt, d.h. im Zustand schwerer Sünde. Daher soll vor dem Empfang der Wegzehrung der Sterbende noch beichten.

## Lumen Gentium (LG) 29:

*Sache des Diakons ist es, je nach Weisung der zuständigen Autorität, feierlich die Taufe zu spenden, die Eucharistie zu verwahren und auszuteilen, der Eheschließung im Namen der Kirche zu assistieren und sie zu segnen, die Wegzehrung den Sterbenden zu überbringen, vor den Gläubigen die Heilige Schrift zu lesen, das Volk zu lehren und zu ermahnen, dem Gottesdienst und dem Gebet der Gläubigen vorzustehen, Sakramentalien zu spenden und den Beerdigungsritus zu leiten.*

Neben der Aufgabe des Priesters ist es auch Aufgabe des Diakons, die Wegzehrung zu den Sterbenden zu bringen.

## Gaudium et Spes (GS) 38:

*Ein Angeld dieser Hoffnung und eine Wegzehrung hinterließ der Herr den Seinen in jenem Sakrament des Glaubens, in dem unter der Pflege des Menschen gewachsene Früchte der Natur in den Leib und das Blut des verherrlichten Herrn verwandelt werden zum Abendmahl brüderlicher Gemeinschaft und als Vorfeier des himmlischen Gastmahls.*

Die Wegzehrung ist als Vorfeier des himmlischen Gastmahls ein „Angeld" der Hoffnung, das uns Jesus gegeben hat.

## 1.7.4 Sonstige Beschlüsse

### Todesgefahr

*Ferner soll eine Kurzform des Taufritus geschaffen werden, den die Katechisten, vor allem die in Missionsländern, und in Todesgefahr die Gläubigen allgemein gebrauchen können, wenn kein Priester oder Diakon anwesend ist.*

SC 68: Für Nottaufen soll für die Laien eine Kurzform des Taufritus geschaffen werden.

*Der gleiche Apostel lehrt uns, daß wir allezeit das Sterben Jesu an unserem Leibe tragen, auf daß auch das Leben Jesu offenbar werde an unserem sterblichen Fleische (31).*

SC 12: Wir Menschen sind Sterbliche. Wie alles Lebendige werden auch wir Menschen sterben.

*Vom Bösen getäuscht, wurden freilich die Menschen oft eitel in ihren Gedanken, vertauschten die Wahrheit Gottes mit der Lüge und dienten der Schöpfung mehr als dem Schöpfer (vgl. Röm 1,21.25) oder sind, ohne Gott in dieser Welt lebend und sterbend, der äußersten Verzweiflung ausgesetzt.*

LG 16: Auch Nicht-Christen können glücklich leben.

*Sache des Diakons ist es, je nach Weisung der zuständigen Autorität, feierlich die Taufe zu spenden, die Eucharistie zu verwahren und auszuteilen, der Eheschließung im Namen der Kirche zu assistieren und sie zu segnen, die Wegzehrung den Sterbenden zu überbringen, vor den Gläubigen die Heilige Schrift zu lesen, das Volk zu lehren und zu ermahnen, dem Gottesdienst und dem Gebet der Gläubigen vorzustehen, Sakramentalien zu spenden und den Beerdigungsritus zu leiten.*

LG 29: Der Diakon als Befehlsempfänger. Selbständiges Handeln ist offensichtlich unerwünscht.

*Das war die Meinung der Väter und Lehrer der Kirche, die sagen, es sei Pflicht, die Armen zu unterstützen, und zwar nicht nur vom Überfluß (10). Wer aber sich in äußerster Notlage befindet, hat das Recht, vom Reichtum anderer das Benötigte an sich zu bringen (11). Angesichts der großen Zahl derer, die in der Welt Hunger leiden, legt das Heilige Konzil sowohl den Einzelnen als auch den öffentlichen Gewalten dringend ans Herz, sie möchten doch eingedenk des Väterwortes:*

*"Speise den vor Hunger Sterbenden, denn ihn nicht speisen, heißt ihn töten (12)",
jeder nach dem Maße dessen, was ihm möglich ist, Ernst damit machen, ihre
Güter mitzuteilen und hinzugeben und dabei namentlich jene Hilfen zu gewähren,
durch die sie, seien es Einzelne, seien es ganze Völker, sich selber helfen und
entwickeln können.*

GS 69: Die Worte „ihn töten" sind auf dem Hintergrund zu sehen, dass die heilige
Kommunion als „Brot des ewigen Lebens" (KKK 1212), „Brot der Engel, Himmelsbrot,
'Arznei der Unsterblichkeit' (Ignatius v. Antiochien, Eph. 20,2)" (KKK 1331) verstanden
wird.

Vor Hunger Sterbende nicht zu speisen, heißt, sie zu töten.

*Ferner mögen die Priester daran denken, daß alle Ordensmänner und
Ordensfrauen als ausgezeichneter Teil im Hause Gottes eine eigene Sorge für
ihren geistlichen Fortschritt zum Wohl der ganzen Kirche verdienen. Am meisten
sollen sie für die Kranken und Sterbenden besorgt sein, sie besuchen und im
Herrn aufrichten (30).*

PO 6: Ordensleute unterstützen die Priester in ihrer seelsorglichen Arbeit.

## Verstorbene

*Aus der tiefen Anerkennung dieser Gemeinschaft des ganzen mystischen Leibes
Jesu Christi hat die pilgernde Kirche seit den Anfängen der christlichen Religion
das Gedächtnis der Verstorbenen mit großer Ehrfurcht gepflegt (152) und hat
auch Fürbitten für sie dargebracht, "weil es ein heiliger und heilsamer Gedanke
ist, für die Verstorbenen zu beten, damit sie von ihren Sünden erlöst werden" (2
Makk 12,46).*

LG 50: Man soll der Verstorbenen gedenken und für sie beten.

# Tote

*Dieses Werk der Erlösung der Menschen und der vollendeten Verherrlichung Gottes, dessen Vorspiel die göttlichen Machterweise am Volk des Alten Bundes waren, hat Christus, der Herr, erfüllt, besonders durch das Pascha-Mysterium: sein seliges Leiden, seine Auferstehung von den Toten und seine glorreiche Himmelfahrt. In diesem Mysterium "hat er durch sein Sterben unseren Tod vernichtet und durch sein Auferstehen das Leben neugeschaffen".*

SC 5: Jesus hat durch seine Auferstehung den Tod vernichtet.

*Aus apostolischer Überlieferung, die ihren Ursprung auf den Auferstehungstag Christi zurückführt, feiert die Kirche Christi das Pascha-Mysterium jeweils am achten Tage, der deshalb mit Recht Tag des Herrn oder Herrentag genannt wird. An diesem Tag müssen die Christgläubigen zusammenkommen, um das Wort Gottes zu hören, an der Eucharistiefeier teilzunehmen und so des Leidens, der Auferstehung und der Herrlichkeit des Herrn Jesus zu gedenken und Gott dankzusagen, der sie "wiedergeboren hat zu lebendiger Hoffnung durch die Auferstehung Jesu Christi von den Toten" (1 Petr 1,3).*

SC106: Die Sonntagspflicht wurde damit definiert.

*Das Haupt dieses Leibes ist Christus. Er ist das Bild des unsichtbaren Gottes, und in ihm ist alles geschaffen. Er ist vor allem, und alles hat in ihm seinen Bestand. Er ist das Haupt des Leibes, welcher die Kirche ist. Er ist der Anfang, der Erstgeborene aus den Toten, auf daß er in allem den Vorrang innehabe (vgl. Kol 1,15-18). Durch die Größe seiner Macht herrscht er über Himmlisches und Irdisches, und durch seine alles überragende Vollkommenheit und Wirksamkeit erfüllt er den ganzen Leib mit dem Reichtum seiner Herrlichkeit (vgl. Eph 1,18-23).*

LG 7: Jesus Christus ist das Haupt der Kirche.

*Christus hat, von der Erde erhöht, alle an sich gezogen (vgl. Joh 12,32 griech.). Auferstanden von den Toten (vgl. Röm 6,6), hat er seinen lebendigmachenden Geist den Jüngern mitgeteilt und durch ihn seinen Leib, die Kirche, zum allumfassenden Heilssakrament gemacht.*

LG 48: Jesus machte die Kirche zum allumfassenden Heilssakrament.

*Wenn nämlich Christus erscheint und die Toten in Herrlichkeit auferstehen, wird der Lichtglanz Gottes die himmlische Stadt erhellen, und ihre Leuchte wird das Lamm sein (vgl. Offb 21,24). Dann wird die ganze Kirche der Heiligen in der höchsten Seligkeit der Liebe Gott und das "Lamm, das geschlachtet ist" (Offb 5,12), anbeten und mit einer Stimme rufen: "Dem, der auf dem Thron sitzt, und dem Lamm: Lobpreis und Ehre und Herrlichkeit und Macht in alle Ewigkeit" (Offb 5,13-14).*

LG 51: Im Himmel werden alle Menschen Christus anbeten.

*Der Mensch wird durch das Sakrament der Taufe, wenn es gemäß der Einsetzung des Herrn recht gespendet und in der gebührenden Geistesverfassung empfangen wird, in Wahrheit dem gekreuzigten und verherrlichten Christus eingegliedert und wiedergeboren zur Teilhabe am göttlichen Leben nach jenem Wort des Apostels: "Ihr seid in der Taufe mit ihm begraben, in ihm auch auferstanden durch den Glauben an das Wirken Gottes, der ihn von den Toten auferweckt hat" (Kol 2,12) (28).*

UR 22: Mit der Taufe wurden wir mit Christus begraben und werden mit ihm auferstehen..

*Wer ihn sieht, sieht auch den Vater (vgl. Joh 14,9). Er ist es, der durch sein ganzes Dasein und seine ganze Erscheinung, durch Worte und Werke, durch Zeichen und Wunder, vor allem aber durch seinen Tod und seine herrliche Auferstehung von den Toten, schließlich durch die Sendung des Geistes der Wahrheit die Offenbarung erfüllt und abschließt und durch göttliches Zeugnis bekräftigt, daß Gott mit uns ist, um uns aus der Finsternis von Sünde und Tod zu befreien und zu ewigem Leben zu erwecken. Daher ist die christliche Heilsordnung, nämlich der neue und endgültige Bund, unüberholbar, und es ist keine neue öffentliche Offenbarung mehr zu erwarten vor der Erscheinung unseres Herrn Jesus Christus in Herrlichkeit (vgl. 1 Tim 6,14 und Tit 2,13).*

DV 4: Wer Christus sieht, sieht den Vater.

*Durch diesen Geist, der das "Unterpfand der Erbschaft" (Eph 1,14) ist, wird der ganze Mensch innerlich erneuert bis zur "Erlösung des Leibes" (Röm 8,23): "Wenn der Geist dessen, der Jesus von den Toten erweckt hat, in euch wohnt, wird er, der Jesus Christus von den Toten erweckt hat, auch eure sterblichen Leiber lebendig machen wegen des in euch wohnenden Geistes" (Röm 8,11) (29).*

GS 22: Wenn wir den Geist Jesu besitzen, wird Jesus uns von den Toten auferwecken.

*Der Herr ist das Ziel der menschlichen Geschichte, der Punkt, auf den hin alle Bestrebungen der Geschichte und der Kultur konvergieren, der Mittelpunkt der Menschheit, die Freude aller Herzen und die Erfüllung ihrer Sehnsüchte (25). Ihn hat der Vater von den Toten auferweckt, erhöht und zu seiner Rechten gesetzt; ihn hat er zum Richter der Lebendigen und Toten bestellt. Von seinem Geist belebt und geeint, schreiten wir der Vollendung der menschlichen Geschichte entgegen, die mit dem Plan seiner Liebe zusammenfällt: "alles in Christus dem Haupt zusammenzufassen, was im Himmel und was auf Erden ist" (Eph 1,10). Der Herr selbst spricht: " Sieh, ich komme bald, und mein Lohn ist mit mir, einem jeden zu vergelten nach seinen Werken. Ich bin das Alpha und das Omega, der Erste und der Letzte, Anfang und Ende" (Offb 22,12-13).*

GS 45: Von Gottes Geist beseelt, schreiten wir zur Vollendung.

## 1.7.5 Urteile über die Entwicklung im II. Vatikanum

In der Liturgiekonstitution des Vaticanum II. wurde einmal noch die Bezeichnung „Letzte Ölung" (Extrema Unctio) verwendet, gleichzeitig aber dem älteren Namen „Krankensalbung" (Unctio infirmonim) der Vorzug gegeben [vgl. SC 73), der auch in den später verabschiedeten Konzilsdokumenten verwendet wurde (vgl. LG 11, OE 27). Der seither in kirchlichen Verlautbarungen ausschließlich gebrauchte Name „Unctio infirmorum" / „Krankensalbung" entspricht dem in den Jahren der Liturgischen Bewegung wieder neu gewachsenen Verständnis des Krankensakraments. „Dieses bietet die Kirche nicht erst den auf den Tod Erkrankten zur Bewältigung ihres Sterbens an, sondern allen Schwerkranken zum Bestehen und zur Überwindung ihrer Krankheit." [Kaczynski, 247]

Es ist zu idealisiert beschrieben, wenn Kaczynski schreibt: „Die neue Sichtweise des Sakraments stimmt mit den aus der Alten und frühmittelalterlichen Kirche überkommenen Dokumenten und den in allen Kirchen, einschließlich der lateinischen, bis in die Gegenwart hinein verwendeten liturgischen Texten überein." [Kaczynski, 247] Denn in den kirchlichen Schriften führt die „Krankensalbung" als Sakrament für die Kranken gegenüber der „Letzten Ölung" als Sakrament für die Sterbenden noch immer ein Schattendasein.

Zum Umgang des Zweiten Vatikanums mit der Krankensalbung schreibt Winkler: „Dem Konzil gelingt es nicht, die Dimensionen der Krankensalbung so zu beschreiben, dass die in den Köpfen tief verwurzelte Verbindung von Salbung und Tod wirklich aufgelöst werden könnte." [Winkler, 431]

Der folgenschwerste Fehler zur Krankensalbung wurde in SC 74 mit der Forderung vorgenommen, dass neben den Riten für getrennte Spendung von Krankensalbung und Wegzehrung „ein zusammenhängender Ordo geschaffen werden (soll), gemäß dem die Salbung dem Kranken nach der Beichte und vor dem Empfang der Wegzehrung erteilt wird." Damit wurde die Krankensalbung wieder eindeutig in die Sterbestunde gerückt und im Rituale manifestiert.

Doch diese Einheit von Beichte, Krankensalbung und Wegzehrung ist in der Klinik in der Sterbestunde in sehr seltenen Fällen (kleiner 10%) überhaupt möglich, gewünscht wird diese von SC 74 gedachte Kombination in einer Sinneinheit weniger als 1‰. Damit scheitert diese theoretische Theologie zumindest an der Realität in Kliniken.

Es gilt hierbei zu bedenken:

1. Sterbeort

   Rund die Hälfte der in Deutschland Sterbenden versterben in einem Krankenhaus.[1] Bei vielen von ihnen haben die Angehörigen bis zuletzt Hoffnung auf ein Weiterleben.[2] Sterben wird damit auf die letzten Minuten vor dem Tod reduziert. Eine Segnung ist in dieser kurzen „Sterbephase" noch möglich, eine Beichte oder den Empfang der Wegzehrung schon nicht mehr.

2. Zeitfenster des Sterbens

   Die vielfältigen Möglichkeiten der modernen Medizin führt zur Verdrängung des Sterbens. Gestorben wird selten in Wochen und Monaten, sondern vermehrt in Stunden und Tagen. In dieser Phase haben viele Sterbende körperlich so abgebaut, dass sie kaum mehr sprechen und keine Wegzehrung empfangen können.

3. Verdrängung des Sterbens

   Hinzu kommt noch das Verdrängen des Sterbens. Dies reicht sogar so weit, dass Angehörige von auf Palliativstationen im Sterbeprozess befindliche Bewohner, die schon nicht mehr ansprechbar sind, mitunter verbieten, dass vom Sterben gesprochen und gebetet wird. Es wird der Tod bis zu dessen Eintritt ausgeblendet. Andererseits ist es den Angehörigen aber wichtig, dass noch ein Priester kommt und betet.

   Somit bleiben als seelsorgliche Handlungen Krankensalbung und Aussegnung übrig.

---

1  Den Ärzten wird zuweilen Übermenschliches zugemutet. Das wird insbesondere dran deutlich, dass mitunter Sterbende in Krankenhaus gebracht werden, in der Hoffnung, dass man sie wieder gesund mit nach Hause bekommt. Dabei sprechen die Zahlen von Statistischen Bundesamt eine klare Sprache: Von den in den Krankenhäusern verstorbenen Patienten sind 9% am Einlieferungstag und 11% am Tag nach der Einlieferung verstorben. - Faktum: Sterben ist keine Möglichkeit, ist keine Option.

2  In Weiden hat sogar ein Ehemann gerichtlich erwirkt, dass seine Ehefrau – an ihr wurde am 29.09.2023 der Hirntod festgestellt – intensivmedizinisch weiterbehandelt werden musste. Sogar die Chemotherapie musste fortgesetzt werden, obwohl es von medizinischer Seite aus kein Behandlungsziel gab. Es fanden mehrere Gerichtsprozesse statt, bis schließlich 106 Tage später, am 12.01.2024, der Hirntoten das Herz stehen blieb. Damit war auch dem Ehemann klar, dass seine Frau tot ist.

# 1.7.6 Von der „Letzten Ölung" zur „Krankensalbung"

## Umsetzung der Konzilsbeschlüsse

Das „Rituale" gibt die Umsetzung der Beschlüsse des Zweiten Vatikanischen Konzils wieder. Vergleicht man inhaltlich das alte und neue Rituale, ist dies festzustellen:

| | *bis 1972* | *seit 1972* | *wünschenswert* |
|---|---|---|---|
| Empfänger des Sakraments | Sterbende | in Todesgefahr | Kranke und in Todesgefahr |
| Spender des Sakraments | Priester | Priester | alle Hauptamtlichen der Seelsorge |
| Bezeichnung des Sakraments | Letzte Ölung | Krankensalbung | Krankensalbung |
| „Versehgang" | Beichte Letzte Ölung Wegzehrung | Beichte Krankensalbung Wegzehrung | Beichte Wegzehrung |

Tab. 1 Vergleich des alten mit dem neuen Rituale

Das Zweite Vatikanische Konzil bezog zu den Sterbenden nun auch Kranke in Todesgefahr als Empfänger des Sakrament mit ein. Die Spendung blieb weiterhin den Priestern vorbehalten. Die Bezeichnung des Sakraments wurde von „Letzte Ölung" zu „Krankensalbung" geändert. Der Versehgang blieb in seiner Dreiteilung erhalten.

Sachlich muss man daher sagen, dass das Zweite Vatikanische Konzil den Zeitpunkt für den Empfang vom Sterben auf Todesgefahr vorgezogen hat. Eine echte „Krankensalbung" als Sakrament für die Kranken wurde es damit aber nicht. Eine echte inhaltliche Rückkehr zu Jak 5,14f und der Praxis der ersten 9 Jh. wurde mit dem Zweiten Vatikanischen Konzil nicht erreicht.

Eine Google-Abfrage am 16.04.2024 zu „mit den Sakramenten der Kirche versehen" ergab ca. 137 Ergebnisse, eine mit „mit den Sakramenten versehen" ergab ca. 864 Ergebnisse.. Dies zeigt auf, dass den Menschen eine sakramentale Handlung am Lebensende wichtig ist.

In der Klinik erlebtes Verständnis zum Sterben werden häufig die Minuten der Sterbestunde verstanden. In diesen Minuten ist der Sterbende selten noch ansprechbar und damit nicht zur Beichte fähig. Auch eine Wegzehrung ist dann oft nicht mehr möglich. Somit wird die „Krankensalbung" als „Letzte Ölung" missbraucht.[1]

„Im Sprung gehemmt", lässt sich die Entwicklung des Zweiten Vatikanischen Konzils bei der Wandlung der „Letzten Ölung" zur „Krankensalbung" kurz beschreiben. Die Absicht in SC 73 ist klar erkennbar: Eine echte Rückkehr zu Jak 5,14f. Im „Rituale" umgesetzt wurde die Namensänderung des Sakraments von „Letzte Ölung" zu „Krankensalbung" und eine Erweiterung, dass auch Kranken „in Lebensgefahr" das Sakrament gespendet werden darf.

Fazit: Unter einer neuen Bezeichnung blieb das Alte erhalten und wurde lediglich für Kranke „in Lebensgefahr" erweitert.

## Sterben ist keine Option

„Nicht gut leben, sondern gut sterben, war das religiöse Ziel." [Auffahrth. Zitiert nach: Nimmervoll, 20]

Diese mittelalterliche Haltung schimmert noch heute in der Aussage durch, dass die Sterbestunde die wichtigste Stunde im Leben eines Christen sei.[2] Davon irregeleitet will man das Sterben ausschließlich in den letzten Minuten sehen, nicht in den letzten Stunden, schon gar nicht in den letzten Tagen oder gar in den letzten Wochen, in denen der Sterbende noch in der Lage gewesen wäre, die Beichte abzulegen und die Wegzehrung zu empfangen, die eigentlichen Sterbesakramente. Durch die Möglichkeit, dass man dann noch die „Krankensalbung" als „Letzte Ölung" zur Verfügung hat, unterstützt dieses Denken und dieses Hinausziehen.

---

1 Ich erlaube mir die Freiheit, bei Sterbenden den Sterbesegen zu beten, auch wenn von den Angehörigen eine „Krankensalbung" oder „Letzte Ölung" gewünscht wird. Bis weniger als 1% waren die Menschen froh und dankbar, dass mit dem Sterbesegen der Sterbende Gott anempfohlen wurde. Bei geringer 1% beharrten Angehörige oder Klinikpersonal auf einer „Krankensalbung" für Sterbende, was einem Missbrauch dieses Sakraments entspricht.

2 https://www.marienschwestern-vorau.at/chronik/gedenkgottesdienst-fuer-die-verstorbenen
https://www.pressreader.com/germany/rieser-nachrichten/20170306/282445643847633

„Sterben ist keine Option“, trifft durch den Fortschritt der Medizin bei vielen Menschen – Patienten wie auch Angehörigen – zu, selbst wenn der Sterbende auf der Intensivstation,[1] einer Palliativstation oder in einem Hospiz liegt. Selbst der vorliegende und mehrfach bestätigte Tod wird nicht akzeptiert, wie diese Anekdote aus Weiden zeigt:

*Am 29.09.2023 wurde an Petra F. der Hirntod diagnostiziert. Die Familie wollte dies nicht als Todesfeststellung anerkennen und wandte sich an das Amtsgericht. Die Amtsrichterin erließ hierauf eine einstweilige Verfügung, dass die Behandlung unverändert weitergeführt werden muss, auch die Chemotherapie gegen den Brustkrebs. Am 21.10.2023 bestätigte der renommierte Neurologe Frank Erbgut den Hirntod, doch die Richter des Oberlandesgerichts erkannten dies nicht an. Dabei ist es nach den Bestattungsgesetzen aller 16 deutschen Bundesländer die Aufgabe des Arztes, den Tod eines Menschen festzustellen, nicht eines Richters.[2] Im November 2023 beauftragte das Landgericht Weiden die Neurologin Stefanie Förderreuther mit einer weiteren Hirntoddiagnostik. Sie bestätigte, dass Petra F. schon lange hirntot ist. Bis zur Hauptverhandlung Mitte Januar 2024 sollte die intensivmedizinische Behandlung fortgesetzt werden.[3] Die Klinik versuchte gleich nach der Todesfeststellung am 29.09.2023 die Behandlungskosten auf die Familie F. zu übertragen, da ab der Feststellung des Hirntodes keine Krankenversicherung die Weiterbehandlung bezahlt.[4] Die Richterin des*

---

1  Es kommt immer wieder vor, dass Ärzte den Angehörigen mit deutlichen Worten begreifbar beschreiben, dass nun der unabwendbare Sterbeprozess begonnen hat und man mit der Fortsetzung der Therapie nur noch den Todeszeitpunkt um Tage verschiebt, den Tod aber nicht mehr verhindern kann, die Angehörigen aber die unveränderte Fortsetzung der intensivmedizinischen Behandlung fordert.

2  Hier haben die Richterin des Amtsgerichts wie auch die Richter des Landgerichts Weiden ihre Kompetenzen eindeutig überschritten und sogar gegen das Bestattungsgesetz wie auch den § 3 des Transplantationsgesetzes verstoßen. Ob dies den Strafbestand der Rechtsbeugung erfüllt, mögen Juristen entscheiden.

3  Damit verstießen die Richterin des Amtsgerichts und die Richter des Landgerichts gegen die Vorgabe der Bestattungsgesetze aller 16 Bundesländer, dass eine Todesfeststellung unverzüglich erfolgen muss. Die Richter ließen sich Monate Zeit. - Hätte ein Arzt sich diesen Verstoß gegen das Bestattungsgesetz erlaubt, wäre er von den Richtern verurteilt worden.

4  Für die Krankenkasse ist mit der Feststellung des Todes – auch des Hirntodes – das

*Amtsgerichts lehnte diesen Antrag ab. Am 12.01.2024 – 106 Tage nach der ersten Todesfeststellung und wenige Tage vor der angesetzten Hauptverhandlung am Landgericht Weiden – blieb das Herz von Petra F. stehen. Damit erfolgte in Weiden eine natürliche Klärung des Rechtsstreits über den Tod von Petra F. Karsten Polke-Majewski kommentierte dies gemildert mit den Worten: „Bürokratische Prozesse sind mehr wert als die Wahrung der Totenruhe."[1] Anhand der mehreren Verstöße gegen bestehende Gesetze ließe es auch so ausdrücken: „Richter sollten für Recht und Ordnung sorgen und keine durch Richter praktizierte Anarchie betreiben."*

Dabei ist der Fall aus Weiden nicht der erste Fall, bei dem die Hinterbliebenen den festgestellten Hirntod nicht als Tod des Menschen akzeptieren. Es ist nach den Bestattungsgesetzen aller 16 Bundesländer Aufgabe des Arztes, den Tod eines Menschen festzustellen. Nach § 3 Transplantationsgesetz gilt diese ausschließliche Aufgabe auch für die Feststellung des Hirntodes.[2] Im Jahr 2015 oder 2016 kam ein ähnlicher Fall in Worms vor Gericht.[3]

---

Versicherungsverhältnis zwischen Krankenkasse und dem Versicherten erloschen. Daher zahlt keine Krankenkasse die Weiterbehandlung nach der Todesfeststellung.

Liegt eine Zustimmung zur Organentnahme vor, wird der Hirntote bis zur Organentnahme intensivmedizinisch weiterbehandelt. Die Kosten tragen die Krankenkassen der Organempfänger.

Ist die Hirntote schwanger, wird die intensivmedizinische Behandlung bis zur Geburt des Kindes fortgesetzt. Die Kosten trägt hierbei die Krankenkasse der Hirntoten.

Anzumerken ist hierbei: Ein Behandlungstag auf der Intensivstation kostet zwischen 1.000 und 3.000 €. Wer die Behandlungskosten der 106 Tage von Petra F. gezahlt hat, ist unbekannt. Nach dem Verursacherprinzip müssten die Familie F. als Antragsteller beim Amtsgericht Weiden wie auch die Richterin am Amtsgericht sowie die Richter am Landgericht Weiden sich die Kosten von über 100.000 € teilen.

1 https://www.zeit.de/2024/30/medizin-hirntod-rechtsstreit-krankenhaus-gericht?freebie=5c6fc77a

2 Hinzu ist zu nennen, die Verabschiedung des Transplantationsgesetzes im Jahr 1997, seit 1998 auch die „Richtlinie zur Feststellung des Hirntodes", die seit der 4. Fortschreibung im Jahr 2015 vom Bundesministerium für Gesundheit genehmigt wurde.

3 https://www.organspende-wiki.de/wiki/index.php?title=Behandlungskosten

Doch nicht nur beim Hirntod neigen Menschen dazu, den eingetretenen Tod zu akzeptieren.

*Auf der Intensivstation kann hin und wieder erlebt werden, dass sich der Gesundheitszustand verschlechert und die kurative Behandlung zur palliativen Behandlung kippt. Mit den Angehörigen wird die Situation besprochen,. Man ist sich einig, dass alle intensivmedizinische Maßnahmen beendet werden, um das Sterben nicht künstlich zu verlängern, sondern einen möglichst natürlichen Sterbeprozess zu ermöglichen. Der Arzt erklärt anhand der EKG-Nulllinie am Überwachungsmonitor, dass der Tod eingetreten ist, und schaltet alle Geräte ab, auch das Beatmungsgerät. Somit können am Patienten keine Körperbewegungen mehr festgestellt werden. Nur die weichende Körperwärme zeugt noch von einem einstigen Leben. In dieser Situation fragen manchmal Hinterbliebene, ob er wirklich tot ist. Zuweilen wird auch gefragt, ob hier nur Scheintod vorliege. In übersteigerten Erwartungen an die Medizin meinen einige Menschen, dass die Intensivmedizin sogar den Tod aufheben oder gar rückgängig machen könne. Zeitungsartikel mit solchen Aussagen[1] schüren diese unrealistische Erwartungen.*

---

1   https://www.aargauerzeitung.ch/leben/dem-tod-von-der-schippe-springen-die-wissenschaft-glaubt-an-ewiges-leben-ld.1734912
https://www.watson.ch/international/wissen/103680751-forschung-wissenschaftler-reaktivieren-gehirne-von-toten-schweinen
https://www.rnd.de/wissen/das-kopierte-hirn-auf-ewig-ich-BG3GKOZSS6GQXJRCFQVYLL2DME.html

# 1.7.7 Entwicklung der Medizin im 20. Jh.

## Medizin der 1950er und 1960er Jahre

Das Zweite Vatikanische Konzil fand vom 11.10.1962 bis 08.12.1965 in 4 Sitzungsperioden statt:

- 1. Sitzungsperiode: 11.10.1962 bis 08.12.1962

- 2. Sitzungsperiode: 29.09.1963 bis 04.12.1963

- 3. Sitzungsperiode: 11.09.1964 bis 21.11.1964

- 4. Sitzungsperiode: 14.09.1965 bis 08.12.1965

Es waren Jahre, in denen der medizinische Fortschritt die Medizin wahrhaft revolutionierte. Dabei machte die Medizin in den 1950er und 1960er Jahren allein mit der Schaffung der Intensivmedizin eine revolutionäre Entwicklung durch. Was heute die Intensivmedizin zu leisten vermag, war zur Zeit des Zweiten Vatikanischen Konzils unvorstellbare Utopie.

Björn Ibsen erfand 1952 eine völlig neue Form der künstliche Beatmung. Sie legte in den Kliniken den Grundstein für die heutigen Intensivstationen. Vielen Menschen konnte damit das Leben gerettet werden. Andere starben intubiert, im künstlichen Koma. Beichte und Wegzehrung waren damit nicht mehr möglich, auch nicht die bewusste Teilnahme an der „Letzten Ölung". Es wurde kein Hinweis gefunden, der während des Konzils auf diese revolutionierenden Neuerungen der Medizin eingegangen wäre. Alle genannten Argumente waren theologischer oder pastoraler Natur, wie man die Lebenssituation der 1950er Jahre erlebte.

Mit der maschinellen künstlichen Beatmung konnte man dauerhaft Patienten beatmen, deren Eigenatmung vorübergehend oder dauerhaft ausgefallen ist. Damit war ein völlig neuer „Patiententyp" geschaffen, den es ohne künstlichen Beatmung zuvor nicht gar, weil sie ohne Eigenatmung verstarben. Es handelte sich um Hirntote. Am Beispiel Hirntod wird blitzlichtartig die 1950er und 1960er Jahre in der Medizin aufgezeigt, um diese gravierenden Umwälzungen nachvollziehen zu können:

- 1952 erfand Björn Ibsen die künstliche Beatmung mit Überdruck.

- 1957 beantworte Papst Pius XII. die Anfrage von Bruno Haid, ob man die Patienten ohne Hirnaktivität, die alle binnen 5 Tagen nach dieser Diagnose den Herztod sterben, bis zum Herzstillstand künstlich beatmen muss, mit Nein. Man darf die künstliche

Beatmung in diesem Falle beenden, was zum Herzstillstand binnen weniger Minuten führt.

- Im Januar 1959 veröffentlichte Pierre Wertheimer mit seinen Kollegen einen Artikel über 4 Hirntote unter der Überschrift „sur la mort du système nerveux" (Der Tod des Nervensystems).

- Im Juli 1959 veröffentlichten Pierre Mollaret und Maurice Goulon einen Artikel über 23 Hirntote. Den Zustand nannten sie "Coma dépassé" (jenseits des Komas, überschrittenes Koma).

- 1960 veröffentlichte Pierre Wertheimer mit seinen Kollegen, dass sie nach Feststellung des Hirntodes die künstliche Beatmung beendet haben.

- 1962 nannte Pierre Mollaret in einem Artikel den Hirntod als „maskierten" Tod.

- 1963 setzten Tönnis und Frowein den „zerebralen Tod", wie sie den Hirntod nannten, mit dem Tod des Menschen gleich und beendeten die Therapie an Hirntoten.

- 1964 wurde auf dem Deutschen Chirurgenkongress eine erste einfache Hirntoddiagnostik verabschiedet.

- 1966 führte die französische „Académie Nationale de Médicine" den Hirntod als neues Todeskriterium ein.

- Im April 1968 definierte die Deutsche Gesellschaft für Chirurgie den Hirntod als Tod des Menschen.

- Am 05. August 1968 definierte die Ad-Hoc-Kommission der Harvard University den Hirntod als den Tod des Menschen.[1]

- Am 05. August 1968 verabschiedete die 22. Weltärzteversammlung die „Declaration of Sydney". Darin wird der Hirntod dem Tod des Menschen gleichgesetzt.

- Am 25. Januar 1969 setzte die Schweizerische Akademie der Medizinischen Wissenschaften den Hirntod mit dem Tod des Menschen gleich.

---

1 In ihrem Artikel schrieben sie vom „irreversiblen Koma", aber der von ihnen beschriebene Test stellt kein irreversibles Koma fest, sondern den Hirntod. Dies ist der größte sprachliche Betriebsunfall der Medizingeschichte, der bis in die Gegenwart hinein für Verwirrung sorgt.

Bereits in den 1940er Jahren schrieb der Reanimationsforscher Vladimir A. Negovsky (1909-2003):

*Für eine lange Zeit waren wir der Ansicht, dass die jüngste Kontraktion des Herzens der letzte 'Akkord des Lebens' sei. Wir sprechen jetzt nicht so, denn nach Beendigung der Herztätigkeit ist noch für einige Minuten die Wiederherstellung des zentralen Nervensystems möglich. In der Tat sind der letzte 'Akkord des Lebens' die noch verbleibenden Zeichen der Vitalität des Gehirns.*

Doch erst mit der Einführung der künstlichen Beatmung durch Björn Ibsen zeigte sich die Wahrheit dieser Worte. Daher ist es nicht verwunderlich, dass in den 1960er Jahren erst einzelne Mediziner, dann Gruppen von Mediziner den Hirntod als den Tod des Menschen ansahen.

Diese Erkenntnis führte – zusammen mit der ersten Herztransplantation im Dezember 1967 - zu einer Metamorphose des Menschenbildes: Das Herz war nicht mehr länger Sitz der Seele, sondern lediglich ein Muskel, der austauschbar war. Das Gehirn trat an dessen Stelle. Wenn das Gehirn in seiner Gesamtheit (Großhirn, ‚Kleinhirn und Hirnstamm) irreversibel ausgefallen ist, ist der Mensch tot. In den Jahren 1985, 1989, 2006 und 2012 beschäftigte sich die Päpstliche Akademie der Wissenschaften (PAS) mit der Frage, ab wann der Mensch als tot anzusehen sei. Bei allen diesen Arbeitstreffen, zu denen hauptsächlich Mediziner, aber auch Philosophen und Theologen eingeladen waren, wurde festgestellt, dass mit Feststellung des Hirntods der Mensch als tot anzusehen ist. Dann hat sich die Seele vom Leib getrennt, so die PAS.

Auch muss gesagt werden, dass die medizinische Versorgung von Kranken und Sterbenden in den Kliniken zur Zeit des Zweiten Vatikanischen Konzils in etwa dem entspricht, was heute der medizinische Versorgung durch die Hausärzte entspricht, wenn man von der künstlichen Beatmung absieht.

## Medizin von 1970 bis 2020

Hardy-Thorsten Panknin beschreibt in seinem 5-teiligen Artikel „Medizinfortschritt mi t Nebenwirkung" die Leistungen „der Hightechmedizin in den letzten 50 Jahren in Deutschland". Hieraus sind die Angaben entnommen:

Die gemeingefährlichen Infektionskrankheiten wie Pest, Cholera, Aussatz, Pocken, Diphtherie, Scharlach oder Geschlechtskrankheiten waren entweder völlig oder fast ganz verschwunden. Die mittlere Lebenserwartung stieg in diesen 50 Jahren um über 10 Jahre. [Panknin 1, 64]

Die Hightechmedizin kann den Tod hinausschieben. Vielen Patienten wird somit Lebenszeit geschenkt. In der Umkehr bedeutet dies, dass der Zeitpunkt des Sterbens nicht selten von Menschen bestimmt wird. Nach Schätzungen der amerikanischen Krankenhausgesellschaft sind circa 40 Prozent aller Sterbefälle in Kliniken mit Entscheidungen über die Begrenzung von Behandlungen gegenwärtig verbunden. [Panknin 3, 56]

Die operationsbedingte Letalität konnte wesentlich gesenkt werden. Letalitätsraten von 10-20 Prozent noch weit bis in die 1980er-Jahre wurden auf unter 4 Prozent reduziert. Auch die Spätergebnisse der Krebsoperationen konnten deutlich verbessert werden; so ließ sich stadienorientiert die 5-Jahres-Überlebenszeit nach chirurgischer Resektion verdoppeln. [Panknin 3, 56]

Die immensen Fortschritte in der Medizin auf der Ebene von Diagnose und Therapie ermöglichen die Steigerung der diagnostischen Genauigkeit und damit eine gezieltere Therapie. Sie erreichen eine Verkürzung der Behandlungszeiten und des Behandlungsumfangs, steigern die Behandlungsintensität und führen letztendlich zu einer besseren Ergebnisqualität. [Panknin 3, 56]

Dabei sollte nicht außer Acht gelassen werden: Krankheit ist nicht immer schicksalhaft, sondern häufig durch die Art der Lebensführung beeinflusst. Rauchen, Alkohol, gefährliche Sportarten, Bewegungsmangel, Leichtsinn im Straßenverkehr, infektionsgefährdete Verhaltensweisen, zum Beispiel risikoreiche sexuelle Praktiken in Verbindung mit Promiskuität, Reisen in Länder mit hoher Infektionsgefährdung (Zoonosen), übermäßiger Verzehr von Genussmitteln, besonders synthetische Drogen und Übergewicht sind hier als typische Beispiele zu konstatieren. Gesundheit wird vermehrt zu einem Anliegen der Erziehungswissenschaft werden müssen. [Panknin 4,70]

Richard Kaufmann schrieb: „Man stirbt nicht wirklich, man wird immer noch einmal aufgefangen im Netz der medizinischen Fortschritte. Die Medizin wird, so hofft der Kranke, in immer kürzeren Intervallen - nach der ersten, zweiten, dritten Pneumonie, dem Oberschenkelhalsbruch, der Radikaloperation - auch das nächste Mal wie der Magier einen noch unbekannten Trick produzieren, mit dem der Tod besiegt wird." [Panknin 1, 65]

Dies führt zu hohen Kosten am Lebensende: 70 Prozent der medizinischen Kosten im Leben eines Menschen würden in den letzten zwei Jahren seiner Existenz anfallen; 50 Prozent davon sogar im letzten Lebensjahr. Zyniker formulieren dahingehend: Ärzte würden heute mehr in den Tod als in das Leben investieren. Für Menschen aller

Altersgruppen gilt vielmehr: In der Regel schnellen die Kosten 12-18 Monate vor dem Tod in die Höhe. [Panknin 3, 57]

Die längere Lebenserwartung hat aber auch ihren Preis: In den dazugewonnenen Jahren nehmen die Krankheiten an Zahl und Intensität zu. Die Menschen werden älter, aber auch kränker. Hinzu kommt, dass auch, dass wir durch den Wohlstand eine ungesunde Lebensweise angewöhnt haben. Ebeso der Irrglaube, dass die Medizin alles reparieren könne, was durch ungesunde Lebensweise kaputt gemacht wurde. Das heißt, es werden immer weniger Menschen gesund alt. Auch nimmt die Anzahl der chronisch Kranken zu. [Panknin 3]

Entsprechend haben sich auch das Kranksein – nicht die Krankheiten, sondern die Therapiemöglichkeiten – und das Sterben völlig verändert. Damit entsprechen die Konzilsbeschlüsse nicht mehr der Praxis in den heutigen Krankenhäusern. Man geht von einem bewussten Sterben aus, das von der Mehr-Generationen-Familie zu Hause begleitet wird und dass in jeder Pfarrei binnen kürzester Zeit ein Priester zur Stelle sein kann, wenn ein Mensch stirbt.

Ab den 1950er Jahren wurden flächendeckend die Intensivstationen aufgebaut, zunächst oft als „Reanimationszentren" bezeichnet Diese revolutionäre Entwicklung in der Medizin wurde im Zweiten Vatikanischen Konzil überhaupt nicht berücksichtigt. Man ging von einem Sterben zu Hause aus, was für die heutige Situation in Mitteleuropa kaum mehr zutrifft.

# 2 Die heutige Situation

## 2.1 Verständnis in Hochschulschriften

### 2.1.1 Statistische Auswertung

Das heutige Verständnis von „Krankensalbung" und „Letzter Ölung" ist im Schrifttum greifbar. In wissenschaftlichen Arbeiten sollte der aktuelle Stand wiedergegeben werden. Da dem Verfasser für eine Metaanalyse zum Hirntodkonzept[1] über 1.800 Hochschulschriften[2] (HSS) mit „Hirntod" oder „Hirnfunktionsausfall" im Text zur Verfügung steht, untersuchte er, was in diesen wissenschaftlichen Arbeiten aus den Jahren 1971 bis Ende 2023 zu „Letzter Ölung", „Krankensalbung" , „Wegzehrung" und „Viaticum" steht.[3]

**Letzte Ölung**

In 13 HSS fand sich an 46 Stellen der Ausdruck „Letzte Ölung". Diese HSS stammten aus den Jahren 2006 bis 2022. Bis auf wenige Stellen, die auf die Kirchengeschichte Bezug nahmen, bezogen sich alle Stellen auf die Gegenwart. Auch hier wird von „Letzter Ölung" als das Sterbesakrament gesprochen.

So stellt z.B. ein Theologe in seiner Dissertation (2006) die Frage: „Ist die Letzte Ölung gültig, wenigstens solange man eine Herztätigkeit feststellen kann, auch die eigentlichen Lebensfunktionen schon verschwunden sind und Leben nur noch vom Funktionieren eines Atmungsapparats abhängt?"[4]

---

1   Gleichsetzung von Hirntod und Tod des Menschen.

2   46 Habilitationen, 1.067 medizinische, 109 philosophische, 131 rechts-wissenschaftliche, 50 rechtsmedizinische, 20 theologische, 46 veterinärmedizinische und 160 sonstige Dissertationen, dazu 48 Bachelorarbeiten und 27 medizinische, 18 philosophische, 63 rechtswissenschaftliche, 28 theologische und 47 sonstige Masterarbeiten.

3   Diese HSS haben zwar nicht ausdrücklich sakramentale Handlungen am Lebensende im Blick, aber in Schriften mit „Hirntod" oder „Hirnfunktionsausfall" im Text geht es eindeutig um Sterben und Tod von Menschen. In diesem Zusammenhang kann durchaus „Letzte Ölung", „Krankensalbung" , „Wegzehrung" und „Viaticum" genannt sein.

4   Da kein Verfasser an den Pranger gestellt werden soll, entfällt die Quellenangabe.

Ein anderer Theologe beklagt in seiner Dissertation (2014): „Einige BewohnerInnen haben auf die Einladung zu diesem Gottesdienst mit Erschrecken reagiert, weil sie den Ausdruck 'Krankensalbung' als neuen Ausdruck für 'letzte Ölung', für ein Sterberitual kennen gelernt haben."

Ein Theologe schreibt in seiner Dissertation (2022): „Faktisch wird im Krankenhaus die Krankensalbung meist in Todesgefahr als Letzte Ölung gespendet. Aktiv anbieten muss man die Krankensalbung in dieser Situation jedoch nicht. Hierher gehört viel angemessener der Sterbesegen."

Bedenkenswert ist hierbei, dass alle diese HSS über 30 Jahre nach der Einführung der Krankensalbung als Sakrament der Kranken verfasst wurde. Wenn man davon ausgeht, dass diese HSS vor dem 30. Lebensjahr geschrieben wurden, wurden die Verfasser nach 1974 und damit nach der Einführung des Rituales „Die Feier der Krankensalbung" geboren. Ihre schulische religiöse Bildung müssten sie somit mit dem Verständnis der „Krankensalbung" erhalten haben. Zumindest bei diesen Autoren scheint sie jedoch mit dem Verständnis der „Letzten Ölung" erfolgt zu sein.

## Krankensalbung

In 35 HSS fand sich  an 238 Stellen der Ausdruck „Krankensalbung" . In 25 HSS wurde die „Krankensalbung" im Verständnis einer „Letzten Ölung" und damit als Sterbesakrament genannt. Damit betrachten 71% der HSS die „Krankensalbung" als Sterbesakrament. Dabei wurden alle diese HSS im Jahre 2005 und später verfasst, die meisten nach 2010.

Differenziert man die Aussagen nach den einzelnen Fächern, aus denen die Aussage stammt, dass die Krankensalbung ein Sterbesakrament sei, ergibt sich dieses Bild:

3 medizinische HSS, gemessen am Gesamtanteil, die die Krankensalbung nennen (= 35) sind dies 8,6%, gemessen an der Anzahl der medizinischen HSS sind dies 0,3%.

| *Fach* | *Anteil* | *Anz.* | % | / % |
|---|---|---|---|---|
| Medizin | 1.094 | 3 | 8,6 | 0,3 |
| Philosophie | 194 | 10 | 28,6 | 5,2 |
| Recht | 194 | - | - | - |
| Theologie | 48 | 7 | 20,0 | 14,6 |
| Sonstige | 330 | 5 | 14,3 | 1,5 |
| Summe | 1.860 | 25 | 71,4 | 1,3 |

Tab. 1 Krankensalbung als Sterbesakrament

10 philosophische HSS, gemessen am Gesamtanteil, die die Krankensalbung nennen (= 35) sind dies 28,6%, gemessen an der Anzahl der philosophischen HSS sind dies 5,2%.

7 theologische HSS, gemessen am Gesamtanteil, die die Krankensalbung nennen (= 35) sind dies 20,0%, gemessen an der Anzahl der medizinischen HSS sind dies 14,6%.

5 sonstige HSS; gemessen am Gesamtanteil, die die Krankensalbung nennen (= 35) sind dies 14,3%, gemessen an der Anzahl der medizinischen HSS sind dies 1,5%.

Jede 7. theologische HSS – alle aus den Jahren 2005 bis 2022, also 30 bis 47 Jahre nach der Einführung der Krankensalbung in Deutschland durch das „Rituale" – bezeichnete die Krankensalbung als Sakrament für Sterbende. Dabei sollten wissenschaftliche Arbeiten den aktuellen Stand der Wissenschaft wiedergeben. Es ist erschreckend, festzustellen, dass die Beschlüsse des Zweiten Vatikanischen Konzils (1962-1965) und ihre Umsetzung (zur Krankensalbung im Jahr 1975) nach über 30 Jahren bei 14,6% der Theologen noch nicht angekommen ist.

Auf die theologische Dissertation von Jacek Kedzierski „Ritual und Erfahrung österlicher Hoffnung. Eine Interkontextuelle pastoraltheologische Analyse von Sterbebegleitungsprozessen in der Innsbrucker Klinikpastoral" aus dem Jahr 2016 ist besonders hinzuweisen, da er seine Dissertation dazu verwendet, die „Krankensalbung" als „Letzte Ölung" zu manifestieren. Dabei verwendet er 5 Mal den Begriff „Letzte Ölung" und 286 Mal den Begriff „Krankensalbung". Kedzierski nennt in seiner 361-seitigen Dissertation an keiner Stelle das Weihegebet, das der Bischofs über das Krankenöl betet.[1] Daher besitzt Kedzierski offensichtlich nicht das Wissen um die

---

1 „... das Krankheit, Schmerz und Bedrängnis vertreibt, heilsam für den Leib, für Seele und Geist."

Intension dieses Weihegebetes, oder er blendet es bewusst aus, damit seine Argumentation nicht gefährdet ist. Eine theologische und pastorale Auseinandersetzung der Dissertation von Jacek Kedzierski muss aus Platzgründen unterbleiben. Es werden hier jedoch andere HSS mit ihre befürwortenden Haltung der „Krankensalbung" als „Letzte Ölung" wiedergegeben.

## Wegzehrung

In 6 HSS fand sich an 36 Stellen der Ausdruck „Wegzehrung". Dabei handelt es sich um 5 theologische und eine medizinische HSS.

Eine theologische Dissertation (2016) schreibt hierzu: „Die Wegzehrung drückt in besonderer Weise die Teilnahme am Geheimnis des Todes des Herrn und seines Hinübergangs zum Vater aus, welches im Messopfer gefeiert wird." Sie betont ausdrücklich: „Im Falle von Todesgefahr sind alle Getauften, welche die heilige Kommunion empfangen können, zum Empfang der Wegzehrung verpflichtet." Aus der Praxis räumt jedoch der Verfasser ein: „Meine bisherige Erfahrung zeigt jedoch, dass Sterbende meistens in den letzten Stunden ihres Lebens nicht imstande sind, die Wegzehrung anzunehmen. Es ist eher die Spendung der Krankensalbung möglich, falls ein Priester kommen kann." Diese Erfahrung machen auch andere Theologen in ihren HSS.

Dass Sterbende und/oder Angehörige das Sterben erst dann beginnen zu akzeptieren, wenn der Empfang der Wegzehrung unmöglich ist, weil der Sterbende zu schwach ist oder gar schon komatös ist, führte mit dazu, dass man für das versäumte Sakrament einen sakramentalen Ersatz haben will. Da es bis zum Zweiten Vatikanischen Konzil hierfür die „Letzte Ölung" gab, holt man diese unter der Bezeichnung der „Krankensalbung" hervor. Dass dies ein Missbrauchs des Krankenöls ist, wird dabei nicht in den Blick genommen.

## Viaticum

In 4 HSS fanden sich an 24 Stellen der Ausdruck „Viaticum." Alle 4 HSS wurden im Fach der Theologie geschrieben.

Bemerkenswert ist, dass Jacek Kedzierski in seiner Dissertation einem Unterkapitel den Titel „Eucharistie als das eigentliche Sterbesakrament – das Viaticum" gab, aber inhaltlich in seiner Dissertation die „Letzte Ölung" als „Krankensalbung" wieder aufleben lassen möchte. So betont Kedzierski: „Die Eucharistie, die für Sterbende gefeiert wird, wird als das österliche Mahl verstanden, als die Krankenkommunion, die man am Sterbebett erteilt und letzten Endes als Viaticum, das wichtigste Sterbesakrament." Mit den letzten drei Worten gibt er den Hinweis, dass es mehrere Sterbesakramente gibt.

## Sterbesakrament

In 21 HSS fanden sich an 34 Stellen der Ausdruck „Sterbesakrament. Dabei handelt es sich um 3 medizinische, 2 philosophische, 4 juristische, 6 theologische und 6 sonstige HSS.

In je einer theologischen HSS wurde zum Begriff „Sterbesakrament" im gleichen Satz die „Beichte", die „Krankensalbung", die „Letzte Ölung", die „Wegzehrung" und das „Viaticum" je einmal genannt. In keiner HSS der anderen Disziplinen wurden zum „Sterbesakrament" eine detailliertere Angabe gemacht. - Es ist erstaunlich, dass von den Theologen keine größere Übereinstimmung und keine größere Häufung erfolgte.

## 2.1.2 Zitate aus einer Hochschulschrift

Aussagen von theologischen Dissertationen zu „Krankensalbung" bzw. „Letzten Ölung" können hier nur kurz angerissen werden. Da die meisten aus der Zeit nach 2010 stammen, verdienen sie eine größere Beachtung und eine intensivere Auseinandersetzung.

Auf eine theologische Dissertation sei jedoch genauer eingegangen, weil sie mit ihren Aussagen zu „Krankensalbung", „Sterbesegen", „Viaticum" und „Aussegnung" aus den anderen HSS klar heraussticht.

Jürgen Janik gibt an, dass zwar „seit dem II. Vaticanum bevorzugt von Krankensalbung und nicht von Letzter Ölung gesprochen wird {vgl. SC 73), so sind in der Praxis in der Klinik ungefähr 90% der Krankensalbungen Letzte Ölungen in Sterbesituationen. Diese Bezeichnung, die weiterhin bei vielen Menschen fest verankert ist, wird von der Klinikseelsorge nicht gescheut." [Janik, 351] „Faktisch wird im Krankenhaus die Krankensalbung meist in Todesgefahr als Letzte Ölung gespendet." [Janik, 355] Hierbei ist die Nationalität[1] und die Arbeitsweise der Priester[2] zu berücksichtigen: Ich habe mehr Krankensalbungen als Sterbesegen, weil ich den Patienten das Sakrament der Krankensalbung als eine Bitte an Gott um Beistand in der Krankheit anbiete. Daher sind die genannten 90% in den richtigen Kontext zu setzen und zu betrachten. Es sollte daher immer die Rahmenbedingungen – in der Themenzentrierten Interaktion (TZI) wird es „Globe" genannt und kann entscheidend sein, wie diese moderne Sage aufzeigt[3] – genannt werden, unter denen solche Zahlen erstellt wurden.

Vorausdenkend zieht Janik aus der aktuellen pastoralen Situation den Schluss: „Wenn eine ethische Pflicht zum Beistand besteht, dann auch die 'Pflicht zur Spendung der Krankensalbung'. Um dieses Sakrament den kranken Menschen nicht vorzuenthalten, müssen entweder genügend Priester zur Verfügung stehen oder es muss über die Frage der Spendevollmacht durch andere Seelsorgende nachgedacht werden." [Janik, 348]

---

1  In Polen wird offensichtlich noch großer Wert auf die „Letzte Ölung" gelegt, weniger auf die „Krankensalbung" als Sakrament für die Kranken.

2  Wenn es sich hierbei um einen Gemeindepriester handelt, der vor allem zu Sterbenden in die Klinik gerufen wird, kommt ein anderes Ergebnis heraus als bei einem in der Klinik tätigen Priester, der den Patienten die „Krankensalbung" als Sakrament für Kranke anbieten kann.

3  https://de.wikipedia.org/wiki/Leuchtturm_und_Kriegsschiff_(Moderne_Sage)

Hierzu ergänze ich, dass hierüber nicht nur nachgedacht, sondern gehandelt werden sollte. Den Kranken genügt es nicht, dass man an sie denkt. Sie wollen die Krankensalbung.

Auch wenn die „Krankensalbung" bzw. „Letzte Ölung" nach Gisbert Greshake „nicht entweder auf die Gesundheit des Leibes oder der Seele [ziele], sondern darauf, in der Begegnung mit Christus eine gesamtmenschliche Stärkung der geistgewirkten Hoffnung zu empfangen", [zitiert nach Janik 354], so darf hierzu nicht vergessen werden, dass diese „ Begegnung mit Christus" am innigsten mit dem Empfang der Kommunion, für Sterbende mit der „Wegzehrung", erfolgt. Auch ist es für stationäre Patienten vollkommen legitim und auch sinnvoll, vor einer Behandlung (z.B. Chemotherapie), Operation oder auch invasiven Untersuchung mit der „Krankensalbung" Gottes Beistand zu erbitten. Die Todeszahlen hierzu unterstreichen, dass sich die Patienten damit in Todesgefahr begeben. Genau hierzu wurde das Sakrament der „Krankensalbung" konzipiert.

Martin Stuflesser vertritt die Ansicht, „dass die Feier der Krankensalbung weder in ihrer derzeitigen, durch das Il. Vatikanische Konzil reformierten Feiergestalt, noch in ihrem biblisch-begründeten Sinngehalt einen Ritus der Todesweihe darstellt" [zitiert nach Janik, 355] Dem ist entgegen zu halten, dass das II. Vatikanische Konzil sich zwar von dieser „Todesweihe" lösen wollte, sich aber in seinen Texten nie vollkommen von der „Letzten Ölung" gelöst hat, was auch seinen Niederschlag im GL 602, 2[1] und im KKK findet, hierzu insbesondere KKK 1523.[2]

---

1 Die Krankensalbung „ist das Sakrament der Kranken und nicht allein der Sterbenden."

2 Die Krankensalbung sei eine „Vorbereitung auf die letzte Reise. Wenn schon das Sakrament der Krankensalbung denen gewährt wird, die an schweren Krankheiten und Schwächen leiden, dann erst recht denen, die im Begriff sind, aus diesem Leben zu scheiden (die „sich schon am Ende des Lebens zu befinden scheinen": K. v. Trient: DS 1698). Deshalb wird es auch „das Sakrament der Sterbenden genannt" (ebd.). Die Krankensalbung macht uns endgültig dem Tod und der Auferstehung Christi gleichförmig, was die Taufe schon begonnen hatte. Sie vollendet die heiligen Salbungen, die das ganze christliche Leben prägen: Die Salbung der Taufe hat uns das neue Leben eingegossen; die der Firmung hat uns zum Kampf dieses Lebens gestärkt. Diese letzte Salbung versieht das Ende unseres irdischen Lebens gleichsam mit einem festen Wall im Blick auf die letzten Kämpfe

Jürgen Janik sieht den Sterbesegen als „eine Erweiterung der Handlungskompetenz aller Seelsorgenden, wenn die Krankensalbung bereits gespendet wurde und eine weitere Begleitung möglich ist." [Janik, 359] Diese Sichtweise teile ich.

Besonders hervorzuheben ist die Haltung von Jürgen Janik zu Hirntoten.

*Einerseits mag die Spendung der Krankensalbung für Hirntote zum schrittweisen Wahrnehmen der Situation durch die Angehörigen helfen. Andererseits geht die Spendung der Krankensalbung hier über das medizinisch und rechtlich festgelegte Todeskriterium hinweg. Sie könnte den Eindruck einer abweichenden Todesdefinition erwecken, die dem Respekt vor der 'Autonomie der irdischen Wirklichkeit' (GS 36), das heißt der Definitionsaufgabe der Medizin, nicht entspricht, ja sogar in der Gefahr steht, eine unbegründete Hoffnung auf Rückkehr ins Leben bei den Angehörigen zu wecken. Liturgisch bietet sich nach der Feststellung des Hirntods die Aussegnung von Verstorbenen an, um der Abschiedssituation der Zugehörigen Rechnung zu tragen. [Janik, 356]*

Dass Hirntote Tote sind, betont die Deutsche Bischofskonferenz in ihren beiden Schriften der Jahre 1990 und auch 2015. Diese Haltung hat auch die Päpstliche Akademie der Wissenschaften, die sich in den Jahren 1984, 1989, 2006 und 2012 in eigenen Tagungen mit der Frage beschäftigt hat, wann der Mensch tot ist. In allen vier Abschlusspapieren – die 552 Seiten der Tagung von 2006 wurden in der Extra Series „Why the Concept of Brain Death is Valid as a Definition of Death" auf 56 Seiten zusammengefasst – heißt es klar und unmissverständlich, dass mit der Feststellung des Hirntodes der Tod des Menschen festgestellt ist.

---

vor dem Eintritt in das Haus des Vaters [Vgl. ebd. 1694.]."

## 2.2 Krankheit, Todesgefahr und Sterbeprozess

Um Missverständnissen vorzubeugen, ist es es hilfreich, eine Definition der benutzten Begriffe vorzunehmen. Dies ist um so wichtiger, wenn es hierbei um fließende Übergänge geht. Daher wurde dieses Unterkapitel an den Anfang des 2. Kapitels gestellt.

## 2.2.1 Krankheit

Der Begriff „Krankheit" ist ein schwer zu definierender Überbegriff mit einer sehr großen Bandbreite. Sie kann den Menschen physisch und/oder psychisch treffen. Krankheit hebt sich von der Gesundheit ab. Daher definiert die WHO Gesundheit so:

*Gesundheit ist ein Zustand des vollständigen körperlichen, geistigen und sozialen Wohlbefindens und nicht nur die Abwesenheit von Krankheit und Gebrechen.*

Nach dieser Definition ist kaum jemand gesund, denn ein vollständiges körperliches, geistiges und soziales Wohlbefinden haben nur wenige Menschen, und wenn doch, dann kaum über einen längeren Zeitraum von Monaten und Jahren.

| Schnupfen | benötigt Arzt | benötigt Klinik | auf Intensivstation | sterbend † |

Spektrum der Krankheit

Das Spektrum der Krankheiten erstreckt sich vom leichten Schnupfen bis zum Sterbeprozess. Krankheit im Sinne der Krankensalbung wird im „Rituale" als „schwere Erkrankung" genannt. Doch was ist eine schwere Erkrankung? Eine genauere Definition fehlt. Das hat Vorteile und Nachteile. Als Klinikseelsorger definiere ich mit „schwere Erkrankung" alle Erkrankungen, für die der Patient stationär in die Klinik aufgenommen wird. Das mag einigen Theologen zu weit gegriffen zu sein. Sie dürften dem entgegenhalten, dass einige Patienten nur für eine Kontrolluntersuchung stationär in die Klinik kommen. Das ist richtig. Doch es dürfte kaum eine Untersuchung mit stationärem Aufenthalt geben, die nicht invasiv ist. Bei jedem invasivem Eingriff kann es zu einer lebensgefährlichen Situation kommen, die in seltenen Fällen zum Tode führt. In extremen Fällen kann der Übergang von scheinbar gesund zu tot nur Stunden oder gar nur Minuten dauern.

Spricht man von Krankheit, denken die meisten Menschen an körperliche Krankheiten. Daneben gibt es auch die seelischen Krankheiten. Sie sind nicht so greifbar wie die körperlichen Krankheiten, besitzen aber auch ein breites Spektrum.

| erträglich | schwer erträglich | unerträglich | Todeswunsch | Todessehnsucht † |
|---|---|---|---|---|

Spektrum der Krankheit

Wenn man sich dieses Spektrum der Krankheit vor Augen hält, kann man sich ein vages Bild davon machen, wie sehr Menschen leiden, die in ihrer Todessehnsucht einen Suizid begehen oder einen Suizidversuch unternommen haben[1]. Ihr Todeswunsch wurde zunächst zur Todessehnsucht und schließlich zum Suizid.

Um Krankheiten einfacher zu verdeutlichen, werden für den Zweck der Definition vor allem die körperlichen Krankheiten in den Blick genommen.

Im Sinne der Krankensalbung berechtigt jede Krankheit, die eine stationäre Aufnahme in ein Krankenhaus erfordert, zum Empfang dieses Sakraments. In Pflegeheimen und zu Hause könnte Krankheit im Sinne der Krankensalbung so definiert werden, dass man ärztliche Hilfe braucht. Es sollte nichts dagegen sprechen, wenn man für die Behandlung oder zumindest Linderung dieser Erkrankung fachliche Hilfe braucht, dass man dann auch Gott um Hilfe angeht. Wäre es auch eine Synchronisation mit der Medizin, denn in Ex 15,26 heißt es: „Ich bin der HERR, dein Arzt." Wenn der menschliche Arzt gerufen wird, warum soll dann nicht auch der himmlische Arzt angerufen werden?

---

1  Es gibt verschiedenste Gründe, einen Suizid zu begehen. Bei dem einen ist es Aussichtslosigkeit oder eine Kurzschlusshandlung. Bei anderen ist es jedoch ein Leidensweg, bei dem der Lebenswunsch immer mehr schrumpfte und der Todeswunsch immer stärker wurde. Irgendwann kippte der Todeswunsch zur Todessehnsucht und schließlich zum Suizid.
  Bei der Telefonseelsorge habe ich einmal am Telefon einen Suizidalen auf deren Wunsch hin in den Tod begleitet. (Es war der 1. Mensch, den ich in den Tod begleitet habe. Durch die gute Ausbildung bei der Telefonseelsorge konnte ich damit für mich gut umgehen.) Durch das mit ihm geführte Telefongespräch gewann ich Einblick in die Not solcher Menschen. Daher sollte die Kirche Suizidierte nicht damit bestrafen, dass sie kein kirchliches Begräbnis bekommen dürfen. Wir als Gesellschaft sollten statt dessen uns bemühen, bei Lebensmüden den Todeswunsch zu einem Lebenwillen wachsen zu lassen, der im Ideal zur Lebensfreude erblüht.

Bezug nehmend zur WHO-Definition von Gesundheit ist diese „ein Zustand des vollständigen körperlichen, geistigen und sozialen Wohlbefindens". Damit bezeichnet die WHO Krankheit als ein körperliches, geistiges und soziales Unwohlbefinden. Damit gehören auch psychisch Kranke, die aktuell fachliche Unterstützung benötigen, zum Kreis derer, die das Sakrament der Krankensalbung empfangen können. Auch sie und/oder ihre Familie leidet unter dieser Krankheit und wünscht sich zumindest Linderung. Diese darf auch von Gott erbeten werden.

## 2.2.2 Todesgefahr

> Das Leben ist lebensgefährlich.
> Wenn es nicht mehr lebensgefährlich ist,
> sind wir nicht mehr am Leben.

Dieses Wortspiel zeigt auf, dass schon das Substantiv „Todesgefahr" kaum zu definieren ist, da wir uns in einer ständigen Todesgefahr befinden. Jeden Augenblick kann etwas geschehen, das unser Leben beenden kann. Wir sind uns nur nicht dieser ständigen Gefahr bewusst. Auch wenn diese Gefahr im Augenblick bei nahezu Null ist, so ist sie nie Null.[1]

---

1   Am 05.09.2005 überflog im Tiroler Ötztal ein Hubschrauber mit einem 750 kg schweren Betonkübel eine Seilbahn. Gerade jetzt befand sich unter dem Hubschrauber eine mit Urlaubern besetzte Gondel . Ist schon dieses Zusammentreffen höchst selten, da öffnete ein Kurzschluss die Verriegelung des Betonkübels, so dass dieser auf die Gondel fiel und eine Frau, 2 Männer und 6 Jugendliche in den Tod riss. Wenn man die Wahrscheinlichkeit ausrechnen würde, wie viel Jahre der Hubschrauber diesen Flug absolvieren müsste, bis es wieder zu solch einem Unglück kommen könnte, wären es Tausende oder gar Millionen an Jahren. Und dennoch ist es im Jahr 2005 geschehen.

In „katholischen Schriften" wird häufig von einer „Todesgefahr" gesprochen. Diese wird zuweilen mit den Adjektiven „andauernd", „andrängend", „drohend" und „unmittelbar" verbunden:

| Schrift | Todesgefahr | andauernd | andrängend | drohend | unmittelbar |
|---------|-------------|-----------|------------|---------|-------------|
| Rituale | 18 | | 1 | | 3 |
| CIC | 24 | 1 | | 1 | |
| KKK | 6 | | | | 1 |
| SC | 1 | | | | |

Tab. 1 „Todesgefahr" in „katholischen Schriften"

Bei allen diesen Schriften besitzt der Begriff „Todesgefahr" eine große Unschärfe,[1] doch mit Adjektiven wird diese noch größer. Was die in „katholischen Schriften genannten Adjektive im Zusammenhang mit „Todesgefahr" bedeuten könnten, soll anhand von Beispielen verdeutlicht werden:

• andauernde Todesgefahr[2]

Niemand stimmt grundlos einer lebensgefährlichen Operation zu. Der Patient kann sich bereits außerhalb des Operationssaals in einer andauernden Todesgefahr befinden, z.B. seit einem Unfall, der zu schweren inneren Blutungen geführt hat. War es hingegen ein Aneurysma an der Bauchaorta, so kann die Todesgefahr schon lange vor der Diagnosestellung bestanden haben.

War es jedoch ein „nur" ein Routineeingriff, der während der Operation zu Komplikationen geführt hat, so beginnt die andauernde Todesgefahr mit dem Auftreten der Komplikationen.

---

1 Karlsruhe rühmt sich gerne als „Fahrradstadt", auch weil Karl Drais im Jahr 1817 die „Draisine" erfunden hat, den Prototyp der heutigen Fahrräder.. Dennoch sagte ich als Fahrradfahrer aufgrund schmerzlicher Erfahrungen zu Beginn des 21. Jh. gerne: „Karlsruhe ist für Fahrradfahrer das reinste Überlebenstraining." Als Radfahrer in Städten befindet man sich in ständiger Todesgefahr.

2 „Bei andauernder Todesgefahr wird empfohlen, daß die heilige Kommunion mehrmals, an verschiedenen Tagen, gespendet wird." (§ 3 CIC 921)

- Das Ende der konkreten Todesgefahr kann sehr schnell erfolgen, so z.B. nach einem Herzstillstand mit einer erfolgreichen Reanimation. Sie kann aber noch Tage und Wochen anhalten, in denen der Patient auf der Intensivstation liegt.

- andrängende Todesgefahr [1]

  Mit „andrängende Todesgefahr" wird eine Situation beschrieben, in der der Priester nicht mehr genügend Zeit hat, um allen vom Tod Bedrohten die Sakramente zu spenden. Dies trifft z.B. bei einem Flugzeugabsturz oder einem Schiffsuntergang zu.

- drohende Todesgefahr [2]

  Eine „drohende Todesgefahr" ist eine dringend anstehende lebensgefährliche Operation. In dieser Situation kann der Diözesanbischof z.B. Brautleute von der Einhaltung der Eheschließungsform als auch von allen Ehehindernissen des kirchlichen Rechts dispensieren. Damit ist das Brautpaar kirchlich getraut, falls einer von beiden versterben sollte. [3]

---

1 „Wenn aber wegen der andrängenden Todesgefahr die Zeit nicht ausreicht, um alle Sakramente in der genannten Reihenfolge zu spenden, soll dem Kranken zuerst die Möglichkeit der sakramentalen- wenn auch notfalls allgemeingehaltenen - Beichte gegeben und dann die Wegzehrung gereicht werden; zu ihrem Empfang ist ja jeder Gläubige in Todesgefahr verpflichtet."

2 „Bei drohender Todesgefahr kann der Ortsordinarius die eigenenUntergebenen, wo immer sie sich aufhalten, sowie alle Personen, die sich augenblicklich in seinem Gebiet aufhalten, sowohl von der Einhaltung der Eheschließungsform als auch von jedweden öffentlichen und geheimen Hindernissen des kirchlichen Rechts dispensieren; ausgenommen bleibt das Hindernis, das aus der Priesterweihe entstanden ist." (§ 1 CIC 1079)

3 Ich hatte einmal ein Paar, bei dem ich den Bischof um die Anwendung von CIC 1079 hätte bitten können: Dem über 70-jährigen, schwer herzkranken Patient lagen nicht alle Papiere vor, um ihn mit seiner Braut zu trauen. In der Nacht, bevor die Papiere eingetroffen sind, hatte der Patient einen Herzstillstand, aus dem man ihn schwerlich herausbekommen hat. Am nächsten Tag konnte im Krankenzimmer die Trauung erfolgen. Anschließend sagte ich ihm scherzhaft, dass er bitte nicht in der kommenden Nacht sterben soll, denn es hinterlässt einen schlechten Eindruck, wenn man in der Hochzeitsnacht verstirbt. Der Patient lebte noch 3 Tage.

- in mittelbarer Todesgefahr[1]

In eine „unmittelbare Todesgefahr" begibt sich jeder Patient, der operiert wird, denn auch bei reinen Routineeingriffen kommt es vereinzelt zu Todesfällen. Planbare Operationen werden zuvor mit dem Patienten besprochen. Dabei werden die Risiken genannt. Auch wenn man es so nicht benennt, der Patient befindet sich damit in unmittelbarer Todesgefahr.

Die Unschärfe im Begriff „Todesgefahr" hat Vor- und Nachteile. Der Vorteil besteht darin, dass jeder Seelsorger es selbst auslegen kann.

## 2.2.3 Sterben

Auch der Begriff „Sterben" ist schwer zu definieren. So meinen die Einen, dass das Sterben bereits mit der Geburt bzw. mit der Zeugung beginnt. Die Anderen hingegen sagen, dass das Sterben die letzte Phase des Lebens ist. Versucht man aber, diese letzte Phase des Lebens näher zu definieren, gerät man im realen Leben an Grenzen.

Ein Problem ist, woran kann man im realen Leben der Beginn des Sterbens erkannt? Sichere Todeszeichen kennen wir, aber was sind sichere Sterbezeichen? Auf der Intensivstation kann der unabwendbare Sterbeprozess daran erkannt werden, dass bei vollem Einsatz der Intensivmedizin die vitalen Werte des Patienten wie z.B. der Blutdruck unaufhaltsam sinkt.

---

1 „Der Pfarrer und die übrigen Priester, denen das geistliche Wohl der Kranken anvertraut ist, haben dafür Sorge zu tragen, daß Kranke, die sich in unmittelbarer Todesgefahr befinden, durch die sakramentale Wegzehrung mit dem Leib und Blut Christi gestärkt werden." (Rituale, 67)

Ein weiteres Problem ist, dass es so vielfältige Formen des Todes gibt. Man sagt daher auch zurecht, dass jeder seinen eigenen Tod stirbt. Hierzu ein paar Grundformen des Sterbens:

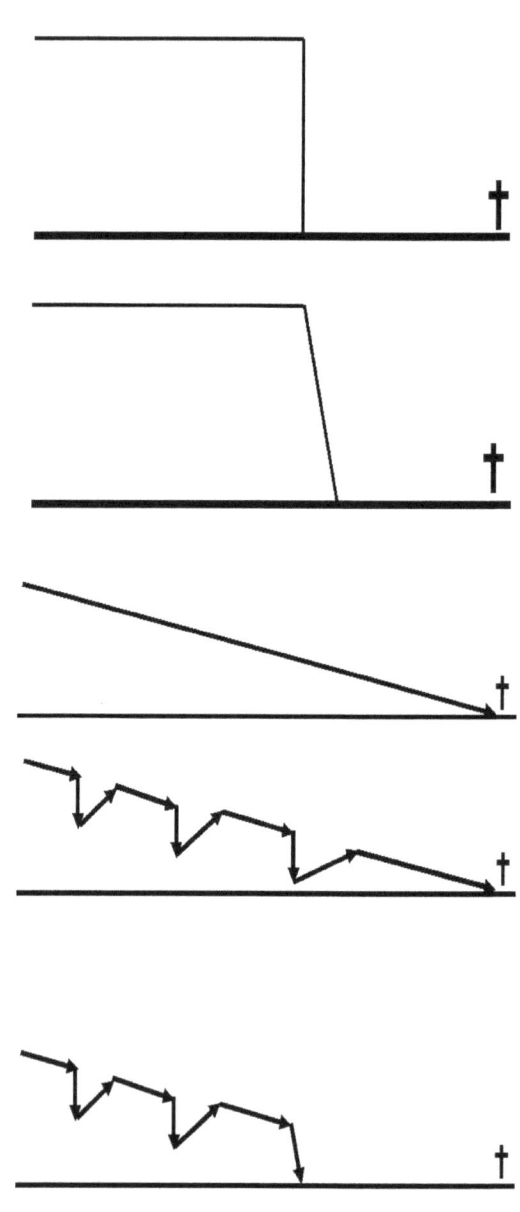

**A** Der plötzliche Tod reißt den Menschen unvorbereitet aus dem Leben. Binnen Sekunden oder Sekundenbruchteilen ist er tot. Dies geschieht z.B. durch einen schweren Unfall, ein geplatztes großes Aneurysma im Kopf.

**B** Manchmal sehen die Ärzte eine Chance, das Leben noch zu retten, doch die Verletzung bzw. Erkrankung ist zu schwerwiegend und führt binnen Minuten bis Tagen zum Tod. Dies geschieht z.B. durch einen Unfall oder nach einem Herzstillstand.

**C** Bei einem rein natürlichen Sterben nehmen die Kräfte langsam ab. Der Sterbeprozess verläuft weitestgehend linear, bis schließlich der Tod eintritt.

**D** Oft sind es in der letzten Lebensphase leichte und schwere Krankheiten, von denen der Patient sich mehr oder kaum erholt. Zuweilen bringen sie den Patienten in Todesnähe, aber noch nicht in den Tod. Der körperliche Zerfall nimmt aber seinen Lauf und führt schließlich zum Tod

**E** Manchmal führt in der letzten Lebensphase eine der Krankheiten zum Tod. Dies kann binnen Minuten geschehen (z.B. schwere Hirnblutung) oder auch über Tage und Wochen, in denen die Ärzte noch um den Erhalt des Lebens ringen.

In diese Grundformen des Sterbens (A bis E) lässt sich grob das Sterben einordnen. So lange man ein normales Leben führt, weiß niemand, wie sein Sterbeprozess verlaufen wird. So kann es z.B. sein, dass bei einem bislang ganz natürlichen Sterbeprozess (Grundform C) plötzlich ein Ereignis eintritt, das den Menschen rasch in den Tod reißt, ähnlich wie am Ende der Grundform E.

Wir wissen nur, dass wir sterben werden. Niemand weiß aber vorher, wann und wie unser Sterben verlaufen wird. Erst im unabwendbaren Sterbeprozess kann man sagen, wie er verlaufen wird. Der eigentliche Sterbeprozess kann in Sekundenbruchteilen erfolgen (z.B. von einer Bombe zerfetzt) oder auch Jahre dauern (z.B. bei einer langsam tödlich verlaufenden, chronischen Erkrankung). In beiden Situationen gibt es nicht die „Sterbestunde", für die im Ave-Maria gebetet wird.[1] Es gibt jedoch ein Sterben.

## 2.2.4 Trennschärfe zwischen Todesgefahr und Sterben

Die Abgrenzung von Krankheit und Todesgefahr gegenüber dem unabwendbares Sterben ist in der modernen Medizin nicht immer leicht. Verallgemeinert kann man sagen: Eine schwere Erkrankung stellt eine Lebensgefahr dar. Die Ärzte setzen ihr gesamtes Wissen und Können ein, um das Leben zu retten und die Gesundheit wieder herzustellen. Solange dies gelingt, ist eine Krankensalbung angebracht.

Laut SC 73 ist der rechte Platz der Krankensalbung der Beginn einer schweren Erkrankung. Da weiß aber niemand, wie es ausgehen wird. Daher macht es auch Sinn, mit der Krankensalbung Gott um Genesung zu bitten.

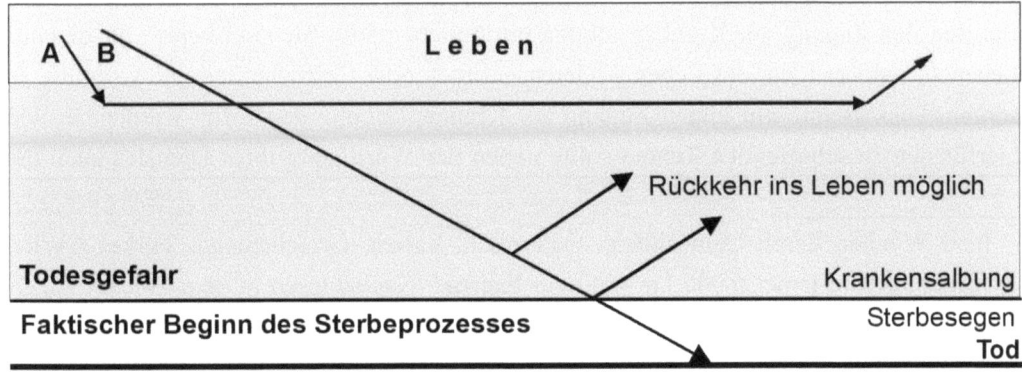

1 „Heilige Marie, Mutter Gottes, bitte für uns Sünder, jetzt und in der Stunde unseres Todes."

Menschen können sich bewusst in Todesgefahr begeben und auch ungewollt in Todesgefahr geraten:

## Beispiele A: von bewusster Todesgefahr

- Nervenkitzel

  Einige Menschen begeben sich als Nervenkitzel bewusst in Todesgefahr. Ihnen geht es bewusst um die Nähe zum Tod.

- Abenteurer

  Abenteurer begeben sich bewusst in Todesgefahr, nicht um dem Tod nahe zu sein, sondern um des Erlebnisses willen. So führte ich im Jahr 2000 ein Radwallfahrt von Augsburg nach Jerusalem durch.[1]

- Rettungskräfte

  Rettungskräfte[2] begeben sich bei ihren Einsätzen zuweilen bewusst in Lebensgefahr, um das Leben anderer Menschen zu retten oder deren Leichen zu bergen. Zwar gilt der Grundsatz, dass niemand ungesichert in den Einsatz gehen soll, die Gefahr eines Restrisikos bleibt dennoch.

- gefährliche Berufe

  Ob Polizist, Soldat (im Auslandseinsatz) oder beim Kampfmittelbeseitigungsdienst,[3] sie haben einen Beruf, bei dem sie auch in Friedenszeiten für die Sicherheit der Bürger ihre Gesundheit und ihr Leben riskieren.

Es ist ernsthaft zu überlegen, ob man Rettungskräften und Menschen in gefährlichen Berufen den Zugang zur Krankensalbung ermöglichen soll. Sie sind bereit, ihr eigenes Leben zu riskieren, um das Leben Anderer zu retten oder für Sicherheit und Ordnung zu sorgen. Dies könnte mit einem Zugang zur Krankensalbung gewürdigt werden. In den hierfür neu zu schaffenden Texten sollte neben der Würdigung ihres Dienstes auch die

---

1 In 6 Wochen durch Deutschland, Österreich, Italien, Griechenland, Türkei, Syrien, Jordanien und Israel 6.000 km mit dem Fahrrad. Nachzulesen in dem Freebook „Mit dem Fahrrad nach Jerusalem" unter: https://epub.uni-regensburg.de/40662

2 Feuerwehr, Wasserwacht, Bergwacht, Seenotrettungsdienst und vergleichbare Dienste.

3 Sie entschärfen u.a. die aufgefundenen Bomben des Zweiten Weltkriegs.

Todesgefahr ausdrücklich genannt werden, in die sie sich dabei begeben.

An den Rettungskräften und gefährlichen Berufen wird der Unterschied zwischen Todesgefahr und Sterben besonders deutlich. Keiner von ihnen ist zu Beginn ihres Einsatzes sterbend. Aber sie begeben sich damit oft in Todesgefahr. In Ausnahmefällen kommt einer von ihnen ums Leben, d.h. sie versterben beim Einsatz oder durch den Einsatz kurz danach. Beim Lesen der „katholischen Schriften" fällt auf, dass die Verfasser nicht klar genug zwischen Todesgefahr und Sterben unterscheiden. Daher sei an dieser Stelle ausdrücklich auf diesen Unterschied hingewiesen.

## Beispiele B: von ungewollter Todesgefahr

- Unfall

  Ein Unfall kann jeden Menschen ungewollt in Todesgefahr bringen. Dies gilt nicht nur für die Zeit des Unfalls, z.B.den Sturz von einer Treppe, sondern auch für Stunden, Tage und Wochen danach, bis die Ärzte ihn wieder aus der Todesgefahr herausgebracht haben.

  Streng genommen sind die Verunglückten keine Kranken im eigentlichen Sinne und sind daher auch dem Worte nach nicht zum Empfang der Krankensalbung berechtigt. „Unfall" ist bis auf eine Stelle im KKK[1] kein Begriff der „katholischen Schriften". Dies sollte geändert werden.

- körperliche Krankheit

  Körperliche Krankheiten können Menschen ungewollt in Todesnähe bringen. Ärzte bemühen sich, die Kranken wieder der Gesundheit zuzuführen.

---

1  „Eine Handlung kann indirekt willentlich sein, und zwar dann, wenn sie infolge einer Fahrlässigkeit in bezug auf etwas geschieht, das man hätte wissen oder tun müssen. Ein Beispiel dafür ist ein Unfall aus Unkenntnis oder Nichtbeachtung der Verkehrsregeln." (KKK 1736)

- seelische Krankheit

Seelische Krankheit kann den Lebenswillen schwinden und den Todeswillen wachsen lassen. Damit befindet sich der seelisch Kranke definitiv in Todesgefahr.

Todesgefahr und Sterben sind nicht immer klar voneinander zu trennen. Hierzu zwei Beispiele, zu denen ich zu einer Krankensalbung gerufen wurde:

*Ich wurde einmal zu Herrn S. gerufen, an dem die Ärzte mit einer Reanimation beschäftigt waren. Der Patient sollte gleich in den OP, um in einem letzten verzweifelten Versuch sein Leben zu retten. Parallel zur Geschäftigkeit der Reanimation betete ich die Gebete und konnte kurz für die Krankensalbung an Herrn S. Kaum hatte ich für ihn den Schlusssegen gebetet, hörte ich eine Stimme rufen: „Der OP ist jetzt frei." Sofort wurde Herr S.unter Reanimationsbedingungen in den OP gefahren. Wie ich später erfuhr, verstarb Herr S. noch während der OP.*

In dieser Situation bestand höchste Lebensgefahr. Mehrere Ärzte und Pflegekräfte bemühten sich im Krankenzimmer und später im Operationssaal, das Leben des Patienten zu retten. Der Ausgang war völlig offen. Daher war es gerechtfertigt, hier noch eine Krankensalbung zu spenden, auch wenn der Patient binnen einer Stunde tot war. - Im Nachhinein muss man sagen, dass sich Herr S. im unaufhaltsamen Sterbeprozess befunden hat. Dies war jedoch zu diesem Zeitpunkt noch nicht erkennbar. Die Operation hätte auch gelingen können und Herr S. wäre gerettet gewesen.

*Ich wurde auf die Palliativstation zu Herrn T. gerufen. Dieser war nicht mehr ansprechbar. Seine Frau wünschte sich für ihren Mann die „Krankensalbung". Ich sollte aber kein Wort von Sterben benutzen. Da in dieser Situation ein aufklärendes Gespräch eher belastend als hilfreich ist, ließ ich ihren Wunsch so stehen. Ich benutzte hierbei nicht die klassische Krankensalbung, die um Genesung bittet. Für solche Situationen habe ich eine Krankensalbung ausgearbeitet, die einfach um Gottes Begleitung in dieser schweren Krankheit – hier das Sterben, das nicht benannt werden sollte – bittet. Den Schluss des Salbungsgebetes habe ich für diese Fälle von „...er richte dich auf" in „...stehe er dir bei" abgeändert.*

In dieser Situation war die Krankensalbung fehl am Platz. Hier gehörte der Sterbesegen hin. Gegenüber Herrn S. im 1. Beispiel lebte Herr T. nach der Krankensalbung zwar um Stunden länger, aber er lag definitiv im Sterben. Für Herrn S. sahen die Ärzte jedoch noch eine Chance, diese lebensgefährliche Situation zu überleben. Leider hat es nicht mehr geklappt.

Diese beiden Beispiel zeigen deutlich auf, dass es bei der Wahl Krankensalbung oder Sterbesegen nicht um die verbleibende Lebenszeit geht, sondern um eine Chance, aus dieser lebensgefährlichen Situation herauszukommen. Im Umkehrschluss ist es sinnvoll, in Hospizen und Palliativstationen keine Krankensalbung zu spenden, sondern den Sterbesegen. Auch wenn diese Patienten dort oft als „Bewohner" bezeichnet werden, so sind sie doch allesamt Sterbende, d.h. ihr Gesundheitszustand wird sich nicht mehr verbessern, sondern läuft unaufhaltsam auf den Tod zu.

## Sterbestunde und Sterbesakrament

Wie schon oben aufgezeigt, gibt es kaum die klassische „Sterbestunde". Die „Sterbestunde" als Inbegriff der letzten 60 Minuten vor dem Tod ist eine Illusion. Natürlich gibt es diese 60 Minuten vor dem Todeseintritt, aber es gibt kein „Startzeichen" oder irgend einen Hinweis, dass der „Countdown" der Sterbestunde beginnt. Deutlich wird es daran, was in der Klinik auffallend häufig zu erleben ist:

*Der Sterbende liegt seit Tagen im Sterben. Stündlich wird mit seinem Tod gerechnet. Seine Familie, seine Verwandten, manchmal auch seine Freunde organisieren eine 24-Stunden-Anwesenheit, damit der Sterbende auf keinen Fall alleine stirbt. Dann geht die begleitende Person kurz auf die Patiententoilette oder sie holt sich vom Kaffeeautomaten der Station schnell eine Tasse Kaffee. Als sie wieder zurück kommt, ist der Patient verstorben. Stunden zuvor hätte er begleitet sterben können, aber genau in diesen ein bis zwei Minuten verstirbt er dann, ohne Begleitung.*

Hinterbliebene leiden oft unter diesem Geschehen. Da hat man sich Stunden und Tage bemüht, beim Todeseintritt beim Sterbenden zu sein, und genau hierbei hat man „versagt". So wird es oft von den Hinterbliebenen empfunden. - Es drängt sich jedoch der Eindruck auf, dass dieser Verstorbene genau dies wollte, aus welchem Grund auch immer. Er kann uns den Grund nicht mehr nennen. Bei diesem Thema sei auf die Literatur verwiesen:

*Ein Bauer lag im Sterben. Er ließ alle Verwandten, Freunde und Nachbarn kommen und verabschiedete sich von jedem Einzelnen. Dann war nur noch seine Familie da. Zu ihnen sagte er: „Nun geht auch ihr bitte raus, denn ich habe nun eine wichtige Verabredung." Als die Familie wieder in das Zimmer zurück kam, war der Bauer tot.*

Solch ein Sterben, wie es der Bauer vorlebte, liegt offensichtlich dem „Rituale" zu Grunde. Es kennt für den Kranken die Krankensalbung, für den Sterbenden die Wegzehrung (Kommunion) und für den Verstorbenen die Aussegnung.

Die gelebte Praxis ist jedoch oft so, dass der Sterbende gar nicht in der Lage ist, die Wegzehrung zu empfangen, entweder weil der Sterbeprozess nur Sekunden oder Minuten dauerte, weil er so plötzlich kam oder weil der Sterbende schon nicht mehr ansprechbar ist. Da die Krankensalbung mit ihrer Bitte um Genesung hierfür unpassend ist und die Wegzehrung nicht mehr gespendet werden kann, ist es sinnvoll, für Sterbende einen Sterbesegen zu erteilen.

Die meisten Diözesen haben ihn zwar dem Papier nach eingeführt, aber es gibt noch immer Priester, die bei Sterbenden die Krankensalbung spenden. Auch ist es einigen Angehörigen wichtig, dass nach dem Spenden des Sterbesegens durch den Pastoral- oder Gemeindereferenten noch der Priester kommt. Dass auch dieser den Strebesegen betet, kommt bei den Leuten nicht an. Ihnen ist wichtig, dass der Priester noch gekommen ist und gebetet hat, als ob das Gebet des Priesters eine größere Wirkkraft hätte (siehe oben). Hier fehlt es an entsprechender Aufklärung des Kirchenvolkes. Hier sollte auch der Bischof mit seinem Ordinariat den Seelsorgern – den Priestern wie auch den Pastoral- und Gemeindereferenten – beistehen, wenn diese nach einem gespendeten Sterbesegen keinen Priester rufen bzw. der Priester sein Kommen verweigert.

Hinzu kommt, dass selbst im Hospiz und auf der Palliativstation gemäß dem Wunsch der Angehörigen das Sterben bis zum Todeseintritt nicht verbalisiert werden darf. Man lebte und ist dann plötzlich tot. Sterben und Verabschiedung gab es somit nicht. So lange der Sterbende lebte, konnte den Angehörigen keine tröstenden Worte und kein tröstender Segen zugesprochen werden, denn der Sterbende lebte noch, er starb nicht.

## 2.2.5 Tod

Der Tod, im Sinne von Tod des Individuums (Individualtod ), ist medizinisch, juristisch, philosophisch und theologisch[1] mit der Feststellung des Hirntodes gegeben, oder auch mit den anderen sicheren Todeszeichen: Totenstarre, Totenflecke, erfolgloser Reanimationsversuch, mit dem Leben unvereinbare Verletzung und Fäulnis.

Ein Kennzeichen des Hirntods ist, dass der Atemimpuls irreversibel ausgefallen ist. Dies wird mit jeder Hirntoddiagnostik durch den Apnoe-Test überprüft. Daher gibt es Hirntote nur künstlich beatmet auf Intensivstationen, meist auch nur für Stunden oder wenige Tage.[2] Nach der Feststellung des Hirntodes gibt es für sie nur noch 3 Möglichkeiten:

1. Beendigung der Therapie,[3] denn mit der Feststellung des Hirntodes ist der Mensch tot. Damit zahlt die Krankenkasse keine Weiterbehandlung.[4]

2. Weiterbehandlung bis zur Organentnahme[5]

3. Bei schwangeren Hirntoten die Weiterbehandlung bis zur Geburt des Kindes.[6]

---

1 Zumindest in der katholischen Theologie ist der Hirntod mit dem Individualtod gleichgesetzt. Die evangelische Theologie tendiert seit Mitte der 1990er Jahre hier eher zum klassischen irreversiblen Herzstillstand. Eine abschließende Festlegung steht in der evangelischen Theologie noch aus.

2 Verschiedene Faktoren nehmen hierauf Einfluss: die zum Hirntod führende Ursache und Alter des Patienten. Wenn außer dem Gehirn noch andere Körperteile betroffen sind, kann dies schneller zum Kreislaufversagen führen, so z.B. eine durch eine Wunde verursachte Infektion.a

3 Es werden alle intensivmedizinischen Maßnahmen aktiv beendet, d.h. es werden alle kreislaufunterstützenden Medikamente abgesetzt und die künstliche Beatmung und alle anderen Geräte (z.B. Dialysegerät, ECMO) abgeschaltet. Hierauf bleibt das Herz binnen weniger Minuten stehen.

4 Wer als Hinterbliebener auf der Fortsetzung der Behandlung besteht, hat diese Behandlungskosten selbst zu tragen. Hierfür gibt es keine Versicherung.

5 Die Behandlungskosten zwischen der Feststellung des Hirntodes und der Organentnahme bezahlen die Krankenkassen der Organempfänger.

6 Die Behandlungskosten bis zur Geburt des Kindes zahlt die Krankenkasse der

Das Problem bei Hirntoten ist, dass sie äußerlich nicht von einem Komapatienten zu unterscheiden sind. Damit haben die Kritiker des Hirntodkonzepts (Hirntod = Tod des Menschen) leichtes Spiel. Sie verweisen auf die „Lebenszeichen", die bei allen Hirntoten beobachtbar sind: ihr Herz schlägt, ihr Körper ist warm und rosig, sie verdauen und scheiden aus, sie können schwitzen und Fieber haben, ihre Wunden heilen und schwangere Hirntote können ihre Schwangerschaft noch um Tage bis Wochen fortsetzen. Die Medizin nennt dieses Leben von Organen, Gewebe und Zellen nach dem Tod des Individuums (Individualtod) „intermediäres Leben".

Schon Pierre Mollaret schrieb im Jahr 1963 in der Münchner medizinischen Wochenschrift: „Fälle des 'überschrittenen Komas' ('Coma dépassé'), wo wir Tests finden müßten, welche es uns erlauben, zu erkennen, daß der Tod – so maskiert er auch sein mag – bereits eingetreten ist." Den Hirntod bezeichnete er damit als „maskierter Tod".

Der Rat der Evangelischen Kirche in Deutschland (EKD) und die Deutsche Bischofskonferenz (DBK) brachten bereits im Jahr 1990 die gemeinsame Schrift „Organtransplantationen" heraus. Darin heißt es: „Der Hirntod bedeutet ebenso wie der Herztod den Tod des Menschen. Mit dem Hirntod fehlt dem Menschen die unersetzbare und nicht wieder zu erlangende körperliche Grundlage für sein geistiges Dasein in dieser Welt."

Im Jahr 2015 bestätigte die DBK in der Arbeitshilfe „Hirntod und Organspende", „dass potentielle Organspender zu Recht davon ausgehen können, dass sie zum Zeitpunkt der Organentnahme wirklich tot und nicht nur sterbend sind." Auch die Päpstliche Akademie der Wissenschaften bestätigte in ihren Tagungen 1985, 1989, 2006 und 2012 den Hirntod als den Tod des Menschen.[1]

Hirntote sind damit weder Kranke noch Sterbende, sondern Tote. Damit kommt als Segenshandlung nur die Aussegnung in Frage. Dessen sollten sich alle Gläubige bewusst sein, auch alle Seelsorger.

_____

Schwangeren.

1  Trotz dieser klaren Sachlage gibt es Theologen, die weiterhin das Hirntodkonzept ablehnen.

## Zusammenfassung

In der Theorie der Theologie erscheint alles klar und eindeutig, auch im Zusammenhang von Sterben und Tod. Es werden Begriffe definiert, die versuchen, die Realität möglichst trefflich zu benennen.:

- Für Kranke gibt es die Krankensalbung,

    - mit der Bitte an Gott, um Genesung oder

    - mit der Bitte an Gott, um Begleitung in der schweren Krankheit.

- Für Sterbende gibt es die Wegzehrung

    als Stärkung für das letzte Stück des irdischen Pilgerweges,

    oder den Sterbesegen,

    mit der Bitte an Gott, um Begleitung vom Diesseits ins Jenseits.

- Für die Verstorbenen gibt es die Aussegnung,

    mit der Bitte an Gott, um Aufnahme in das Reich Gottes.

# 2.3 Kirchliche Schriften

## 2.3.1 Die Feier der Krankensakramente

Gemäß SC 63 wurde der ORDO UNCTIONIS INFIRMORUM EORUMOUE PASTORALIS CURAE geschaffen und am 07.12.1972 veröffentlicht. Die deutsche Ausgabe erschien 1975 unter dem Titel „Die Feier der Krankensakramente" mit einem Umfang von 93 Seiten. Sie erfuhr bis 1976 bereits die 3. Auflage, bis 1979 die 5. Auflage. Es folgte eine erweiterte Veröffentlichung mit 248 Seiten, die 1994 in der 2. Auflage erschien. Bereits 1995 wurde der Umfang dieser Ausgabe auf 190 Seiten reduziert. Diese blieb die endgültige Fassung.

Gemäß der 2. Auflage (1976) soll auf einige Aussagen hingewiesen und darauf näher eingegangen werden.

Einführungswort (Seite 20f):

*Von allen Gläubigen wird nun ein Umdenken zum ursprünglichen und umfassenderen Sinn dieses Sakraments erwartet und gefordert. Alle in der Gemeinde, Gesunde und Kranke, Junge und Alte, Priester ebenso wie Seelsorgehelfer, sind aufgerufen zur Rückbesinnung auf die Weisung der Schrift und die apostolische Praxis dieses Sakraments der Kranken.*

Weiter heißt es auf Seite 21:

*Die Krankensalbung muß in den gläubigen Gemeinden wieder das eigentliche Sakrament der Kranken werden.*

Dass man in der Klinikseelsorge knapp 50 Jahre nach Herausgabe dieses Textes auf das Angebot der Krankensalbung bei den Kranken und ihren Angehörigen noch immer Erschrecken erntet, zeigt auf, dass es schöne Wort sind, die nur vereinzelt umgesetzt wurden. 2 Generationen nach Erscheinen der „Rituales" versteht man unter „Krankensalbung" noch immer die „Letzte Ölung". Dabei müssten alle heute noch nicht im Ruhestand befindlichen Priester diesen Text kennen, denn er lag zur Zeit ihres Studiums bereits vor.[1]

---

1 Katholische Priester gehen meist mit 70 Jahren in den Ruhestand. Wenn sie mit 18 Jahren ihr Abitur abgelegt haben und gleich anschließend ins Priesterseminar gegangen sind, haben sie dieses mit 24 Jahren abgeschlossen. Wenn man dies vom Jahr 2024 ausgehend, für einen nun 70-jährigen Priester rückwärts rechnet, befände man sich im Jahr 1978, und damit 2 Jahre nach dem Erscheinen der 2. Auflage.

Auch in aktuellen Fachbüchern und Hochschulschriften über das Sterben, zu Hospizen und zu Palliativstationen bzw. palliativer Behandlung wird die „Krankensalbung" – vereinzelt noch die „Letzte Ölung" - noch immer als das Sterbesakrament genannt. Die Nennung der „Wegzehrung" ist im Schrifttum eine Rarität, was das mangelnde Bewusstsein in der Bevölkerung widerspiegelt. Was sollte vom Volk erwartet werden, wenn es die Hirten nicht umsetzen und nicht vorleben?

Weil dieser Wandel von der „Letzten Ölung" hin zur „Krankensalbung" in Deutschland nicht flächendeckend erfolgte, wurde dieses Buch geschrieben. Möge es nun große Verbreitung im Kirchenvolk erfahren, damit von der Basis her das umgesetzt wird, was vor über 60 Jahren auf dem Zweiten Vatikanischen Konzil beschlossen und vor rund 50 Jahren mit dem Erscheinen der „Rituales" klar und unmissverständlich formuliert wurde: Die Krankensalbung ist das Sakrament für die Kranken.

## Krankensalbung

## Wegzehrung

*Beim Hinübergang aus diesem Leben wird der Gläubige durch die Wegzehrung mit dem Leib und Blut Christi gestärkt und erhält damit das Unterpfand der Auferstehung nach dem Wort des Herrn: „Wer mein Fleisch ißt und mein Blut trinkt, hat das ewige Leben, und ich werde ihn auferwecken am Letzten Tag" (Joh 6, 59). Wenn möglich, soll die Wegzehrung im Rahmen einer Meßfeier empfangen werden, so daß der Kranke unter beiden Gestalten kommunizieren kann.*

Seite 31: Dies ist zwar sinnvoll, aber in der Klinik kaum umsetzbar, weil der Sterbende oft kaum mehr schlucken kann. Dies ist auch eine Folge des Fortschritts in der Medizin. Altersschwache Menschen können häufig körperlich gestärkt werden. Die Folge ist, dass man selbst Hochbetagte – faktisch Sterbende - noch ins Krankenhaus bringt, in der Hoffnung dass die Ärzte dazu verhelfen können, dass es wieder für ein paar Monate weitergeht. In der Seelsorge führt es dann dazu, dass der Sterbende zum Schlucken zu

---

Katholische Bischöfe haben mit 75 Jahren um ihren Ruhestand einzureichen. Heute 75-jährige Bischöfe befanden sich mit einer Rück-Berechnung zwar vor dem Erscheinen der deutschsprachigen Ausgabe der „Rituales", aber als Bischof haben sie die Aufgabe, als Oberhirte einer Diözese nicht mit der Theologie von gestern auf die Anliegen von heute zu reagieren. Sie stehen in besonderer Weise in der Verantwortung, die vom Zweiten Vatikanischen Konzil beschlossenen Veränderungen in ihren Diözesen umzusetzen.

schwach oder gar schon nicht mehr ansprechbar ist.

*Die Verpflichtung zum Empfang der Wegzehrung gilt für alle Getauften, die die heilige Kommunion empfangen können. Alle Gläubigen sind nämlich im Falle von Todesgefahr, wie immer sie verursacht sein mag, an das Gebot, die heilige Kommunion zu empfangen, gebunden.*

Seite 32: Alle Getauften sollen in Todesgefahr die „Wegzehrung" empfangen.

*Ordentliche Spender der Wegzehrung sind der Pfarrer und seine Kooperatoren, der Krankenhausseelsorger und der Obere eines Priesterordens oder einer ordensähnlichen Klostergemeinschaft. Im Notfall soll Jeder andere Priester wenigstens mit präsumierter Erlaubnis des zuständigen Spenders die Wegzehrung reichen.*

Seite 32: Man achte auf die Hierarchie. - Jeder andere Priester, der die „präsumierte Erlaubnis" nicht besitzt, ebenso auch jeder Diakon[1] und jeder Kommunionhelfer ist somit kein „ordentlicher Spender der Wegzehrung". Damit kommt zum Ausdruck, dass sie unordentliche Spender der Wegzehrung sind. Aus diesem Grunde sollte dieser Passus geändert werden.

„Gesund brachten wir ihn ins Krankenhaus, tot bekommen wir ihn wieder zurück." Solche Aussagen sind zuweilen zu hören. Hierbei muss man sagen, dass keiner grundlos ins Krankenhaus geht. Jede invasive Untersuchung und jeder chirurgische Eingriff kann tödlich enden. Man weiß somit nie, ob die zuletzt empfangene Kommunion für einen die „Wegzehrung" war. Aus diesem Grunde sollte der Text zum Spender der „Wegzehrung" bei der Neufassung allgemein für alle Kommunionspender gehalten werden.

---

1   Seit der Urkirche ist es Aufgabe des Diakons, den Kranken die heilige Kommunion zu bringen. Warum soll der Diakon dann kein „ordentlicher Spender der Wegzehrung" sein?

*Wenn kein Priester zur Verfügung steht, kann ein Diakon (oder Akolyth) die Wegzehrung zum Gläubigen bringen oder auch ein anderer Gläubiger, Mann oder Frau, der auf Grund päpstlicher Ermächtigung vom Bischof dazu bestellt ist, die Eucharistie den Gläubigen auszuteilen (Kommunionhelfer).*

Seite 32: Die anderen Kommunionspender als Lückenfüller? siehe oben.

*Zur leichteren Vorsorge für Sonderfälle, bei denen sich der Gläubige, sei es bei plötzlicher Erkrankung, sei es aus einem anderen Grund, ganz unvorhergesehen in unmittelbarer Todesgefahr befindet, liegt ein zusammengefaßter Ritus vor, durch den der Kranke in ein und derselben Feier mit den Sakramenten der Buße, der Krankensalbung und der Eucharistie als Wegzehrung versehen werden kann.*

Seite 33: Man will damit offensichtlich nicht vom Versehgang mit der „Letzten Ölung" lassen. - Mit der „Todesgefahr" macht es Sinn, zuvor die „Krankensalbung" und die heilige Kommunion zu empfangen. Ob der Katholik vorher noch beichten möchte, sollte ihm überlassen werden. Es kann die Möglichkeit der Beichte angesprochen und damit angeboten, sollte aber kein Druck erzeugt werden.

Mit der „Wegzehrung" wird das Sterben angesprochen. Damit wird die „Todesgefahr" zum Sterben und die „Krankensalbung" zur „Letzten Ölung".

Diese auf Seite 33 vorhandene falschen Verknüpfung[1] sollte aus theologischen wie auch pastoralen Gründen aufgelöst werden.

*Damit aber die Sakramente der Krankensalbung und der Wegzehrung in ihrer ganzen Bedeutung möglichst tief erfaßt werden und der Glaube noch mehr genährt und gestärkt und voll zum Ausdruck gebracht werden kann, ist es von höchster Wichtigkeit, durch passende Unterweisung die Gläubigen im allgemeinen wie auch insbesondere die Kranken zur Vorbereitung einer solchen Feier und zur*

---

1   Sie fußt auf SC 74: „Neben den Riten für getrennte Spendung von Krankensalbung und Wegzehrung soll ein zusammenhängender Ordo geschaffen werden, gemäß dem die Salbung dem Kranken nach der Beichte und vor dem Empfang der Wegzehrung erteilt wird."
Damit scheinen sich die Traditionalisten durchgesetzt zu haben, die nicht vom „Versehgang" lassen wollten. Dies ist jedoch die Grundlage dafür, dass die „Letzte Ölung" und die Bezeichnung „Krankensalbung" weiterexistieren kann. Dem Anliegen von Jak 5,14f sowie von SC 73 wird damit widersprochen. Daher sollte diese Verknüpfung aufgelöst werden.

tätigen Teilnahme an ihr anzuleiten, besonders wenn sie in Gemeinschaft begangen wird.

Seite 35: Was soll mit „höchster Wichtigkeit" vermittelt werden? Dass die „Letzte Ölung" unter der Bezeichnung „Wegzehrung" weiterlebt und in der Sterbestunde zusammen mit der „Wegzehrung" gespendet werden soll? Die erfahrene Praxis in der Klinikseelsorge lässt diesen Eindruck aufkommen.

„Krankensalbung" als Sakrament für Kranke und die „Wegzehrung" als Sterbesakrament sollten unmissverständlich voneinander getrennt werden.

*Es soll ihre beständige Sorge sein, die Kranken allmählich dahin zu führen, daß sie zum frommen und je nach der persönlichen Situation öfteren Empfang der Sakramente der Buße und Eucharistie und vornehmlich zum rechtzeitigen Empfang der Krankensalbung und der Wegzehrung bereit sind.*

Seite 41: Unter der Bezeichnung „Krankensalbung" soll die „Letzte Ölung" zusammen mit der „Wegzehrung" rechtzeitig gespendet werden.

„Krankensalbung" als Sakrament für Kranke und die „Wegzehrung" als Sterbesakrament sollten unmissverständlich voneinander getrennt werden.

*Der Pfarrer und die übrigen Priester, denen das geistliche Wohl der Kranken anvertraut ist, haben dafür Sorge zu tragen, daß Kranke, die sich in unmittelbarer Todesgefahr befinden, durch die sakramentale Wegzehrung mit dem Leib und Blut Christi gestärkt werden.*

Seite 67: Es wird die Todesgefahr mit der „Wegzehrung" (Sterbesakrament) verknüpft.

*Der Kranke und die übrigen Anwesenden können unter beiden Gestalten kommunizieren. Bei der Kommunion des Kranken soll die Formel zur Spendung der Wegzehrung benutzt werden (Nr.112.*

Seite 69: Die Eucharistie erinnert uns an den Tod und die Auferstehung Jesu. Sie verweist darüber hinaus auch auf unseren eigenen, noch ausstehenden Tod und die Auferstehung. Daher ist es nachvollziehbar, dass die Eucharistie den Gesunden und Kranken als „Kommunion" und den Sterbenden als „Wegzehrung" gereicht wird. - Hiervon abzuleiten, dass mit dem gleichen Salböl den Kranken die „Krankensalbung" und den Sterbenden die „Letzte Ölung" gespendet werden könne, entspricht nicht der Intension von Jak 5,14f und der Intension des Weihegebets des Bischofs über das Salböl, es stellt somit einen Missbrauch das Sakraments der „Krankensalbung" dar.

Kranke wollen zumeist wieder gesund werden oder zumindest eine Linderung ihres Leidens erfahren. Die Worte „Christus bewahre dich und führe dich zum ewigen Leben" erschrecken. Daher sollte Kranken die Kommunion mit den vertrauten Worten „Der Leib Christi" gereicht werden. Wenn man die besondere Situation des Kranken ansprechen möchte, könnte dies mit solchen Worten geschehen: „Christus führe dich zur Genesung".

Die Worte „Christus bewahre dich und führe dich zum ewigen Leben" sollten ausschließlich dem Sterbenden bei der „Wegzehrung" gespendet werden. Wenn bei der Spendung der „Wegzehrung" oder des „Sterbesegens" Anwesende die heilige Kommunion empfangen wollen, könnte ihnen diese mit Worten wie diesen gereicht werden: „Christus begleite dich in deiner Trauer."

*Der Priester muß aufmerksam darauf achten, ob der Kranke beichten will. In diesem Fall sollte er die Beichte möglichst schon vor der Spendung der Wegzehrung entgegennehmen.*

Seite 69: Da in der Klinik Sterbende oft schon nicht mehr die Kommunion empfangen können, können sie auch nicht mehr beichten. Das sind einerseits die Folgen des medizinischen Fortschritts und andererseits die Folgen der Verdrängung des Sterbens.[1]

Es macht daher Sinn, den Gläubigen darauf hinzuweisen, dass sie im Rahmen eines Klinikaufenthalts beichten können. Zumal es sich hierbei meist um einen für sie fremden Priester handelt, tun sich viele Gläubige leicht, zu beichten. Damit könnte neben der leiblichen Genesung auch eine seelische Genesung eintreten.

*Der Priester muß aufmerksam darauf achten, ob der Kranke beichten will. In diesem Fall soll er die Beichte möglichst schon vor der Feier der Krankensalbung und der Wegzehrung entgegennehmen.*

Seite 81: Gegenüber den Worten auf Seite 69 wurde die „Letzte Ölung", als „Krankensalbung" bezeichnet, hinzugenommen.

*Wenn die drohende Gefahr noch Zeit dazu läßt, salbe man zunächst den Kranken rasch mit einer einmaligen Salbung und reiche ihm danach die Wegzehrung. Bei unmittelbarer Todesgefahr wird ihm gemäß Nr. 30 sogleich die Wegzehrung*

---

1  Nach den Zahlen des Statistischen Bundesamtes starben knapp 50% der Verstorbenen in einer Klinik. Hiervon verstarben rund 9% am Einlieferungstag und rund 11% am Tag danach. Diese Zahlen belegen, dass man selbst Sterbende noch in die Klinik bringt, weil man das Sterben nicht akzeptieren will, in der Annahme,die moderne Medizin mit der Intensivstation sogar jedes Sterben verhindern könne.

*gereicht, so daß er durch den Leib Christi gestärkt und mit dem Unterpfand der Auferstehung versehen ist, wenn er aus diesem Leben scheidet; denn die Gläubigen sind verpflichtet, in Todesgefahr die heilige Kommunion zu empfangen.*

Seite 81: Wenn die Zeit nicht für „Letzte Ölung" und „Wegzehrung" reicht, soll zumindest die „Wegzehrung" gereicht werden. Dies zeigt auf, dass die „Wegzehrung" das eigentliche Sterbesakrament ist. Es entlarvt auch, dass noch immer die „Krankensalbung" als „Letzte Ölung" missbraucht wird.

## Sterben...

*Leider hat sich in der pastoralen Praxis, besonders der abendländischen Kirche, im Laufe der Zeit immer mehr eine vereinseitigte Auffassung durchgesetzt. Sie hat aus dem ursprünglichen Heilszeichen für Kranke ein Sakrament der Sterbenden gemacht und es zur sogenannten „Letzten Ölung" verkürzt. Trotz mancher richtigstellen - der Lehrerklärungen hat sich diese Auffassung in der Praxis der Gläubigen hartnäckig gehalten.*

Seite 20: Die kirchlichen Dokumente sind die Ursachen, dass die „Letzte Ölung" unter der Bezeichnung „Krankensalbung" verstanden wird.

*Die Gebete und Lesungen können aus den folgenden Texten frei ausgewählt, andere nach Bedarf hinzugefügt werden. Sie sollen immer dem geistigen und körperlichen Zustand des Sterbenden, den jeweiligen Umständen und der Verfassung der anderen Personen angepaßt sein.*

Seite 97: Es soll nicht nur eine Textform für alle Situationen geben, sondern die Gebete sollen der jeweiligen Situationen entsprechen.

*Priester und Diakon sollen danach streben, soweit es ihnen möglich ist, zusammen mit den Angehörigen dem Sterbenden beizustehen und selber die vorgesehenen Sterbegebete zu sprechen. Ihre Anwesenheit macht deutlicher, daß der Christ in der Gemeinschaft der Kirche stirbt.*

Seite 97: Sterbegebete lassen sich auch frei formulieren. - Die Gläubigen sehen die Anwesenheit eines Priesters oder eines Diakons kaum als ein Sterben in der Gemeinschaft der Kirche, sonder viel mehr als einen Vertreter Gottes auf Erden oder als einen Menschen, der eine innigere Beziehung zu Gott hat. Darin wird ihre Kompetenz gesehen.

*Wenn der Zustand des Sterbenden längeres Beten zuläßt. wird empfohlen. daß die Anwesenden unter Berücksichtigung der jeweiligen Umstände in der Weise für ihn beten. daß sie die Allerheiligenlitanei (ohne einige Anrufungen daraus) mit der Antwort „bitte für ihn (sie)" sprechen, wobei die Patrone des Sterbenden oder der Familie besondere Erwähnung finden sollen.*

Seite 99f: Jesus hat lange Gebete abgelehnt (Mk 12,40; Lk 20,47).[1] Es stellt sich daher die Frage, für wen die Allerheiligenlitanei gebetet wird, für den Sterbenden oder für die begleitende Person? Liegt hier blinder Aktionismus vor, weil man die Untätigkeit – und zuweilen auch die Ohnmacht, die insbesondere beim Sterben junger Menschen aufkommt – nicht aushält. Braucht man lange Gebete wie Allerheiligenlitanei und Rosenkranz, weil man als begleitende Person die Situation der Ohnmacht nicht erträgt und irgend etwas tun muss, oder ist es Wunsch des Sterbenden, weil es ihm vertraut ist und er dies für sich wünscht?

In der Sterbebegleitung will man etwas tun, damit es dem Sterbenden besser geht. Sterbene brauchen in der seelsorglichen Begleitung einen behutsamen Umgang, keine Überfrachtung, die sie gerne schneller sterben lässt, um dieser „Vergewohltätigung" zu entgehen. Daher stellt sich die Frage, ob hier nicht die Anrufung an den Namenspatron und „alle Engel und Heiligen" genügen sollte.

## Todesgefahr

*Die Kirche beweist ihre Sorge dadurch, daß sie die Kranken besucht, sie durch das Sakrament der Salbung aufrichtet und durch das Sakrament der Eucharistie stärkt. Dies tut sie schon während der ganzen Zeit der Krankheit, zumal aber, wenn die Kranken sich in Todesgefahr befinden.*

Seite5: Die Kranken sollen vom Beginn ihrer Erkrankung durch die Eucharistie und die Krankensalbung aufgerichtet werden.

*Wenn aber wegen der andrängenden Todesgefahr die Zeit nicht ausreicht, um alle Sakramente in der genannten Reihenfolge zu spenden, soll dem Kranken zuerst die Möglichkeit der sakramentalen- wenn auch notfalls allgemeingehaltenen - Beichte gegeben und dann die Wegzehrung gereicht werden;*

---

1   Eine sehr deutliche Absage gegen lange Gebete machte Jesus im Vorspann zum Vater-unser-Gebet unter Mt 6,7: „Wenn ihr betet, sollt ihr nicht plappern wie die Heiden, die meinen, sie werden nur erhört, wenn sie viele Worte machen."

Seite 33: Wenn in drohender Todesgefahr die Zeit nicht mehr ausreicht, um alle Gefährdeten die Beichte zu hören, soll eine allgemeine Absolution erteilt werden und ihnen dann die Wegzehrung gereicht werden.

*Im Falle von Todesgefahr besitzen, wenn ein Bischof nicht leicht zu erreichen oder wenn er verhindert ist, folgende Priester von Rechts wegen die Vollmacht zu firmen: Pfarrer und Pfarrvikare und in ihrer Abwesenheit auch ihre Pfarrkooperatoren; Priester, die einer besonderen rechtmäßig errichteten Pfarrei vorstehen; Pfarrverweser, Substitute und Pfarradjutoren. Ist keiner der Genannten erreichbar, so kann jeder Priester, sofern er nicht unter einer Zensur oder Kirchenstrafe steht, die Notfirmung spenden.*

Seite 33: Man achte auf die Hierarchie. Im Grunde genügt der letzte Satz.

*Die Seelsorger sollen darum bemüht sein, daß den Kranken und den älteren Menschen häufig, ja, wenn möglich, täglich, besonders in der Osterzeit, Gelegenheit zum Empfang der Eucharistie geboten wird, auch wenn sie nicht schwer erkrankt sind oder gar in Todesgefahr schweben. Kranke können die Eucharistie zu jeder Tageszeit empfangen.*

Seite 42: Die Kranken, die während der Osterzeit krank sind, werden damit gegenüber den Kranken in den weiteren 45 Wochen bevorzugt. Das ist ungerecht.

*Der Pfarrer und die übrigen Priester, denen das geistliche Wohl der Kranken anvertraut ist, haben dafür Sorge zu tragen, daß Kranke, die sich in unmittelbarer Todesgefahr befinden, durch die sakramentale Wegzehrung mit dem Leib und Blut Christi gestärkt werden.*

Seite 65: In Todesgefahr befindliche Kranke sollen die „Wegzehrung" bekommen.

*Bei unmittelbarer Todesgefahr wird ihm gemäß Nr. 30 sogleich die Wegzehrung gereicht, so daß er durch den Leib Christi gestärkt und mit dem Unterpfand der Auferstehung versehen ist, wenn er aus diesem Leben scheidet; denn die Gläubigen sind verpflichtet, in Todesgefahr die heilige Kommunion zu empfangen.*

Seite 81: In Todesgefahr befindliche Kranke sollen die „Wegzehrung" bekommen.

*Die Firmung in Todesgefahr und die Krankensalbung sollen möglichst nicht in einem zusammenhängenden Ritus gespendet werden, damit nicht die beiden Sakramente, von denen jedes eine Salbung enthält, verwechselt werden. Wenn es aber doch notwendig ist, beide Sakramente zu spenden, soll die Firmung unmittelbar der Weihe des Krankenöls vorausgehen. In diesem Fall unterbleibt die zum Ritus der Krankensalbung gehörende Handauflegung.*

Seite 81: Nur wenn es in Todesgefahr notwendig ist, können Firmung und „Letzte Ölung" in einer Feier gespendet werden, wobei die Firmung zuerst gespendet werden soll und bei der „Letzten Ölung" die Handauflegung entfällt. - Wenn schon zweimal gesalbt wird, warum soll dann nicht zweimal die Hände aufgelegt werden?

*Wenn einem Kranken in unmittelbarer Todesgefahr wegen besonderer Umstände nur die Krankensalbung ohne die Wegzehrung gespendet werden muß, wird der in Nr. 119-129 beschriebene Ritus verwandt,*

Seite 98: In der Klinik muss „in unmittelbarer Todesgefahr" fast immer die „Letzte Ölung" ohne die „Wegzehrung" gespendet werden, weil der Sterbende die „Wegzehrung" nicht mehr empfangen kann. In diesem Rahmen kann der Priester unter Nummer 122 den „vollkommenen Ablaß in der Sterbestunde" spenden.

## Verstorbene

*Ist der Kranke beim Kommen des Priesters schon tot, soll der Priester für den Verstorbenen beten, daß Gott ihn von den Sünden löse und ihn gütig in sein Reich aufnehme: die Salbung aber soll der Priester in diesem Falle nicht vornehmen. Im Zweifel, ob der Kranke auch wirklich verstorben ist, kann er ihm das Sakrament bedingungsweise spenden (s. u. Nr. 135)",*

Seite 29: In der Aussegnung soll darum gebetet werden, dass Gott den Verstorbenen von seinen Sünden erlösen und in sein Reich aufnehmen möge. An Verstorbenen ist keine Krankensalbung vorzunehmen.

## 2.3.2 CIC

Im CIC sind auch „Krankensalbung" und „Wegzehrung" genannt. Daneben finden sich auch Angaben zu „Sterbenden".

### Krankensalbung

*Dem Pfarrer in besonderer Weise aufgetragene Amtshandlungen sind folgende:*
*1° die Spendung der Taufe;*
*2° die Spendung des Sakramentes der Firmung an jene, die sich in Todesgefahr befinden, nach Maßgabe des can. 883, n. 3;*
*3° die Spendung der Wegzehrung sowie der Krankensalbung, unbeschadet der Vorschrift des can. 1003, §§ 2 und 3, und die Erteilung des Apostolischen Segens;*
*4° die Assistenz bei der Eheschließung und die Erteilung des Brautsegens;*
*5° die Vornahme von Begräbnissen;*
*6° die Segnung des Taufwassers zur österlichen Zeit, die Leitung von Prozessionen außerhalb der Kirche und die feierlichen Segnungen außerhalb der Kirche;*
*7° die feierliche Zelebration der Eucharistie an den Sonntagen und an den gebotenen Feiertagen.*

Can. 530: Dem Pfarrer ist in besonderer Weise die Spendung der „Wegzehrung" sowie der „Krankensalbung" aufgetragen. - Dadurch, dass die „Wegzehrung", das Sterbesakrament, vor der „Krankensalbung" genannt ist (so wurde es später auch im „Rituale" angeordnet), wurde die „Krankensalbung" weiterhin als „Letzte Ölung" verstanden, als Sterbesakrament.

*Außer dem, was durch das Partikularrecht oder durch besondere Delegation zugestanden wird, hat der Kaplan kraft Amtes die Befugnis, die Beichte der seiner Sorge anvertrauten Gläubigen zu hören, ihnen das Wort Gottes zu verkündigen, die Wegzehrung und die Krankensalbung zu spenden und denen das Sakrament der Firmung zu erteilen, die sich in Todesgefahr befinden.*

Can. 566: Der Kaplan hat den Menschen in Todesgefahr die „Wegzehrung" und die „Krankensalbung" zu spenden. - Auch hier ist die „Wegzehrung" vor der „Krankensalbung" genannt.

*Die Pflicht und das Recht, die heiligste Eucharistie als Wegzehrung zu den Kranken zu bringen; haben der Pfarrer, die Pfarrvikare, die Kapläne und der Obere einer Gemeinschaft in klerikalen Ordensinstituten oder Gesellschaften des apostolischen Lebens für alle, die sich im Haus aufhalten.*

Can. 911: Pfarrer, die Pfarrvikare, die Kapläne und der Obere einer Gemeinschaft haben die Pflicht (sie steht an 1. Stelle), und das Recht, den Kranken die „Wegzehrung" zu bringen. Hierbei fallen 2 Besonderheiten auf:

1. Es heißt hier schlicht „Kranken". Es ist keine Schwere der Erkrankung genannt, auch keine Todesnähe oder Sterben. Aber es heißt „Wegzehrung". Diese ist jedoch seit dem 9. Jh. das Sterbesakrament. Daher müsste es korrekter Weise von „Wegzehrung" und „Sterbende" oder von „Kommunion" bzw. „Eucharistie" und „Kranke" heißen. So aber stiftet es Verwirrung.

2. In Orden und religiösen Gemeinschaften darf nur der Obere (und sein Stellvertreter) einem „Kranken" bzw. einem „Sterbenden" die „Kommunion" bzw. die „Wegzehrung" – je nach Interpretation des Textes – bringen. Es darf dies kein anderer Priester dieser Gemeinschaft. Dies ist höchst befremdlich.

*Gläubige, die sich, gleich aus welchem Grund, in Todesgefahr befinden, sind mit der heiligen Kommunion als Wegzehrung zu stärken.*

Can 921: In Todesgefahr ist die heilige Kommunion die Wegzehrung. Gläubige sollen sie in Todesgefahr erhalten.

*Die heilige Wegzehrung für Kranke darf nicht allzu lange aufgeschoben werden; wer mit der Seelsorge betraut ist, hat sorgfältig darauf zu achten, daß die Kranken damit gestärkt werden, solange sie noch voll bei Bewußtsein sind.*

Can. 922: Auch hier ist die „Wegzehrung" im Zusammenhang von „Kranken" genannt. Die „Kranken" sollen sie noch bei vollem Bewusstsein empfangen. Dies ist sinnvoll. Es ist hier offensichtlich eine Definitionsfrage, was man als „Kranke" und was als „Sterbende" versteht. Es entsteht der Eindruck, dass die Verfasser des CIC „Sterbende" mit der „Sterbestunde" verbinden, alles davor als „Kranke". Dies trifft nur in den wenigsten Fällen zu, wenn man „krank" und „sterbend" mit den medizinischen Begriffen „kurativ" und „palliativ" synchronisiert, chronisch Kranke hiervon ausgeschlossen.

## Wegzehrung

Can 530: (siehe Krankensalbung)

# Todesgefahr

Wenn der Gläubige in Todesgefahr noch keine Firmung gespendet bekam, soll auch diese gespendet werden: CIC 530; 883; 889 und 891.

*Wenn Todesgefahr besteht oder wenn nach dem Urteil des Diözesanbischofs bzw. der Bischofskonferenz eine andere schwere Notlage dazu drängt, spenden katholische Spender diese Sakramente erlaubt auch den übrigen nicht in der vollen Gemeinschaft mit der katholischen Kirche stehenden Christen, die einen Spender der eigenen Gemeinschaft nicht aufsuchen können und von sich aus darum bitten, sofern sie bezüglich dieser Sakramente den katholischen Glauben bekunden und in rechter Weise disponiert sind.*

CIC 844 § 4: Damit kann der katholische Spender einem nichtkatholischen Christen in schwerer Notlage die Sakramente spenden, für die es eine sakramentale Gemeinschaft gibt, wenn der Nicht-Katholik nicht den Seelsorger seines Glaubens erreichen kann.

*Ein Erwachsener, der sich in Todesgefahr befindet, kann getauft werden, wenn er bei einer gewissen Kenntnis der grundlegenden Glaubenswahrheiten auf irgendeine Weise seinen Willen zum Empfang der Taufe bekundet hat und verspricht, sich an die Gebote der christlichen Religion zu halten.*

CIC 865 § 2: Wenn der in Todesgefahr gekommene Erwachsene Grundkenntnisse über den christlichen Glauben besitzt und noch nicht getauft ist, kann getauft werden, wenn er verspricht, nach den Geboten der christlichen Religion zu leben, falls er die Lebensgefahr übersteht.

*Wenn sich ein Kind in Todesgefahr befindet, ist es unverzüglich zu taufen.*

CIC 867 § 2: Gegenüber CIC 865 § 2 ist dies eine sehr große Freizügigkeit.

*In Todesgefahr wird ein Kind katholischer, ja sogar auch nichtkatholischer Eltern auch gegen den Willen der Eltern erlaubt getauft.*

CIC 868 § 2: Ob katholische oder nicht-katholische Eltern, in Todesgefahr ein Kind gegen den Willen der Eltern zu taufen ist in Deutschland ein Verstoß gegen Artikel 6 Grundgesetz.

*§ 1. Damit die heiligste Eucharistie Kindern gespendet werden darf, ist erforderlich, daß sie eine hinreichende Kenntnis und eine sorgfältige Vorbereitung erhalten haben, so daß sie das Geheimnis Christi gemäß ihrer Fassungskraft begreifen und den Leib des Herrn gläubig und andächtig zu*

*empfangen in der Lage sind.*

*§ 2. Kindern jedoch, die sich in Todesgefahr befinden, darf die heiligste Eucharistie gespendet werden, wenn sie den Leib Christi von gewöhnlicher Speise unterscheiden und die Kommunion ehrfürchtig empfangen können.*

CIC 913 § 2: Kindern in Todesgefahr wird somit die „Wegzehrung" gereicht. Nach CIC 913 ist hierfür allein das Wissen erforderlich, dass es der Leib Christi ist. Sie müssen nach CIC 913 noch nicht einmal getauft sein.

*§ 1. Gläubige, die sich, gleich aus welchem Grund, in Todesgefahr befinden, sind mit der heiligen Kommunion als Wegzehrung zu stärken.*

*§ 2. Auch wenn sie am selben Tag durch die heilige Kommunion gestärkt worden sind, ist es trotzdem sehr ratsam, daß jene, die in Lebensgefahr geraten sind, nochmals kommunizieren.*

*§ 3. Bei andauernder Todesgefahr wird empfohlen, daß die heilige Kommunion mehrmals, an verschiedenen Tagen, gespendet wird.*

CIC 921: Gläubige sollen in Todesgefahr die „Wegzehrung" erhalten, auch wenn sie am selben Tag bereits die heilige Kommunion empfangen haben. Bei andauernder Todesgefahr wird empfohlen, die „Kommunion" an verschiedenen Tagen zu spenden. Weshalb es in § 3 nicht „Wegzehrung" heißt, ist unverständlich.

*§ 1. Mehreren Pönitenten gleichzeitig kann ohne vorangegangenes persönliches Bekenntnis die Absolution in allgemeiner Weise nur erteilt werden:*

*1° wenn Todesgefahr besteht und für den oder die Priester die Zeit, die Bekenntnisse der einzelnen Pönitenten zu hören, nicht ausreicht;*

CIC 961: Wenn mehreren Pönitenten[1] in Todesgefahr geraten, darf der Priester ihnen ohne Hören der Bekenntnisse die Absolution erteilen, wenn für das Hören der Beichte die Zeit nicht ausreicht.

*§ 1. Damit ein Gläubiger die sakramentale Absolution, die gleichzeitig mehreren erteilt wird, gültig empfängt, ist nicht nur erforderlich, daß er recht disponiert ist; er muß sich vielmehr gleichzeitig auch vornehmen, seine schweren Sünden, die er gegenwärtig nicht auf diese Weise bekennen kann, zu gebotener Zeit einzeln zu beichten.*

---

1  Ei Pönitent ist ein Gläubiger, der zur Beichte willig und bereit ist.

*§ 2. Die Gläubigen sind, soweit möglich auch beim Empfang der Generalabsolution, über die Erfordernisse gemäß § 1 zu belehren; der Generalabsolution ist, selbst bei Todesgefahr, wenn die Zeit dafür ausreicht, die Aufforderung voranzuschicken, daß sich jeder bemüht, einen Akt der Reue zu erwecken.*

CIC 962: Bei der Generalabsolution ist darauf zu verweisen, dass man schwere Sünden zur gebotenen Zeit einzeln zu beichten hat.

*Jeder Priester absolviert, auch wenn er die Befugnis zur Entgegennahme von Beichten nicht besitzt, jegliche Pönitenten, die sich in Todesgefahr befinden, gültig und erlaubt von jedweden Beugestrafen und Sünden, auch wenn ein Priester mit entsprechender Befugnis zugegen ist.*

CIC 976: Jeder Priester, auch ohne entsprechende Befugnis,[1] darf in Todesgefahr von allen Beugestrafen und Sünden lossprechen, auch wenn ein Priester mit entsprechender Befugnis zugegen ist.

*In einer dringenden Notlage ist jeder Beichtvater verpflichtet, die Beichten von Gläubigen entgegenzunehmen, und in Todesgefahr jeder Priester.*

CIC 986 § 2: In dringenden Notlagen hat jeder Beichtvater und in Todesgefahr jeder Priester die Pflicht, Beichte zu hören.

**Fazit**: Im CIC befassen sich bei Todesgefahr 3 Canones mit der Spendung der Taufe, 4 Canones mit der Firmung, 2 Canones mit der „Wegzehrung" und 4 Canones mit der Beichte. Daran wird deutlich, welches Übergewicht im CIC die Beichte in Todesgefahr hat. Sie wird häufiger genannt, als die sonst so sehr betont „heilsnotwendige" Taufe.

## Sterben...

*Um die Hirtenaufgabe sorgfältig wahrzunehmen, hat der Pfarrer darum bemüht zu sein, die seiner Sorge anvertrauten Gläubigen zu kennen; deshalb soll er die Familien besuchen, an den Sorgen, den Ängsten und vor allem an der Trauer der Gläubigen Anteil nehmen und sie im Herrn stärken, und wenn sie es in irgendwelchen Dingen fehlen lassen, soll er sie in kluger Weise wieder auf den rechten Weg bringen; mit hingebungsvoller Liebe soll er den Kranken, vor allem*

---

1 Da die Priesterweihe ein unauslöschliches Sakrament ist, haben in Todesgefahr auch die verheirateten und damit säkularisierten Priester die Befugnis, die Lossprechung zu geben.

*den Sterbenden zur Seite stehen, indem er sie sorgsam durch die Sakramente stärkt und ihre Seelen Gott anempfiehlt;*

CIC 529: Dies bedeutet in der Besetzung der Seelsorgestellen, dass die Klinikseelsorge nicht ausgedünnt werden soll. Sind in Deutschland doch rund die Hälfte aller Verstorbenen in einer Klinik verstorben.

## Verstorbene

*Der Priester kann die Messe für jedermann, für Lebende wie für Verstorbene, applizieren.*

CIC 910:

*Jeder Gläubige kann Teilablässe oder vollkommene Ablässe für sich selbst gewinnen oder fürbittweise Verstorbenen zuwenden.*

CIC 994: Die katholische Kirche kann trotz Reformation auch von den Ablässen nicht lassen.

*§ 1. Den verstorbenen Gläubigen ist nach Maßgabe des Rechts ein kirchliches Begräbnis zu gewähren.*

*§ 2. Das kirchliche Begräbnis, bei dem die Kirche für die Verstorbenen geistlichen Beistand erfleht, ihren Leib ehrt und zugleich den Lebenden den Trost der Hoffnung gibt, ist nach Maßgabe der liturgischen Gesetze zu feiern.*

*§ 3. Nachdrücklich empfiehlt die Kirche, daß die fromme Gewohnheit beibehalten wird, den Leichnam Verstorbener zu beerdigen; sie verbietet indessen die Feuerbestattung nicht, es sei denn, sie ist aus Gründen gewählt worden, die der christlichen Glaubenslehre widersprechen.*

CIC 1176: Dem verstorbenen Gläubigen ist ein kirchliches Begräbnis zu gewähren.

*§ 1 Wenn die Pfarrei einen eigenen Friedhof hat, sind die verstorbenen Gläubigen auf ihm zu beerdigen, wenn nicht vom Verstorbenen selbst oder von denen, die für das Begräbnis des Verstorbenen zu sorgen haben, rechtmäßig ein anderer Friedhof bestimmt wurde.*

*§ 2. Allen aber ist es erlaubt, wenn es nicht durch das Recht untersagt ist, den Friedhof für ihr Begräbnis zu wählen.*

CIC 1180: Den Gläubigen steht freie Friedhofswahl zu.

## 2.3.3 KKK

Im KKK sind auch „Krankensalbung" und „Wegzehrung" genannt. Daneben finden sich auch Angaben zu „Sterbenden".

### Krankensalbung

*Der Herr Jesus Christus, der Arzt unserer Seelen und unserer Leiber, der dem Gelähmten die Sünden vergeben und ihm wieder die Gesundheit geschenkt hat [Vgl. Mk 2,1–12], will, daß seine Kirche in der Kraft des Heiligen Geistes sein Heilungs– und Heilswerk fortsetzt. Dessen bedürfen auch ihre eigenen Glieder. Dazu sind die beiden Sakramente der Heilung da: das Bußsakrament und die Krankensalbung.*

KKK 1421: Das Bußsakrament ist eindeutig für die Heilung der Seele. Damit bleibt die „Krankensalbung" für die Heilung des Leibes. Damit ist sie kein Sterbesakrament, sondern ein Sakrament der Genesung, zumindest die Bitte um Gottes Schutz und Beistand zur Genesung.

*„Durch die heilige Krankensalbung und das Gebet der Priester empfiehlt die ganze Kirche die Kranken dem leidenden und verherrlichten Herrn, daß er sie aufrichte und rette, ja sie ermahnt sie, sich aus freien Stücken mit dem Leiden und dem Tode Christi zu vereinigen und so zum Wohle des Gottesvolkes beizutragen" (LG 11).*

KKK 1499: Von solch einer Leidenstheologie sollte die Kirche Abschied nehmen.

*Die Kirche glaubt und bekennt, daß unter den sieben Sakramenten eines ganz besonders dazu bestimmt ist, die durch Krankheit Geprüften zu stärken: die Krankensalbung.*

KKK 1511: Die „Krankensalbung" soll Kranke stärken, wozu? Um das Leiden anzunehmen? Um gut zu sterben? Von dem Weihegebet des Bischofs über das Krankenöl ist hier nichts erkennbar.

*Die Krankensalbung „ist nicht nur das Sakrament derer, die sich in äußerster Lebensgefahr befinden. Daher ist der rechte Augenblick für ihren Empfang sicher schon gegeben, wenn der Gläubige beginnt, wegen Krankheit oder Altersschwäche in Lebensgefahr zu geraten" (SC 73) [Vgl. CIC, cann. 1004, § 1; 1005; 1007; CCEO, can. 738].*

KKK 1514: Die „Krankensalbung" ist als „Krankensalbung" das Sakrament für die Kranken und als faktische „Letzte Ölung" das Sakrament für die Sterbenden.

*Wenn ein Kranker, der die Salbung empfangen hat, wieder gesund wird, kann er, falls er wiederum schwer erkrankt, dieses Sakrament von neuem empfangen. Im Laufe der gleichen Krankheit darf dieses Sakrament wiederholt werden, wenn der Zustand sich verschlimmert. Es ist angebracht, die Krankensalbung zu empfangen, wenn man vor einer schweren Operation steht.*

KKK 1515: Die „Krankensalbung" darf man mehrmals empfangen. Man soll sie auch vor einer schweren Operation empfangen.

*Wie alle Sakramente ist die Krankensalbung eine liturgische und gemeinschaftliche Feier [Vgl. SC 27], ob sie nun zuhause, im Spital oder in der Kirche stattfindet, ob für einen einzigen Kranken oder für eine ganze Gruppe von Kranken. Es ist sehr passend, daß sie innerhalb der Eucharistiefeier, des Gedächtnisses des Pascha des Herrn, gefeiert wird. Falls die Umstände es nahelegen, kann der Krankensalbung das Bußsakrament vorausgehen und das Sakrament der Eucharistie folgen. Als Sakrament des Pascha Christi sollte die Eucharistie stets das letzte Sakrament auf der irdischen Pilgerschaft sein, die „Wegzehrung" für den „Übergang" in das ewige Leben (Vgl. dazu auch 1140, 1524).*

KKK 1517: Die „Krankensalbung" sollte eine Gemeinschaftsfeier sein, sogar innerhalb einer Eucharistiefeier gefeiert. Leider hält das Verständnis der „Krankensalbung" als „Letzte Ölung" einzelne Priester davon ab, jährlich mindestens einen Gottesdienst für Kranke und Gebrechliche zu feiern, in denen sie das Sakrament der Krankensalbung empfangen können. Damit fehlt diesen einerseits der niederschwellige und breite Zugang zum heilsamen Sakrament. Andererseits erfährt die Gemeinde nicht durch die Mitfeier, dass es ein Sakrament der Kranken ist.

*Eine Vorbereitung auf die letzte Reise. Wenn schon das Sakrament der Krankensalbung denen gewährt wird, die an schweren Krankheiten und Schwächen leiden, dann erst recht denen, die im Begriff sind, aus diesem Leben zu scheiden ... Diese letzte Salbung versieht das Ende unseres irdischen Lebens gleichsam mit einem festen Wall im Blick auf die letzten Kämpfe vor dem Eintritt in das Haus des Vaters [Vgl. ebd. 1694] (Vgl. dazu auch 1020, 1294).*

KKK 1523: Die Verfasser des KKK wollen einfach nicht von der „Letzten Ölung" lassen.

*Die Kirche bietet den Sterbenden neben der Krankensalbung die Eucharistie als Wegzehrung an.*

KKK 1524: Durch diese Formulierung gewinnt man den Eindruck, dass die „Letzte Ölung" das eigentliche Sterbesakrament sei und die „Wegzehrung" nur ein Beiwerk, eine Ergänzung sei. Dabei ist die „Wegzehrung" das Sterbesakrament.

*Nur Priester (Presbyter und Bischöfe) können die Krankensalbung spenden; sie verwenden dazu Öl, das vom Bischof oder im Notfall vom Zelebranten selbst geweiht worden ist.*

KKK 1530: Ob diese Regelung in der Zeit des Priestermangels nicht auf alle pastoralen Mitarbeiter geweitet werden soll, wird nachfolgend behandelt.

*Wirkungen der besonderen Gnade des Sakramentes der Krankensalbung sind:*

- *die Vereinigung des Kranken mit dem Leiden Christi für sein eigenes Heil und das der ganzen Kirche;*
- *Trost, Friede und Mut, um die Leiden der Krankheit oder des Alters christlich zu ertragen;*
- *die Vergebung der Sünden, falls der Kranke sie nicht durch das Bußsakrament erlangen könnte;*
- *die Genesung, falls dies dem Heil der Seele zuträglich ist;*
- *die Vorbereitung auf den Hinübergang in das ewige Leben;*

KKK 1532: Die Vereinigung des Leidens des Kranken mit dem Leiden Christi ist sicherlich unabhängig von der Spendung der „Krankensalbung". Es dürfte vielmehr daran liegen, ob man die Haltung Pauli von Kol 1,24 teilt. - Trost, Friede und Mut ist häufig nach der Spendung beobachtbar. - Die Vergebung der Sünden, so wie bei jedem Bußakt im Kyrie, ist sicherlich gegeben. - Wird der Gesalbte wieder gesund, so ist es seiner Seele zuträglich, stirbt er, so diente es der Vorbereitung auf seinen Tod. Dies ist eine kluge Interpretation, die dem Leben überhaupt das „Heil der Seele" zuspricht.

## Wegzehrung

*Wenn die Kirche über den sterbenden Christen zum letzten Mal im Namen Christi die Lossprechungsworte gesprochen, ihn zum letzten Mal mit einer stärkenden Salbung besiegelt und ihm in der Wegzehrung Christus als Nahrung für die Reise gespendet hat, sagt sie zu ihm mit sanfter Bestimmtheit (Vgl. dazu auch 1523 – 1525):*

*„Mache dich auf den Weg, Bruder (Schwester) in Christus, im Namen Gottes, des allmächtigen Vaters, der dich erschaffen hat; im Namen Jesu Christi, des Sohnes des lebendigen Gottes, der für dich gelitten hat; im Namen des Heiligen Geistes, der über dich ausgegossen worden ist. Heute noch sei dir im Frieden deine Stätte bereitet, deine Wohnung bei Gott im heiligen Zion, mit der seligen Jungfrau und Gottesmutter Maria, mit dem heiligen Josef und mit allen Engeln und Heiligen Gottes ... Kehre heim zu deinem Schöpfer, der dich aus dem Staub der Erde gebildet hat. Wenn du aus diesem Leben scheidest, eile Maria dir entgegen mit allen Engeln und Heiligen ... Deinen Erlöser sollst du sehen von Angesicht zu Angesicht . . .,, (Sterbegebet, „Commendatio animæ")(Vgl. dazu auch 2677, 336).*

KKK 1020: Auf die Verknüpfung dieser 3 Sakramente wird in KKK 1525 tiefer eingegangen.

Das angegebene Sterbegebet ist im „Rituale" angegeben, im Gotteslob leider nur die 1. Hälfte.

*Man nennt die Eucharistie auch die Heiligen Dinge [tà hágia; sancta] (const. ap. 8, 13, 12; Didaché 9,5; 10,6) – dies entspricht dem ersten Sinn der „Gemeinschaft der Heiligen", von der im Apostolischen Glaubensbekenntnis die Rede ist. Andere Namen sind: Brot der Engel, Himmelsbrot, „Arznei der Unsterblichkeit" (Ignatius v. Antiochien, Eph. 20,2) und Wegzehrung (Vgl. dazu auch 950, 948, 1405).*

KKK 1331: Eine Liste der Bezeichnungen für die Eucharistie.

*Damit das christliche Leben wächst, muß es durch die eucharistische Kommunion, das Brot unserer Pilgerschaft, genährt werden bis zur Todesstunde, in der es uns als Wegzehrung gereicht wird (Vgl. dazu auch 1212, 1524).*

KKK 1392: In der Todesstunde wird die Eucharistie als „Wegzehrung" gereicht.

*Als Sakrament des Pascha Christi sollte die Eucharistie stets das letzte Sakrament auf der irdischen Pilgerschaft sein, die „Wegzehrung" für den „Übergang" in das ewige Leben (Vgl. dazu auch 1140, 1524).*

KKK 1517: Für den Übergang ins ewige Leben soll die Eucharistie als letztes Sakrament des irdischen Pilgerweges die „Wegzehrung"gereicht werden.

*V Die Wegzehrung – das letzte Sakrament des Christen*

*1524 Die Kirche bietet den Sterbenden neben der Krankensalbung die Eucharistie als Wegzehrung an. In diesem Moment des Hinübergangs zum Vater hat die Kommunion mit dem Leib und Blut Christi eine besondere Bedeutung und Wichtigkeit. Sie ist Same des ewigen Lebens und Kraft zur Auferstehung, denn der Herr sagt: „Wer mein Fleisch ißt und mein Blut trinkt, hat das ewige Leben, und ich werde ihn auferwecken am Letzten Tag" (Joh 6,54). Als Sakrament des Todes und der Auferstehung Christi ist die Eucharistie nun das Sakrament des Hinübergangs vom Tod zum Leben, aus dieser Welt zum Vater [Vgl. Joh 13,1] (Vgl. dazu auch 1392).*

*1525 Wie die Sakramente der Taufe, der Firmung und der Eucharistie, „die Sakramente der christlichen Initiation", eine Einheit bilden, kann man sagen, daß die Buße, die heilige Salbung und die Eucharistie als Wegzehrung am Ende des christlichen Lebens „die Sakramente, die auf die Heimat vorbereiten" oder „die Sakramente, welche die Pilgerschaft vollenden", bilden (Vgl. dazu auch 1680, 2299).*

KKK 1524: Dem Sterbeden wird die „Krankensalbung" als „Letzte Ölung" gespendet. Die „Wegzehrung" wird als „Sakrament des Hinübergangs vom Tod zum Leben" bezeichnet.

KKK 1525: Die Verfasser schufen eine Parallele vom Anfang des Christseins zu dessen Ende:

* Taufe – Buße

  Durch die Taufe haben wir Anteil am ewigen Leben (KKK 265), werden die Sünden vergeben (KKK 403), sie tilgt die Erbsünde (KKK 405), gewinnen wir Anteil an Jesu Tod und Auferstehung (KKK 537). Außerhalb der Kirche gibt es kein Heil (KKK 846).

Durch das Bußsakrament wird der Getaufte mit Gott versöhnt (KKK 980), er allein vergibt Todsünden (KKK 1395), es ist ein Sakrament der Heilung (KKK 1421; siehe oben).

Diese Symmetrie passt nicht so ganz, denn wenn es bei der Taufe nur um die Sündenvergebung ginge, bräuchte man Kinder ohne Vernunftgebrauch nicht zu taufen. Die Taufe kann man nur einmal empfangen, das Bußsakrament soll man mindestens jährlich empfangen (KKK 1389). Da die Taufe jedoch als heilsnotwendig angesehen wird, gibt es auch hier einen Unterschied zum Bußsakrament.

- Firmung – Krankensalbung

Die Firmung ist ein Sakrament der Initiation (KKK 695; 1212), es befähigt zur Feier der Liturgie (KKK 1119) und zur Teilhabe am Priestertum Christi (KKK 1121).

Die Krankensalbung ist ein Sakrament der Heilung (KKK 1421; siehe oben), sie richtet auf und rettet (KKK 1499), sie stärkt, beruhigt und ermutigt (KKK 1520),[1] man soll sie vor einer schweren Operation empfangen (KKK1515).
Die Firmung kann man nur einmal empfangen (KKK 698), die Krankensalbung öfter (KKK 1515). Hier ist unter theologischen Gesichtspunkten keine Symmetrie erkennbar. Dass bei beiden eine Salbung verwendet wird, ist kein Grund für Symmetrie. Wenn es jedoch eine tragfähige Symmetrie sein sollte, muss entgegen gehalten werden , dass bei der Tauffeier die Katechumenen auch gesalbt werden, während beim Empfang des Bußsakraments keine Salbung erfolgt.

- Eucharistie – Wegzehrung

Die Eucharistie wird zum Gedächtnis an Jesu Opfer gefeiert (KKK 611), sie versöhnt und vereint mit Gott (KKK 737; 790). Aus der Eucharistie wird die Liebe geschöpft (KKK 864). Sie ist das Lebenszentrum der Teilkirche (KKK 893), sie gibt uns eine Vorahnung von der Verklärung Jesu (KKK 1000), sie wandelt die Menschen um (KKK 1074).

Die Wegzehrung wird im Sterben „als Nahrung für die Reise gespendet" (KKK 1020), sie ist das letzte Sakrament auf der irdischen Pilgerschaft für den „Übergang" in das ewige Leben (KKK 1517) und das letzte Sakrament des Christen (KKK 1524).

Einzig hier ist eine theologische Symmetrie sichtbar, sogar deutlich sichtbar.

---

1  Nicht wenigen macht das Angebot der „Krankensalbung" jedoch Angst, weil sie darin noch immer das Sterbesakrament sehen.

Fazit: Hier wurde etwas theologisch zusammengefügt, was nicht zusammengehört.

## Todesgefahr

*Nach der lateinischen Tradition ist das „Unterscheidungsalter" der gegebene Zeitpunkt, um die Firmung zu empfangen. In Todesgefahr sind jedoch schon Kinder zu firmen, auch wenn sie noch nicht zum Unterscheidungsalter gelangt sind [Vgl. CIC, cann. 891; 883,3°].*

KKK 1307: In Todesgefahr sollen auch Kinder ohne Unterscheidungsfähigkeit gefirmt werden. Aber – so CIC 1004 – darf den Kindern die Krankensalbung nicht gespendet werden. In beiden Fällen handelt es sich um ein Sakrament.

*Falls ein Christ in Todesgefahr ist, darf jeder Priester ihm die Firmung spenden [Vgl. CIC, can. 883, § 3]. Die Kirche will, daß keines ihrer Kinder, und sei es auch noch so klein, diese Welt verläßt, ohne durch den Heiligen Geist mit der Gabe der Fülle Christi vollendet worden zu sein.*

KKK 1314: siehe: KKK 1307.

*Im Fall von Todesgefahr kann allerdings jeder Priester, selbst wenn er die Beichtvollmacht nicht besitzt, von jeder Sünde [Vgl. CIC, can. 976; CCEO, can. 725] und jeder Exkommunikation lossprechen (Vgl. dazu auch 982).*

KKK 1463: In Todesgefahr darf jeder Priester von jeder Exkommunikation lossprechen.

*Wenn eine schwere Notlage besteht, kann man sich mit der gemeinschaftlichen Feier der Versöhnung mit allgemeinem Sündenbekenntnis und allgemeiner Lossprechung behelfen. Eine solche schwere Notlage kann dann vorliegen, wenn unmittelbare Todesgefahr besteht und für den oder die Priester die Zeit, die Bekenntnisse der einzelnen Pönitenten zu hören, nicht ausreicht.*

KKK 1483: In Todesgefahr kann, wenn die Zeit zum Beichte hören nicht ausreicht, in einer gemeinschaftlichen Feier mit allgemeinem Sündenbekenntnis die Lossprechung erfolgen.

*Der Zeitpunkt, an dem man die heilige Salbung empfangen soll, ist spätestens dann gekommen, wenn man sich wegen Krankheit oder Altersschwäche in Todesgefahr befindet.*

KKK 1528: Die seelsorgliche Praxis zeigt, dass auf der Palliativstation bzw. in den Hospizen Patienten sowie Angehörige anzutreffen sind – vereinzelt auch Pflegekräfte -, die sich wehren, anzuerkennen, dass es sich hierbei um Sterbende handelt. Es würde sich um Kranke handeln. Dabei sind einige dieser „Bewohner", wie sie oft genannt werden, nur wenige Tage dort, zuweilen sogar nur wenige Stunden. Wo bleibt hier das Verständnis für „Todesgefahr"? Wenn der Sterbende verstorben ist, heißt es in den Todesanzeigen, „Er starb plötzlich und unerwartet." Es führt dazu, dass Hinterbliebene für den Verstorbenen die „Letzte Ölung" wünschen.

*Das dritte Gebot („Du sollst wenigstens zur österlichen Zeit sowie in Todesgefahr die heilige Kommunion empfangen") gewährleistet ein Mindestmaß für den Empfang des Leibes und Blutes des Herrn.*

KKK 2042: In Todesgefahr soll der Gläubige die „Wegzehrung" empfangen.

**Fazit**: Im KKK geht es im Zusammenhang mit der Todesgefahr in 2 Nummern um die Firmung, in 2 Nummern um die Beichte, in einer Nummer um die „Letzten Ölung" und in einer Nummer um die „Wegzehrung".

## Sterben...

*Die Taufe, deren ursprüngliche und volle Zeichenhaftigkeit im Untergetauchtwerden hervortritt, ist das wirksame Zeichen für den Hinabstieg des Täuflings ins Grab, für das Sterben mit Christus, um zu einem neuen Leben zu gelangen: „Wir wurden mit ihm begraben durch die Taufe auf den Tod; und wie Christus durch die Herrlichkeit des Vaters von den Toten auferweckt wurde, so sollen auch wir als neue Menschen leben" (Röm 6,4) [Vgl. Kol 2,12; Eph 5,26] (Vgl. dazu auch 537, 1215).*

KKK 628:

*Durch Christus hat der christliche Tod einen positiven Sinn. „Für mich ist Christus das Leben, und Sterben Gewinn" (Phil 1,21).*

KKK 1010: Handeln wir unchristlich, wenn wir uns mit allen uns zur Verfügung stehenden Mitteln der Medizin gegen das Sterben stemmen? Warum tun sich auch viele Christen schwer mit dem Sterben, auch wenn hochbetagte Menschen sterben? - Besonders beim Sterben eines jungen Menschen oder gar des eigenen Kindes sind diese Worte kaum tröstlich.

*Wenn wir in der Gnade Christi sterben, vollendet der leibliche Tod dieses „Sterben mit Christus" und vollzieht so endgültig unsere Eingliederung in ihn durch seine Erlösungstat (Vgl. dazu auch 1220):*

KKK 1010: Ist denn Jesus unvollständig gestorben? Besonders beim Sterben eines jungen Menschen oder gar des eigenen Kindes sind diese Worte wenig tröstlich. Tage, Wochen oder Monate später können sie tröstlich sein.

*Die Kirche ermutigt uns, uns auf die Stunde des Todes vorzubereiten („Von einem plötzlichen Tode erlöse uns, o Herr!": Allerheiligenlitanei), die Gottesmutter zu bitten, „in der Stunde unseres Todes" für uns einzutreten (Gebet „Ave Maria") und uns dem hl. Josef, dem Patron der Sterbenden, anzuvertrauen (Vgl. dazu auch 2676 – 2677):*

KKK 1014: Es ist fraglich, ob die Menschen beim Beten des Ave-Maria – es wird in einem Rosenkranz-Gebet 50 mal gebetet – hierbei wirklich an den eigenen Tod oder den Tod eines geliebten Menschen denken.

*Der Christ, der sein Sterben mit dem Sterben Jesu vereint, versteht den Tod als ein Kommen zu Jesus und als Eintritt in das ewige Leben.*

KKK 1020: (mehr zu KKK 1020 siehe oben)

*In der liturgischen Überlieferung des Ostens wie des Westens werden seit dem Altertum Zeugnisse für Krankensalbungen mit geweihtem Öl bezeugt. Im Lauf der Jahrhunderte wurde die Krankensalbung mehr und mehr nur noch Sterbenden gespendet, so daß sie dann als „Letzte Ölung" bezeichnet wurde. Ungeachtet dieser Entwicklung unterließ es die Kirche nie, zum Herrn zu beten, daß der Kranke wieder gesund werde, wenn das seinem Heil förderlich sei [Vgl. DS 1696].*

KKK 1512: Mit anderen Worten: Wenn Gott alle Hoffnung für einen besseren Lebenswandel eines Menschen aufgegeben hat, lässt er den Menschen sterben. Auch wird damit Gott als Herr über Leben und Tod angesehen. Es hängt von seiner Entscheidung ab, ob ein Mensch weiterleben darf oder sterben muss. In der konkreten Fortsetzung dieses Denkens handelt jeder Rettungssanitäter und jeder Notarzt Gott entgegen.

*Eine Vorbereitung auf die letzte Reise. Wenn schon das Sakrament der Krankensalbung denen gewährt wird, die an schweren Krankheiten und Schwächen leiden, dann erst recht denen, die im Begriff sind, aus diesem Leben zu scheiden (die „sich schon am Ende des Lebens zu befinden scheinen": K. v. Trient: DS 1698). Deshalb wird es auch „das Sakrament der Sterbenden genannt" (ebd.). Die Krankensalbung macht uns endgültig dem Tod und der Auferstehung Christi gleichförmig, was die Taufe schon begonnen hatte. Sie vollendet die heiligen Salbungen, die das ganze christliche Leben prägen: Die Salbung der Taufe hat uns das neue Leben eingegossen; die der Firmung hat uns zum Kampf dieses Lebens gestärkt. Diese letzte Salbung versieht das Ende unseres irdischen Lebens gleichsam mit einem festen Wall im Blick auf die letzten Kämpfe vor dem Eintritt in das Haus des Vaters [Vgl. ebd. 1694] (Vgl. dazu auch 1020, 1294).*

KKK 1523: Die Verfasser können einfach nicht von der „Letzten Ölung" lassen.

*Die Kirche bietet den Sterbenden neben der Krankensalbung die Eucharistie als Wegzehrung an. In diesem Moment des Hinübergangs zum Vater hat die Kommunion mit dem Leib und Blut Christi eine besondere Bedeutung und Wichtigkeit. Sie ist Same des ewigen Lebens und Kraft zur Auferstehung, denn der Herr sagt: „Wer mein Fleisch ißt und mein Blut trinkt, hat das ewige Leben, und ich werde ihn auferwecken am Letzten Tag" (Joh 6,54). Als Sakrament des Todes und der Auferstehung Christi ist die Eucharistie nun das Sakrament des Hinübergangs vom Tod zum Leben, aus dieser Welt zum Vater [Vgl. Joh 13,1] (Vgl. dazu auch 1392).*

KKK 1524: dto.

*Der christliche Sinn des Sterbens wird im Licht des Pascha–Mysteriums des Todes und der Auferstehung Christi offenbar, auf dem unsere einzige Hoffnung beruht. Der Christ, der in Christus Jesus stirbt, ist dabei, „aus dem Leib auszuwandern, und daheim beim Herrn zu sein" (2 Kor 5,8) (Vgl. dazu auch 1010 – 1014).*

KKK 1681: Der Glaube an die Auferstehung spendet Halt und Trost.

*Insbesondere die Homilie soll „die literarische Gattung der Grabrede meiden" (OEx 41) und das Mysterium des christlichen Sterbens im Licht des auferstandenen Christus erhellen.*

KKK 1688: Ein Rückblick auf das Leben des Verstorbenen macht den Trauernden deutlich, von wem hier Abschied genommen wird. Der christliche Ausblick auf das, was wir nach dem Tod erhoffen können, kann Trost spenden. Beides sollte verwendet werden.

*Selbst wenn voraussichtlich der Tod unmittelbar bevorsteht, darf die Pflege, die man für gewöhnlich einem kranken Menschen schuldet, nicht abgebrochen werden. Schmerzlindernde Mittel zu verwenden, um die Leiden des Sterbenden zu erleichtern selbst auf die Gefahr hin, sein Leben abzukürzen, kann sittlich der Menschenwürde entsprechen, falls der Tod weder als Ziel noch als Mittel gewollt, sondern bloß als unvermeidbar vorausgesehen und in Kauf genommen wird.*

*Die Betreuung des Sterbenden ist eine vorbildliche Form selbstloser Nächstenliebe; sie soll aus diesem Grund gefördert werden.*

KKK 2279: Sterbende sollen bis zum Tod menschenwürdig gepflegt werden.

*Sterbenden soll Aufmerksamkeit und Pflege zuteil werden, um ihnen zu helfen, die ihnen noch verbleibende Zeit in Würde und Frieden zu leben. Sie sollen durch das Gebet ihrer Angehörigen Beistand erfahren. Diese sollen darauf bedacht sein, daß die Kranken zu gegebener Zeit die Sakramente erhalten, die auf die Begegnung mit dem lebendigen Gott vorbereiten (Vgl. dazu auch 1525).*

KKK 2299: Sterbende sollen die Sakramente erhalten, die sie auf den Tod vorbereiten.

## Verstorbene

*Weil Gott aus nichts erschaffen kann, kann er durch den Heiligen Geist Sündern das Leben der Seele schenken, indem er in ihnen ein reines Herz erschafft [Vgl. Ps 51,12], und den Verstorbenen das Leben des Leibes, indem er diesen auferweckt, denn er ist der „Gott, der die Toten lebendig macht und das, was nicht ist, ins Dasein ruft" (Röm 4,17).*

KKK 298: Gott ist allmächtig. Er erweckt Tote zum Leben.

*Die Gemeinschaft mit den Verstorbenen. „In ganz besonderer Anerkennung dieser Gemeinschaft des ganzen mystischen Leibes Jesu Christi hat die Kirche der [Erden]pilger von den anfänglichen Zeiten der christlichen Religion an das Gedächtnis der Verstorbenen mit großer Ehrfurcht gepflegt und hat ‚weil es ein heiliger und heilsamer Gedanke ist, für die Verstorbenen zu beten, damit sie von ihren Sünden erlöst werden' (2 Makk 12,45), auch Fürbittgebet für sie dargebracht" (LG 50). Unser Gebet für die Verstorbenen kann nicht nur ihnen selbst helfen: wenn ihnen geholfen ist, kann auch ihre Fürbitte für uns wirksam werden (Vgl. dazu auch 1371, 1032, 1689).*

KKK 958: Gläubige können für die Vergebung der Sünden der Verstorbenen beten.

*Diese Lehre stützt sich auch auf die Praxis, für die Verstorbenen zu beten, von der schon die Heilige Schrift spricht: „Darum veranstaltete [Judas der Makkabäer] das Sühnopfer für die Verstorbenen, damit sie von der Sünde befreit werden" (2 Makk 12,45). Schon seit frühester Zeit hat die Kirche das Andenken an die Verstorbenen in Ehren gehalten und für sie Fürbitten und insbesondere das eucharistische Opfer [Vgl. DS 856] dargebracht, damit sie geläutert werden und zur beseligenden Gottesschau gelangen können. Die Kirche empfiehlt auch Almosen, Ablässe und Bußwerke zugunsten der Verstorbenen (Vgl. dazu auch 958, 1371, 1479).*

KKK 1032: dto.

*Kraft der „Gemeinschaft der Heiligen" empfiehlt die Kirche die Verstorbenen der Barmherzigkeit Gottes an und bringt für sie Fürbitten dar, insbesondere das heilige eucharistische Opfer.*

KKK 1055: Die Kirche betet für die Verstorbenen, insbesondere in der Eucharistie.

*„Laß auch uns, wie du verheißen hast, zu Tische sitzen in deinem Reich. Dann wirst du alle Tränen trocknen. Wir werden dich, unseren Gott, schauen, wie du bist, dir ähnlich sein auf ewig und dein Lob singen ohne Ende. Darum bitten wir dich, durch unseren Herrn Jesus Christus" (MR, Drittes Hochgebet 116: Gebet für die Verstorbenen) (Vgl. dazu auch 1041, 1028).*

KKK 1404: Gott wird unsere Tränen trocknen.

*Ablässe können den Lebenden und den Verstorbenen zugewendet werden (Paul VI., Ap. Konst. „Indulgentiarum doctrina" normæ 1–3).*

KKK1471: Die katholische Kirche kann immer noch nicht von den Ablässen lassen.

*Da die verstorbenen Gläubigen, die sich auf dem Läuterungsweg befinden, ebenfalls Glieder dieser Gemeinschaft der Heiligen sind, können wir ihnen unter anderem dadurch zu Hilfe kommen, daß wir für sie Ablässe erlangen. Dadurch werden den Verstorbenen im Purgatorium für ihre Sünden geschuldete zeitliche Strafen erlassen (Vgl. dazu auch 1032).*

KKK 1479: dto.

*Das christliche Begräbnis ist eine liturgische Feier der Kirche [Vgl. SC 81–82]. Der Dienst der Kirche will einerseits die wirkkräftige Gemeinschaft mit dem Verstorbenen zum Ausdruck bringen; andererseits will er auch die zur Bestattung versammelte Gemeinde an dieser Feier teilnehmen lassen und ihr das ewige Leben verkünden.*

KKK 1684: Bestattungen sollen im Rahmen der Gemeinde erfolgen.

*Die Feier des Wortgottesdienstes bei Begräbnissen bedarf einer besonders sorgfältigen Vorbereitung, da an ihr vielleicht auch Gläubige teilnehmen, die selten einer Liturgie beiwohnen, sowie nichtchristliche Freunde des Verstorbenen. Insbesondere die Homilie soll „die literarische Gattung der Grabrede meiden" (OEx 41) und das Mysterium des christlichen Sterbens im Licht des auferstandenen Christus erhellen.*

KKK 1688: Begräbnisfeiern sollen besonders sorgfältig vorbereitet werden.

*Die Verabschiedung des Verstorbenen besteht darin, daß die Kirche ihn „Gott anbefiehlt". Sie ist „der letzte Abschiedsgruß der christlichen Gemeinde an eines ihrer Glieder, bevor dessen Leib zu Grabe getragen wird" (OEx 10). Die byzantinische Überlieferung bringt das im Abschiedskuß an den Verstorbenen zum Ausdruck (Vgl. dazu auch 2300):*

KKK 1690: Die Hinterbliebenen und die Kirche nimmt Abschied vom Verstorbenen und empfehlen ihn Gott an. Dies geschieht in unterschiedlichen Ausdrucksformen.

*Der Leib des Verstorbenen ist im Glauben und in der Hoffnung auf die Auferstehung ehrfürchtig und liebevoll zu behandeln. Die Totenbestattung ist ein Werk der leiblichen Barmherzigkeit [Vgl. Tob 1,16–18]; sie ehrt die Kinder Gottes als Tempel des Heiligen Geistes (Vgl. dazu auch 1681 – 1690).*

KKK 2300: Mit dem Leichnam ist ehrfürchtig umzugehen.

## 2.3.4 Fazit

Wie schon die Schriften des Vatikanums II wird in der „Feier der Krankensakramente", im CIC und im KKK zwar die „Krankensalbung" genannt, aber die „Letzte Ölung" damit verbunden. Damit steht das Sakrament der Krankensalbung den Kranken und den Sterbenden zu. Durch diese Vermengung lehnen viele Menschen die „Krankensalbung" ab, obwohl sie seit 2 Generationen eingeführt ist. Die Gläubigen – wie auch die „katholischen Schriften" - verbinden damit noch immer die „Letzte Ölung".

Der einzige erkennbare Weg, um aus diesem Dilemma heraus zu kommen, ist eine klare Trennung von Kranken und Sterbenden, so wie in der Medizin zwischen kurativer und palliativer Behandlung (die chronisch Kranken hiervon ausgenommen) getrennt wird.

Mit einer derartigen Synchronisation mit der Medizin könnten die seelsorglichen Handlungen beim Sterben auch dann vorgenommen werden, wenn der Sterbende noch ansprechbar ist und selbst mit vollem Bewusstsein an der Feier des „Sterbesegens" mit „Wegzehrung" teilnehmen kann. Der Sterbende und seine Angehörigen und Freunde können sich gemeinsam auf den Weg des Abschieds begeben.

So aber wird das Sterben selbst in Hospizen und Pallitativstationen nicht verbalisiert und damit nicht thematisiert. Es wissen der Sterbende und seine Angehörige, dass der Sterbende in den nächsten Stunden sterben wird, der Priester soll die als „Krankensalbung" kaschierte „Letzte Ölung" spenden, „damit alles wieder gut wird",[1] so die typische Formulierung der Angehörigen. Der Begriff „Sterben" kommt somit nicht vor. Trost- und Segensworte für Trauernde können damit nicht gesprochen werden, weil der Sterbende nicht im Sterben liegt, und wir jetzt darum gebetet haben, dass „alles wieder gut wird". Dazu benutzen wir ein Salböl, über dem der Bischof gebetet hat, es sei „ein heiliges Zeichen deines Erbarmens, das Krankheit, Schmerz und Bedrängnis vertreibt".[2]

---

1 Diese Formulierung suggeriert, dass der frühere Zustand der Gesundheit angestrebt wird. Dabei wissen alle, dass dies nicht erreicht werden kann.

2 Natürlich vertreibt der Tod alles Leid des Sterbenden, aber welche Intension hat dann das Krankenöl bei der Anwendung an Sterbenden? Dass sie möglichst schnell sterben, damit auch sie schnell von Krankheit, Schmerz und Bedrängnis erlöst sein mögen?

Die „Krankensalbung" ist nach Jak 5,14f ein Sakrament für Kranke. Als solche wurde es bis ins 9. Jh. angewandt. Das Vatikanum II wollte zu dieser ursprünglichen Bedeutung zurück, hat es aber nicht geschafft, sich von der „Letzten Ölung" zu lösen, die nun als „Krankensalbung" weiterhin praktiziert wird.

Nicht wenige Menschen tun sich schwer, das Sterben für sich und ihre Angehörigen anzunehmen. Sie kaschieren es mitunter, bis der Tod unausweichliche Fakten schafft. Dabei leistetet die als „Krankensalbung" kaschierte „Letzte Ölung" noch Vorschub. Damit wird auch liturgisch Sterben nicht ins Wort gebracht. Die Kirche leistet damit Beihilfe zu Formulierungen in den Todesanzeigen, wie z.B.: „Er starb plötzlich und unerwartet."

Allein mit der Bezeichnung „Sterbesegen" würde „Sterben" ins Wort gebracht werden. Es würde allen klar werden, dass die kurative Behandlung abgeschlossen ist und nun die palliative Behandlung fortgesetzt wird. Damit wäre ein Kaschieren des Sterbens hin zur Genesung unmöglich. Es wären Trost- und Segensworte für Trauernde möglich.

# 2.4 Die Krankensalbung

## 2.4.1 Die Intension

### Kirchliche Aussagen

Im Rituale für die Krankensalbung bemüht man sich mehrfach um eine Abkehr von der „Letzten Ölung" und einer Hinwendung zur „Krankensalbung": Die Kirche „hat aus dem ursprünglichen Heilszeichen für Kranke ein Sakrament der Sterbenden gemacht und es zur sogenannten 'Letzten Ölung' verkürzt. Trotz mancher richtigstellender Lehrerklärungen hat sich diese Auffassung in der Praxis der Gläubigen hartnäckig gehalten." [Rituale 20]

„Die Feier der Krankensakramente" (1976) gibt auf Seite 14 an:

*Das Sakrament der Krankensalbung wird jenen gespendet, deren Gesundheitszustand bedrohlich angegriffen ist, ...*

Mit anderen Worten: Der Patient muss sich in einem lebensbedrohlichen Lage befinden.

Dabei sprach „Sacrosanctum Concilium", die Konstitution über die heilige Liturgie, in SC 73:

*Die "Letzte Ölung, die auch - und zwar besser - "Krankensalbung" genannt werden kann, ist nicht nur das Sakrament derer, die sich in äußerster Lebensgefahr befinden. Daher ist der rechte Augenblick für ihren Empfang sicher schon gegeben, wenn der Gläubige beginnt, wegen Krankheit oder Altersschwäche in Lebensgefahr zu geraten.*

Das Zweite Vatikanische Konzil sprach sich eindeutig dafür aus, das Sakrament dann zu spenden, wenn „der Gläubige beginnt, wegen Krankheit oder Altersschwäche in Lebensgefahr zu geraten." Im Rituale wurde daraus, dass er sich in einem bedrohlichen Gesundheitszustand befinden muss. Alleine damit rückte das Sakrament der Krankensalbung weg von der Krankheit und näherte sich wieder dem Sterben und der „Letzten Ölung" zu.

Eine kurze Begriffsdefinition: Ein Mensch, der sich in „äußerster Lebebensgefahr" befindet, hat noch eine Chance, in das Leben zurück zu kehren. Ein Sterbender hat diese definitiv nicht mehr. Für ihn gibt es nur noch den Weg hin zu seinem Tod.

# Todesgefahr und Sterbeprozess

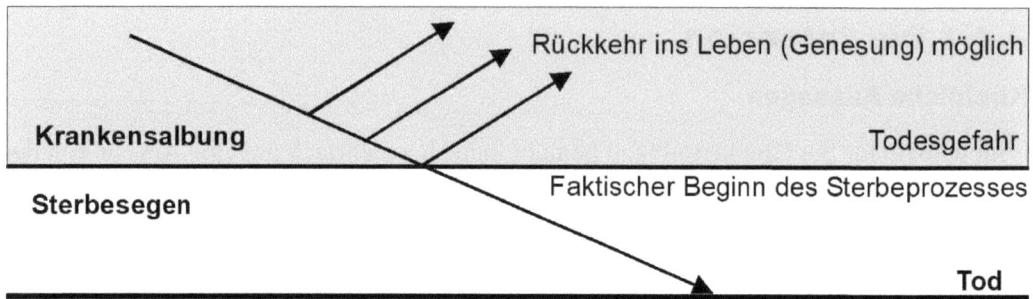

Da die Krankensalbung die Intension der Genesung besitzt, sollte sie dann gespendet werden, wenn es eine Chance dazu gibt. Wenn jedoch der unaufhaltbare Sterbeprozess begonnen hat, ist keine Krankensalbung zu spenden, da die Gebete unzutreffend sind. Dann sollte der Sterbesegen gespendet werden. Er bringt das ins Wort, was jetzt ansteht.

Unter den Theologen – auch unter Priestern und Bischöfen - gibt es einige, die diese Todesnähe als Voraussetzung für den Empfang der Krankensalbung so sehr verteidigen, dass die Krankensalbung auch Sterbenden gespendet werden soll. Damit weichen sie nicht nur von der Zielsetzung des Zweiten Vatikanums ab, sondern gehen auch an der Zielsetzung des Krankenöls vorbei, über das der Bischof gebetet hat:

*Durch deinen Segen + werde das geweihte Öl*

*für alle, die wir damit salben,*

*ein heiliges Zeichen deines Erbarmens,*

*das Krankheit, Schmerz und Bedrängnis vertreibt,*

*heilsam für den Leib, für Seele und Geist.*

Bei Sterbenden wird keine Krankheit vertrieben. Sie wird durch den Tod beendet. Dafür muss nicht mehr gebetet werden. Dies geschieht bei Sterbenden auch dann, wenn um Genesung (Gesundung) gebetet wird. Auch wird der Leib eines Sterbenden nicht mehr heilen („heilsam"). Der Sterbende wird definitiv und unabwendbar in den nächsten Tagen, Stunden und zuweilen sogar in den nächsten Minuten tot sein.

Im Gotteslob, Ausgabe 2013, heißt es unter Nummer 602, Abschnitt 2 zur Krankensalbung: „Sie ist das Sakrament der Kranken und nicht allein der Sterbenden." Die Verfasser dieses Textes haben sich von SC 73 entfernt. Auf diesen Missbrauch, das Sakrament der Krankensalbung für Sterbende zu verwenden, wurde oben hingewiesen.

Beim Sterbenden ein „Werkzeug" (Salböl) zu nehmen, das für Kranke bestimmt ist, kommt – handwerklich ausgedrückt – dem gleich, wenn man mit einem Hammer (Werkzeug) eine Holzschraube in das Holz schlägt. Das kann man machen, doch dafür sind Holzschraube und Hammer nicht geschaffen. Mit einem Hammer schlägt man Nägel in das Holz. Eine Holzschraube wird mit einem Schraubendreher oder einem Schraubenschlüssel in das Holz gedreht. Das lernen Lehrlinge, die in ihrem Beruf mit Holz arbeiten, bereits im 1. Lehrjahr.

## Die „Stärkung"

Nicht alle Theologen scheinen zu dieser Differenzierung zwischen Lebensgefahr und Sterben fähig oder willig zu sein. Sie halten eisern daran fest, dass die Krankensalbung auch zur „Stärkung" des Sterbenden dienen solle. In SC ist „Stärkung" nur in SC 48 enthalten: Die Gläubigen sollen „die heilige Handlung (der Eucharistie) bewußt, fromm und tätig mitfeiern, sich durch das Wort Gottes formen lassen, am Tisch des Herrenleibes Stärkung finden." Damit ist ein deutlicher Bezug zur Wegzehrung als Sterbesakrament hergestellt.

Das Rituale spricht an 4 Stellen von „Stärkung":[1]

1. In der leibseelischen Krise, die jede schwere Erkrankung mit sich bringt, auch wenn sie noch lange nicht tödlich zu sein braucht, muß der Kranke dankbar sein für die Stärkung, die Christus ihm anbietet. (22)

2. Auch Kinder können die heilige Salbung empfangen, wenn sie so weit zum Vernunftgebrauch gekommen sind, daß sie durch dieses Sakrament Stärkung erfahren können. (28)

3. Alle Gläubigen sind nämlich im Falle von Todesgefahr, wie immer sie verursacht sein mag, an das Gebot, die heilige Kommunion zu empfangen, gebunden. Die Seelsorger sollen wachsam darauf achten, daß die Spendung dieses Sakraments nicht hinausgeschoben wird, sondern daß die Gläubigen die sakramentale Stärkung noch bei vollem Bewusstsein erhalten. [32]

4. Segne, Herr, dieses Öl, das für die Krankensalbung bestimmt ist, und segne auch den Kranken, der durch diese heilige Salbung Stärkung und Linderung erfahren soll.

Bei 1., 2. und 4. geht es um die Krankensalbung und um Kranke, nicht um Sterbende. Bei 4. geht es um Sterbende, aber nicht im Zusammenhang von Salbung, sondern von

---

1  Die Zahl in der runden Klammer geben jeweils die Seitenzahl an.

Wegzehrung, dem Sterbesakrament.

Damit weisen SC 48 und das „Rituale" übereinstimmend die Aussage zurück, dass die Krankensalbung zur Stärkung von Sterbenden verwendet werden kann. Die Krankensalbung dient der Stärkung der Kranken, die Wegzehrung zur Stärkung der Sterbenden. Dies sind die Aussagen der kirchlichen Schriften.

## Synchronisation mit der Medizin

Dabei könnten die Theologie und die Pastoral bei der Abgrenzung zwischen Krankensalbung und Sterbesegen leicht einen Anlehnung bei der Medizin machen. Sie unterscheidet zwischen der kurativen und der palliativen Behandlung.

Leben — kurative Behandlung
* Wegnahme der Krankheit
* Verlangsamung des Prozesses
* Wiederherstellung der Gesundheit

palliative Behandlung
* Linderung der Symptome
* Verbesserung der Lebensqualität — Tod

Als Grundregel könnte gelten: So lange die Medizin einen Patienten kurativ behandelt, ist eine Krankensalbung angebracht. Wenn die Medizin zur palliativen Behandlung wechselt, ist der Sterbesegen angebracht. Damit wäre in allen Hospizen und Palliativstationen[1] der Sterbesegen anzuwenden.

Leben — **Krankheit** — Krankensalbung — **Sterben** Wegzehrung Sterbesegen — Tod = Aussegnung

Das Handeln des Seelsorgers würde damit synchron zum Handeln des Arztes erfolgen. Auch für die pastorale Praxis hätte es enorme Vorteile:

• Der palliativ Behandelte und seine Angehörigen können sich auf den anstehenden Tod vorbereiten.[2]

• Der palliativ Behandelte könnte mit dem Bußsakrament alles Belastende los werden.

---

1 Gleiches gilt auch für die Pflegestationen in den Alten- und Pflegeheimen.

2 Sie würden damit nicht wie die Menschen reagieren, die am Nachmittag des 24.12. erschreckt feststellen, dass am nächsten Tag Weihnachten ist.

- Der palliativ Behandelte könnte durch den häufigen Empfang der heiligen Kommunion Stärkung für seinen restlichen Lebensweg erfahren. Gegen Ende könnte er noch selbst mit vollem Bewusstsein die heilige Kommunion als Wegzehrung, das eigentliche Sterbesakrament, empfangen.

- Der Sterbesegen könnte noch bei vollem Bewusstsein des Sterbenden gespendet werden, wobei die Angehörigen durch die aktive Teilnahme zum Ausdruck bringen können, dass sie dem Sterbenden alles Gute wünschen.

- In der Pastoral würde das Sterben nicht länger auf die letzten wenigen Minuten des Lebens verkürzt,, sondern als längerer Prozess des Lebens erfahren.

- Mit den Gebeten des Sterbesegen würde die Realität ins Wort gebracht werden.

- Alle pastoralen Mitarbeiter könnten seelsorglich die Sterbenden und die Angehörigen in dieser Lebensphase seelsorglich begleiten.


## 2.4.2 Die Empfänger

Der Empfänger leitet sich von der Intension des Sakraments der Krankensalbung ab. Hierzu gibt es verschiedene pastorale Situationen.

### Pastorale Praxis I

Bei Menschen, die zur Behandlung stationär in eine Klinik aufgenommen werden, genügen für die Genesung nicht mehr die üblichen Hausmitteln. Es kommen dadurch drängende Fragen auf, wie zum Beispiel:

- Bei einigen von ihnen ist alleine die richtige Diagnose für die Ärzte eine Herausforderung.

- Bei nicht wenigen ist der Erfolg der Therapie vollkommen offen, insbesondere in den ersten Tagen.

- Nicht nur bei anstehenden Chemotherapien stellt sich die Frage um die Verträglichkeit.

- Wird eine unheilbare Krankheit diagnostiziert, stellen sich ganz eigene Fragen:

  - Wie kommen ich und meine Familie mit der Veränderung zurecht?

- Welche Veränderungen im Lebensstil bringt es mit sich?

- Wie vertrage ich die hierbei notwendige Therapie (z.B. die Dialyse)?

- Wie schnell schreitet die Krankheit voran (z.B. bei Multiple Sklerose)?

- Was kann ich selbst gegen das Fortschreiten der Erkrankung tun?

- Wie viel Lebenszeit bleibt mir noch (z.B. bei unheilbarem Krebs)?

- Bei schweren oder unheilbaren Krankheiten stellen sich oft auch religiöse Fragen wie z.B.:

  - Wofür straft mich Gott derart?

  - Hat mich Gott verlassen?

  - Warum lässt Gott das zu?

Alleine für diese seelischen Nöte der Kranken macht es Sinn, die Krankensalbung anzubieten, da sie nach dem Weihegebet des Bischofs über das Salböl „heilsam für den Leib, für Seele und Geist" ist. Diese Ängste, Sorgen und plagende Fragen rechtfertigen es, dass diesen Kranken das Sakrament der Krankensalbung angeboten wird..

## Pastorale Praxis II

Bei Kranken wird meist an körperlich Kranke gedacht. Daneben gibt es eine Vielzahl von Krankheiten, die nicht körperlicher Natur sein. Bei ihnen ist der Geist bzw. die Seele krank. In Bezug auf die Segensworte „heilsam für den Leib, für Seele und Geist" sollte auch ihnen mit der Krankensalbung Heilung zugesprochen werden. Dazu gehören:

- Psychisch Kranke

  - Depressive

    Depressionen können Menschen nicht nur handlungsunfähig machen, sondern sie bis in den Suizid[1] treiben. Dabei sagte Jesus: „Ich bin gekommen, damit sie das Leben haben und es in Fülle haben." (Joh 10,10) Um diese Lebensfülle könnte bei allen psychisch Kranken, insbesondere bei depressiven Menschen gebetet werden.

  - Mutlose

    Mutlosigkeit kann Menschen lähmen. Sie packen nichts aus eigenem Antrieb an. Sie müssen zu allem hingeführt, zuweilen sogar gedrängt werden. Von Gott mehr Mut zugesprochen zu bekommen, würde für sie mehr „Leben in Fülle" bedeuten. So sagte Jesus: „In der Welt seid ihr in Bedrängnis; aber habt Mut." (Joh 16,33)

  - Menschen mit Zwangsstörungen

    Es gibt Zwangsstörungen, die das Leben nicht nur schwer machen, sondern die sogar lebensgefährlich sind. Hierzu gehört der Zwang, Gegenstände zu verschlucken. Die Menschen kommen nur sehr schwer gegen ihre Zwangsstörung an. Ihnen soll in ihrem Leid der Zuspruch durch die Krankensalbung nicht vorenthalten werden.

  Die Liste könnte noch lange fortgesetzt werden. Diese Beispiele sollen genügen, um aufzuzeigen, dass auch psychische Krankheiten lebensgefährlich sein können. Vielfach sieht man es den Menschen auf den ersten Blick nicht an. Daher sollte gegenüber den psychisch Kranken mit dem Angebot der Krankensalbung großzügig umgegangen werden. Bei psychisch Kranken macht es dazu auch Sinn, der Krankensalbung vorausgehend, ein seelsorgliches Gespräch anzubieten, in dem auf die Menschenfreundlichkeit Gottes hingewiesen werden sollte.

- Süchtige

  Im Begriff „Süchtige" steckt „Sucht". Die Menschen suchen nach etwas, was sie in ihrer Sucht gefunden haben. Für die einen sind es harte oder weiche Drogen, für andere sind es Spiele (Spielsucht), ist es Arbeit (Arbeitssucht), ist es Sex (Sexsucht).

---

1 „Selbstmord" ist mit dem Wortteil „mord" ein moralisierender Begriff, der das Leid der Betroffenen verkennt.

„Freitod" ist ein Begriff, der die Lebenssituation der Depressiven verkennt. Sie handeln nicht wie ein unheilbar Kranker am Lebensende rational, aus freiem Entschluss das Leben beendend, sondern durch ein krankhaftes Getrieben-sein.

Daneben gibt es noch weitere Formen von Sucht. Ihnen gemeinsam ist, dass die Menschen nach körperlichem und/oder seelischem Glück gesucht haben und es in dieser Sucht gefunden haben. Dabei zerstören sie damit oft menschliche Beziehungen, zuweilen die eigene Gesundheit und treiben mitunter sich und ihre Familien in den finanziellen Ruin.

Daher macht es Sinn, den Süchtigen mit der Krankensalbung einen Zugang zum wahren „Leben in Fülle" zu eröffnen.

- Trauernde

Trauernde sind nicht nur Menschen, die um einen geliebten Menschen trauern, der verstorben ist. Einige Trauernde trauern um völlig andere Dinge: eine zerbrochene Ehe, Partnerschaft, Beziehung. Sie trauern um den teilweisen Verlust ihrere Gesundheit, ihres geliebten Arbeitsplatzes oder ihrer schönen Wohnung. Sie trauern um den Verlust ihres geliebten Haustieres. Auch diese Menschen soll durch die Krankensalbung von Gott her ein „Leben in Fülle"zugesprochen bekommen.

## Pastorale Praxis III

Selbst wenn man nur für eine invasive Untersuchung stationär ins Krankenhaus muss, kann es sein, dass dabei durch die Verletzung eines Gefäßes ein lebensgefährlicher Zustand die Folge ist. Das Adjektiv „invasiv" bezeichnet ein physisches Eindringen in den Körper. Dies geschieht bei einer Vielzahl von Untersuchungen. Hiervon werden hier die Gängigsten genannt:

- Magenspiegelung (Gastroskopie)

  Hierbei wird bei leichter Narkose das Untersuchungsgerät in die Speiseröhre bis in den Magen eingeführt und nach krankhaften Veränderungen der Speiseröhre (z.B. Speiseröhrenkrebs) und des Magens (z.B. Entzündungen, Magengeschwüre, Magenkrebs) Ausschau gehalten.

- Darmspiegelung (Koloskopie)

  Hierbei wird bei leichter Narkose das Untersuchungsgerät in den Dickdarm eingeführt und nach krankhaften Veränderungen (z.B. Entzündungen, Polypen, Darmkrebs) Ausschau gehalten.

- Lungenspiegelung (Bronchoskopie)

  Hierbei wird bei leichter Narkose das Untersuchungsgerät in die Luftröhre bis in die Bronchien eingeführt und nach krankhaften Veränderungen (z.B. Karzinom) Ausschau gehalten.

- Herzkatheter-Untersuchung

  Hierbei wird nach einer örtlichen Betäubung am Handgelenk, in der Armbeuge oder in der Leiste der Herzkatheter in das Blutgefäß (Arterie) eingeführt und bis zum Herzen vorgeschoben. Dabei werden insbesondere die Herzklappen und die Herzkranzgefäße nach krankhaften Veränderung untersucht.

Bei jeder invasiven Untersuchung – selbst bei einer vaginalen Ultraschall-Untersuchung – kann es zu körperlichen Verletzungen kommen. Dabei ist seltenst der Untersucher schuld. Krankhafte Physiologie, wie z.B. eine dünne Gefäßhaut, oder eine Krankheit (z.B. Bluter) sind meist die Ursachen von körperlichen Verletzungen bei invasiven Untersuchungen. Bei einigen Patienten führt eine routinemäßige Untersuchung zu einer lebensbedrohlichen Verletzung.

Aus diesem Grunde macht es Sinn, jedem Kranken, der zu einer invasiven Untersuchung in ein Krankenhaus geht, das Sakrament der Krankensalbung anzubieten. Gerät er doch durch die invasive Untersuchung in Lebensgefahr. (SC 73)

## Pastorale Praxis IV

Nach katholischer Lehre dürfen Kinder erst ab dem Vernunftgebrauch das Sakrament der Krankensalbung empfangen. [CIC 1004] Im Rituale heißt es auf Seite 28 dazu: „Auch Kinder können die heilige Salbung empfangen, wenn sie so weit zum Vernunft-gebrauch gekommen sind, daß sie durch dieses Sakrament Stärkung erfahren können."

Besonders auf den Intensivstationen wird häufig das Sakrament der Krankensalbung komatösen Patienten gespendet. Ihnen fehlt zum Zeitpunkt des Empfangs der Vernunftgebrauch. Einige von ihnen werden ihn nie wieder erlangen, weil sie mit schwerer Hirnschädigung ein reiner Pflegefall werden oder weil sie noch auf der Intensivstation sterben. In Anlehnung an diese Verknüpfung an den Vernunftgebrauch dürfte nur den Komapatienten die Krankensalbung gespendet werden, von denen die Wiedererlangung des Vernunftgebrauchs sicher zu erwarten ist.

Nach CIC 1004 und Rituale 28 sind Kleinkinder durch den fehlenden Vernunftgebrauch vom Empfang der Krankensalbung ausgeschlossen. Sollen nun die besorgten Eltern stellvertretend für ihre schwer kranken Kinder das Sakrament der Krankensalbung empfangen? Sie sind in großer Sorge um das Leben ihres schwer kranken Kindes, aber sie sind nicht krank. Es geht in dieser Situation auch nicht um die Genesung der Eltern, sondern um die des Kindes ohne Vernunftgebrauch.

Dieser Ausschluss von Kindern ohne Vernunftgebrauch wiederspricht der Haltung

Jesu:

> Da brachte man Kinder zu ihm, damit er ihnen die Hände auflegte und für sie betete. Die Jünger aber wiesen die Leute zurecht. Doch Jesus sagte: Lasst die Kinder und hindert sie nicht, zu mir zu kommen! Denn Menschen wie ihnen gehört das Himmelreich. Dann legte er ihnen die Hände auf und zog von dort weiter. (Mt 19,13-15 // Mk10,13-16; Lk 18,15-17)

In Übereinstimmung mit diesen Worten Jesu sollte kein krankes Kind vom Empfang der Krankensalbung ausgeschlossen werden. Es ist auch eine gütige Handlung den Eltern gegenüber, die um das Leben und die Gesundheit ihres Kindes bangen.

## Pastorale Praxis V

Im Rituale heißt es auf Seite 28: „Das Sakrament kann wiederholt werden, wenn der Kranke nach empfangener Krankensalbung wieder zu Kräften gekommen ist, oder wenn, bei Fortdauer derselben Krankheit, eine weitere Verschlechterung eintritt." Darauf sollte insbesondere bei der Spendung der Krankensalbung an Komapatienten hingewiesen werden.

## Fazit

Es macht daher Sinn, nahezu jedem in eine Klinik stationär aufgenommenen Patienten das Sakrament der Krankensalbung anzubieten:

• Gerät er doch schon durch jede invasive Untersuchung in Lebensgefahr.

• Gemäß des Weihegebets des Bischofs über das Salböl soll es Krankheit, Schmerz und Bedrängnis vertreiben und „heilsam für den Leib, für Seele und Geist" sein.

Sterbenden hingegen soll die Krankensalbung verwehrt bleiben, weil das Segensgebet über das Salböl eine andere Intension besitzt. SC 73 sieht den „rechten Augenblick" für den Empfang der Krankensalbung, „wenn der Gläubige beginnt, wegen Krankheit oder Altersschwäche in Lebensgefahr zu geraten." Es spricht nicht von einem Ende der Erkrankung oder gar von einem begonnenen Sterbeprozess.

Auch entsprechen die Gebete der Krankensalbung nicht der Situation des Sterbens. Damit verpufft die Wirkung des Sakraments. Durch den Fortschritt der Medizin wird im allgemeinen Verständnis des Volkes das Sterben immer mehr auf die letzten Minuten unseres Lebens verkürzt. Das eingangs beschriebene Beispiel mit Frau S. zeigt dies sehr deutlich. Sie wollte vor der gefährlichen Herzoperation keine Krankensalbung, aber wenn während der Operation etwas schief läuft, soll der Priester sofort zur Stelle sein.

## 2.4.3 Der Spender

Bezüglich des Spenders ist in der Scholastik „nach der Bindung des Krankensakramentes an Priester (und Bischof) und mit dem Verbot der Laiensalbung in der Zeit der Karolingischen Reform bereits vorauszusetzen, dass für die Spendung des Sakraments priesterliche Vollmacht erforderlich ist". [Winkler, 260] Dies ist ein deutliches Zeugnis dafür, dass mindestens bis in die Zeit der Scholastik hinein das Sakrament auch von Laien gespendet wurde.

Zur Zeit von Papst Alexander III. (um 1100-1181) gab es die Frage, ob für die Krankensalbung ein Ältester genüge oder ob hierfür mehrere benötigt werden, so wie es in Jak 5,14f formuliert ist. [Winkler, 335f]

Die Bindung der Salbung der Kranken an den Priester hatte also zunächst pragmatische Gründe. Trotz der zahlreichen Empfehlungen zum Empfang des Sakraments, bestand während des gesamten Mittelalters keine Verpflichtung, die Salbung zu empfangen. Die bei einer Inanspruchnahme des Priesters gewöhnlich notwendig werdende Entlohnung hat sich vermutlich hemmend auf die Häufigkeit der Praxis der Salbung ausgewirkt. Poschmann resümiert hierzu: „Trägheit und Gleichgültigkeit hielt vielfach ebenso die Priester ab, die Kranken zu besuchen, wie die Gläubigen, sich um das Sakrament zu bemühen, zumal sich da frühzeitig die Gewohnheit herausgebildet hatte, dem Priester für seine Tätigkeit einen Entgelt zu geben, und die zunächst ‚freiwillige' Gabe sehr bald für die ärmeren Leute eine empfindliche Belastung darstellte." [Winkler, 227]

„Nach katholischem Verständnis bewirken die Sakramente aus sich heraus die Gnade, die sie enthalten ('ex opere operato'). Sie sind wirksame Zeichen heilsamer Gottesbegegnung unabhängig von der Disposition des Spenders, solange dieser tun will, was die Kirche tut." [Janik, 341]

„Gerade in der aktuellen Situation stellt sich aber die Frage, ob es nicht gerade notwendig wäre, auch Diakone und Laien als ordentliche Spender der Krankensalbung zuzulassen. Nicht immer ist ein Priester anwesend, wenn Menschen in akute Todesgefahr geraten. Nicht jeder Priester kann sich um alle Kranken seiner Gemeinde kümmern. Vielfach wird gerade der Dienst der Krankenhausseelsorge nicht mehr von einem Priester, sondern von einem Diakon oder Laien ausgeübt. Oftmals besteht hier auch eine persönliche Beziehung zwischen Kranken und Seelsorgern. Diese wird gerade dort zerbrochen, wo für die Spendung des Sakramentes ein Priester hinzugezogen werden muss." [Fabian Brand]

„Die Geschichte der Krankensalbung zeigt, dass sie ohne theologische Probleme in die Obhut von Diakonen und Laien gelegt werden könnte. Dies wegen der Berufsprofilierung der Priester zu verweigern, stellt ein Fehlurteil in der Abwägung von Gütern dar." [Herbert Vorgrimler]

Can. 844 § 2 des Kodex des kanonischen Rechts von 1983 (CIC/83) lautet:

*Sooft eine Notwendigkeit es erfordert oder ein wirklicher geistlicher Nutzen dazu rät und sofern die Gefahr des Irrtums oder des Indifferentismus vermieden wird, ist es Christgläubigen, denen es physisch oder moralisch unmöglich ist, einen katholischen Diener aufzusuchen, erlaubt, die Sakramente der Busse, der Eucharistie und der Krankensalbung von nichtkatholischen Dienern zu empfangen, in deren Kirche die genannten Sakramente gültig sind.*

Damit steht der Spender des Sakraments nicht immer in der apostolische Sukzession. Mit CIC 844 lässt im Grunde das Kirchenrecht die Spendung der Krankensalbung durch einen Laien zu.

## Erfahrungen aus der pastoralen Praxis

In seiner theologischen Dissertation diskutiert Jacek Kedzierski von „Notkrankensalbungen", für den Fall, dass beim begonnenen Sterbeprozess nicht schnell genug ein Priester da sein kann. Ähnlich wie bei einer Nottaufe Jeder gültig taufen kann, wenn nicht rechtzeitig ein Priester oder Diakon gerufen werden kann, soll bei der „Notkrankensalbung" der pastorale Laie diese vornehmen, so die Überlegung, die Kedzierski verwirft. Sie würde als „Vortäuschung der Krankensalbung" wahrgenommen, die bei den Hinterbliebenen „sehr verletzend wirken". [Kedzierski, 163] Was wäre aber die Option gewesen? Dass keine „Krankensalbung" als „Letzte Ölung" gespendet worden wäre? Wäre damit die Verletzung nicht mindestens auch so groß gewesen?

Diesen Erfahrungen von Jacek Kedzierski halte ich meine Erfahrungen entgegen:

*Für den Fall, dass in einer Klinik in katholischer Trägerschaft für einen Sterbenden kein katholischer Klinikseelsorger rechtzeitig gerufen werden konnte, bot mir mein evangelischer Kollege dieses an: Er würde zu dem Sterbenden gehen und den dort Versammelten sagen, dass momentan kein katholischer Klinikseelsorger zu erreichen sei und er der evangelische Klinikseelsorger sei. Er könne zwar keine „Letzte Ölung" spenden, aber er könne mit der Familie für den Sterbenden beten. Ich nahm dieses Angebot an, weil die Situation offen kommuniziert wurde und den Versammelten ein Angebot gemacht wurde. Es kam zwar selten vor, aber mein evangelischer Kollege sprang dann ein, wenn kein katholischer Seelsorger erreichbar war. Wie er mir sagte, wurde er nie abgelehnt. Alle waren froh, dass sie seelsorglich begleitet wurden, wenn auch nicht von der eigenen Konfession.*

*Diese Erfahrung ermutigte mich, auch Nicht-Christen seelsorglich zu begleiten, wenn der hierfür zuständige Seelsorger nicht erreichbar ist oder nicht rechtzeitig kommen kann. Nachdem ich aus der Literatur erfuhr, dass einem bewusstlosen sterbenden Muslime die Worte „Allah ist der einzige Gott und Mohammed ist sein Prophet" ins Ohr geflüstert wird, fragte ich beim Zentralrat der Muslime in Deutschland an, ob es übergriffig sei, wenn ich als katholischer Priester einem allein sterbenden Muslime diese Worte ins Ohr flüstere. Man bestätigte mir, dass dies in einer solchen Situation nicht übergriffig sei. Bisherige Erfahrungen zeigten, dass die muslimischen Hinterbliebenen sich bei mir dafür bedankten, dass ich dem Verstorbenen als Sterbender diese Worte ins Ohr geflüstert habe.*

Diese Erfahrungen zeigen – ob Katholiken oder Nichtchristen[1] – dass den Angehörigen bzw. den Hinterbliebenen ein andersgläubige Seelsorge lieber ist, als keine Seelsorge. Dies gilt insbesondere beim Sterben.

Das Sterben eines Patienten kann mitunter so schnell gehen, dass selbst bei Anwesenheit des Priesters im Krankenhaus der Sterbende bis zum Eintreffen des Priesters tot ist, obwohl sich dieser unverzüglich auf den Weg gemacht hat und er binnen 5 Minuten vor Ort war. - Kleinere Kliniken haben in der Regel keinen Priester als Klinikseelsorger. Pastorale Laien müssen für Beichte und Krankensalbung immer einen Priester rufen. Bis dieser eintrifft, kann z.B. es dauern und zu spät sein. Gemeindeseelsorger können oft nicht sofort zu einem Sterbenden weg, weil der Priester im Religionsunterricht ist, weil er eine Beerdigung hält, weil er bei einer Sitzung mit dem Pfarrgemeinderat ist. Aus diesem Grunde sind Klinikseelsorger von solchen Aufgaben frei. Sie stehen während ihrer Rufbereitschaft sofort für die Einsätze zur Verfügung, tagsüber zu den Kernarbeitszeiten sowieso.

---

1 Ich habe neben den beschriebenen Muslime auch schon Juden, Hinduisten und Buddhisten, aber auch Atheisten seelsorglich begleitet. Sie alle waren sehr froh darum.

Beim Sterben gibt es zuweilen auch Häufungen. Hierzu ein Beispiel:

*Es war ein Tag, an dem ich als Klinikseelsorger alleine in der Klinik war: Ich wurde zu Herrn A., einem Sterbenden, auf die onkologische Station gerufen. Ich war noch mit den Angehörigen im Gebet, da erhielt ich von der Nachbarstation die Information, dass dort Herr B. im Sterben liegt. Ich betete zu Ende und sagte zu den Angehörigen von Herrn A., dass ich jetzt zu einem anderen Sterbenden muss, aber wieder zu ihnen zurückkommen würde. Im Kreis dessen Familie spendete ich Herrn B. den Sterbesegen. Kaum hatte ich ihnen gesagt, dass es noch einen 2. Sterbenden gibt, da erhielt ich von einer anderen Nachbarstation den Anruf, dass dort Herr C. im Sterben liegt. Ich ging hin und spendete auch ihm den Sterbesegen. Den Angehörigen erklärte ich, dass ich noch zwei andere Sterbende zu begleiten habe, ich aber immer wieder zu ihnen kommen würde. Auch die Familien von Herrn A. und Herrn B. brachte ich auf diesen aktuellen Stand. So wechselte ich von Sterbenden A. zu Sterbenden B. zu Sterbenden C. zu Sterbenden A. ... bis sie alle gestorben waren.*

Auch in der Seelsorge muss man zwischen Ideal und machbaren Möglichkeiten in dieser Realität unterscheiden. Alles andere wäre der Bau von Luftschlössern:

| |
|---|
| **Realität ist die höchste Form von Autorität.** |

Die Anzahl der Priester nimmt in Deutschland – trotz Unterstützung durch ausländische Priester – seit Jahrzehnten ab. In den nächsten 5 bis 10 Jahren, wenn die geburtenstarken Jahrgänge der Priester in den Ruhestand gegangen sind, wird die Überbelastung vieler Priester noch größer.

Es ist nicht zu erwarten, dass – durch die zahlreichen Kirchenaustritte – die Anforderungen an die Klinikseelsorge schrumpft. Aktuelle Wahrnehmungen zeigen, dass auch aus der Kirche ausgetretene Menschen, dass selbst einige Atheisten, bei schwerer Krankheit und im Sterben sehr froh um seelsorgliche Begleitung, um Gebet und um Segnungen dankbar sind. Dadurch, dass nun die geburtenstarken Jahrgänge vermehrt die Kranken und Sterbenden sein werden, ist eher ein erhöhter Bedarf an Klinikseelsorge zu erwarten. Die katholische Kirche würde hier eine große Chance verpassen, wenn sie dies ignoriert.

## Ausblick

Da es in der Klinikseelsorge vielerorts keinen eigenen Priester gibt und die zu rufenden Priester nicht schnell genug beim Sterbenden sein können, ist es sinnvoll, die Krankensalbung als zumeist zeitlich planbares Sakrament für Kranke zu spenden und den häufig kurzfristig anstehende Sterbesegen den Sterbenden. Damit ist auch für alle – Seelsorger wie auch Laien – eine klare Trennung gegeben. Es könnte damit auch die Wegzehrung ins Bewusstsein gerufen werden. Dies könnte dazu führen, dass man das Sterben bereits zu einer Zeit akzeptiert, da der Sterbende noch bei Bewusstsein ist und die Wegzehrung bewusst empfangen kann. Es würde damit nicht auf die letzten Minuten des Lebens geschoben, in denen der Sterbende oft nicht mehr ansprechbar ist.

Da es in Zukunft immer schwieriger werden wird, für echte Krankensalbungen für Kranke immer einen Priester rufen zu können, sollten alle in der Pastoral arbeitenden Laien mit den Vollmachten ausgestattet werden, die sie für ihre seelsorgliche Arbeit benötigen. Das würde auch beinhalten, dass sie auch das Sakrament der Krankensalbung spenden dürfen.

## 2.4.4 Wirkkraft

Ist einer unter euch krank, dann rufe er die Ältesten der Gemeinde zu sich; sie sollen Gebete über ihn sprechen und ihn im Namen des Herrn mit Öl salben. Das gläubige Gebet wird den Kranken retten und der Herr wird ihn aufrichten; und wenn er Sünden begangen hat, werden sie ihm vergeben. (Jak.5,14f)

In dieser biblischen Grundlage für die Krankensalbung ist die Wirkkraft der Krankensalbung in Vers 15 genannt: „ Das gläubige Gebet wird den Kranken retten und der Herr wird ihn aufrichten". Damit rückt die Salbung in den Hintergrund. Auf das „gläubige Gebet" kommt es an. Dieses wird den Kranken retten. Dadurch wird Gott gebeten, den Kranken wieder aufzurichten.

Dies hat für die pastorale Spendung der Krankensalbung weitreichende Folgen. Es kommt dabei nicht darauf an, ob hier ein Priester oder eine Laie betet, sondern ob das Gebet mit einer gläubigen Gesinnung gebetet wird. In der gläubigen Gesinnung zwischen Priester und Laien muss es keinen generellen Unterschied geben, erst recht nicht zwischen Priester und seinen pastoralen Mitarbeitern.[1] Daher ist es von der biblischen Grundlage her nicht zwingend notwendig, dass ein Priester die Krankensalbung spendet. Dies kann mit gleicher Wirkkraft auch ein pastoraler Mitarbeiter.

Wer die Wirkkraft der Krankensalbung eher dem Salböl zuspricht, sei darauf verwiesen, dass der Diözesanbischof über dieses Salböl gebetet hat. Dieses Salböl verliert nichts an seiner Wirksamkeit, wenn es bei der Krankensalbung durch einen Priester gespendet wird. Demnach dürfte das Salböl auch nicht an Wirksamkeit verlieren, wenn es durch einen pastoralen Laien gespendet wird.

In kirchlichen Schriften wird in diesem Zusammenhang darauf verwiesen, dass in Jak 5 14 der Begriff „Älteste" steht. Diese Bezeichnung wird von der Kirche seit über 1000 Jahren mit „Priester" übersetzt. Die Kirche und ihre Strukturen haben sich seitdem

---

1  Das geistliche Leben von Priestern hebt sich nicht grundsätzlich vom geistlichen Leben der pastoralen Mitarbeiter ab. Der Zölibat, bzw. die Ehelosigkeit erhebt die Priester nicht über die pastoralen Mitarbeiter. Es sind lediglich andere Lebensformen. Zur Heiligkeit und damit zu einem heiligmäßigen Leben sind sie alle in gleicher Weise aufgerufen, die Kleriker wie die Laien. Priester und Laien können den gleichen Grad an Heiligkeit erreichen. Daher kann man vom Amt des Priesters keine automatisch größere Wirksamkeit der Gebeten erwarten.

gewandelt, insbesondere in den letzten 100 Jahren. Wie die DBK im Jahr 2023 belegt, ist der Anteil der Priester in der aktiven Seelsorge eine Minderheit. Die größte Gruppe sind Diakone und andere pastorale Mitarbeiter, die allesamt nach geltendem Kirchenrecht keine „Krankensalbung" spenden dürfen. Der Bedarf ist jedoch da und er wird mit dem Älterwerden der Babyboomer noch weiter steigen. Gleichzeitig wird die Zahl der im aktiven Dienst befindlichen Priester in den nächsten Jahren kräftig schrumpfen. Damit die Pastoral nicht auf dem Altar des Priestertums geopfert wird, sollte allen pastoralen Mitarbeitern die Vollmacht erteilt werden, „Krankensalbung", „Sterbesegen" und „Aussegnung" vornehmen zu dürfen.

Weder auf dem Sektor des Gebetes, noch auf dem Sektor der Wirksamkeit des Salböls kann eine Notwendigkeit abgeleitet werden, dass nur vom Priester das Sakrament der Krankensalbung gespendet wird. Es ist eine reine kirchenrechtliche – um nicht zu sagen, machtpolitische – Frage, wer das Sakrament der Krankensalbung spenden darf. Die pastorale Notwendigkeit in der europäischen Seelsorge drängt seit Jahren jedoch dazu, dass auch pastorale Mitarbeiter das Sakrament der Krankensalbung spenden dürfen. Sie würden es mit der gleichen Wirksamkeit spenden, wie ein Priester.

## 2.4.5 Sündenvergebung

### Verknüpfung von Sünde und Krankheit

Das Rituale verabschiedet sich nicht gänzlich von der Verknüpfung von Sünde und Krankheit. So heißt es auf Seite 18:

*Die Beziehung unserer Welt zu Gott ist gestört durch Schuld und Sünde (Apg 13, 23: 1 Kor 10, 9ff.). Dennoch lehnt das Evangelium den Gedanken ab, in der Krankheit des einzelnen ein Maß seiner Sündhaftigkeit zu sehen (Lk 13, 1-5; Joh 9, 2-3). Das schließt nicht aus, daß eine Krankheit auch Strafe für eine persönliche Sünde sein kann. Entschieden wird in der Heiligen Schrift der Gedanke zurückgewiesen, daß Gott die Sünden der Eltern an den Kindern strafen könnte, indem er diese krank werden läßt (Joh 9, 2: Jer 31, 29).*

Auf Seite 25 heißt es hierzu:

*Sicher ist Krankheit eng mit der existentiellen Schwäche des Menschen als Sünder verbunden, doch kann man sie nicht schlechthin als Strafe, die dem einzelnen für seine persönlichen Sünden auferlegt wird (vgl. Joh 9, 3), betrachten.*

Auf Seite 128 wird Ps 6,2 zitiert:

*Herr, strafe mich nicht in deinem Zorn und züchtige mich nicht in deinem Grimm!*

Mit diesen Texten wird ein strafendes Gottesbild aufgezeigt. Gott straft den Sünder durch die Krankheit. Auch wenn auf Seite 18 dies relativiert wird, so werden an 3 Stellen des Rituales Sünden mit der Krankheit verknüpft. Dabei wies Jesus diese Verknüpfung deutlich zurück, so in Lk 13 und Joh 9. Im Alten Testament gibt schon das Buch Ijob dieser Verknüpfung eine Absage.

### Doppeltes Konjunktiv in Jak 5,14f

Ist einer unter euch krank, dann rufe er die Ältesten der Gemeinde zu sich; sie sollen Gebete über ihn sprechen und ihn im Namen des Herrn mit Öl salben. Das gläubige Gebet wird den Kranken retten und der Herr wird ihn aufrichten; und wenn er Sünden begangen hat, werden sie ihm vergeben. (Jak.5,14f)

In dieser biblischen Grundlage für das Sakrament der Krankensalbung stecken 2 Konjunktive:

1. Ist einer unter euch krank, dann
   Das bedeutet: Wer nicht krank ist, braucht keine Krankensalbung.

2. wenn er Sünden begangen hat, werden
   Das bedeutet: Wer seit der letzten Beichte keine Sünden begangen hat, braucht keine Vergebung.

Im Laufe der Krankengeschichte wurde die Sündenvergebung immer weiter in den Vordergrund gestellt. In Verbindung mit dem Sterben wurde nicht nur das Bußsakrament mit der Krankensalbung verknüpft, sondern auch die Notwendigkeit, dass nur ein Priester die Krankensalbung spenden dürfe. Wenn man die Krankensalbung und das Bußsakrament entknüpft – was über 99% der pastoralen Situation entspricht – stünde dem nichts entgegen, dass alle pastoralen Mitarbeiter das Sakrament der Krankensalbung spenden dürfen.

Dieses 2. Konjunktiv in Jak 5,14f widerspricht nicht nur der Lebenspraxis in der Klinik – dort sterben in Deutschland rund die Hälfte der Verstorbenen -, sondern auch SC 74:

*Neben den Riten für getrennte Spendung von Krankensalbung und Wegzehrung soll ein zusammenhängender Ordo geschaffen werden, gemäß dem die Salbung dem Kranken nach der Beichte und vor dem Empfang der Wegzehrung erteilt wird.*

Wenn jemand (schwer) gesündigt hat, soll er beichten. Das Bußsakrament ist jedoch das einzige Sakrament, das unter Ausschluss weiterer Personen gespendet wird. Ob es am Lebensende noch eine Lebensbeichte[1] ist oder einfach ein „reinen-Tisch-machen" seit der letzten Beichte, Es kann liturgisch nicht mit einem anderen Sakrament oder einer anderen liturgischen Feier verbunden werden. Das Bußsakrament steht selbständig für sich.[2] Es geht Dritte auch nichts an, ob der Kranke oder Sterbende gebeichtet hat.[3]

---

1  Zuweilen plagt die Menschen trotz einmaliger oder gar mehrmaliger Beichte etwas, das sie sich selbst nicht verzeihen können. Ihnen ist es ein innerliches Bedürfnis, am Lebensende hierzu Gott nochmals um Vergebung zu bitten.

2  Dass für die Feier der Krankensalbung oder des Sterbesegens die Angehörigen (und Freunde) mit hinzugeholt werden, sollte selbstverständlich sein.

3  Manchmal kommen Familienmitglieder – meist sind es Ehefrauen – zu mir als

Es macht Sinn, dass das Bußsakrament – wenn es gewünscht wird[1] – vor dem Empfang der „Krankensalbung" mit „Krankenkommunion" bzw. vor dem Empfang des „Sterbesegens" mit „Wegzehrung" gespendet wird. Hierfür bedarf es keiner besonderen Form. In Alten- und Pflegeheimen, in Hospizen und Palliativstationen ist, wie in Krankenhäusern, das Anzünden einer Kerze grundsätzlich verboten. In Kliniken ist man schon froh, wenn man für den bettlägrigen Beichtwilligen ein Zimmer findet, in dem dieser mit dem Priester für das Bußsakrament alleine ist. Jeder Priester sollte die Absolutionsformel auswendig kennen. Daher braucht das Bußsakrament nicht in das Rituale aufgenommen werden. Ein kurzer Hinweis genügt hierfür vollkommen.

Gemessen am Gotteslob hat das Bußsakrament gegenüber den anderen Sakramenten einen deutlichen Überhang. Diese Überbewertung des Bußsakraments wird von vielen Gläubigen als unangenehm empfunden.[2]

| *Sakrament* | *Seiten* | | *Sakrament* | *Seiten* |
|---|---|---|---|---|
| Taufe | 9 | | Ehesakrament | 4 |
| Firmung | 5 | | Weihesakrament | 2 |
| Bußsakrament | 25 | | Krankensalbung | 2 |

Krankenhauspfarrer und sagen mir, dass der Kranke bzw. Sterbende noch beichten will. Ich biete es dem Kranken bzw. dem Sterbenden an. Es darf das Angebot angenommen, aber auch abgelehnt werden. Auch Gott „vergewohltätigt" uns nicht, sondern lässt uns die Freiheit (siehe: Joh 20,23). Wenn anschließend das Familienmitglied mich fragt, ob der Kranke bzw. Sterbende gebeichtet hat, antworte ich ihm, dass ich es angeboten habe. Wenn hartnäckig weitergefragt wird, verweise ich auf den Kranken bzw. den Sterbenden. Sie können die Frage an diesen selbst richten. Es steht keinem Familienmitglied zu, zu wissen, ob das andere Familienmitglied gebeichtet hat.

1  Es steht hier ausdrücklich „gewünscht", nicht „notwendig", denn es kann zwar sinnvoll oder gar notwendig sein, aber wenn es nicht gewünscht wird, muss es nicht erzwungen werden (Joh 20,23).

2  Nach einem Sonntagsgottesdienst kam eine Frau zu mir und bedankte sich, dass ich beim Kyrie nicht von „Sünden" sprach, sondern von „Schwerem und Belastendem unseres Lebens". Diese Offenheit war für sie völlig neu und äußerst wohltuend. Der Sünder kann darin die Vergebung seiner Sünden sehen, der Ängstliche und Verzweifelte seine Angst und Verzweiflung.

| Sakrament | Seiten | | Sakrament | Seiten |
|---|---|---|---|---|
| Eucharistie | 33 | | Sterben | 3 |
| Wegzehrung | 1 | | Aussegnung | - |

## Überbewertung der Sündenvergebung bei der Spendung der Krankensalbung

Der Anfang dieser Überbewertung des Bußsakraments ist im 9. Jh. zu erkennen, als die „Krankensalbung" für Kranke zur „Letzten Ölung" für Sterbende wurde. In der Zeit der Scholastik wurde es gefestigt und beim Trienter Konzil dogmatisiert. Es stünde der katholischen Kirche gut an, wenn man einerseits auf den Schatz des Bußsakraments hinweisen würde, aber viel mehr auf die rechte Lebensweise. Wenn den Menschen vermittelt wird, wie ein vorbildliches christliches Leben aussieht, können sie immer wieder für sich überprüfen, ob sie diesem Ideal entsprechen. In dem Soll-Ist-Vergleich kann jeder für sich erkennen, wie sehr er dem christlichen Ideal entspricht. Zuweilen drängen Lebenssituationen zu Handlungen, die man zuvor verteufelt hat.[1] Schon Paulus bekannte in seinem Brief an die Römer ganz offen:

> *Denn ich tue nicht das Gute, das ich will, sondern das Böse, das ich nicht will, das vollbringe ich. (Röm 7,19)*

Die Vergebung der Sünden im Rahmen der Krankensalbung nach Jak 5,14f darf nicht als Sündenvergebung im Rahmen einer Taufe oder des Bußsakraments gesehen werden, sondern im Rahmen der allgemeinen Vergebungsbitte im Bußakt zum Beginn der

---

1  Eine junge Frau hat sich aktiv gegen Schwangerschaftsabbruch engagiert. Als sie selbst ungewollt schwanger wurde, sah die Welt für sie plötzlich anders aus. Sie stand nun selbst vor der Frage, ob sie das tun soll, was sie bisher als schwer sündhaft verworfen hat. In ihrer Lebenssituation entschied sie sich schließlich gegen das Kind. Damit tat sie genau das, was sie bislang verworfen hat. Darunter litt sie sehr.

Zum Thema „Schwangerschaftsabbruch" noch 2 Aussagen von Frauen, die sie in einem Internetforum für Frauen nach Schwangerschaftsabbruch mir als Seelsorger geschrieben haben:

1. „In der Situation hat man die Wahl zwischen zwei falschen Entscheidungen."

2. „Wenn ich gekonnt hätte, hätte ich nicht das Kind abgetrieben, sondern die Umstände."

Diese Beispiele zeigen deutlich auf, dass es auch im Leben von Christen Situationen gibt, in denen man anders handelt, als man gerne handeln würde.

Eucharistiefeier.[1] Würden im Rahmen der Krankensalbung wie bei der Buße alle bereuten Süden vergeben werden, bedürfte es im „Versehgang" keiner Trias von Buße, Krankensalbung und Wegzehrung. Es ist somit klar: Es werden mit der Krankensalbung nur kleine (lässliche) Sünden vergeben.

Die Sündenvergebung durch die Krankensalbung bedarf somit keiner priesterlichen Vollmacht. Damit ist ein weiteres Argument dafür gegeben, dass jeder pastorale Mitarbeiter die Krankensalbung spenden könnte. Die katholische Kirche müsste es nur zulassen.

## 2.4.6 Krankengottesdienste

Im Rituale für die Krankensalbung wird der Spendung des Sakraments in einem Gemeindegottesdienst den Vorrang gegeben. „Diese Vollform der Krankensalbungsfeier hat den Vorrang vor dem Notspendungsritus. Letzterer wird in den Wechselfällen des Lebens gewiß noch oft genug vorkommen. In der normalen Situation hingegen soll die Krankensalbung wieder zu einer echten gottesdienstlichen Feier gestaltet werden und ihren eigenständigen Platz im Leben der christlichen Gemeinde erhalten." [Rituale, 22] Diesen „Platz im Leben der christlichen Gemeinde" hat die Krankensalbung in vielen Gemeinden nach 2 Generationen noch immer nicht erreicht. Erkennbar ist es am fehlenden jährlichen Krankensalbungsgottesdienst und dass die Menschen noch immer von der „Letzten Ölung" sprechen, zu der der Priester in der Todesstunde kommen soll.

Auf der Internetseite einer katholischen Gemeinde in Stuttgart war zu lesen: „Früher wurde die Krankensalbung als „Letzte Ölung" missverstanden und oft viel zu lange aufgeschoben. Betroffene sollten nicht zögern, rechtzeitig einen Priester zu bitten, dieses Sakrament zu spenden. Möglich ist auch, an einem der regelmäßig stattfindenden Krankensalbungsgottesdienste teilzunehmen."[2] Hier wird ausdrücklich zu „regelmäßig stattfindenden Krankensalbungsgottesdiensten" eingeladen. Dabei können die Gläubigen durch den Vollzug erfahren, dass die Krankensalbung wirklich ein Sakrament für Kranke ist.

---

1   Bei einer anderen Sichtweise würde sich die Frage stellen, warum nicht bei den anderen Sakramenten – Empfang der Firmung, der heiligen Kommunion, dem Vollzug der Ehe (Geschlechtsverkehr) – eine Vergebung der Sünden wie bei der Buße erfolgt.

2   https://www.kath-kirche-stuttgart.de/glauben/stationen-des-glaubens/krankensalbung

Auch andere Pfarreien laden auf ihren Internetseiten die Kranken ihrer Gemeinden zu Krankensalbungsgottesdiensten ein. Zu diesen Pfarreien zählen u.a. Kulmbach,[1] Leimen, Nußloch, Sandhausen,[2] Wiesbaden,[3] Teisendorf,[4] Mainburg[5] Bad Kissingen,[6] Nachtsheim,[7] um nur einige zu nennen.[8] Die Diözese Eichstätt verbindet diese Einladung mit dem Welttag der Kranken.[9] Limeshöhe lädt ausdrücklich alle ein, „die körperlich krank oder gebrechlich sind, aber auch diejenigen, die krank an ihrer Seele oder einfach "down" sind und das Bedürfnis verspüren, Beistand zu erfahren und sich aufrichten zu lassen."[10]

---

1   https://pfarreienverbund-kulmbach.kirche-bamberg.de/seelsorgebereich/gottesdienste/besondere-gottesdienste-1/krankensalbungsgottesdienst
2   https://www.kath-lns.de/glaube-und-sakramente/krankensalbung
3   https://www.st-birgid.de/gottesdienste/krankensalbungsgottesdienst
    https://www.bonifatius-wiesbaden.de/aktuelles/nachrichten/2022/11/18/krankensalbungsgottesdienst-in-st-bonifatius
4   https://www.erzbistum-muenchen.de/pfarrei/pv-teisendorf/St-Andreas/cont/118580
5   https://pfarrei-mainburg.de/events/krankensalbungsgottesdienst
6   https://www.katholischekirchebadkissingen.de/aktuelles/termine/event/782-krankensalbungsgottesdienst
7   https://www.pfarreiengemeinschaft-nachtsheim.de/?page_id=163
8   Es wäre eine eigene Untersuchung wert, die Einladungen zu den Krankensalbungsgottesdiensten nach dem Informationsgehalt zu analisieren. Denkbare Fragen wären: Ist es ein einmaliger oder ein jährlicher Gottesdienst? Wird ausdrücklich Abschied von der „Letzten Ölung" genommen? Wer wird eingeladen (Kranke, schwer Kranke, Alte, psychisch Kranke, kranke Kinder, ...)? Sind die Familienangehörigen mit eingeladen? Wird dazu ein eigener Fahrdienst organisiert? Seit welchem Jahr steht diese Info im Netz?
9   https://www.bistum-eichstaett.de/fileadmin/welttag_der_kranken/2017/GD_WDK_2017.pdf
10  https://www.seelsorge-limeshoehe.de/index.php?option=com_content&view=article&id=895:krankensalbungsgottesdienst&catid=80&Itemid=110

Auf der Internetseit der katholischen Pfarrei St. Pankratius und St. Martin in Gescher (Österreich) wird zum Empfang der Krankensalbung als ein Sakrament für die Kranken eingeladen. Dabei steht mit deutlichen Worten: „Der Wunsch nach der Krankensalbung muss vom Kranken selbst ausgehen. Jede Art von Bevormundung ist zu vermeiden."[1]

Oft sind diese Einladungen mit dem Hinweis verbunden, dass die Krankensalbung nicht die „Letzte Ölung" ist, die man früher kannte und möglichst weit weg ans Lebensende schob. Durch die Teilnahme an diesem Krankensalbungsgottesdienst erlebten nicht nur die Kranken, sondern alle Mitfeiernden, dass die Krankensalbung ein Sakrament für die Kranken ist. Damit werden nach 50 Jahren neuem Rituale noch die letzten Reste der „Letzten Ölung" beseitigt. Dies kann jedoch nur dort geschehen, wo die Krankensalbungsgottesdienste auch angeboten werden.

---

1 https://www.kath-gescher.de/alle-gottesdienste/krankensalbung

## 2.5 Beichte

Im „Rituale" ist gemäß SC 74 die „Feier mit den Sakramenten der Buße, der Krankensalbung und der Eucharistie als Wegzehrung" zu einem Ritus zusammengefasst. In der pastoralen Einführung heißt es auf Seite 33 unter Nummer 30:

*Wenn aber wegen der andrängenden Todesgefahr die Zeit nicht ausreicht, um alle Sakramente in der genannten Reihenfolge zu spenden, soll dem Kranken zuerst die Möglichkeit der sakramentalen- wenn auch notfalls allgemeingehaltenen - Beichte gegeben und dann die Wegzehrung gereicht werden; zu ihrem Empfang ist ja jeder Gläubige in Todesgefahr verpflichtet. Danach erst soll, wenn die Zeit noch reicht, die Krankensalbung gespendet werden.*

An dem verpflichtenden Charakter zur „Beichte" und „Wegzehrung" vor dem Tod wird ihr hoher Stellenwert deutlich. Gleichzeitig zeigt es auf, dass die „Krankensalbung" als „Letzte Ölung" verstanden wurde.

Weiter heißt es im „Rituale":

*Ist er jedoch infolge seiner Krankheit außerstande, die heilige Kommunion zu empfangen, soll ihm sogleich die sakramentale Salbung gespendet werden.*

Dies unterstreicht, dass die „Letzte Ölung" unter der Bezeichnung „Krankensalbung" weiterhin gepflegt werden soll.

Da bereits oben, im Unterkapitel „Sündenvergebung", anhand des Gotteslobes die Überbewertung des Bußsakraments aufgezeigt wurde, soll es hier nicht weiter vertieft werden. Ein Hinweis auf Vinzenz Pallotti (1795-1850) sei an dieser Stelle noch erlaubt:

Vinzenz Pallotti galt schon zu seiner Lebzeit als der „Heilige Roms". An seinem 100. Todestag (22. Januar 1950) von Papst Pius XII. seliggesprochen und am 20. Januar 1963, während des Zweiten Vatikanischen Konzils, von Papst Johannes XXIII. heiliggesprochen. Pallotti schrieb das Büchlein, „Gott, die unendliche Liebe".[1] Wenn man in die Tagebücher dieses Heiligen blickt, findet man Worte wie „Ich bin nichts und Sünde." Zu dieser Erkenntnis gelangte er in seinem Vergleich mit Gott.

---

1 Man könnte auch sagen, „Gott ist die Liebe, die keine Grenzen kennt." Das bedeutet, dass ich nie aus der Liebe Gottes fallen kann, gleichgültig, was ich tue oder unterlasse. Gott wird mich immer lieben, wenn er auch nicht alles in meinem Leben gut heißt.

Vielleicht sollten wir die Menschen stärker zur Heiligkeit animieren. Wem das zu fromm klingt, kann sich an diese Einladung halten, dass wir versuchen sollten, ein immer mehr Liebender zu werden, womit wir Gott immer ähnlicher werden, denn:

**Gott ist Liebe, und wer in der Liebe bleibt, bleibt in Gott und Gott bleibt in ihm. (1.Joh 4,16)**

## 2.6 Wegzehrung

Bereits in der Bronzezeit wurden dem Toten in Gefäßen Speisen mit ins Grab gelegt, wohl als „Wegzehrung" auf seiner Reise ins Jenseits. [Lutteropp, 64] Noch in der Zeit der Merowinger (5..Jh. bis Mitte des 8. Jh.) wurden dem Toten Speisen als „Wegzehrung" mit ins Grab gelegt. [Brendle, 226; 1262]

Die „Capitula ecclesiastica", die im Zeitraum zwischen 810 und 813 verfasst wurde, bestimmte, dass die Priester stets die Eucharistie mit sich zu führen haben, damit kein Kranker ohne Kommunion (Viaticum) sterben muss. [Winkler, 229]

Obwohl diese Anweisung über 1200 Jahre alt ist, ist es verwunderlich, dass heute die „Wegzehrung" als Sterbesakrament kaum bekannt ist.[1] Auch das 1649 in Würzburg verfasste Lied „O heilige Seelenspeise" – heute im Gotteslob unter Nummer 213 – vermochte mit ihrem prägenden Text in der 1. Strophe, nicht, die „Wegzehrung" als Sterbesakrament im Bewusstsein der Gläubigen erhalten:

*O heilge Seelenspeise, auf dieser Pilgerreise, o Manna, Himmelsbrot! Wollst unsern Hunger stillen, mit Gnaden uns erfüllen, uns retten vor dem ewgen Tod.*

Wenn dieses Lied im 17. Jh. die „Wegzehrung" als Sterbesakrament ins Bewusstsein gerufen hat, so hielt es nicht bis in die Gegenwart, obwohl das Lied auch heute noch gesungen wird. Einen Bezug zum eigenen Sterben stellen wohl wenige Gläubige her.

---

1  Selbst wenn alle Patienten der Uni-Klinik in den Blick genommen werden, also auch jene, die nicht sterbenskrank sind, sondern nach Hause oder in eine Reha entlassen werden, sind es nur ein oder zwei Patienten, die täglich die heilige Kommunion empfangen wollen. Die meiste Zeit jedoch sind die Patienten, die nicht zum Gottesdienst in die Klinikkapelle kommen können, mit einem wöchentlichen Kommunionempfang zufrieden. Hier kann man jedoch kaum von „Wegzehrung" gesprochen werden, sondern von einem gewöhnlichen Kommunionempfang.

Im „Rituale" ist die „Wegzehrung" im 3. Kapitel auf den Seiten 65 bis 78 in den beiden Formen innerhalb und außerhalb einer Messfeier genannt. Dies wurde mit Nummer 602, Abschnitt 7 im Gotteslob aufgegriffen. Im 4. Kapitel, das den „Versehgang" auf den Seiten 79 bis 90 beschreibt, ist die „Wegzehrung" nochmals beschrieben.

Im „Rituale" heißt es in der pastoralen Einführung zur „Wegzehrung" auf Seite 31 unter Nummer 26:

*Beim Hinübergang aus diesem Leben wird der Gläubige durch die Wegzehrung mit dem Leib und Blut Christi gestärkt und erhält damit das Unterpfand der Auferstehung nach dem Wort des Herrn: „Wer mein Fleisch ißt und mein Blut trinkt, hat das ewige Leben, und ich werde ihn auferwecken am Letzten Tag" (Joh 6, 59).*

Damit sind der Sinn und die Bedeutung der „Wegzehrung" klar benannt. Es geht um die Auferstehung von den Toten und das ewige Leben. Wohl daher heißt es auf Seite 32 unter Nummer 27 weiter:

*Die Verpflichtung zum Empfang der Wegzehrung gilt für alle Getauften, die die heilige Kommunion empfangen können. Alle Gläubigen sind nämlich im Falle von Todesgefahr, wie immer sie verursacht sein mag, an das Gebot, die heilige Kommunion zu empfangen, gebunden.*

Mit diesen deutlichen Worten ist ein Bezug zur Anordnung aus dem 9. Jh. hergestellt: Kein Christ soll ohne Empfang der „Wegzehrung" sterben. - Weiter unter Nummer 27:

*Die Seelsorger sollen wachsam darauf achten, daß die Spendung dieses Sakraments nicht hinausgeschoben wird, sondern daß die Gläubigen die sakramentale Stärkung noch bei vollem Bewußtsein erhalten!,*

Die moderne Medizin rettet zwar vielen Menschen das Leben, aber sie verhindert auch ein weitestgehend natürliches Sterben. Die Notaufnahmen der Kliniken können hiervon ein Lied singen: Die Angehörigen wollen ihre schwerkranken Hochbetagten durch die Einlieferung in das Krankenhaus vor dem drohenden Tod bewahren. Doch irgendwann geht die lebensbedrohliche Situation in das unabwendbare Sterben über. Dann können auch die Ärzte nicht mehr helfen.[1] Dann ist der Sterbende meist auch nicht mehr bei

---

1 Nach den Zahlen des Statistischen Bundesamtes starben rund 50% der Verstorbenen in einer Klinik. Hiervon starben rund 9% am Einlieferungstag, rund 11% am Tag nach der Einlieferung.

Ein typisches Beispiel exemplarisch aus der Klinikseelsorge: Ich wurde in die

gefordertem „vollem Bewußtsein".

Unberücksichtigt bei dem Text im „Rituale" ist die Tatsache, dass es Sterbende gibt, die zwar noch voll bei Bewusstsein sind, aber nicht schlucken können. Dies sind nicht nur Patienten auf der Intensivstation, sondern z.B. auch Patienten, die aufgrund von Bestrahlung im Bereich Mund und Rachen nicht mehr schlucken können. Diese Patienten hofften auf Genesung. Daher war für sie „Wegzehrung" kein Thema. Nun aber müssen sie erkennen, dass Sterben ansteht. Jetzt aber können sie nicht mehr schlucken. Daher ist es wichtig, für diese Sterbende den „Sterbesegen" zu haben.

Im Gotteslob heißt es unter Nummer 602, Abschnitt 7 zur „Wegzehrung":

*Im Angesicht des Todes empfangen Sterbende die Heilige Kommunion als Wegzehrung. Dies kann in einer Messfeier am Sterbebett geschehen. Andernfalls können Priester, Diakone, Kommunionhelferinnen oder -helfer den Sterbenden die Heilige Kommunion bringen.*

---

Notaufnahme zur über 90-jährigen Frau Ö. gerufen, die nicht mehr ansprechbar war. Anwesend war ihr Sohn. Dieser klagte mir sein Leid: Er habe seine Mutter in die Klinik gebracht, damit man ihr – wie schon in den letzten Jahren – wieder helfen könne. Er hatte gehofft, dass es mit ihr zumindest noch für ein paar Monate weiter ginge. Nun aber musste er erfahren, dass die Ärzte für seine Mutter nichts mehr tun können. Jetzt kann sie noch nicht einmal in ihrer geliebten Wohnung versterben. Er hat sie in diese Situation gebracht. Wenn er zu Hause gewusst hätte, dass die Ärzte nichts mehr für seine Mutter tun können, hätte er sie zu Hause behalten. Nun aber ist es zu spät.

Dieses Beispiel zeigt deutlich das Denken der Angehörigen auf: Die Ärzte konnten immer wieder vor dem drohenden Tod retten. Doch irgendwann ist das Sterben unabwendbar. Dann aber ist man bereits mit dem Sterbenden in der Klinik.

Mit diesem Hinweis ist die Brücke zur Eucharistiefeier geschlagen, dem Zentrum und der Kraftquelle unseres christlichen Lebens. Da diese beim Sterben nicht immer möglich ist, kann sie auch als kleine Kommunionfeier von „Diakonie, Kommunionhelferinnen oder -helfern" gehalten werden.[1]

Beim Reichen der „Wegzehrung" werden die Worte gesprochen:

*Christus bewahre dich und führe dich zum ewigen Leben.*

Der Sterbende antwortet hierauf mit „Amen". Sind noch Verwandte und Freunde anwesend und wünschen auch diese die heilige Kommunion – als Stärkung für ihren Weg der Trauer -, so wird ihnen diese mit den bekannten Worten „Der Leib Christi" gereicht.

## Zitate anderer Autoren

„Das gläubige Bewusstsein der Kirche, das 'Sterbesakrament' schlechthin sei die Eucharistie, ist nicht lebendig." [Niewiadomski, 16]

„So wie die Gewährung der Buße und die Teilnahme an der Eucharistie bereits in diesem Leben erneut den Anteil an der - inzwischen zum mystischen Leib Christi mutierten - Kirche gewährt, so bleibt auch die Eucharistie das eigentliche Viatikum für den Weg zur und den Eintritt in die Kirche des Himmels." [Niewiadomski, 14]

„Angesichts dieser existentiell entscheidenden Erfahrung verblasst im gläubigen Bewusstsein die immer noch gültige Redeweise vom Empfang der Eucharistie als dem Viatikum schlechthin und damit als das eigentliche Sterbesakrament." [Niewiadomski, 15]

„Dass die Krankenkommunion als Viatikum, also in der Gestalt der Wegzehrung, in seiner theologischen Konzeption einem Sterberitus näher steht als die Krankensalbung, ist innerhalb der pastoralen Praxis kaum von Relevanz." [Schwarz, 33]

---

1 Womit wieder das Thema angesprochen wird, dass alle in der Seelsorge – nicht nur in der Klinikseelsorge – hauptamtlich Tätigen die Kompetenz zur Spendung der Krankensalbung, der Wegzehrung, des Sterbesegens und der Aussegnung erhalten sollten.

# 2.7 Der Sterbesegen

## 2.7.1 Gründe für den Sterbesegen

Die Einführung eines Sterbesegens in der katholischen Kirche besitzt theologische und pastorale Gründe.

### Theologische Gründe

Es gibt verschiedene theologische Gründe für die Einführung eines eigenen Sterbesegens. Diese werden hier nur kurz angerissen:

- Krankensalbung, ein Sakrament für Kranke

  Die Krankensalbung ist nach Jak 5,14f ein Sakrament für Kranke. Dass es ein Sakrament für Sterbende wurde, ist eine ab dem 9. Jh. fehlgeleitete Entwicklung. Das Zweite Vatikanische Konzil versuchte eine Korrektur, schaffte jedoch nur eine Zulassung der Krankensalbung neben der „Letzten Ölung", die seither unter der Bezeichnung „Krankensalbung" gespendet wird.

  Das Segensgebet des Bischofs über das Krankenöl nennt deutlich den Verwendungszweck des Öls: „das Krankheit, Schmerz und Bedrängnis vertreibt, heilsam für den Leib, für Seele und Geist." Es geht um eine ganzheitliche (Leib, Seele und Geist) Genesung (heilsam) des Kranken. Dieses Krankenöl für Sterbende zu verwenden, stellt somit ein theologischer Missbrauchs des Krankenöls dar.

- Klare Unterscheidung von der Krankensalbung

  Es gibt Situationen, in denen es unklar ist, ob dieser Zustand zur Genesung, zum Pflegefall oder zum Tode führt. In diesem Fall spricht theologisch nichts dagegen, dem Kranken das Sakrament der Krankensalbung zu spenden.

  In der Praxis – in den Kliniken, Alten- und Pflegeheimen, den Hospizen und zu Hause – wird der Priester meist erst dann zur „Krankensalbung" gerufen, wenn der Sterbeprozess begonnen hat. Allen Angehörigen ist klar, dass es jetzt zu Ende geht. Daher wird inhaltlich eine „Letzte Ölung" gewünscht, was im Grunde die Bitte an Gott um einen guten Übergang vom Diesseits ins Jenseits und eine Aufnahme bei Gott beinhaltet. In den Texten der Krankensalbung kommt dies nicht zum Ausdruck.

  In den Kliniken – insbesondere auf den Intensivstationen – erkennen immer wieder die Ärzte, dass das in einer Patientenverfügung beschriebene Ziel nicht erreicht werden kann oder dass sich der Patient jetzt im unabwendbaren Sterbeprozess befindet. Nach Rücksprache mit den Angehörigen wird damit die intensivmedizinische Therapie beendet, ganz im Interesse des Patienten. Das Sterben hierbei unmissverständlich ins Wort zu bringen und für einen guten Übergang aus unserer Welt in die himmlische Herrlichkeit zu beten, ist für die Angehörige nicht nur ein letzter Liebesdienst an den Sterbenden, sondern für sie selbst auch ein großer Trost. Letzten Kritikern, die das Sterben ihres geliebten Menschen nur schwer annehmen können, macht der Sterbesegen bewusst, dass hier ein Leben zu Ende geht.

Um im eindeutigen Sterbeprozess dies auch ausdrücklich ins Wort zu bringen, braucht es neben der Krankensalbung als Sakrament für die Kranken einen eigenen Sterbesegen.

- Symmetrie der stufenweisen Begleitung

Die Ärzte wechseln von der kurativen zur palliativen Behandlung. Daher sollte in der Seelsorge nicht weiterhin um Genesung gebetet werden, sondern um ein auch von Gott gut begleitetes Sterben. Auch wenn nicht alle Ärzte in dieser Situation das Sterben ins Wort bringen, der Sterbesegen bringt es alleine durch seine Bezeichnung ins Wort. Damit ist allen die Chance gegeben, sich auch seelisch gut auf den baldigen Tod vorzubereiten.

## Pastorale Gründe

Der Sterbesegen ist nicht nur eine Segnung des Sterbenden im wörtlichen Sinne, dass man ihm Gutes zuspricht. Der Sterbesegen erfüllt vielfältige Aufgaben, darunter diese:

- Anempfehlung an Gott

Gott wird gebeten, die Sünden des Sterbenden zu verzeihen und den Sterbenden gut von unserer Welt (Diesseits) in seine Welt (Jenseits) zu begleiten und ihm Wohnung und Heimat (Joh 14,3) bei sich zu geben. Es ist der Ort, wo es keine Krankheit, kein Leiden und keinen Tod mehr gibt und wir uns alle wieder sehen werden.

- Gute Wünsche

Die Angehörigen kennen den Sterbenden aus dem Zusammenleben. Sie kennen seine Vorlieben und Wünsche, oft auch in Bezug auf den Tod. Diese Wünsche können sie ihm im Stillen oder ausgesprochen mit auf den Weg geben. Dies kann für die Angehörigen eine große Hilfe für ihren Trauerprozess sein

- Akt des Loslassens

Wenn die Beziehung zwischen den Angehörigen und dem Sterbenden sehr innig ist und/oder das Sterben plötzlich (z.B. durch einen Unfall) oder unerwartet (vor Stunden schien noch alles in Ordnung, doch jetzt befindet sich der Mensch im unaufhaltsamen Sterbeprozess) eintritt, kann der Sterbesegen für die Angehörigen eine große Hilfe sein, um den Sterbenden emotional los zu lassen und das Sterben zu akzeptieren.[1]

Damit der Sterbesegen diese Wirkung erreichen kann, ist es zwingend notwendig, dass das Sterben ins Wort gebracht und mit entsprechenden Gesten begleitet wird. Eine Krankensalbung ist hierbei unwirksam, da sie das Sterben nicht unmissverständlich ins Wort bringt.[2]

- Immer durchführbar

Das Sterbesakrament ist seit alters her die Wegzehrung (Viatikum). Diese ist jedoch aus zweierlei Gründen nicht immer durchführbar:

- Der Sterbende hat schon lange nicht mehr gebeichtet oder hat Schuld auf sich geladen. Damit würde er die Wegzehrung in unwürdiger Weise empfangen.

---

1 Besonders bei Beendigung der Therapie auf den Intensivstationen wurden mit dem Sterbesegen beste Erfahrungen gemacht: Vor dem Sterbesegen haben sich die Angehörigen innerlich dagegen gesträubt, das unaufhaltsame Sterben zu akzeptieren. Durch das Beten des Sterbesegens konnten sie es ein Stück weit akzeptieren und der aktiven Beendigung der Therapie – u.a. Wegnahme der kreislauf-unterstützenden Medikamente (Katecholamine) und künstliche Beatmung mit Raumluft, d.h. mit 21% Sauerstoffgehalt – zustimmen. Durch das Beten des Sterbesegens hat sich die Blockade gelöst und die Angehörigen konnten leichter das unabwendbare Sterben leichter akzeptieren.

2 Davon abgesehen ist es theologisch falsch, ein Öl, über das der Bischof um die Vertreibung von „Krankheit, Schmerz und Bedrängnis ... heilsam für den Leib, für Seele und Geist" gebetet hat, bei einem Sterbenden zu verwenden. Sterben vertreibt nicht Krankheit, Schmerz und Bedrängnis, sondern verstärkt sie. Beim Sterben wurde noch nie ein Leib geheilt.

- Der Sterbende ist geistig[1] oder körperlich nicht mehr in der Lage, die heilige Kommunion (sicher) zu empfangen.[2]

Die Spendung eines Sterbesegens ist immer durchführbar. Er kann sogar einem Bewusstlosen unter Reanimationsbedingungen – bei aktuell durchgeführter Herzdruckmassage und künstlicher Beatmung – gespendet werden.

Er kann auch einem Sterbeden in den unterschiedlichsten Lebenslagen gespendet werden:

- Ein sterbendes Kind, ob getauft oder ungetauft. Für die Eltern kann es sehr hilfreich und tröstlich sein, das Sterben ihres Kindes zu akzeptieren und dem Kind in einem religiösen Ritus der Segnung noch alles Gute zu wünschen.

- Ein sterbender Agnostiker, der große Glaubeszweifel hat, aber irgendwie doch noch die Möglichkeit der Existenz Gottes offen lässt.

- Ein Sterbender, der mit der katholischen Kirche gebrochen hat, darf außer dem Bußssakrament kein Sakrament empfangen. Ein Segen wäre jedoch möglich. Für dessen Angehörigen ist dies oft sehr hilfreich und tröstlich.

- Spender

---

1 Manchmal ist die Agonie schon so weit fortgeschritten oder der Sterbende geistig so verwirrt, dass kein sicherer Empfang der heiligen Kommunion – ob als Leib oder als Blut Christi – gewährleistet ist. Dies ist daran zu erkennen, wie der Sterbende mit normaler Speise umgeht.

Beim dringenden Wunsch der Angehörigen, dass der Sterbende noch die Wegzehrung empfängt, sollte man sich im Zweifelsfall, ob der Sterbende überhaupt in der Lage ist, die Wegzehrung noch zu empfangen, zuvor zeigen lassen, wie der Sterbende mit Speise – für den Empfang des Leibes Christi – oder Getränk – für den Empfang des Blutes Christi – schluckt. Ist kein sicheres Schlucken gewährleistet, sollte von der Spendung der Wegzehrung abgesehen werden, damit die heilige Kommunion nicht verunehrt wird.

Da das Blut Christi nicht wie der Leib Christi aufbewahrt, wird müsste ein Priester diese Wegzehrung spenden, indem er vor Ort eine heilige Messe feiert, um dabei das Blut Christi zu erhalten, das er dem Sterbenden als Wegzehrung spenden kann. Zumindest in der Klinik ist dies kaum durchführbar.

2 Wenn jemand auf der Intensivstation stirbt, ist es eine absolute Ausnahme, dass der Sterbende noch in der Lage ist, die Wegzehrung zu empfangen.

Da in den Pfarrverbänden und Seelsorgeeinheiten – oder wie die Zusammenschlüsse der einstigen Pfarreien in den einzelnen Diözesen genannt werden – wie auch in den Kliniken nicht immer ein Priester für einen Sterbesegen zur Verfügung steht, wenn ein Mensch verstirbt, kann jeder pastorale Mitarbeiter den Sterbesegen spenden. Hierfür ist keine Änderung der kirchlichen Ordnung notwendig.

So wie die Nottaufe von jedem Menschen – selbst von einem Nichtchristen, auch von einem Atheisten - durchgeführt werden kann, so sollte der Sterbesegen im Notfall von jedem Menschen[1] durchgeführt werden.[2] Damit wäre eine theologische wie auch seelsorgliche Symmetrie für den irdischen Pilgerweg gegeben. Wie es für Christen sehr tröstlich sein kann, zu erfahren, dass ihr verstorbenes Kind zuvor noch die Nottaufe erhalten hat, kann es für die Hinterbliebenen sehr tröstlich sein, zu erfahren, dass der plötzlich Verstorbene zuvor noch den Sterbesegen empfangen hat.

Auch in der Symmetrie zur Nottaufe sollte der Sterbesegen kurz und einprägsam sein, wie z.B.: „Gott der Vater und der Sohn und der Heilige Geist geleite dich durch das Dunkel des Todes in sein Licht." [aus einem Sterbegebet des 8. Jh.] oder „N., es segne dich Gott, der Vater, der Sohn und der Heilige Geist, und nehme dich auf in seine himmlische Herrlichkeit."

---

1 Neben Seelsorgern sollen für Notsituationen auch die Pflegekräfte in Kliniken, Altenheimen und Hospize die Möglichkeit besitzen, den Sterbesegen zu beten. Hierzu sollte die Segensformel – ähnlich wie die Taufformel – kurz und einprägsam sein. Vorstellbar wäre: „N., es segne dich der dreieinige Gott, der Vater, der Sohn und der Heilige Geist und nehme dich auf in seine himmlische Herrlichkeit."

2 Ich habe komatösen sterbenden Muslimen, deren Angehörige nicht rechtzeitig in der Klinik sein konnten, ins Ohr geflüstert: „Es gibt keinen Gott, außer Allah."
Vom Zentralrat der Muslime in Deutschland erhielt ich die Antwort, dass ich als Nicht-Muslime einem komatös sterbenden Muslimen dies ins Ohr sagen darf. Dies ist das muslimische Glaubensbekenntnis, das ein gläubiger Muslime beim Sterben betet. Wenn er komatös stirbt, werden ihm diese Worte von den Angehörigen ins Ohr geflüstert. Diese Aufgabe habe ich stellvertretend übernommen.
Ich habe noch nie erlebt, dass mir die Hinterbliebenen dies als übergriffig vorgeworfen haben. Im Gegenteil. Sie haben sich dafür bei mir bedankt.

Es wäre sehr zu begrüßen, wenn der Sterbesegen offiziell nicht nur in einzelnen Diözesen eingeführt wird, sondern über die katholische Kirche in Deutschland hinaus in der gesamten katholischen Kirche, weltweit.

Es gibt den Brauch, beim Sterben die Taufkerze ein letzte Mal zu entzünden[1] und mit dem Eintritt des Todes zu löschen. Als Christen sollen wir „Licht der Welt" sein (Mt 5,14), als ein Abbild Jesu, dem „Licht der Welt" (Joh 8,12). Wir sollen als „Licht vor den Menschen leuchten" (Mt 5,16). Mit dem Eintritt des Todes ist dieses Licht erloschen. Daher wird beim Todeseintritt die Taufkerze gelöscht und nie wieder angezündet. Sie kann mit in den Sarg gelegt werden.

Selbst hoch betragte Hinterbliebene,[2] denen vor Jahren der Partner oder sonst ein geliebter Mensch gestorben ist, hadern mitunter mit Gott, weil der geliebte Mensch nicht mehr da ist. Hier kann die Feier eines Sterbesegen, in den die Angehörigen aktiv mit eingebunden werden, eine große Hilfestellung in der Akzeptanz des Unabwendbaren und des Loslassens sein. Gleiches gilt auch für eine Aussegnung.

## Empfehlungen anderer Theologen

„Mit einem Segen soll dem Sterbenden Geleit gegeben werden. ... Mit einem Segen sollen aber auch die Nahestehenden für ihren Weg des Abschieds bereitet werden." [Lamp a, 10]

„Und selbst, wenn die Angehörigen im Sterben und direkt danach nicht dabei sind, kann es ihnen helfen, zu hören, dass ein Notfallseelsorger, ein Mitmensch am Sterbeort gebetet und einen Segen für den gerade Verstorbenen gesprochen hat. Solches Tun entreißt den Toten der Brutalität des Todes und stellt ihn in eine würdige Gemeinschaft mit den Lebenden". [Küpper-Popp a, 19]

---

1 In Kliniken und Pflegeeinrichtungen ist offenes Feuer aus Brandschutzmaßnahmen strengstens untersagt. Um aber dennoch diesen Brauch zu pflegen, kann neben der Taufkerze stellvertretend eine LED-Kerze aufgestellt werden.

2 Ein 94-jähriger Patient erzählte, dass er es Gott nicht verzeihen kann, dass ihm seine Ehefrau vor wenigen Jahren gestorben ist. Hier hätten ihm ein Sterbesegen und/oder eine Aussegnung, in deren Handlung er aktiv mit eingebunden worden wäre, geholfen, den Tod seiner Frau ein Stück weit zu akzeptieren und los zu lassen.

„Diese Erfahrung bringt ins Bild, was auch häufig bei Übergängen im privaten Raum geschieht: Sterbende wünschen sich von den Umstehenden fortlaufendes Gebet (z.B. Psalmen, Rosenkranz), kontinuierliches Singen von Liedern, die sie lieben, oder das Abspielen bestimmter Musik." [Küpper-Popp f, 37] Das „fortlaufende Gebet" wurde vom Verfasser in über 20 Jahren als Klinikseelsorger nie erlebt, das Singen von religiösen Liedern vereinzelt. Das Hören von Lieblingsliedern wurde öfters erlebt, ebenso auch der Austausch von Zärtlichkeiten.[1] Verallgemeinert kann man sagen, dass es das Bestreben aller ist, dass sich der Sterbende in seinen letzten Tagen und Stunden möglichst wohl fühlt und vielleicht sogar auch Erfreuliches erfährt.

„Gestalt findet die christliche Hoffnung der zugesagten Nähe und Gnade Gottes in den vielgestaltigen liturgischen Feiern im Rahmen der Krankenhausseelsorge: sowohl in den sakramentalen Feiern, wie der Krankensalbung, der Eucharistie, der Buße und der Kranken- und Sterbesegnung, als auch in neu entwickelten Feierformen und Ritualen, die die Nähe Gottes zeichenhaft erfahrbar machen." [Kühn, 89]

„Die Feier des Sterbesegens ist dabei als eine Ergänzung der Feiern der Krankensakramente zu verstehen."" Sie bieten die Möglichkeit, auch dort, wo es in der Sterbestunde aus unterschiedlichen Gründen nicht möglich oder gewollt ist das Viaticum zu empfangen, eine liturgische Feier zu begehen, die von Laien wie von Priestern gefeiert werden kann." [Kühn, 129]

„Sterben ist ein Prozess. So ist nicht mit dem letzten Atemzug gewissermaßen der Stecker herausgezogen und die Maschine Mensch abgestellt; die einzelnen Zellen sterben nach und nach. Es kann wohltuend sein, in diese Langsamkeit einzutreten und dafür Raum zu finden, auch wenn der Klinikalltag mit seiner Betriebsamkeit diesem Wunsch in vielen Fällen im Wege steht. In manchen Krankenhäusern stehen Verabschiedungszimmer zur Verfügung, in denen die Angehörigen ohne enge zeitliche Begrenzung bei ihrem Toten verweilen können. Begleitende sollten wissen, ob und in welchem Umfang Angehörigen Zeit für das Abschiednehmen gewährt wird. Angehörige sollten beispielsweise darüber informiert werden, dass es möglich ist, den Toten vom Krankenhaus noch einmal nach Hause zu holen. In vielen Bundesländern darf 36-48 Stunden aufgebahrt werden, ohne dass dazu eigene Genehmigungen des Ordnungsamtes

---

1 Manchmal sind die Angehörige wirklich liebevoll zärtlich. Es gibt vereinzelt auch Angehörige, die dem Sterbenden mit solcher Kraft über das Gesicht streicht, dass sich das gesamte Gesicht verschiebt. Diese Kraftanstrengung lässt auf ein starke emotionale Regung schließen.

nötig sind." [Küpper-Popp f, 41] Mit dem Eintritt des Individualtodes ist der Mensch tot, auch wenn Organe, Gewebe und Zellen noch Stunden weiterhin Stoffwechsel haben. Dies sollte keinesfalls als Verlöschen der Persönlichkeit missverstanden werden. Es intermediäres Leben, d.h. das Leben von Organe, Gewebe und Zellen nach dem Tod des Menschen.

„Es sinnvoll, für die seelsorgliche Begleitung am Sterbe- und Totenbett allgemeine Standards festzusetzen, die im Leitbildprozess des Krankenhauses vorbereitet und im Rahmen des Qualitätsmanagements in ihrem Ablauf konkretisiert werden." [Küpper-Popp h, 63]

„Ein ökumenisches Ritual zum Lebensende haben die beiden großen Landeskirchen in Deutschland vorgelegt (Bischöfliches Ordinariat der Diözese Rottenburg-Stuttgart, 2012 und Liturgische Konferenz der Evangelischen Kirche in Deutschland, 2014): Beim sogenannten „Sterbesegen" versammeln sich Angehörige (und Seelsorgende) um den sterbenden Patienten und bitten Gott, dass er ihn und sein zu Ende gehendes Leben segne. Auch dieser Segen besteht aus Wort und Zeichenhandlung: Das Handeln des sterbenden Menschen, seine Beziehungen und Hoffnungen, sein Gelingen und Misslingen, seine Freude und Leid, werden in die Hand Gottes gelegt; dazu werden Stirn und Hände mit dem Kreuzzeichen bezeichnet und es werden die Hände des Sterbenden unterfasst." [Trachsel, 82]

„Beim Sterbesegen wird der Sterbende gesegnet. Manchmal kann es aber auch wichtig und sinnvoll sein, dass der Segen auch in die andere Richtung geht, so dass der Sterbende seine Angehörigen segnet, ihnen dankt oder ihnen Mut zuspricht oder an seiner Lebensweisheit Anteil gibt." [Trachsel, 83]

## 2.7.2 Entwicklung des Sterbesegens im Überblick

Die Diözese Rottenburg-Stuttgart brachte im Jahr 2011 einen 10-seitigen Sterbesegen im Format 10 x 20 cm heraus. Auf den beiden einleitenden Seiten wird darauf verwiesen:

- dass der Segen ein Zeichen der Gegenwart Gottes ist,

- alles, was das Leben eines Sterbenden ausmacht, möge bei Gott ein gutes Ende finden und mit Jesus Christus zur Auferstehung gelangen,

- mit dem Sterbesegen wird das gelebte Leben in den Blick genommen.

Es folgen für die Durchführung praktische Hinweise, wie z.B., dass beim Kreuzzeichen Weihwasser verwendet werden kann, um an die Taufe zu erinnern. Es wird darauf verwiesen, dass nach der Segnung durch den Seelsorger auch Angehörige[1] die Segenshandlung still oder mit eigenen Worten vornehmen können. Auch Kinder sind dazu eingeladen.[2] Es ist auch möglich, dass der Sterbende seine Angehörigen segnet.[3] Als Vorbereitung wird auf die Sorge für eine ruhige Atmosphäre mit Kreuz, Kerze,[4] Blumen und Weihwasser hingewiesen.

Den Sterbesegen der Diözese Rottenburg-Stuttgart gibt es als kleines Heft und als Doppelkarte. Beides ist beim Bischöflichen Ordinariat in Rottenberg erhältlich.

---

1 Man geht hier offensichtlich davon aus, dass beim Sterbesegen nur Angehörige dabei sind. Dass zuweilen auch Freunde, Arbeitskollegen, Vereinskameraden (z.B. freiwillige Feuerwehr) und Nachbarn den Sterbenden (mit) begleiten, wird damit nicht genannt.

2 Dies ist sehr lobenswert, denn auch Kinder müssen von einem Sterbenden Abschied nehmen.

3 Dadurch wird einerseits mit dem Sterbesegen nicht so lange gewartet, bis der Sterbende bewusstlos ist, was zuweilen vorkommt. Andererseits wird dadurch der Sterbesegen keine Einbahnstraße hin zum Sterbenden, sondern ein bidirektionaler Segen hin zu den Anwesenden.

4 In stationären Einrichtungen wie Alten- und Pflegeheimen, Hospizen und Palliativstationen, sowie in Kliniken sind wegen der Brandgefahr nur elektronische Kerzen erlaubt.

*Der Sterbesegen wurde von Mitgliedern der Arbeitsgemeinschaft der Krankenhaus- und Kurseelsorge der Diözese Rottenburg-Stuttgart gestaltet; sie erfahren ihn vielfach als gute Segenspraxis.*

Mehr ist über die Entstehung des Sterbesegens nicht angegeben. Wie ich jedoch in den Jahren der Entwicklung des Sterbesegens aus Gesprächen mit Klinikseelsorgern der Diözese Rottenburg-Stuttgart erfahren habe, waren zu jener Zeit etwa 20% der Klinikseelsorger in dieser Diözese Priester. Zur „Krankensalbung", die als „Letzte Ölung" gespendet wurde, mussten sich die Klinikseelsorger häufig um einen Priester bemühen. Nicht immer war dieser vor dem Eintritt des Todes zur Stelle. Daher bemühte man sich um eine Segenshandlung für Sterbende, die auch pastorale Mitarbeiter ausführen konnten.

In wie weit eine Rückbesinnung auf den eigentlichen Sinn der Krankensalbung als Sakrament für Kranke bei der Entwicklung des Sterbesegens mitgespielt hat, geht aus den vorliegenden Schriften nicht hervor und ist auch mir nicht bekannt. Zumindest war es um das Jahr 2010 mir gegenüber nie genannt worden.

Dass andere Diözesen den Sterbesegen rasch übernommen haben, zeigt, wie hilfreich er in der Klinik- und Kurseelsorge war.

Dominik Bodenstein hat für das Studienwochenende „Liturgie im Fernkurs" vom 20.-22.10.2023 eine Präsentation erstellt. Darin zeigt er die geschichtliche Entwicklung der Sterbesegen im deutschsprachigen Raum bis Juli 2023 auf.

Bild 1 - Entwicklung des Sterbesegens im Überblick (Bodenstein, mit freundlicher Genehmigung)

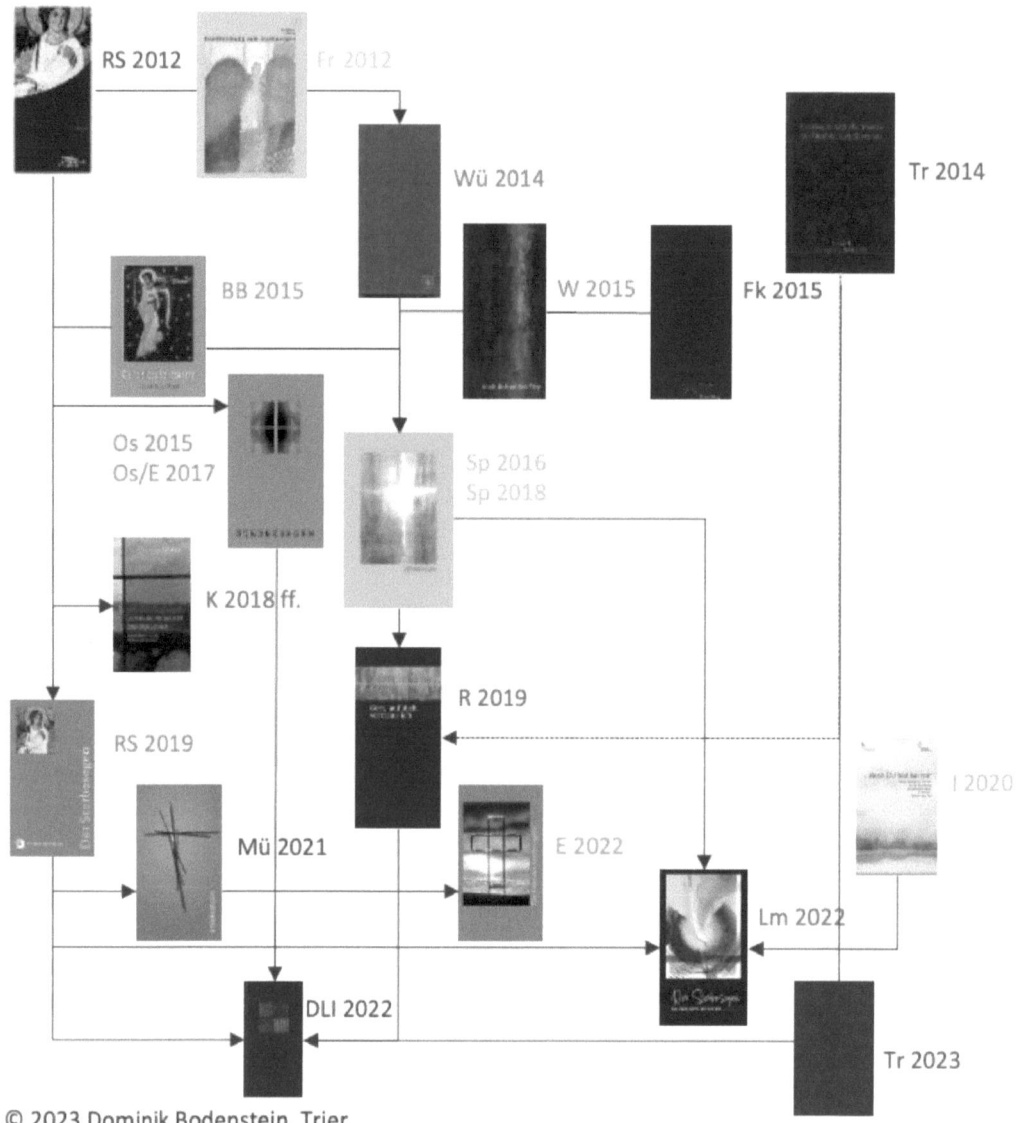

RS 2012

Fr 2012

Wü 2014

Tr 2014

BB 2015

W 2015

Fk 2015

Os 2015
Os/E 2017

Sp 2016
Sp 2018

K 2018 ff.

RS 2019

R 2019

I 2020

Mü 2021

E 2022

Lm 2022

DLI 2022

Tr 2023

© 2023 Dominik Bodenstein, Trier

# Zusammenhänge der Sterbesegen

## 1. Jan. 2012     Rottenburg-Stuttgart

Rottenburg Stuttgart führte nach einer Testphase den Sterbesegen offiziell ein.

## 2. Nov. 2012     Freiburg

Der Freiburger Sterbesegen geht auf den von Rottenburg-Stuttgart zurück.

## 3. Feb. 2014     Trier

Die Diözese Trier brachte einen eigenen Sterbesegen heraus.

## 4. März 2014     Würzburg

Der Würzburger Sterbesegen geht auf den Freiburger zurück.

## 5. Aug. 2015     Bozen-Brixen

Der Sterbesegen der Diözese Bozen-Brixen geht auf den von Rottenburg-Stuttgart zurück.

## 6. Sept. 2015     Wien

Der Wiener Sterbesegen geht auf den von Würzburg zurück.

## 7. Nov. 2015     Feldkirch

Der Sterbesegen der Diözese Feldkirch geht auf den von Wien zurück.

## 8. Nov. 2015     Osnabrück

Osnabrück brachte einen eigenen Sterbesegen heraus.

## 9. Nov. 2016     Speyer

Der Speyerer Sterbesegen ist eine Überarbeitung des Würzburger Sterbesegen.

## 10. Aug. 2017     Osnabrück/Essen

Osnabrück und Essen brachten den Osnabrücker Sterbesegen neu heraus.

## 11. Nov. 2018     Speyer

Speyer brachte seinen Sterbesegen neu heraus.

## 12. 2018 ff.     Köln

Der Kölner Sterbesegen geht auf den von Rottenburg-Stuttgart zurück.

## 13. Apr. 2019    Regensburg

Der Regensburger Sterbesegen ist eine Überarbeitung von Speyer.

## 14. Sept. 2019    Rottenburg-Stuttgart

Rottenburg-Stuttgart brachte seinen Sterbesegen neu heraus.

## 15. Feb. 2020    Innsbruck

Innsbruck brachte einen eigenen Sterbesegen heraus.

## 16. Feb. 2021    Münster

Der Sterbesegen von Münster geht auf den von Rottenburg-Stuttgart zurück.

## 17. Feb. 2022    Essen

Der Essener Sterbesegen geht auf den von Münster zurück.

## 18. Feb. 2022    Limburg

Der Limburger Sterbesegen vereinigt verschiedene Überarbeitungsformen.

## 19. Juli 2011    VzF Deutsches Liturgisches Institut

Der Sterbesegen des Deutschen Liturgischen Instituts nahm eine überarbeiteten Grundform des Sterbesegens in das Kleine Rituale auf - basierend auf einer wissenschaftlichen Synopse aller Überarbeitungsstränge.

## 20. Juli 2023    Trier

Trier brachte seinen Sterbesegen neu heraus.


Es begann in der Diözese Rottenburg-Stuttgart, als zu Beginn des 21. Jh. etwa 20% der Klinikseelsorger Priester waren und 80% Diakone und Pastoralreferenten. Damit stand beim Sterben nicht immer ein Priester für die „Letzte Ölung" zur Verfügung, sondern „nur" ein Diakon oder Pastroalreferent. Diese durften aber keine Krankensalbung spenden. Als Lösung wurde hierauf der Sterbesegen entworfen.

Der Sterbesegen der Diözese Rottenburg-Stuttgart ist nicht nur der älteste, sondern auch der einflussreichste. Er hat die meisten Abkömmlinge: Freiburg (2012), Würzburg (2014), Wien (2015), Feldkirch (2015), Speyer (2016), Regensburg (2019) und Deutsches Liturgisches Institut (2022).

In den 12 Jahren von 2012 bis 2023 wurden im deutschsprachigen Gebiet 20 Sterbesegen veröffentlicht, davon in Rottenburg-Stuttgart, in Speyer und in Trier in einer Neuausgabe. Dies zeigt deutlich auf, wie groß der pastorale Bedarf eines Sterbesegens ist.

## Schwierigkeiten in der Einführung des Sterbesegens

Das Problem ist jedoch, dass nach 50 Jahren Abschied von der „Letzten Ölung" diese unter der neuen Bezeichnung „Krankensalbung" noch immer in den Köpfen vieler Katholiken festsitzt, auch in den Köpfen einigen Priester. Dabei dürfte es nur wenige heute im Amt befindliche Priester geben, die nach der Einführung der Krankensalbung im Jahre 1974 ihr Theologiestudium begonnen haben. Sie alle müssten um SC 73 und den Abschied von der „Letzten Ölung" und der „Krankensalbung" als Sakrament für die Kranken wissen. Solange aber von priesterlichen Seite weiterhin die „Krankensalbung" als „Letzte Ölung" missbraucht wird, werden sich die Gläubigen nicht ändern.

Der Sterbesegen wird dann vor allem durch die pastoralen Laien angewandt werden, die bei den Sterbenden den Sterbesegen beten, auch wenn von den Angehörigen die „Krankensalbung" oder gar die „Letzte Ölung" gewünscht wird. Von einer echten Durchsetzung kann hierbei kaum gesprochen werden.

# 2.7.3 Sterbesegen der Diözesen

| Bistum | 1 | J | S | Format | Ks | Ss | As | B | H |
|---|---|---|---|---|---|---|---|---|---|
| Aachen | | | | | | | | | |
| Augsburg | | | | | | | | | |
| Bamberg | | | | | | | | | |
| Berlin | | | | | | | | | |
| Bozen-Brixen | 2015 | | 80 | 21,0 x 15,0 | | 6 | | | |
| Dresden-Meißen | | | | | | | | | |
| Eichstätt | | | | | | | | | |
| Feldkirch | 2014 | | 68 | 21,5 x 11,0 | | 8 | | | |
| Erfurt | | | | freie Wahl | | | | | |
| Essen | 2022 | | | | | | | | |
| Freiburg | 2012 | | 36 | 30,0 x 21,0 | | 5 | 1 | | j |
| Fulda | | | | | | | | | |
| Görlitz | | | | | | | | | |
| Hamburg | | | | | | | | | |
| Hildesheim | | | | freie Wahl | | | | | |
| Köln | | 2019 | 40 | 17,0 x 9,5 | 1 | 1 | 1 | | |
| Limburg | | | | | | | | | |
| Magdeburg | | | | | | | | | |
| Mainz | | | 6 | 21,0 x 10,0 | | 1 | | | j |
| München-Freising | | | | | | | | | |
| Münster | 2021 | | 96 | 19,0 x 11,0 | | 6 | | 2 | |
| Osnabrück | 2015 | 2015 | 84 | 19,5 x 12,0 | | 6 | | 2 | j |
| Paderborn | | | | | | | | | |
| Passau | | | | | | | | | |
| Regensburg | 2019 | 2019 | 149 | 22,5 x 11,5 | 2 | 8 | 6 | 1 | n |
| Rottenburg-Stuttgart | 2011 | | 10 | 22,5 x 11,5 | | 1 | | | j |
| Speyer | 2016 | 2018 | 125 | 17,5 x 11,5 | | 9 | 3 | 3 | j |

| Bistum | 1 | J | S | Format | Ks | Ss | As | B | H |
|---|---|---|---|---|---|---|---|---|---|
| Trier | 2015 | | | | | | | | |
| Vorarlberg | 2014 | | 68 | 22,5 x 11,5 | | 8 | | | |
| Wien | 2015 | | 12 | 15,0 x 10,5 | | 1 | | | j |
| Würzburg | 2014 | 2018 | 68 | 21,5 x 11,5 | | 6 | | | |

Tab. 1 – Sterbesegen in den deutschsprachigen Bistümern

1 = Jahr der 1. Auflage     Krankensalbung

J = Jahr der vorliegenden Auflage     Ss = Anzahl der Formen an Sterbesegen

S = Anzahl der Seiten     As = Anzahl der Formen an Aussegnung

F = Format in cm     B = Anzahl der Lesebänder

KS = Anzahl der Formen an     H = Sterbesegen als Heft / Faltblatt

freie Wahl = Die Seelsorger dieser Diözesen haben die freie Wahl der von ihnen benutzen Sterbesegen.

---

Besonderheiten

Die Diözesen Erfurt und Hildesheim besitzen keinen eigenen Sterbesegen. Ihren Seelsorgern steht es jedoch frei, welchen der bestehenden Sterbesegen sie in ihrer Arbeit verwenden.

Das Speyerer Rituale hat den Sterbesegen – d.h. das eigentliche Segensgebet – in Englisch, Französisch, Italienisch, Polnisch und Kroatisch abgedruckt. „Weitere Übersetzungen und ausführlichere Texte sind über die Internetseite (www.sterbesegen.bistum-speyer.de) verfügbar." [Speyer 114]

Das Münsteraner Rituale enthält den Sterbesegen neben der Grundform auch in Leichter Sprache, auf Englisch und auf Niederländisch.

Die Diözese Bozen-Brixen hat ihre „Feier des Sterbesegens" zweisprachig (deutsch und italienisch) herausgebracht. Die geniale Umsetzung ist, dass es als Wendebuch in der jeweiligen Sprache immer mit der Seite 1 beginnt. Das Rituale besitzt somit zweimal 80 Seiten.

Das Speyerer Rituale besitzt einen silbernen, einen roten und einen gelben Bändel, um die häufigst benutzten bzw. wichtigsten Stellen zu markieren. - Ansonsten haben nur der Münsteraner und der Osnabrücker Sterbesegen 2 Bändel, der Regenburger Sterbesegen ein Leseband.

> Das Speyerer Rituale enthält 2 Seiten mit Hinweisen zum Verhalten, wenn Kinder unter den Angehörigen sind.

Bei etwa gleichem Druckformat schwankt der Umfang der Rituale zwischen 36 Seiten (Freiburg) und 149 Seiten (Regensburg).

Nur die Rituale von Köln und Regensburg enthalten die Krankensalbung, den Sterbesegen und die Aussegnung, womit sie das gesamte Arbeitsfeld von Klinikseelsorgern abdecken. Es ist somit ein echtes Rituale für die Praxis.[1] - Die Rituale von Freiburg und Speyer enthalten den Sterbesegen und die Aussegnung. Daran ist die Zielgruppe der pastoralen Laien in der (Klinik-)Seelsorge erkennbar. - Die vorliegenden Rituale bzw. Heft/Faltblatt der Diözesen Bozen-Brixen, Feldkirch, Mainz, Osnabrück, Rottenburg-Stuttgart, Vorarlberg, Wien und Würzburg enthalten nur den Sterbesegen.

Die Anzahl der besonderen Situationen für den Sterbesegen schwankt zwischen 1 und 9 (Speyer). Auf diese wird unten genauer eingegangen.

Die Rituale von Freiburg, Köln, Regensburg und Speyer enthalten Texte für eine Aussegnung, wobei Regensburg 6 besondere Situationen nennt und Speyer 3 besondere Situationen. Freiburg und Köln enthalten nur die Grundform der Aussegnung.

---

1 Oft weiß der gerufene Klinikseelsorger nicht, was ihn vor Ort erwartet. Wird eine Krankensalbung benötigt oder ein Sterbesegen. Manchmal liegt ein Mensch im Sterben, doch bis der Klinikseelsorger eintrifft, ist der Patient verstorben. Daher ist es für die Praxis sinnvoll, Krankensalbung, Sterbesegen und Aussegnung in einem Rituale den Klinikseelsorgern an die Hand zu geben.

## Situationen bei der Krankensalbung

| Situation | BB | Fe | Fr | Kö | Mü | Os | Re | RS | Sp | Vo | Wü |
|---|---|---|---|---|---|---|---|---|---|---|---|
| Wegzehrung | | | | | | | 9 | | | | |
| Krankensalbung, Wegzehrung | | | | | | | 3 | | | | |
| Beichte, Krankensalbung, Wegzehrung | | | | | | | 9 | | | | |

Tab. 1 - Situationen bei der Krankensalbung mit Anzahl der Seiten

BB = Bozen-Brixen     Mü = Münster     Sp = Speyer
Fe = Feldkirch     Os = Osnabrück     Vo = Vorarlberg
Fr = Freiburg     Re = Regensburg     Wü = Würzburg
Kö = Köln     RS = Rottenburg-Stuttgart

Das Kölner Rituale enthält die Grundform der Krankensalbung, das Regensburger Rituale auch noch in Kombinationen mit Beichte und Wegzehrung.

## Situationen beim Sterbesegen

| Situation | BB | Fe | Fr | Kö | Mü | Os | Re | RS | Sp | Vo | Wü |
|---|---|---|---|---|---|---|---|---|---|---|---|
| Grundform | 4 | 8 | 1 | 12 | 7 | 3 | 8 | 5 | 8 | 8 | 8 |
| ein Kind im Sterben | 6 | 5 | 2 | | 5 | 6 | 5 | | 5 | 5 | 5 |
| ein junger Mensch im Sterben | 10 | 4 | 2 | | 4 | 4 | 5 | | 4 | 4 | 4 |
| ein Mensch in der Mitte des Lebens | 4 | 4 | 2 | | 4 | 4 | 5 | | 4 | 4 | 4 |
| ein an Demenz erkrankter Mensch | | 4 | | | | | 6 | | 4 | 4 | 4 |
| lebenserhaltende Maßnahmen beendend | | | | | | | 6 | | 4 | | |
| ein unerwartet sterbender Mensch | 4 | 4 | 2 | | 4 | 4 | 5 | | 4 | 4 | 4 |
| Sterbesegen in leichter Sprache | | | | | | | 5 | | | | |

Tab. 1 - Situationen beim Sterbesegen mit Anzahl der Seiten

Die meisten Diözesen nennen in ihren Ritualen verschiedene Situationen des Sterbens. Damit kann der Seelsorger auf die jeweilige besondere Situation eingehen. Damit werden dem Seelsorger hierfür passende Worte angeboten. So ist für die Angehörigen das Sterben eines Kindes eine andere Situation, als wenn ein Mensch in der Mitte seines Lebens stirbt.

Die 4 am häufigst genannten besonderen Situationen sind: ein Kind im Sterben, ein junger Mensch im Sterben, ein Mensch in der Mitte des Lebens im Sterben und ein unerwartet sterbender Mensch. Die Beendigung der lebenserhaltenden – in diesen Fällen jedoch Sterben verlängernden Maßnahmen – sind nur im Rituale von Regensburg und Speyer enthalten, dabei sind dies Situationen, die in Kliniken öfters vorkommen, insbesondere in Kliniken der Maximalversorgung und in Uni-Kliniken.

## Situationen bei der Aussegnung

| Situation | BB | Fe | Fr | Kö | Mü | Os | Re | RS | Sp | Vo | Wü |
|---|---|---|---|---|---|---|---|---|---|---|---|
| Grundform | | | | 5 | 5 | | 8 | | 5 | | |
| Hausgebet für Verstorbene | | | | | | | 3 | | 3 | | |
| tot geborenes Kind | | 5 | | | | | 5 | | 5 | 5 | 5 |
| Hirntoter vor der Organspende | | | | | | | 5 | | 4 | | |
| Toter durch Suizid | 4 | 4 | 2 | | 4 | 5 | 4 | | 4 | 4 | 4 |
| Verabschiedung am Sarg | | | | | | | | | 3 | | |

Tab. 1 - Situationen bei der Aussegnung mit Anzahl der Seiten

Anmerkung: Grau hinterlegte Aussegnungen sind in dem jeweiligen Rituale für den Sterbesegen bei den Sterbenden platziert. Da es sich um Tote[1] handelt, werden sie hier bei der Aussegnung genannt.

---

1 Ein tot geborenes Kind ist eindeutig ein Toter. Ein Hirntoter ist für die katholische Kirche eindeutig ein Toter (siehe: DBK 1990, DBK 2015, Päpstliche Akademie der Wissenschaften (PAS) 1985, PAS 1989, PAS 206 und PAS 2012). Wenn jemand Suizid begangen hat, ist er ein Toter. Liegt dieser Mensch noch lebend auf der Intensivstation, so hat er einen Suizidversuch begangen, denn der Versuch ist gescheitert. Von „Suizid" kann erst dann gesprochen werden, wenn der Mensch tot ist.

Wie schon bei den Situationen beim Sterbesegen, so ist es auch bei Situationen bei der Ausssegnung hilfreich und sinnvoll, dass für besonders schwierigen Situationen entsprechende Texte angeboten werden. Für die Hinterbliebenen ist es sehr tröstlich, wenn z,B. bei einem tot geborenen Kind oder nach einem Suizid keine allgemeine Worte benutzt werden, sondern wenn im Gebet auf die besondere Situation eingegangen wird.

Dass im Rituale von Regensburg und von Speyer für die Aussegnung eines Hirntoten vor der Organspende eigene Texte angeboten werden, ist Ausdruck der Wertschätzung. Darin wird die positive Einstellung der katholischen Kirche zur Organspende konkret erfahrbar. Außerdem kann dabei nicht nur auf das ewige Leben verwiesen, sondern mit der Fürbitte für die Empfänger der Organe aufgezeigt werden, dass das Leben der Organe in einem anderen Menschen weitergeht.

## Fazit

Es ist lobenswert, dass die Diözese Rotteburg-Stuttgart den Mut gefasst hat, für Sterbende einen Sterbesegen zu entwickeln, den auch pastorale Laien beten dürfen.

Es ist begrüßenswert, dass andere Diözesen diesem Beispiel mit eigenen Fassungen des Sterbesegens gefolgt sind. Damit konnten sie auf den Texten der anderen Diözesen aufbauen und eigene Erfahrungen einbringen, die sich in den verschiedenen Situationen zeigen. Dies trifft insbesondere für das Regensburger Rituale zu, das mit Krankensalbung, Sterbesegen und Aussegnung deutlich erkennbar die Praxis von Klinikseelsorgern im Blick hat. Es ist ein echtes Handbuch für Klinikseelsorger, das durchaus auch in den Gemeinden verwendet werden darf. - Damit es als universales Rituale in der Klinikseelsorge verwendet werden kann, sollte noch die Taufe eines Kindes in zwei Fassungen aufgenommen werden: Taufe eines Kindes, bei dem man nicht weiß, ob es die Krankheit überlebt (ähnlich einer Krankensalbung), und bei dem man weiß, dass das Kind sterben wird (ähnlich eines Sterbesegens). Damit wäre der Klinikseelsorger für alle liturgischen Handlungen eines Klinikseelsorgers gewappnet.[1]

---

1 Daneben kann es noch Sonderfälle geben, wie diese: Frau R., über 80 Jahre alt möchte vor ihrem Tod das Sakrament der Firmung erhalten. Bei ihrer Konvertierung wurde dies vergessen.

## 2.7.4 Zeitpunkt für den Sterbesegen

Um eine Synchronisation mit der Medizin herzustellen, sollte der Sterbesegen dann angewandt werden, wenn die Ärzte von der kurativen zur palliativen Behandlung gewechselt haben und der Tod in Tagen und Wochen bis wenigen Monaten erwartet wird, denn dann ist klar, dass es keine Heilung mehr gibt. Daher muss dann auch nicht mehr um Heilung gebetet werden, wie es in der Krankensalbung vorgesehen ist.

Wenn möglich, sollte der Sterbesegen dann gespendet werden, solange der Sterbende noch bei klarem Bewusstsein ist, denn dann kann er noch bewusst miterleben, dass seine Angehörigen[1] für ihn beten und sie ihm für den letzten Abschnitt seiner irdischen Pilgerreise noch alles Gute wünschen.

Der Sterbende hat dann noch die Möglichkeit, seinen Angehörigen gleichfalls alles Gute zu wünschen. Vielleicht ist dabei noch eine letzte Empfehlung, ein letzter Rat oder auch ein Wort des Trostes, an das sich die Angehörige nach dem Tod halten können.

Das muss nicht bedeuten, dass der Sterbende nach dem Empfang des Sterbesegens untätig auf den Eintritt des Todes zu warten hat. Er ist nur seelsorglich auf seinen Tod vorbereitet und kann im Rahmen seiner Möglichkeiten noch das leben, was ihm Freude bereitet, was für ihn Leben ist.

Aus diesem Grunde sollte es 2 Formen des Sterbesegens geben:

- Ein Sterbesegen A beim Wechsel von der kurativen zur palliativen Behandlung.

  Hierbei könnte zum Ausdruck kommen,

  - dass man dem Sterbenden eine gute Vorbereitung für seinen Tod wünscht,

  - dass er die guten Früchte seines Lebens erkennen und sich daran erfreuen möge,

  - dass ihn Menschen liebevoll begleiten und er noch Schönes erleben möge,

  - dass Gott ihn auf seinem letzten Stück des irdischen Lebens gut begleiten möge,

  - dass Gott ihn bei einem plötzlichen Tod gnädig zu sich aufnehmen möge.

- Ein Sterbesegen B beim nahen Tod.

  Hierbei könnte der ausgearbeitete Sterbesegen angewendet werden.

---

1  Hierzu zählen neben den Verwandten auch die Freunde und andere ihm nahestehende Menschen.

Beim Sterbesegen A sollte auf eine gute Balance zwischen einer schönen Lebenszeit und dem anstehenden Tod geachtet werden. Keinesfalls sollte der Eindruck entstehen, dass der Sterbende nun in den nächsten Stunden und Tagen zu sterben habe. Angesichts des nahen Todes sollte er mit dem Sterbesegen zu einem Leben bis zuletzt ermutigt werden.[1]

## 2.7.5 Ort für den Sterbesegen

### Palliativstationen und Hospize

Wer auf die Palliativstation oder in ein Hospiz verlegt wird, hat meist eine noch zu erwartende Lebenszeit von Tagen und Wochen. Die Sterblichkeitsrate liegt bei 100%. Es gibt auch Patienten, die auf der Palliativstation medikamentös eingestellt werden und mit einer palliativen Versorgung zum Sterben nach Hause entlassen werden. Aber auch diese versterben meist binnen Wochen und Tagen.

Gemäß der Synchronisation mit der Medizin sollte der Sterbesegen an allen Orten verwendet werden, wo palliative Versorgung erfolgt. Dazu gehören vor allem Hospize und Palliativstationen, aber auch zu Hause, soweit dort palliative Versorgung erfolgt.

Daneben sollte der Sterbesegen an allen Orten verwendet werden, an denen gestorben wird. Dies sind vor allem Krankenhäuser, Alten- und Pflegeheime, in Hospizen und auf Palliativstationen, sowie auch zu Hause.

Die Unfähigkeit bzw. die Unwilligkeit, selbst in Hospizen oder auf Palliativstationen über das eigene Sterben zu sprechen, bringt unterschiedliche Blüten hervor:

---

1  Im Jahr 2000 führte ich mit 2 Frauen und 11 Männern auf Fahrrädern und 2 Frauen und 2 Männern in 2 Begleitfahrzeugen eine Radwallfahrt von Augsburg startend, über den Brenner die Adria-Küste nach Bari, mit der Fähre nach Patras, mit dem Fahrrad weiter über Korinth, Delphi, Thessaloniki, Istanbul, die türkische Mittelmeerküste entlang nach Syrien, Jordanien nach Jerusalem durch. Hierzu schrieb ich erstmals mein Testament und machte die Erfahrung, dass ich mich damit entspannt auf dieses Abenteuer einlassen konnte, da alles Wichtige, auch für den Fall meines Todes, geregelt war. Es ist in einem Freebook nachzulesen unter:
Klaus Schäfer: Mit dem Fahrrad nach Jerusalem (2008) https://epub.uni-regensburg.de/40662

- Dem Personal ist es wichtig, dass die „Bewohner" sich dort wohl fühlen.

- Der von den Angehörigen gerufene Priester soll die „Krankensalbung" spenden, aber dabei nicht von Sterben oder Tod sprechen.

Selbstverständlich soll sich der Sterbende in dem Zimmer wohl fühlen, aber diesen Aufenthalt als „Wohnung" („Bewohner") zu bezeichnen, ist sicherlich unpassend. Auch die Bibel kennt Formulierungen vom Wohnung nehmen:

Im Haus meines Vaters gibt es viele Wohnungen. Wenn es nicht so wäre, hätte ich euch dann gesagt: Ich gehe, um einen Platz für euch vorzubereiten? Wenn ich gegangen bin und einen Platz für euch vorbereitet habe, komme ich wieder und werde euch zu mir holen, damit auch ihr dort seid, wo ich bin. (Joh 14,2f)

Diese Wohnung, die Jesus uns bereiten wird, ist nicht für Tage und Wochen gedacht, auch nicht für Monate und Jahre, sondern für die Ewigkeit.

Wenn jemand mich liebt, wird er mein Wort halten; mein Vater wird ihn lieben und wir werden zu ihm kommen und bei ihm Wohnung nehmen. (Joh 14,23)

Auch hier ist kein zeitlich befristeter Besuch gemeint, sondern Gott wird immer bei uns wohnen, wenn wir ihn lieben und seine Gebote halten.

Warum kann hierbei nicht vom „Gast" gesprochen werden. Damit wäre eine deutliche Brücke zum bekannten Kirchenlied „Wir sind nur Gast auf Erden" geschlagen.

## Intensivstationen

Auf Intensivstationen kommt es bei der Beendigung der Therapie immer vor, dass bei aller rationaler Einsicht, dass die Fortsetzung der Therapie nicht mehr das Leben erhalten kann, sondern nur noch das Sterben verlängert, die Angehörigen emotional stark am Sterbenden hängen. Wenn hier eine „Krankensalbung", die das Sterben nicht ins Wort bringt, gebetet wird, kann dies die emotionale Bindung vertiefen und die Hoffnung auf Heilung stärken. Ein Sterbesegen, der das Sterben deutlich ins Wort bringt, kann hingegen durch das unmissverständliche Benennen des Sterbens zu einer Akzeptanz des Unausweichlichen führen und den Trauerprozess anstoßen.

## 2.7.6 Anzahl der Worte

Vergleicht man die Anzahl der Worte des Freiburger Sterbesegens mit der Anzahl der Worte bei den verschiedenen Sakramenten, so ergibt sich dies:

| Sakrament | Gebet | Anz. |
|---|---|---|
| Taufe | N. ich taufe dich im Namen des Vaters und des Sohnes und des Heiligen Geistes. | 15 |
| Versöhnung | Gott, der barmherzige Vater, hat durch den Tod und die Auferstehung seines Sohnes die Welt mit sich versöhnt und den Heiligen Geist gesandt zur Vergebung der Sünden. Durch den Dienst der Kirche schenke er dir Verzeihung und Frieden. So spreche ich dich los von deinen Sünden im Namen des Vaters und des Sohnes und des Heiligen Geistes. | 57 |
| Kommunion | Der Leib Christi. | 3 |
| Wegzehrung | Der Leib Christi schenke dir das ewige Leben. | 8 |
| Firmung | N., sei besiegelt durch die Gabe Gottes, den Heiligen Geist | 10 |
| Ehe | N., vor Gottes Angesicht nehme ich dich an als meine Frau. Ich verspreche dir die Treue in guten und bösen Tagen, in Gesundheit und Krankheit, bis der Tod uns scheidet. Ich will dich lieben, achten und ehren alle Tage meines Lebens. Trag diesen Ring als Zeichen unserer Liebe und Treue: Im Namen des Vaters und des Sohnes und des Heiligen Geistes. | 61 |
| Priester-weihe | Allmächtiger Vater, wir bitten dich, gib diesen deinen Dienern die Würde des Priestertums. Erneuere in ihnen den Geist der Heiligkeit. Das Amt, das sie aus deiner Hand, o Gott, empfangen, die Teilhabe am Priesterdienst, sei ihr Anteil für immer. | 39 |
| Kranken-salbung | Durch diese heilige Salbung helfe dir der Herr in seinem reichen Erbarmen, er stehe dir bei mit der Kraft des Heiligen Geistes. Amen. Der Herr, der dich von Sünden befreit, rette dich, in seiner Gnade richte er dich auf. Amen. | 40 |

Tab. 1 – Anzahl der Worte bei den Sakramenten

Im Vergleich dazu das Segensgebet des Rottenburger Sterbesegens mit 137 Wörter:

*N., dein Leben ist einmalig und kostbar. Es sei gesegnet im Angesicht Gottes.*
 *Alles, was dir in den Sinn gekommen ist,*
*alles, was du gedacht und ersonnen hast, geglaubt und erhofft,*
*alle Liebe, die du verschenkt hast, sei gesegnet durch den dreieinigen Gott. †*
(Stirn)
*Alles, was du in die Hand genommen, angepackt und geschaffen hast,*
*ob geglückt oder misslungen, alle Schuld, die du auf dich geladen hast,*
*sei angenommen durch den dreieinigen Gott. †* (re. Hand)
*Alles, was dir gegeben wurde, das Leichte und das Schwere, Freud und Leid,*
*alles, was zu Ende geht, und auch das, was dein Leben überdauern wird und*
*bleibt,*
*sei getragen vom dreieinigen Gott. †* (li. Hand)
*Gott sende dir seinen Engel entgegen.*
*Er nehme dich bei der Hand und führe dich durch Dunkelheit und Nacht ins Licht.*

*Im Namen des Vaters und des Sohnes und des Heiligen Geistes.*

Angesichts des deutlichen Unterschieds in der Länge des Sterbesegens stellt sich die Frage, ob es nicht sinnvoller ist, diese Anliegen in ein Gebet zu fassen, das vor oder nach der Segenshandlung gebetet wird.

Die Länge wie auch die 3 Kreuzzeichen erinnern an die bis 1974 praktizierte „Letzte Ölung" [CoCollectio rituum, 42]:

*Möge der Herr Ihnen durch diese heilige Salbung und seine fromme Barmherzigkeit alles vergeben, was Sie vor Augen begangen haben. Amen.*

*Möge Gott Ihnen durch diese heilige Salbung und seine fromme Barmherzigkeit alles vergeben, was Sie durch das Hören übertreten haben. Amen.*

*Möge Gott Ihnen durch diese heilige Salbung und seine fromme Barmherzigkeit alles verzeihen, was Sie durch das Riechen begangen haben. Amen.*

*Möge der Herr Sie durch diese heilige Salbung in seiner frommen Barmherzigkeit in allem verzeihen, was Sie in Geschmack und Sprache übertreten haben. Amen.*

*Möge Gott Ihnen durch diese heilige Salbung und durch seine fromme Barmherzigkeit alles vergeben, was Sie durch Berührung begangen haben. Amen.*

*Möge Gott Ihnen durch diese heilige Salbung und seine fromme Barmherzigkeit alles verzeihen, was Sie auf Ihren Wegen übertreten haben. Amen.*

Dieses Segensgebet der „Letzten Ölung" hat 129 Worte und damit 8 Worte weniger als der Rottenburger Sterbesegen. Damit stellt sich die Frage, ob mit dem Rottenburger Sterbesegen die „Letzte Ölung" mit anderen Worten und weniger Kreuzzeichen weiterleben soll.

In Anlehnung an die Taufformel, die am Beginn des Christseins steht, und zur Kürze der „Wegzehrung" könnte am Ende des Christseins die Formel des Sterbesegens lauten:

*N. es segne dich der dreieinige Gott, der Vater und der Sohn und der Heilige Geist und nehme dich auf in seine himmlische Herrlichkeit.*

oder

*N. es nehme dich auf in seine himmlische Herrlichkeit  der Vater und der Sohn und der Heilige Geist.*

oder

*N. es segne dich mit der Aufnahme in seine himmlische Herrlichkeit  der Vater und der Sohn und der Heilige Geist.*

Zudem sagte Jesus auch, dass wir beim Beten nicht viele Worte machen sollen (Mt 6,7). Wohl daher ist die Taufformel so kurz. An ihr könnte sich auch der Sterbesegen in seiner Länge orientieren.

# 2.8 Aussegnung

Die „Aussegnung" wird den Verstorbenen gespendet, in der Klinik meist in den ersten 12 Stunden nachdem ein Patient verstarb.

Die „Aussegnung" weder weder im „Rituale", noch im „Benediktionale", noch im „Gotteslob" enthalten. Einzig im Rituale „Die kirchliche Begräbnisfeier" ist sie unter der Überschrift „Gebet im Trauerhaus" genannt:

*Wo es Brauch ist, wird vor der Überführung des Toten zur Aufbahrung eine Verabschiedung (Aussegnung) gehalten. Sie lässt sich in etwa folgender Weise gestalten:*

## Statistische Auswertung

Eine Klinik-interne statistische Auswertung der Jahreszahlen über den Zeitraum von 5 Jahren zeigt auf, dass etwa gleich viele „Krankensalbungen" wie „Sterbesegen" gespendet wurden und etwa halb so viele „Aussegnungen". Hierzu stellen sich eine Reihe von Fragen:

• Krankensalbung

  Dass die Patienten die Krankensalbung etwa genauso häufig wünschen, wie der Sterbesegen gespendet wird, zeigt auf, dass sie meist nur gewünscht wird, wenn die Todesnähe real ist. Dabei ist sie bei jeder invasiven Untersuchung und jeder invasiven Behandlung real. Die Erkrankung muss nicht erst „Krebs" lauten.

• Angesichts dessen, dass man die Krankensalbung im Laufe eines Jahres mehrmals empfangen kann und dass die Universitätsklinik einige Patienten hat, die über das Jahr mehrmals stationär aufgenommen werden müssen, man den Sterbesegen nur einmal empfängt, denn man stirbt nur einmal, sollte die Anzahl der Krankensalbungen daher signifikant höher sein, als die Anzahl der Sterbesegen.

• Sterbesegen

  Da die Anzahl der gespendeten Sterbesegen im Vergleich zur Anzahl der gespendeten Krankensalbung etwa gleich ist, könnte man den Eindruck gewinnen, dass es sich hierbei um eine Sterbeklinik handelt, bei der die Patienten schwer krank in die Klinik kommen, die Krankensalbung erhalten, sich ihr Zustand verschlechtert, und sie im Sterben noch den Sterbesegen empfangen. Dem ist nicht so.

Der Grund dürfte vielmehr darin liegen, dass man dank der modernen Medizin, die z.T. wahre medizinische Wunder vollbringen, sehr viel zutraut. Wenn dann klar ist, dass der Arzt nicht mehr helfen kann, wird der Klinikseelsorger gerufen.

- Aussegnungen

Erstaunlich ist, dass in der Klinik etwa halb so viel Aussegnungen erfolgen wie Krankensalbungen bzw. Sterbesegen. Die Anzahl der Fälle, bei denen in den Tagen zuvor eine Krankensalbung oder ein Sterbesegen gespendet wurden, bewegt sich dem Gefühl nach um die 10 bis 20%.

Ein Teil der 80 bis 90%, bei denen an den Tagen zuvor kein Klinikseelsorger beim Patienten war, liegt daran, dass der Verstorbene als Sterbender in die Klinik kam.[1] Ein weiterer Teil ist darin zu sehen, dass man den unaufhaltsamen Sterbeprozess nicht akzeptieren will, dass man noch immer auf ein Wunder hofft[2] oder dass man vor dem nahenden Tod schlichtweg die Augen verschließt. Erst mit der Realität des Todes – Realität ist die höchste Form von Autorität – verlangt man einen Pfarrer und bittet nicht selten um die „Letzte Ölung" oder um die „Krankensalbung".

## Bedeutung dieser statistischen Zahlen

Die Zahlen des Statistischen Bundesamtes wie auch die intern in der Klinik erhobenen Zahlen zeigen deutlich auf, wie wichtig es für die Klinikseelsorger ist, dass sie die Texte für die Aussegnung mit in ihrem Rituale haben. Die Diözesen Freiburg, Köln, Osnabrück, Regensburg, Speyer und Würzburg haben die Aussegnung im Rituale für den Sterbesegen.

---

1 Nach den Zahlen des statistischen Bundesamtes sind rund 50% der Verstorbenen in einer Klinik verstorben. Von diesen 50% verstarben rund 9% am Einlieferungstag und rund 11% am Tag nach der Einlieferung. Im Grund wurden hierbei Sterbende in die Klinik eingeliefert.

2 Jesus hat doch Wunder bewirkt. Er hat nicht nur Kranke geheilt, sondern sogar Lazarus aus dem Tode zurückgeholt. Dann soll er doch bitte auch hier ein Wunder erwirken.

Das „Rituale" ist inzwischen 50 Jahre im Einsatz. Damit trifft sie kaum mehr auf die heutige pastorale Praxis in der Klinik. Heute sterben rund 50% aller Verstorbenen in einer Klinik. Daher macht es Sinn, den Augenmerk auf ein praxisnahes Rituale zu legen, das „Krankensalbung", „Wegzehrung", „Sterbesegen" und „Aussegnung" in sich vereint. Dabei sollten die häufigsten wie auch die schwierigsten Situationen, die in der Klinik vorkommen können, in das Rituale aufgenommen werden.

Das Bußsakrament kann in dem neuen Rituale entfallen, nicht weil es unwichtig, sondern weil die Gewissenserforschung bei schwerer Krankheit oder nahem Tod nicht mehr angeleitet werden muss.[1] Was man bereut, ist ganz präsent da. Wie eine Beichte abläuft, wissen der Pönitent und der Priester, notfalls kann der Priester noch nachhelfen. Zudem erfolgt das Bußsakrament unter Ausschluss der Öffentlichkeit.

---

1 Jemand sagte zu Recht: „Die intensivsten Exerzitien erfolgen nicht in den Klöstern und den Exerzitienhäusern, sondern in den Krankenhäusern."

# 2.9 Weitere Themen

## 2.9.1 Kinder

Im Heft des Sterbesegens der Diözese Rottenburg-Stuttgart wird ausdrücklich darauf hingewiesen, dass auch Kinder eingeladen sind, den Sterbenden zu segnen. - In der Klinikseelsorge wird häufig erlebt, dass Erwachsene Kinder ausschließen, beim Sterben mit dabei zu sein oder den Verstorbenen zu sehen. Auf den Hinweis, die Kinder selbst entscheiden zu lassen, wird meist entgegnet, „Ich kenne mein Kind" und/oder „Ich weiß, was meinem Kind gut tut" und/oder „Das Kind soll den Sterbenden so in Erinnerung behalten, wie er war".

Erwachsene, denen dies als Kind verwehrt wurde, nehmen es heute noch den Erwachsenen übel. Ihnen fehlen nicht nur wichtige Erlebnisse des Abschiednehmens. Ihnen wurde damit psychische Gewalt angetan, da man ihren Willen nicht gelten ließ.

Die Generalversammlung der Vereinten Nationen verabschiedete am 20.11.1989 in einer UN-Kinderrechtskonvention die Rechte der Kinder.[1] Im Jahr 1990 hat Deutschland diese unterzeichnet. Der Artikel 12 lautet:

*Artikel 12: Berücksichtigung des Kindeswillens*
*(1) Die Vertragsstaaten sichern dem Kind, das fähig ist, sich eine eigene Meinung zu bilden, das Recht zu, diese Meinung in allen das Kind berührenden Angelegenheiten frei zu äußern, und berücksichtigen die Meinung des Kindes angemessen und entsprechend seinem Alter und seiner Reife.*

In der Klinikseelsorge gewinnt man den Eindruck, dass diese über 30 Jahre alte UN-Kinderrechtskonvention – das ist über eine Generation! - in Deutschland völlig unbekannt ist. Seit der Thematisierung des sexuellen Missbrauchs von Kindern gewinnt man den Eindruck, dass Kinderrechte nur vor körperlicher Gewalt und sexuellem Missbrauch schützen sollen. Von der physischen Gewalt gegen Kinder, wie sie z.B. durch die Missachtung des Kinderwillens erfolgen, ist kaum etwas zu hören oder zu lesen. Aus diesem Grund sei hier ausdrücklich auf dieses Kinderrecht hingewiesen: Kinder haben das Recht, dass ihr Wille berücksichtigt wird. Dies gilt auch im Zusammenhang von Sterben und Tod.

---

1   UNICEF: Die UN-Kinderrechtskonvention. https://www.unicef.de/informieren/ueber-uns/fuer-kinderrechte/un-kinderrechtskonvention#pdf

Das Sterben erfolgt meist innerhalb weniger Tagen oder Stunden. Die Zeit bis zur Bestattung bzw. bis zur Einäscherung, in denen man sich vom Leichnam verabschieden kann, beträgt nur wenige Tage. Damit ist das Zeitfenster der Verabschiedung von einem Sterbenden und vom Leichnam sehr kurz. Es kann später nicht wieder eröffnet und das Versäumte nachgeholt werden. Es gilt der Grundsatz: „Jetzt oder nie."

Aus diesem Grund ist es so wichtig, dass beim Sterben und Tod auch Kinder gefragt werden, ob sie mit dabei sein wollen. Mit dem Ausschluss der Kinder von Sterben und Tod wollen die Erwachsenen die Kinder vor seelischem Schmerz schützen. Dies ist vom Ansatz her gut und richtig. Doch beim Sterben ist es nicht der Anblick des Sterbenden, der schmerzt, sondern die Abschiednahme für immer. Ob die Kinder nun den Sterbenden sehen oder nicht, dieser Abschiedsschmerz bleibt. Er bleibt in gleicher Größe und Intensität. Durch den Ausschluss der Kinder wird dieser weder genommen noch gelindert. Es wird durch die Missachtung des Kinderwillens nur ein weiteres Leid aufgeladen.

*Im Jahr 1964, wenige Tage nach meiner Einschulung, starb meine Großmutter, die mit im Haushalt lebte. Sie war mir eine sehr wichtige Bezugsperson. ich durfte mich von ihrem Leichnam verabschieden. Vieles, was in diesen Stunden des Abschieds geschah, verstand ich noch nicht. Mir war jedoch wichtig, den Leichnam meiner geliebten Oma zu sehen. Ich erlebte damit erstmals, was Tod bedeutet: keine Anteilnahme am Leben. Ich freute mich darauf, am Tag ihrer Beerdigung das Kreuz vor ihrem Sarg zu tragen. Die rund 3 km Wegstrecke vom Elternhaus bis ins Dorf haben mich dabei nicht geschreckt. Für meine geliebte Oma hätte ich es gerne getan, aber am Tag der Beerdigung lag ich mit Fieber im Bett. Ich erinnere mich noch gut daran, wie der Sarg die Treppe heruntergetragen und auf den schwarzen Leichenwagen geladen wurde. Dann fuhr der Leichenwagen vom Hof. Ein Nachbarjunge trug an meiner Stelle das Holzkreuz voraus. Das waren meine letzten Erinnerungen an meine geliebte Großmutter. Nach meiner Genesung besuchte ich ihr Grab. Es hatte aber nichts mehr mit meiner Großmutter zu tun. Ich wusste, dass dort ihr Leichnam liegt, aber es war nicht mehr Großmutter. Sie war irgendwie in einer anderen Welt.*

Damit habe ich im Alter von 6 Jahren beides erlebt: Ich konnte mich von meiner verstorbenen Großmutter verabschieden.[1] Dafür bin ich noch heute meinen Eltern dankbar. Ich konnte durch meiner Erkrankung nicht an der Beerdigung teilnehmen. Dafür kann ich niemanden verantwortlich machen. Aber ich kenne den Schmerz, dass mir hier etwas fehlt. Auch die zahlreichen Beerdigungen von Verwandten, auf denen ich war, und die ich für andere als Seelsorger gehalten habe, konnten mir nichts von dem zurückgeben, was ich 1964 vermisst habe. Ich habe es selbst erlebt, was es heißt: „Jetzt oder nie."[2]

Als Klinkseelsorger hatte ich im Umgang mit Kindern bei Sterben und Tod auch beste Erfahrungen gemacht. Dabei habe ich gelernt, dass es wesentlich darauf ankommt, wie wir Erwachsene mit Sterben und Tod umgehen. Ein deutliches Beispiel hierbei war dieses:

*Frau T. lag im Sterben. Sie war noch ansprechbar, als ihre Familie kam, darunter eine Enkelin mit 2 oder 3 Jahren. Sie wollte zur Oma. Daher hob sie die Mutter auf die Bettdecke. Dort krabbelte die Enkelin bis zum Gesicht ihrer Oma. „Darf ich ihr ein Eia[3] geben?", fragte die Enkelin. „Natürlich darfst du ihr ein Eia geben", sagte die Mutter. Darauf hin gab die Enkelin ihrer sterbenden Oma ein Eia. Wir Erwachsenen beteten für Frau T. und ich spendete ihr die*

---

1 Meine Eltern gingen mit mir damals sehr gut um. Daher ist mir ein guter Umgang mit Kindern heute auch so wichtig. Ich will das Gute, das ich als Kind erleben durfte, an andere Kinder weitergeben. Aus diesem Grund schrieb ich den Text zu dem Kinderbuch „Letzte Gespräche mit Oma", das im Jahr 2011 beim Sadifa-Verlag erschien, ansprechend illustriert von Johannes Sauer. Da der Sadifa-Verlag seine Produkte möglichst preiswert anbietet, beliefert er trotz ISBN nicht den Buchhandel. Daher ist das Kinderbuch kaum bekannt und nur beim Sadifa-Verlag erhältlich: http://shop.sadifa.de/epages/79039066.sf/de_DE/?ObjectPath=/Shops/79039066/Products/581

2 Als im Jahr 2018 eine Tante starb, war ich im Urlaub auf dem Jakobus-Pilgerweg in Südfrankreich, in der Nähe von Lourdes. Ich wusste, wenn ich nicht binnen 3 Tagen in Ursberg bin, wo sie beerdigt wird, werde ich bei der Beerdigung nicht dabei sein. Somit fuhr ich in 2 Tagen bis nach Ursberg und war bei der Beerdigung mit dabei. Auf diese weite Fahrt angesprochen, sage ich aufgrund gemachter Erfahrungen: „Es gibt im Leben Dinge, die kann man nicht nachholen."

3 Die Enkelin schmiegte dabei ihre Wangen links und rechts an die Wangen ihrer Oma.

*„Krankensalbung" als „Letzte Ölung" (es war um das Jahr 2000). Kurz darauf verstarb Frau T. Der Enkelin, noch immer auf der Brust ihrer Oma liegend, stellte fest, dass diese nicht mehr atmet. Die Mutter erklärte ihr: „Oma ist jetzt gestorben. Sie lebt nicht mehr. Hier ist nur noch ihr toter Körper. Ihre Seele ist nun bei Gott im Himmel. Dort werden wir sie nach unserem Tod wiedersehen." Besser hätte ich es in dieser Situation nicht formulieren können. Die Mutter ging angesichts des Todes mit ihrer Tochter ganz natürlich um. Dabei erkannte ich, dass das im Umgang mit Kindern bei Sterben und Tod der Schlüssel ist.*

Daneben habe ich als Klinikseelsorger auch weitere positive Erfahrungen mit Kindern bei Sterben und Tod gemacht. Auch diese sind auf der Internetseite www.1trost.de nachzulesen. Wichtig ist dabei einerseits ein möglichst natürlicher Umgang der Erwachsenen mit Sterben und Tod, ähnlich wie beim Sterben von Frau T. Andererseits ist die Berücksichtigung des Kinderwillens wichtig. So hob im o.g. Beispiel die Mutter ihre Tochter auf die Bettdecke der sterbenden Frau T.

Wenn die Erwachsenen mit Sterben und Tod emotional zu sehr betroffen sind, so können sie in stationären Einrichtungen[1] für diese Stunden ihre Kinder auch dem Personal dieser Einrichtung anvertrauen, wenn dieses die Zeit dafür hat. Damit können sich die Erwachsene um ihre eigenen Bedürfnisse kümmern und wissen die Kinder gut versorgt. Wenn die Kinder vom Personal der Einrichtung begleitet werden, brauchen die Erwachsenen auch nicht eigene Tränen zurückhalten. Sie leben das ihren Kindern vor, was der Abschiedsschmerz auslösen kann. Das Personal der Einrichtung kann dies den Kindern erklären und diesen damit unter Umständen die Schleusen für deren Tränen öffnen. Weinen ist eine natürliche Reaktion auf eine tiefe emotionale Erfahrung. Daher gibt es Tränen des Leids und auch Tränen der Freude (Freudentränen). Niemand muss sich seiner Tränen schämen. Wichtig ist nur, dass es den Kindern erklärt wird.[2]

---

1  Alten- und Pflegeheimen, Hospizen, Palliativstationen und Krankenhäusern.

2  Als im Jahr 1962 mein mütterlicher Großvater starb, weinte meine Mutter in den folgenden Tagen plötzlich still. Ich sah ihre Tränen, wusste aber nicht warum. Meine Mutter erklärte mir dann, dass sie weint, weil ihr Vater gestorben ist. Mit 4 Jahren verstand ich noch nicht, was Tod heißt. Ich wusste aber, dass die plötzlich wiederkehrenden Tränen meiner Mutter nichts mit mir zu tun haben. Dies war für mich sehr wichtig.

Manchmal entschuldigen sich Patienten oder Angehörige oder Hinterbliebene bei mir für ihre Tränen. Ich sage ihnen hierauf, dass es keinen Grund gibt, sich dafür zu entschuldigen. Tränen sind Ausdruck unserer Gefühle. Es gibt schon viel zu viel gefühllose und gefühlsarme Menschen. Außerdem sind für mich gefühlvolle Menschen wertvolle Menschen. Wie sähe eine Welt aus, in der es nur gefühllose Menschen gibt?

Ich verweise in diesem Zusammenhang manchmal darauf, dass Vergewaltigung unter Strafe steht. Doch die meisten Vergewaltigungen werden nicht geahndet, da es die Vergewaltigung unserer Gefühle ist. - Gefühle entspringen situationsgebunden aus unserem Innern. Wir können sie bewusst nicht erzeugen. Wer eine Verlusterfahrung gemacht hat, ist traurig. Wer sich mit Trauernden beschäftigt, kann in sich Trauer so weit empfinden, dass auch er weinen muss. Wir nennen das Mitgefühl. Es handelt sich dabei aber nicht um bewusst erzeugte Trauer. Auch die durch Mitgefühl hervorgerufene Trauer ist eine situationsgebundene Trauer, denn in einer heiteren oder interessanten Situation kann in uns ohne Verlusterfahrung keine Trauer in uns hochkommen.

Wir können unseren Gefühle, die in uns hoch kommen, versuchen, damit umzugehen. Wir können sie zulassen und leben. Wir können sie verstärken. Dies geschieht z.B., wenn wir uns in Rage reden. Wir können versuchen, sie zu unterdrücken:[1]

*Ich begleitete seelsorglich intensiv einen schwerkranken Patienten, bei dem nicht klar war, ob er diese Situation überleben würde, als ich die Nachricht vom Tod meiner Mutter erfuhr.[2] Ich verdrängte meine Trauer, da ich die nächsten Tage funktionieren wollte. Zudem wusste ich, dass ich auch die Beerdigung meiner Mutter durchführen sollte. Es war ihr Wunsch. Somit musste ich bis zur Beerdigung meiner Mutter funktionieren. Ich wollte daher erst nach der Beerdigung meiner Mutter die Trauer zulassen. Die Folge war, dass ich nach der Beerdigung meiner Mutter keinen Zugang zur Trauer fand. Sie war verschüttet. Erst beim Abschied einer liebgewonnenen Kollegin in den Ruhestand, kam die verschüttete Trauer wieder hoch.*

---

1 Eine Frau vertraute mir an, dass sie in jungen Jahren, wenn sie ihre fruchtbaren Tage hatte, das Gefühl hatte, mit dem nächstbesten Mann ins Bett zu gehen. Sie hatte eine ungeheuerliche Sehnsucht nach Zärtlichkeit und Sex. Sie lebte es nicht, was sie jedoch viel Willenskraft kostete. Sie blieb trotz diesem Drängen ihrem Ehemann treu.

2 Die Nachricht traf mich hart, da ich nicht mit ihrem Tod gerechnet hatte. Meine Schwester rief am Vortag an und informierte mich, dass sie unsere Mutter ins Krankenhaus gebracht hatte. Die Ärzte diagnostizierten einseitige Lungenentzündung.

Dadurch, dass wir es Kindern erlauben, bei unserem Umgang mit Sterben und Tod dabei zu sein, lernen die Kinder, wie wir Erwachsenen damit umgehen. Sie erleben damit Sterbekultur, auch wenn sie noch nicht alles verstehen. Sie erleben auch, dass wir Erwachsenen emotional mit Sterben und Tod unterschiedlich umgehen und dass es hierbei kein Richtig und kein Falsch gibt, soweit allen die Möglichkeit gegeben ist, ihren Abschiedsschmerz zu leben.[1] Es mag uns Mitteleuropäern das laute Schreien und Klagen von Menschen aus anderen Kulturen als fremd erscheinen, aber es sei hierbei an die „Klagefrauen" erinnert, die in der Bibel genannt werden, so z.B. in Jer 9,16. Oder auch beim Kindermord von Betlehem (Mt 2,18). In Rücksicht auf die anderen Patienten der Einrichtung sollte man jedoch von allen Trauernden eine für unsere Kultur angemessene Lautstärke erwarten können und ggf. darum bitten.

Wichtig ist jedoch, dass bei Sterben und Tod die Kinder nicht kategorisch ausgeschlossen werden. Damit verstoßen Erwachsene nicht nur gegen Artikel 12 der UN-Kinderrechtskonvention, die Berücksichtigung des Kindeswillens. Damit enthalten wir den Kindern den emotionalen, kulturellen und religiösen Umgang mit Sterben und Tod vor. Mit dem Ausschluss der Kinder von Sterben und Tod bewahren wir sie nicht vor dem Abschiedsschmerz, sondern laden zu diesem noch den Schmerz der psychischen Vergewaltigung hinzu. Daher sollte Kindern grundsätzlich freigestellt werden, ob sie mit dabei sein wollen.[2]

---

1 Hierbei sei auf die Schreien und Klagen von Erwachsenen beim Tod junger Ehepartner oder gar von Kindern hingewiesen.

2 Als Herr S. im Sterben lag, kam die Familie, um von ihm Abschied zu nehmen. Es waren seine Ehefrau und 3 Töchter, im Alter von 18, 16 und 14 Jahren. Die 14-Jährige wollte nicht für den Sterbesegen mit ins Krankenzimmer. Dies war für alle in Ordnung. Damit die 14-Jährige nicht völlig untätig auf dem Flur wartete, bis wir mit dem Beten fertig sind, gab ich ihr das Kinderbuch „Letzte Gespräche mit Oma" zur Ansicht. Ich wies sie darauf hin, dass es eigentlich für die Altersgruppe von 5 bis 12 Jahren geschrieben ist, wenn es ihr aber gefällt, dürfe sie es behalten. Als ich nach der Spendung des Sterbesegens auf den Flur zurück kam, sagte die 14-Jährige, dass sie das Buch gerne behalten wolle. - Am nächsten Tag lebte Herr S. noch immer. Dadurch traf ich vormittags seine Frau an seinem Sterbebett. Sie erzählte mir, dass am Abend zunächst die 14-Jährige, dann die 16-Jährige und schließlich auch die 18-Jährige das Buch gelesen hatte. Da alle es so fesselnd empfanden, wollte sie als Mutter hernach wissen, was an dem Buch so fesselnd war, und las es auch. Auch ihr

Einerseits dürfen komatöse und stark demente Patienten die Krankensalbung empfangen, aber den Kindern ohne Vernunftgebrauch soll es vorenthalten ein? Bleibt hier nicht die Nächstenliebe gegenüber den Kindern und ihren Eltern auf der Strecke?

Man wird bei dieser Haltung an diese Worte Jesu erinnert:

> *Sie schnüren schwere und unerträgliche Lasten zusammen und legen sie den Menschen auf die Schultern, selber aber wollen sie keinen Finger rühren, um die Lasten zu bewegen. (Mt 23,4)*

Vielleicht ist diese Haltung eine Folgeerscheinung von Zölibat, Ehelosigkeit und der damit verbundenen Kinderlosigkeit. Für Klinikseelsorger ist es immer wieder zu erleben, dass Eltern und Großeltern auf der Intensivstation am Bett eines Komapatienten stehend laut fragen, „Warum kann ich nicht für mein (Enkel)Kind da liegen?"

Die gleiche Frage von Eltern und Großeltern ist auch am Sterbebett oder Totenbett zu hören. Noch schwerer wiegen diese Worte: „Wie gerne würde ich für ihn/sie da liegen!"

Angesichts einer solch innigen (Groß)Eltern-Kind-Beziehung grenzt es schon an seelischer Grausamkeit, wenn Eltern für ihr schwer krankes Kind ohne Vernunftgebrauch die Krankensalbung verwehrt wird. Nach den biblischen Zeugnissen würde Jesus anders handeln.

---

als Erwachsener tat dieses Buch in dieser Situation gut.

## 2.9.2 Segen für Einsatzkräfte

Um die Intension von Jak 5,14f zu erfüllen, müssen Sterbende von der „Krankensalbung" ausgeschlossen werden. Das Sterbesakrament ist seit dem 8. Jh. die „Wegzehrung". Durch die Überbetonung der „Letzten Ölung" ist die „Wegzehrung" zu einem fragmentarischen Anhängsel geworden. Davon zeugt die aktuelle Fachliteratur[1] über das Sterben. In ihr wird die „Krankensalbung" als Sterbesakrament angegeben, selten dazu die „Wegzehrung".

Eine konsequente Eingrenzung der Sterbesakramente auf Beichte und Wegzehrung würde unter den Bischöfen,[2] Priestern und vor allem unter den Gläubigen dazu führen, dass das Sterben nicht mehr weiterhin auf die letzten Minuten der Sterbestunde begrenzt wird, sondern auf die gesamte Zeitspanne des Sterbeprozesses, an dessen Anfang der Sterbende meist noch in der Lage ist, zu beichten und die Wegzehrung zu empfangen. Die „Krankensalbung" würden dann alle in Todesgefahr befindlichen Kranken-[3] d.h. alle stationär in einer Klinik aufgenommenen Patienten[4] empfangen können.

---

1 Hierbei ist nicht nur die theologische Fachliteratur gemeint, sondern auch die philosophische und medizinische Fachliteratur.

2 Es gibt auch katholische Bischöfe, die die „Krankensalbung" in der Form der „Letzten Ölung" nach wie vor verteidigen. - Nach den Zeitungsberichten erhielt der sterbende Papst Benedikt XVI. wenige Stunden vor seinem Tod noch die „Krankensalbung" als „Letzte Ölung" gespendet.

3 In Todesgefahr begeben sich alle Patienten mit invasiven Untersuchungen und Operationen. Auch wenn dies reine Routineuntersuchungen sind, kann es zu Komplikationen kommen, die tödlich enden.

4 Hierzu zählen die meisten in Kliniken stationär aufgenommenen Patienten, da an ihnen entweder invasive Untersuchungen und/oder Operationen vorgenommen werden, die selbst bei Routineuntersuchungen und Routineoperationen ein tödliches Risiko besitzen, das größer als Null ist.
Auch kann ein für diese Krankheit üblicherweise verabreichtes Medikament zu einer allergischen Reaktion führen, die trotz sofortigem Handeln der Ärzte zum Tod des Patienten führt.

Daneben gibt es Menschen, die sich durch ihren Beruf[1] oder freiwillig[2] mit ihrem eigenen Leben dafür einsetzen, andere Menschen zu schützen, zu retten oder zu bergen. Sie sind nicht krank und erfüllen damit nicht das Kriterium von Jak 5,14f, aber sie erfüllen das Kriterium, dass sie bei ihren Einsätzen in Todesnähe kommen, manchmal auch zu Tode kommen. Sie tun es nicht für Geld, wie z.B. ein Stuntman. Sie tun es auch nicht für einen Nervenkitzel, wie z.B. ein Bungeespringer. Sie tun es, um andere Menschen zu schützen, zu retten und zu bergen.

So wie Kranke, die in Todesgefahr kommen, mit der Krankensalbung Gott um Beistand bitten können, sollte es für diese Einsatzkräfte, die sich für andere Menschen wissentlich in Todesgefahr begeben, eine Segnung geben. - Im Benediktionale ist zwar die „Segnung einer Feuerwehr" genannt, aber hierbei werden nur „Fahrzeuge, Geräte, Gebäude" gesegnet. Die Feuerwehrleute, die die eigentliche Arbeit machen und sich dabei oft in Lebensgefahr begeben, gehen bei dieser Segnung leer aus. Dabei hätten es vor allem die Feuerwehrleute verdient, gesegnet zu werden, ebenso auch alle anderen hier genannten Einsatzkräfte.

---

1 Hierzu zählen Soldaten im Kampfeinsatz, Minenräumer, Bombenentschärfer, Mitglieder von Polizeispezialeinheiten wie der GSG 9, ...Menschen, die mit Waffen oder lebensgefährlichen Stoffen (z.B. Giftstoffen) zu tun haben, sowie Rettungskräfte aller Art, allen voran die Berufsfeuerwehr.

2 Zu den freiwilligen Diensten zählen die freiwillige Feuerwehr, das Technisches Hilfswerk (THW), die Seenotrettung, die Wasserwacht und Bergwacht.

Feuerwehrmann
Jan Neubauer
geb. 7.4.1940
gest. 25.2.1964
verunglückt
bei einer
Menschenrettung

So die Aufschrift des abgebildeten Grabsteins auf dem Ohlsdorfer Friedhof in Hamburg:

Trotz aller Vorsicht, aller Schutzmaßnahmen und Schutzausrüstung kommt es bei ihren Einsätzen vor, dass sie zu Tode kommen. Dabei haben sie sich dieser Gefahr ausgesetzt, um andere Menschen zu schützen, zu retten oder zu bergen. Hierfür soll ihnen mit der Kranken-salbung Gottes Beistand in besonderer Weise zugesprochen werden.

Auch Polizisten setzen ihr Leben dafür ein, dass die Menschen in Sicherheit leben können. So starben in den Jahren 1945 bis 2022 im Dienst nachweislich über 400 Polizisten, darunter:[1]

- am 02.06.2024 ein Polizist in Mannheim durch Messerstiche,

- am 31.01.2022 wurden zwei Polizisten im Landkreis Kusel von einem Wilderer erschossen.

- am 29.04.2020 wurde ein Polizist bei einem Schusswechsel tödlich verletzt.

- am 25.02.2020 wurde ein Polizist in Hamburg von einem Auto gerammt und starb.

---

1 https://de.wikipedia.org/wiki/Gewalt_gegen_Polizisten

Der Empfang einer heiligen Kommunion drückt bei diesen Einsatzkräften nicht ihre besondere Situation aus, dass sie freiwillig ihr Leben für andere Menschen einsetzen. Außerdem können nur Katholiken die heilige Kommunion und die Krankensalbung empfangen. - Der Empfang der Wegzehrung ist für diese Helfer ebenso unpassend, da sie keine Sterbenden sind, sondern sich „nur" in Lebensgefahr begeben, um andere Menschen zu schützen, zu retten bzw. zu bergen. Somit bleibt hierfür als Einziges, theologisch sinnvoll, eine nicht-sakramentale Salbung oder eine Segnung mit Weihwasser.

Es wäre ein Ausdruck besonderer Wertschätzung,[1] wenn Soldaten für ihre Bereitschaft, in Kampfeinsätzen (aktuell) und im Verteidigungsfall (tritt hoffentlich nie ein), ihr Leben für andere einsetzen, vor und während ihren Kampfeinsätzen mit einem ähnlichen Segen gesegnet werden, ebenso auch alle hier genannten Einsatzkräfte.

Das Thema gehört nicht in das „Rituale", weil diese Einsatzkräfte weder krank, sterbend noch tot sind. Sie begeben sich jedoch wissentlich in Todesgefahr, um das Leben anderer Menschen zu retten. Daher werden sie hier genannt. Der hiermit angeregte Segen für Einsatzkräfte gehört jedoch ins „Benediktionale".

Im Benediktionale gibt es derzeit Segen für Gegenstände (Kerzen, Heiligenbilder, Rosenkränze, Adventkränze, Kräuterbüschel, ...), Gebäude (Amtsgebäude, Krankenhaus, Altenheim, Feuerwehrhaus, Wasserversorgung, Industriebetriebe, Handwerkbetriebe, Gaststätten, ...), Tiere, Maschinen, Musikinstrumente und Sportanlagen.

Der Einsatz des eigenen Lebens, um andere Menschen zu schützen, zu retten und zu bergen, ist eine völlig andere Kategorie und gehört spirituell mit einer eigenen Segnung entsprechend gewürdigt.

Eine an Gott gerichtete Bitte könnte lauten, dass Gott ihnen bei ihren Einsätzen beistehen, und sie wieder heil zurückkehren mögen.

---

1 Am 10.10.1995 entschied das Bundesverfassungsgericht, dass „die Äußerung 'Soldaten sind Mörder' bzw. 'Soldaten sind potentielle Mörder' ein Unwerturteil über Soldaten der Bundeswehr enthält, das einer anderen als der von ihnen gegebenen Deutung bei Berücksichtigung des umgangssprachlichen Gehalts des Ausdrucks nicht zugänglich ist. Dies ist verfassungsrechtlich nicht zu beanstanden." (BVerfG 1 BvR 1476/91

Diese Entscheidung wurde in Zeiten der Entspannung gefällt. Ob sie nach dem Angriff Russlands auf die Ukraine auch so gefällt worden wäre, ist höchst fraglich.

Als Entwurf ist eine solche Segnung im parallel erscheinenden Buch „Seelsorge bei Krankheit und Tod" enthalten. Sie könnte als Erweiterung in das Benediktionale verwendet werden. Angesichts dessen, was sonst im Benediktionale gesegnet wird – so z.B. Gebäude und Haustiere -, sollte es keinen großen Widerstand geben, dass auch Einsatzkräfte gesegnet werden.

Unter Nummer 66 ist im Benediktionale „Segnung einer Feuerwehr" aufgeführt. Darunter, gleichsam als Erklärung „(Fahrzeuge, Geräte, Gebäude)". Die Menschen, die die eigentliche Arbeit[1] machen, sind dort nicht aufgeführt. Dieser Mangel sollte bald behoben werden.

---

1  Fahrzeuge und Geräte sind nur Hilfsmittel. Sie werden gesegnet, die Feuerwehrleute hingegen gehen leer aus.

## 2.9.3 Nottaufen

Das Rituale „Die Feier der Kindertaufe" (1969) enthält einen „Ritus für die Taufe eines Kindes in Lebensgefahr", umgangssprachlich „Nottaufe" genannt. Darin wird gebetet: (Seite 77)

- „daß es gesund werde und seinen Eltern Freude mache"

- „daß es sich auf seinem ganzen Lebensweg zu Christus bekenne."

- dass die „Eltern und Paten ...diesem Kind ein Vorbild christlichen Lebens sind."

Danach folgen das Glaubensbekenntnis, die Taufe und der Ritus mit dem weißen Taufkleid. Eine Option, dass das Kind sterben könnte, gibt es nicht. Die Lebensgefahr wird nicht ins Wort gebracht. Es wird so getan, als wäre alles in Ordnung und es würde gut werden. Dies ist zwar die Hoffnung der Eltern, aber ihr Bangen und ihre Ängste kommen in diesem Ritus nicht vor.

Die Situation, dass das Kind nicht lebensfähig ist und binnen Tagen oder Stunden sterben wird, scheint den Verfassern des Ritus fremd zu sein. In dieser Situation von „gesund werden" zu beten, benennt nicht die Lage. Alle Anwesenden können sich hierbei nur missverstanden fühlen.

Wie bedeutsam das Überleben der ersten 7 Tage für ein Neugeborenes ist, zeigen diese Zahlen von gestorbenen Neugeborenen in den ersten 4 Wochen vom Statistischen Bundesamt aus dem Jahr 2023:[1]

| 0 Tage | 862 | 4 Tage | 41 | 8 Tage | 19 | 12 Tage | 18 |
|--------|-----|--------|-----|---------|-----|-----------|-----|
| 1 Tag | 180 | 5 Tage | 39 | 9 Tage | 24 | 13 Tage | 24 |
| 2 Tage | 77 | 6 Tage | 28 | 10 Tage | 22 | 14-20 Tage | 99 |
| 3 Tage | 65 | 7 Tage | 31 | 11 Tage | 16 | 21-27 Tage | 64 |

Am Tag seiner Geburt starben 862 Neugeborene. In den ersten 7 Tagen starben 1.292 Säuglinge, vom 8. Tag bis zum 28. Tag (= 2. bis 4. Woche) starben 317 Säuglinge. Im 1. Lebensjahr starben 2.189 Kinder. - Mit anderen Worten: durchschnittlich überleben täglich 2,4 Säuglinge nicht ihren Geburtstag; durchschnittlich sterben 3,5 Säuglinge binnen der 1. Woche ihres Lebens. Das sind Zahlen, die man pastoral nicht einfach übergehen, sondern darauf eingehen kann.

Hier soll nicht auf die Ursachen eingegangen, sondern nur auf die Häufigkeit hingewiesen werden..

Weil diese Situationen vor allem die Klinikseelsorger betrifft, sollte in deren „Rituale" die Nottaufe in diesen beiden Formen aufgenommen werden:

- Taufe eines Kindes, von dem unklar ist, ob es diese Situation überlebt.
- Taufe eines Kindes, von dem man weiß, dass es in wenigen Tagen oder Stunden sterben wird.

In den Gebeten müssten diese beiden Situationen deutlich ins Wort und Gebet gebracht werden. Entsprechende Entwürfe solche Nottaufen sind im parallel erscheinenden Buch „Seelsorge bei Krankheit und Tod" (3. erweiterte Auflage) enthalten.

---

1 https://www.destatis.de/DE/Themen/Gesellschaft-Umwelt/Bevoelkerung/Sterbefaelle-Lebenserwartung/Publikationen/Downloads-Sterbefaelle/statistischer-bericht-sterbefaelle-5126105237005.xlsx?__blob=publicationFile

## 2.9.4 Todesfeststellung

In Deutschland, Österreich und der Schweiz ist es gesetzlicher Auftrag, dass ein Arzt den Tod des Menschen feststellt. In Deutschland ist dies in jedem der 16 Bestattungsgesetze der Länder festgeschrieben. Der Gesetzgeber überträgt diese Aufgabe den Ärzten, weil diese die hierfür fachlichen Kenntnisse haben.

### Irrige Annahmen von medizinische Laien

Es gibt jedoch Gläubige, die ernennen sich selbst zu Fachleuten, die sagen können, ob ein Mensch lebt oder tot ist. Einerseits sprechen sie in der Klinik Tote für lebendig, weil sie meinen, die Seele des Verstorbenen sei noch im Körper. Hierzu gibt es verschiedene Begründungen, u.a. diese:

- Der Patient ist soeben verstorben.

  Wenn ein Mensch zu Hause oder in einer Pflegeeinrichtung verstirbt und der Priester vor dem Arzt eintrifft, ist eine Situation vorstellbar, in der der Arzt feststellt, dass der betreffende Mensch noch nicht tot ist. Nur für diese äußerst seltenen Fällen ist die „bedingte Spendung der Krankensalbung" vorgesehen. Da die „Krankensalbung" jedoch das Sakrament für Kranke ist, nicht für Sterbende, ist für diese Situation der Sterbesegen angebrachter.

  In Deutschland versterben rund die Hälfte der verstorbenen Menschen in einem Krankenhaus. Dort stellt immer ein Arzt den Tod des Patienten fest. Daher ist in keiner Klinik eine „bedingte Spendung" sinnvoll. War der Priester beim Sterben dabei, hat er zuvor den Sterbesegen gespendet. Nach dem laienhaft festgestellten letzten Pulsschlag ist daher eine „bedingte Spendung" unsinnig.

  Es gibt Menschen, die geben Zeiten an, in denen die Seele noch im Körper eines Verstorbenen sei. Meist wird hierbei angegeben, dass die Seele noch bis zu 30 Minuten nach dem letzten Herzschlag im Körper sei und man daher noch eine „bedingte Spendung" vornehmen könne. Diesem Glauben ist entgegen zu halten, dass in keiner „katholischen Schrift" das Wort „Minute" vorkommt. Im „Rituale" heißt es zur bedingten Spendung der Krankensalbung: „Wenn der Priester Zweifel hat, ob der Kranke noch lebt, kann die Salbung in der folgenden Weise vollzogen werden:" Das bedeutet, dass es auf die Einschätzung des Priesters ankommt, nicht auf die Einschätzung des Hinterbliebenen. Keinesfalls sollte der Priester eine Einschätzung haben, die der Todesfeststellung des Arztes entgegen steht.

- Der Körper des Patienten ist noch warm.

  Es gibt Menschen, die verbinden Leben mit Körperwärme. Dies ist eine Vorstellung, die es noch im 19. Jh. gab, als man Scheintote ans Feuer legte, damit das Leben wieder in sie zurück komme. Der Körper eines Verstorbenen kühlt langsam bis auf seine Umgebungstemperatur ab. In einer Schneelawine verschüttete Menschen können schwer unterkühlt (kalt) sein und dennoch müssen sie nicht tot sein. Daher ist die Temperatur eines frisch Verstorbenen kein Hinweis darauf, dass die Seele noch im Körper ist.

- Man habe das sichere Gefühl, dass die Seele noch im Raum sei.

  Es gibt Menschen, die sehr gefühlsbetont leben, auch bei Sterben und Tod. Sie geben in der Klinik nach der Feststellung des Todes durch den Arzt an, dass sie das sichere Gefühl haben, dass die Seele noch im Raum sei und man daher noch eine (bedingte) Krankensalbung vornehmen könne.[1] Man kann die Gefühle hinterfragen, aber nicht widerlegen. Daher bleibt für katholische Gläubige allein der Verweis auf Papst Pius XII., der bereits im Jahr 1957 gesagt hat, dass es Aufgabe des Arztes ist, den Tod eines Menschen festzustellen.

## Laienhafte Todesfeststellung

Wenn ein Mensch über mehrere Minuten nicht mehr atmet, stellt sich die Frage, ob dieser tot ist. Um sicher zu sein, überprüft man den Puls. Wenn auch über mehrere Minuten kein Puls feststellbar ist, erhärtet sich der Verdacht, dass der Mensch tot ist. Im Rettungsdienst gilt die Faustregel, wenn bei einer Umgebungstemperatur von etwa 20°C bei einem Erwachsenen 30 Minuten (Dauer 1) erfolglos versucht wurde, einen selbständigen Herzschlag herzustellen, wird der Reanimationsversuch als erfolglos anzusehen ist. Der Mensch ist damit tot. Die Uhrzeit der Beendigung des Reanimationsversuchs wird auf der Todesbescheinigung als Todeszeitpunkt eingetragen.

---

1  In einem erlebten Fall sagte die Schwester eines auf der Intensivstation vor 2 Stunden verstorbenen Bruders, dass sie das sichere Gefühl habe, dass die Seele noch im Raum sei. Vielleicht ist diese Frau esoterisch angehaucht oder sie gehört zu der Gruppe Menschen, die das Fenster öffnen, damit die Seele hinaus kann. Auf den meisten Intensivstationen ist jedoch eine Klimaanlage eingebaut, weswegen die Fenster nicht zu öffnen sind. Für diese abergläubische Menschen kann die Seele damit nicht den Raum verlassen.

Im Zusammenhang mit Hirntod kann für die Todesfeststellung als ergänzende Untersuchung ein EEG verwendet werden. Hierfür ist ein mindestens 30-minütiges Nulllinien-EEG erforderlich (Dauer 1). Mit Abschluss der Hirntoddiagnostik ist der Tod des Menschen festgestellt. Die Uhrzeit der Beendigung der Hirntoddiagnostik wird auf der Todesbescheinigung als Todeszeitpunkt eingetragen.

Der Körper jeden Toten kühlt ab, bis die Temperatur der Umgebung erreicht hat. Dies kann als weiteres Zeichen des eingetretenen Todes angesehen werden.

Um nun sicher zu gehen, dass dieser Mensch mit diesen angegebenen Werten sicher tot ist, wird die Zeit von „Dauer 1" erhöht und die Temperatur abgesenkt. Um nun ganz sicher zu sein, dass dieser Mensch wirklich tot ist, werden alle in der Spalte „Dauer 2" angegebenen Werte gleichzeitig gefordert: ca. 2 Stunden lang keine Eigenatmung, kein Herzschlag und kein EEG ableitbar und die Körpertemperatur ist auf 14,4°C abgefallen. In der Summe dieser Angaben wird kaum ein medizinischer Laie daran zweifeln, dass es sich hierbei um einen Leichnam handelt.

| *Todeszeichen* | *Dauer 1* | *Dauer 2* | *Schlussfolgerung* |
|---|---|---|---|
| Atemstillstand | > 30 Min | ca. 2 Std. | dieser Mensch ist tot |
| Herzstillstand | > 30 Min | ca. 2 Std. | dieser Mensch ist tot |
| Nulllinien-EEG | > 30 Min | ca. 2 Std. | dieser Mensch ist tot |
| Körpertemperatur | < 20 °C | 14,4 °C | dieser Mensch ist tot |
| **Summe** | sicher tot | ganz sicher tot | dieser Mensch ist absolut sicher tot |

Tab. 1 Laienhafte Todesfeststellung

Auflösung: Die schwedische Ärztin Anna Bågenholm verunglückte am 21.05.1999 beim Skifahren. Um 18:20 Uhr stürzte sie kopfüber in einen zugefrorenen Bach und konnte sich nicht mehr befreien. Sie konnte eine Zeit lang durch eine Luftblase unter dem Eis atmen. Um 19:00 Uhr wurde sie bewusstlos. Um 19:40 Uhr konnte sie aus dem 20 cm dicken Eis befreit werden. Um 19:56 Uhr wurde sie in einen Hubschrauber verladen. Um 21:10 Uhr kam sie in der Uni-Klinik an. Dort wurde eine Körperkerntemperatur von 14,4°C gemessen, die noch auf 13,7°C absank. Anna Bågenholm wurde an eine Herz-Lungen-Maschine angeschlossen. Um 22:15 Uhr schlug ihr Herz wieder regelmäßig. Um 0:50 Uhr hatte sie wieder eine Körpertemperatur von 36,4°C. Am 30.05.1999 erlangte sie wieder das Bewusstsein. Im Oktober 1999 nahm sie ihre Tätigkeit wieder als Ärztin auf.

Zugegeben, dass dies eine absolute Ausnahme ist, die nur unter optimalsten Bedingungen möglich war. Anna Bågenholm hatte das Glück, dass sie mit ihren Kollegen beim Skifahren waren. Es waren somit sofort ausreichend Ärzte vor Ort, die sich nach ihrer Befreiung aus dem Eis optimal erstversorgen konnten. Anna Bågenholm hatte auch das große Glück, dass die winterlichen Temperaturen ihr Gehirn geschützt haben. Die oben angegebenen Zeiten für eine erfolgreiche Reanimation gelten bei 20°C. Das Nulllinien-EEG ist bei der Hirntoddiagnostik als ergänzende Untersuchung ein wichtiges Instrument, aber nur in Verbindung mit den Voraussetzungen zur Hirntoddiagnostik und der klinischen Diagnostik. Als Hinweis hierzu: Bei einem plötzlichen Herzstillstand kann man nach ca. 30 Sekunden kein EEG ableiten. Dies macht deutlich, wie wenig aussagekräftig ein alleiniges 30-minütiges Nulllinien-EEG für die Todesfeststellung ist.

Das Beispiel mit Anna Bågenholm zeigt, wie wenig Ahnung medizinische Laien von der Todesfeststellung haben und wie sehr sie hierzu den Ärzten vertrauen sollten. Ärzte wissen, worauf sie bei der Todesfeststellung zu achten haben.

## Hirntod

Der pathophysiologische Zustand „Hirntod" kann einwandfrei belegt werden. Was jedoch von einigen Gruppen und Personen kritisiert wird, ist das „Hirntodkonzept", d.h. die Gleichsetzung von Hirntoten und Toten. Die Kritiker des Hirntodkonzepts verweisen auf die allgemein sichtbaren „Lebenszeichen":

- Durch die künstliche Beatmung schlägt das Herz und das Blut zirkuliert. Daher:

- verdaut der Körper und scheidet aus,

- ist der Körper noch warm,

- heilen Wunden,

- wachsen Haare und Nägel,

- sind spinale Reflexe vorhanden,

- können sich Hirntote spontan bewegen,

- reagiert der Körper auf Entzündungen,

- produziert Knochenmark und neue Blutkörperchen,

- wird das Blut in den Lungenbläschen mit Sauerstoff angereichert,

- können männliche Hirntote eine Erektion haben,

- können schwangere Hirntote über Wochen die Schwangerschaft bis zur Geburt des Kindes fortsetzen.

Sind diese „Lebenszeichen" ausreichend, um von einem lebenden Menschen zu sprechen, oder sind Hirntote als Tote anzusehen? Sind Hirntote Lebende mit einem toten Gehirn, oder sind Hirntote Tote mit einem lebenden Körper?

## Normaler Sterbevorgang

Hierzu erst einmal der Blick auf einen normalen Sterbevorgang, wie er an altersschwachen Menschen beobachtet werden kann: Die Atmung wird schwächer und setzt schließlich aus. Das Herz schlägt noch wenige Minuten weiter, bis es schließlich still steht. Der Mensch gilt jetzt als verstorben. Damit hören aber alle Organe und Körperzellen mit ihrer Funktion nicht schlagartig auf. Sie funktionieren in dem Leichnam noch eine Weile weiter:

Muskeln können mit mechanischen oder elektrischen Schlägen bis zu 8 Stunden nach dem letzten Herzschlag zu Kontraktionen angeregt werden. Die Verdauung funktioniert bis zu 24 Stunden weiter. Die Hornhaut der Augen hat nach 72 Stunden (= 3 Tagen) noch so guten Stoffwechsel, dass sie erfolgreich transplantiert werden kann. Bis die letzte Körperzelle eines Leichnams abgestorben ist, dürfte über eine Woche vergehen. Dieses Leben der Organe und Zellen zwischen dem Tod des Individuums (Individualtod) und dem Tod der letzten Körperzelle (biologischer Tod) bezeichnet die Medizin als „intermediäres Leben."

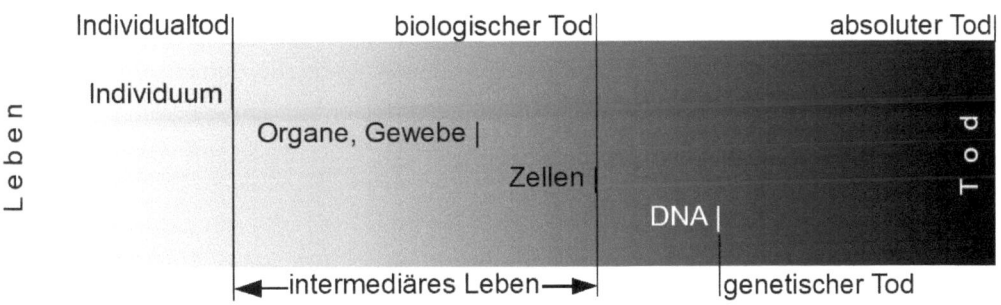

Quelle: 10 Axiome zu Sterben und Tod

Auch wenn die letzte Körperzelle abgestorben ist, kann von dem Lebewesen noch ein Klon erzeugt werden.[1] Hierfür ist ein Zellkern mit intakten Erbinformationen (DNA) erforderlich. Sie sind der genetische Bauplan jedes Lebewesens. Sind diese auch zerstört, ist der „genetische Tod" eingetreten. Der „absolute Tod" ist eingetreten, wenn es keine Körperzellen mehr gibt, die auf die Existenz des verstorbenen Lebewesens hinweisen. Am schnellsten ist dieser Zustand durch Feuerbestattung erreicht. Bei Fossilen ist dieser Zustand selbst nach hunderten Millionen Jahren noch nicht erreicht.

## Sterbeprozess beim Hirntod

Hieraus wird klar ersichtlich, dass Sterben ein Prozess ist und der Tod eine Definition in dem Sterbeprozess ist. Auch beim Hirntodkonzept muss diese Todesdefinition gut begründet werden. Hierbei ist es hilfreich, einen Blick in die Pathologie zu tun.

Entnimmt man von einem frisch Verstorbenen das Gehirn, so ist es ein gut fassbares Organ mit einem Durchschnittsgewicht von ca. 1.475 g bei Männern und ca. 1.370 g bei Frauen. Entnimmt man nach der Feststellung des Hirntodes das Gehirn von einem Hirntoten, so ist es brüchig und es ist rund 10% schwerer. Die 10% mehr an Gewicht stammt von der Flüssigkeitsaufnahme der abgestorbenen Gehirnzellen. Abgestorbene Gehirnzellen lösen ihre Verbindungen (Synapsen)[2] zu den benachbarten Gehirnzellen. Daher ist das Gehirn von Hirntoten brüchig. Würde man Hirntote noch 3-5 Tage weiter intensivmedizinisch versorgen, würde man feststellen, dass sich das Gehirn größtenteils aufgelöst hat. Dieses „Autolyse" ist in begrenztem Bereich auch nach einem Schlaganfall festzustellen. Jeder Hirninfarkt hinterlässt im Gehirn kleine Löcher, die man nach Jahrzehnten noch nachweisen kann.

Was ein Hirntoter für seine „Genesung" bräuchte, wäre ein neues Gehirn. Nehmen wir ein futurisches Gedankenspiel, in dem die Medizin für die „Genesung" des Hirntoten alles könnte. Man würde von dem Hirntoten eine Körperzelle entnehmen und daraus keinen Klon entstehen lassen, sondern nur dessen Gehirn. Dieses würde man dem Hirntoten einsetzen. Die Operation gelingt und der Hirntote wacht auf. Biologisch ist er

---

1  Der iberische Steinbock war im Jahr 2000 ausgestorben. Im Jahr 2009 gelang es einer Forschergruppe, aus einer gut erhaltenen DNA einen Klon zu züchten. https://www.welt.de/welt_print/article3137023/Erstes-ausgestorbenes-Tier-geklont.html

2  Eine Gehirnzelle hat bis zu 100.000 Synapsen, mit denen sie sich mit anderen Gehirnzellen verbindet.

zu 100% der gleiche Mensch. Er hat jedoch noch nicht einmal das Wissen eines Neugeborenen. Neugeborene kennen den Herzschlag und die Stimme der Mutter Diese Mensch weiß nichts. Sein ganzes früheres Leben ist ausgelöscht.

Dies liegt daran, dass unsere Gehirnzellen nicht nur unsere Sinneswahrnehmung verarbeitet und uns zum Denken befähigt. In unseren Gehirnzellen ist alles gespeichert, was wir erlernt und erlebt haben und an das wir uns erinnern können. Unsere Gehirnzellen sind somit auch die „Datenbank unseres Lebens". Von dieser „Datenbank" gibt es keine Datensicherung (Backup), die wir in das neue Gehirn zurückschreiben könnten.

Hirntote sind somit Tote mit einem maximal möglichen Anteil an intermediärem Leben. Daher sagt die Medizin und das Recht völlig richtig, dass Hirntote Tote sind. Die Kirchen schweigen nicht zum Hirntod, wie es das Buch von Regina Breul mit dem Titel „Hirntod – Organspende und die Kirche schweigt dazu" vorgibt. Auch die katholische Kirche bejaht uneingeschränkt das Hirntodkonzept:

Im Jahr 1989 brachten die christlichen Kirchen und Gemeinschaften die Schrift "Gott ist ein Freund des Lebens. Herausforderungen und Aufgaben beim Schutz des Lebens" heraus. Darin heißt es auf Seite 104: „Der Hirntod ist das Zeichen des Todes der Person."

Im Jahr 1990 brachten der Rat der Evangelischen Kirche in Deutschland (EKD) und die Deutsche Bischofskonferenz (DBK) die gemeinsame Schrift „Organtransplantationen" heraus. Darin heißt es auf Seite 10: „Der Hirntod bedeutet ebenso wie der Herztod den Tod des Menschen."

Im Jahr 2015 brachte die DBK die Arbeitshilfe „Hirntod und Organspende" heraus. Darin heißt es auf Seite 6: „Nach jetzigem Stand der Wissenschaft stellt das Hirntod-Kriterium im Sinne des Ganzhirntodes ...das beste und sicherste Kriterium für die Feststellung des Todes eines Menschen dar, so dass potentielle Organspender zu Recht davon ausgehen können, dass sie zum Zeitpunkt der Organentnahme wirklich tot und nicht nur sterbend sind."

Die Päpstliche Akademie der Wissenschaften (PAS) beschäftigte sich mehrmals – 1985, 1989, 2006 und 2012 - mit der Frage, ob der Hirntod der Tod des Menschen ist. Hierzu wurden vor allem namhafte Mediziner eingeladen, dazu auch Philosophen und Theologen. Die Abschlusspapiere können von der

Internetseite der PAS in englischer Sprache heruntergeladen werden. Die von Regina Breul im o.g. Buch behandelte Tagung im Jahr 2005 war nach Angaben der PAS nur ein Vorbereitungstreffen für die Tagung im Jahr 2006. Dessen Abschlusspapier umfasst über 500 Seiten. Daher brachte die PAS im Jahr 2008 mit der „Extra Series 31" eine Kurzfassung heraus. In allen diesen Schriften der PAS heißte es unmissverständlich: Mit der Feststellung des Hirntodes ist der Tod des Menschen festgestellt.

## Pastorale Bedeutung

Da Hirntote – nach Abschluss der Hirntoddiagnostik – auch im theologischen Sinne Tote sind, können sie trotz schlagendem Herzen ... keine „Krankensalbung" und keinen „Sterbesegen" empfangen, sondern eine „Aussegnung", so wie alle anderen Toten.

## 2.9.5 Über den Tod

Der Katalog der Deutschen Nationalbibliothek (DBN) wies am 17.04.2024 auf die Suchanfrage „Tod" 60.772 Treffer aus, Google kannte sogar ca. 241.000.000 Ergebnisse. Der Tod ist somit ein Thema, das die Menschen beschäftigt, aber nur die Toten wissen, was der Tod ist. Wir Lebenden können nur Sterbende begleiten und den Tod feststellen. Darüber hinaus ist der Tod für uns Lebende ein Phänomen, das zu verschiedenen Spekulationen geführt hat.

### Tod und das Schwarze Loch

Aus naturwissenschaftlicher Sicht ist der Tod mit einem Schwarzen Loch vergleichbar: Wenn nach einer Supernova – dem Tod eines großen Sterns – die Restmasse größer 3 Sonnenmassen ist, fällt dieses ausgebrannte Material unter dem Druck der eigenen Gravitation in sich zusammen (Gravitationskollaps). Da sie alles verschlucken, was in ihre Nähe kommt - sogar ganze Sonnen – und von ihnen nichts mehr entweicht, noch nicht einmal Licht kann ihnen entkommen, nennt man sie „Schwarze Löcher".

Die Parallelität zwischen den Schwarzen Löchern und dem Tod besteht darin: Wenn ein Himmelskörper (Stern, Planet, Staub) einem Schwarzen Loch zu nahe kommt, wird dieser zerrissen. Es bildet sich eine Akkretionsscheibe, in der sich die Materie bis zu einigen Millionen Kelvin erhitzt und ein letztes Mal aufleuchtet (vergleichbar mit dem Sterben eines Menschen). Hat die Masse den Ereignishorizont überschritten, fällt sie in das Schwarze Loch (vergleichbar mit dem Eintritt des Todes beim Menschen). Niemand kann in das Schwarze Loch hineinsehen und nachsehen, was mit der Materie geworden ist. Aus dem Schwarzen Loch entweicht nichts, noch nicht einmal Licht (niemand kann aus dem Tod zurückkommen).[1]

### Vorstellung der Bibel

> Wie durch einen einzigen Menschen die Sünde in die Welt kam und durch die Sünde der Tod und auf diese Weise der Tod zu allen Menschen gelangte, weil alle sündigten. (Röm 5,12]

So stellte sich Paulus die Ursache für den Tod vor. Vielleicht bezog er sich hierbei auf die Weisheitsliteratur:

> Doch durch den Neid des Teufels kam der Tod in die Welt und ihn erfahren alle, die ihm angehören. (Weish 2,24)

---

1  https://de.wikipedia.org/wiki/Schwarzes_Loch

Beide Bibelverse deuten auf den in Gen 3 beschriebenen Sündenfall hin. Doch dort heißt es am Ende:

Dann sprach Gott, der HERR: Siehe, der Mensch ist wie einer von uns geworden, dass er Gut und Böse erkennt. Aber jetzt soll er nicht seine Hand ausstrecken, um auch noch vom Baum des Lebens zu nehmen, davon zu essen und ewig zu leben. (Gen 3,22)

Somit ist der Mensch nach biblischem Verständnis von Beginn an auf ein endliches Leben geschaffen worden. Der Tod ist von Gott gewollt. Weniger fromm lässt sich sagen: Sterben und Tod sind ganz natürlich. Der Tod von allem Lebendigem ist ein Naturgesetz.

## Vorstellung der Naturwissenschaft

Der Evolutionstheorie glaubend, ist jedes Lebewesen sterblich. Auch jeder Einzeller, der durch die Zellteilung weiterlebt, stirbt irgendwann, es ist nur eine Frage der Zeit. Spätestens, wenn sich unsere Sonne in etwa 2-3 Mrd. Jahren zu einem Roten Riesen aufbläht und so weit anwächst, dass sie Merkur und Venus einverleibt, sind auf der Erde die Meere verdampft, ist bei einer Oberflächentemperatur auf der Erde von etwa 1.000°C auch das letzte Lebewesen abgestorben.

Zeugen, wachsen, vermehren, vergehen, das ist der Werdegang jedes Lebewesens. Allen ist eine begrenzte Lebenszeit gegeben.. Für Menschen kann bei einem natürlichen Tod die Lebenszeit 80, 90, 100 Jahre und länger dauern. Diese natürliche Lebenszeit kann durch Krankheit oder Gewalteinwirkung extrem verkürzt werden. So kann z.B. ein gezeugtes Kind bereits in den ersten Schwangerschaftswochen auf natürliche Weise im Mutterleib sterben.

Niemand entkommt dem Tod. Alles Leben stirbt den Tod. Es ist nur die Frage, wann, wo und wie. Der Tod alles Lebenden kann sozusagen als ein Naturgesetz angesehen werden.

## Weitere anzutreffende Vorstellungen über den Tod

Viele Menschen haben ihre je eigene Vorstellung über den Tod. Die häufigsten anzutreffenden Beispiele sollen hier genannt und besprochen werden:

• Gott ließ sterben

> Dieser ließ ihn sterben und übergab das Königtum David, dem Sohn Isais. (1.Chr 10,14)

> Du hast Gewalt über Leben und Tod; du führst zu den Toren der Unterwelt hinab und wieder herauf. (Weish 16,13)

Bibelworte wie diese erwecken den Glauben, dass Gott bestimmt, wann wer zu sterben hat. Gestützt wird dieser Glaube durch Geschichten wie der Tod des ersten Kindes David mit Batseba, der Frau des Urija. (2.Sam 12,15-18) Das im Ehebruch gezeugte Kind ließ Gott schwer krank werden und dann schließlich sterben.

• Das „Buch des Lebens"

Die Bibel nennt in unterschiedlichem Zusammenhang mehrmals ein „Buch des Lebens". (Ps 69,29; Phil 4,3; Offb 3,5; 17,8; 20,12; 20,15) Einige Menschen meinen, dass in diesem „Buch des Lebens" stehen würde, wann wir geboren werden und wann wir sterben.

• Sachliche Überprüfung

Für Trauernde kann es tröstlich sein, zu sagen, dass es Gottes Wille war, dass dieser Mensch (plötzlich)[1] verstarb. Aber wenn es Gottes Wille war, dass dieser Mensch jetzt starb, dann war es Gottes Wille, dass auch andere Menschen sterben. Dann waren Naturkatastrophen (Erdbeben, Vulkanausbrüche) mit tausenden und hunderttausenden Toten Gottes Wille, ebenso auch die Tote der Kriege.[2] Dies dürfte

---

1  Meist ist diese Haltung bei einem plötzlichen Tod zu hören.

2  Herr B., ein ehemaliger Hauptmann der Wehrmacht, brachte seine Ehefrau in die Klinik. Diese musste gleich auf Intensivstation aufgenommen werden. Während die Ärzte Frau B. aufnahmen, sprach ich mit Herrn B. Dieser erzählte mir voller Stolz, dass er als Hauptmann der Wehrmacht keinen Menschen erschossen habe, er habe nur den Befehl dazu gegeben. Voller Überzeugung sagte er mir, dass die Millionen Tote des Zweiten Weltkriegs Gottes Wille gewesen sei. Ich ließ ihn in seinem Glauben. Als dann Tage später seine Frau auf der Intensivstation verstarb, war es plötzlich nicht

jedoch kaum Gottes Wille sein.

Ebenso tröstlich kann es sein, zu glauben, dass der Todeszeitpunkt vorherbestimmt sei und im „Buch des Lebens" festgeschrieben sei. Wenn dies stimmen würde, bräuchten wir keinen Notarzt und keine Notfallmedizin. Dann müssten wir nach Schnee- oder Schlammlawinen, ebenso nach Erdbeben nicht nach Verschütteten suchen, denn der Todeszeitpunkt sei ja vorherbestimmt. Mit jedem Reanimationsversuch würde man gegen den im „Buch des Lebens" niedergeschriebenen Beschluss verstoßen. Wir dürften dann auch keinen Mörder bestrafen, denn er hat ja nur das umgesetzt, was im „Buch des Lebens" geschrieben steht.

Damit zeigt sich, dass es zwar Gottes Wille ist, dass wir Menschen Sterbliche sind, dass wir irgendwann sterben werden. Gott bestimmt aber nicht das Wann und das Wie.

Der Todeszeitpunkt ist auch nicht in einem „Buch des Lebens" – man kann dieses Buch auch anders benennen – festgeschrieben. Auch diese Vorstellung widerspricht unserem Weltbild.

In den „katholischen Schriften" ist das „Buch des Lebens" 5 mal genannt, 2 mal im „Benediktionale", 2 mal in der „Begräbnisfeier" und einmal im KKK. An keiner Stelle ist angegeben, dass darin der Todeszeitpunkt von uns Menschen steht.

In keiner der „katholischen Schriften" ist „Todeszeit" und damit auch „Todeszeitpunkt" enthalten. Damit machen wichtige Schriften des katholischen Glaubens keine Aussage über die Todeszeit und den Todeszeitpunkt. Dies muss in aller Deutlichkeit gesagt werden.

---

mehr Gottes Wille. Dann hätten die Ärzte seine Frau umgebracht, so sein Vorwurf. - Ähnlich unlogisch denken und glauben Menschen, die meinen, dass Gott den Todeszeitpunkt jedes einzelnen Menschen bestimmen würde.

## 2.9.6 In den Medien

### Zum Tod von Papst Benedikt XVI.: „.... man kennt sie auch unter dem Begriff letzte Ölung"

Einen Tag vor seinem Tod erhielt Papst Benedikt XVI. die Krankensalbung. In der Presse war hernach zu lesen: „Die Krankensalbung ist in der katholischen Kirche ein Sakrament, man kennt sie auch unter dem Begriff letzte Ölung".[1]

Eine weniger häufige Formulierung war: „Wie anschließend bekannt wurde, bekam Benedikt schon an jenem 28. Dezember die Krankensalbung – im Volksmund auch letzte Ölung genannt."[2]

Dass Papst Benedikt XVI., der als junger Theologe als theologischer Berater des Kölner Kardinals Josef Frings auf dem Zweiten Vatikanischen Konzil mitwirkte, in seinem Streben die Beschlüsse des Konzils nicht umgesetzt hat, ist sehr bedauerlich. Betonte doch SC 73, dass der rechte Zeitpunkt für das Sakrament nicht das Ende einer Erkrankung – und damit der baldige Tod – sei, sondern der Beginn der Erkrankung.

Am 05.01.2023 ergab eine Google-Anfrage, dass es ca. 24.300 Ergebnisse gab, nach denen Papst Benedikt XVI. die Krankensalbung erhalten habe. Nach 11.200 Ergebnissen soll er die „Letzte Ölung" erhalten haben. Große Medien wie die SZ und zahlreiche andere – Google kannte ca. 155 Ergebnisse – fügten hinzu, „man kennt sie auch unter dem Begriff letzte Ölung".

Am 05.01.2023 ergab eine weitere Google-Anfrage ca. 614 Ergebnisse mit „Benedikt XVI." und „Sterbesegen". Dabei konnte nur eine Seite aus dem Jahr 2023 gefunden werden. Daraus ist zu schließen, dass Papst Benedikt die Krankensalbung als Letzte Ölung erhalten hat.

Die Gleichsetzung von „Krankensalbung" und „Letzte Ölung" entspricht zwar dem Empfinden vieler Katholiken, widerspricht jedoch dem Anliegen von Jak 5,14f und der Intension der Krankensalbung, gemäß dem Weihegebet des Bischofs..

---

1 https://www.zdf.de/nachrichten/panorama/papst-benedikt-ratzinger-tod-100.html
Mit dieser Formulierung gibt es noch 22 weitere Medien.

2 https://www.welt.de/vermischtes/weltgeschehen/article242980539/Benedikt-XVI-Verstorbener-Papst-im-Petersdom-aufgebahrt.html
Mit dieser Formulierung gab es auch noch auf 8 weiteren Internetseiten.

# Fazit

Zumindest in der Klinik wird meist von den Angehörigen für den Sterbenden – zuweilen auch für den Verstorbenen – eine Krankensalbung gewünscht. Eine vor einer schwierigen Operation, einer gefährlichen Behandlung oder einer invasiven Untersuchung angebotene Krankensalbung wird von den Patienten meist abgelehnt, weil sie sich noch nicht (in Todesnähe oder) im Sterbeprozess sehen.

Dass diese Haltung nach 50 Jahren – das sind 2 Generationen - nach Einführung der Krankensalbung noch immer nicht im Kirchenvolk angekommen ist, dürfte verschiedene Gründe haben:

- Noch immer wird die Krankensalbung mit der Todesnähe und dem Sterben in Verbindung gebracht, so auch im Gotteslob unter Nummer 602 (2013).

- Noch immer gibt es Priester, die im akuten Sterbeprozess nicht den Sterbesegen spenden, sondern die Krankensalbung.

- Zumindest im Kirchenvolk wird die Krankensalbung an Sterbende oft als Türöffner ins Himmelreich angesehen.[1]

Solange die Krankensalbung mit Todesnähe und Sterbenden in Verbindung gebracht wird, ist keine wirkliche Zuwendung zur Krankensalbung als Sakrament für die Kranken zu erwarten. Daher ist es unabdingbar, dass die Krankensalbung ausschließlich den Kranken vorbehalten bleibt und für Sterbende der Sterbesegen verwendet wird. Für die Verstorbenen gab es schon immer die Aussegnung.

---

1  Es wird zwar um die „Krankensalbung" gebeten, aber im Denken ist es noch die „Letzte Ölung". Es hat sich beim Kirchenvolk zwar die Bezeichnung geändert, aber nicht der Inhalt.

## 2.9.7 Erlebte Pastoral in Krankenhäusern und Hospizen

Als Klinikseelsorger erlebt man in Krankenhäusern, Palliativstationen und Hospizen die gelebte Pastoral sehr verschieden. In einigen Fällen erfolgt der Einsatz des Klinikseelsorgers so, wie es von der katholischen Kirche gewünscht ist: Die Patienten oder deren Angehörigen wünschen von sich aus einen Seelsorger. Wenn es es ans Sterben geht, wurden die Angehörigen oft vom Klinikpersonal – von behandelnden Ärzten wie auch vom Pflegepersonal – gefragt, ob sie einen Seelsorger wünschen. Gleiches gilt auch für Intensivstationen bei höchst kritischen Situationen mit unklarem Ausgang.

Erfahrungen aus Kliniken mit rund 800 Betten: Die Bitte um Beichte ist auf das Jahr gesehen im niedrigen 2-stelligen Bereich. Etwas höher ist die von den Patienten oder deren Angehörigen ausgehenden Bitte um Krankenkommunion oder um Krankensalbung, aber immer noch im 2-stelligen Bereich. Meist wird wird der Seelsorger gerufen, wenn der Patient im Sterben liegt oder bereits verstorben ist. Dabei erfolgte der Tod oft nicht plötzlich, sondern zog sich über Tage und Wochen hin, wie die Hinterbliebene erzählen.

### Erschrecken bei Auftritt

Wenn der Klinikseelsorger von sich aus nach den Patienten schaut und sich den Patienten vorstellt, so sind einige erschrocken. „Hat man Sie geschickt?", lautet die besorgte Frage. „Ist es schon so weit?", lautet die andere Frage. „Ich will aber noch nicht sterben!", protestieren Andere, oder klarer: „So weit bin ich noch lange nicht!"

Auf der Intensivstation ist bei Patienten und ihren Angehörigen beim Erstkontakt der Schreck besonders groß. Wenn sie aber hören und in den nächsten Tagen erfahren, dass der Seelsorger einfach nur die Patienten besucht, weicht der Schreck der Selbstverständlichkeit.

### Ablehnung eines Angebots

Als Seelsorger macht man vor einer großen Operation, vor einer schwierigen Behandlung oder in einer kritischen Situation das Angebot der Krankensalbung, mit dem Hinweis, dass es ein Sakrament für die Kranken mit der Bitte an Gott um Heilung ist.

Trotz diesem Hinweis wird das Angebot abgelehnt, weil selbst nach über 50 Jahren „Krankensalbung" bei diesen Menschen es bei ihrem Verständnis noch immer die „Letzte Ölung", d.h. das Sterbesakrament ist- In der akuten Situation ist dies selten mit Worten aufzuklären.

## Palliativstation und Hospiz

Patienten, die auf eine Palliativstation oder in ein Hospiz verlegt werden, sind Patienten ohne Chance auf Heilung. Bei ihnen werden nur die Symptome behandelt, nicht mehr die Erkrankung. Daher sterben diese in den nächsten Wochen und Tagen.. Die „Krankensalbung" ist daher unangebracht. Für sie ist die „Wegzehrung" und der „Starbesegen" das richtige Gebet.

Dennoch wird für Palliativstationen und Hospize ein Priester gerufen, damit er die „Krankensalbung" spendet. Dabei könnte jeder pastorale Mitarbeiter den „Sterbesegen" spenden. Die „Wegzehrung" als eigentliches Sterbesakrament ist kaum im Bewusstsein der Menschen.

Zuweilen hat der pastorale Mitarbeiter den „Sterbesegen" bereits gespendet, aber die Angehörigen oder der Sterbende wünschen hernach noch einen Priester. Auch wenn dieser das Gleiche betet, aber es war ein Priester da.

Auch ist zu erleben, dass der Sterbende schon nicht mehr ansprechbar ist, die Angehörigen flüsternd betonen, dass der Seelsorger bei seinen Gebeten nicht von Sterben und Tod beten solle, um den „Patienten" nicht zu beunruhigen. Somit wird bis weit in das Sterben hinein Sterben und Tod ausgeklammert und verleugnet. Das Grundanliegen der Kirche wird damit verworfen. Sie vorliegende Situation darf nicht ins Wort und damit auch nicht betend vor Gott gebracht werden.

## Teilnahmslose Liturgie

Ob bei „Krankensalbung", „Sterbesegen" oder „Aussegnung", es gibt immer wieder Einsätze, bei denen von den Anwesenden keine Antwort zu hören ist. Dabei liegt kein Schock vor, der ihnen den Mund verschließt. Die Anwesenden konnten vor und nach der liturgischen Handlung sprechen, doch während dessen sind sie sprachlos.

Wenn dann selbst beim Vater-unser-Gebet einzig der Seelsorger laut betet, kommt der Eindruck eines „Alleinunterhalters" auf. Dabei sollte es das Gebet der Kirche sein, das im Mitbeten der Anwesenden zum Ausdruck kommt. Außerdem sollte es das Anliegen der Angehörigen sein, dass Gott dem Kranken beistehen möge bzw. Gott den Sterbenden ihn auf seinem letzten Lebensweg begleiten möge. Bei Verstorbenen sollte es auch den Hinterbliebenen ein Anliegen sein, dass Gott den Verstorbenen in seine himmlische Herrlichkeit aufnehmen möge. Durch die zuweilen erfahrbare Untätigkeit ist hiervon nichts erlebbar.

Eine Sonderfall dessen ist, dass der Seelsorger kommen soll, wenn die Angehörigen den Besuch beim Kranken beendet haben oder der Seelsorger mitten in der Nacht – zuweilen auch im Winter – zum Verstorbenen kommen soll, während die Hinterbliebenen daheim (im warmen Zimmer) sind. Von der Kirche als Gemeinschaft der Gläubigen ist hierbei nichts erlebbar.

## „Letzte Ölung" für Tote

Selbst für Verstorbene wird noch die „Krankensalbung", zuweilen die „Letzte Ölung" erbeten. Man ist sich des Todes bewusst, doch mit verschiedenen Hinweisen wird darum gebeten: Solange der Körper noch warm ist, könne man das Sakrament noch spenden.[1] Man könne das Sakrament bis zu 30 Minuten[2] nach Eintritt des Todes spenden.

Auf der Suche nach derartigen Angaben in den „kirchlichen Schriften" wurde keine derartige Angabe gefunden. Damit stehen diese Annahmen nicht auf der Grundlage katholischen Glaubens.

## Missbrauch an den Priestern

Ein konkretes Beispiel: Um 04:00 Uhr verstarb Herr B. Der Arzt verständigt die Hinterbliebenen. Diese bitten darum, dass ein Priester kommen möge. Der Priester, der für diese Nacht die Rufbreitschaft hat, kommt und wartet eine Stunde lang vergebens auf die Hinterbliebenen. Dann betet er kurz für den Verstorbenen und fährt heim. Um 7:30 Uhr kommen die Hinterbliebenen auf die Intensivstation und wünschen, dass jetzt ein Priester kommt. Die Bitte um 04:00 Uhr hätte entfallen können, zumal er um dieses Zeit sowieso mit dem Toten alleine gelassen wurde.

## Fazit

Es ist unter den Gläubigen bezüglich Krankheit, Sterben und Tod noch viel Aufklärungsarbeit zu leisten. Angesichts des größer werdenden Priestermangels ist dies zwingend notwendig.

---

1 Im Sommer bei Temperaturen von über 35°C gibt es keinen erkalteten Leichnam. Er bleibt auf dem Niveau der Umgebungstemperatur.

2 Meist werden 30 Minuten angegeben, aber es gibt auch längere Zeiten. So wurde der Autor einmal gefragt, ob es stimme, dass Verstorbene bis zu 6 Stunden nach dem Todeseintritt etwas hören könnten. Der Autor konnte hier nur zurückfragen, woher man dies wisse. Die Antwort blieb aus.

# 3 Ausblick

## 3.1 Die Empfänger

### 3.1.1 Vernunftgebrauch

Der Begriff „Vernunftgebrauch" steht im CIC und im KKK. Nach KKK 1318 spendet die Kirche dann die Firmung, „wenn das Alter des Vernunftgebrauches erreicht ist". Nach CIC 11 werden diejenigen zur Einhaltung der kirchlichen Gesetze verpflichtet, „die in der katholischen Kirche getauft oder in diese aufgenommen worden sind, hinreichenden Vernunftgebrauch besitzen". Weitere Aussagen im CIC zum Vernunftgebrauch sind:

- „Wer dauernd des Vernunftgebrauchs entbehrt, gilt als seiner nicht mächtig und wird Kindern gleichgestellt." (CIC 99)

- „Außerhalb von Todesgefahr ist zum erlaubten Empfang der Firmung erforderlich, daß jemand, falls er über den Vernunftgebrauch verfügt, gehörig unterrichtet und recht disponiert ist und die Taufe versprechen zu erneuern vermag." (CIC 889)

- „Pflicht vor allem der Eltern und derer, die an Stelle der Eltern stehen, sowie des Pfarrers ist es, dafür zu sorgen, daß die Kinder, die zum Vernunftgebrauch gelangt sind, gehörig vorbereitet werden und möglichst bald, nach vorheriger sakramentaler Beichte, mit dieser göttlichen Speise gestärkt werden. der Pfarrer hat auch darüber zu wachen, daß nicht Kinder zur heiligen Kommunion hinzutreten, die den Vernunftgebrauch noch nicht erlangt haben oder die nach seinem Urteil nicht ausreichend darauf vorbereitet sind." (CIC 914)

- „Die Krankensalbung kann dem Gläubigen gespendet werden, der nach Erlangung des Vernunftgebrauchs aufgrund von Krankheit oder Altersschwäche in Gefahr gerät." (CIC 1004)

- „Im Fall eines Zweifels darüber, ob der Kranke den Vernunftgebrauch erlangt hat, ob er gefährlich erkrankt ist oder ob der Tod schon eingetreten ist, ist dieses Sakrament zu spenden." (CIC 1005)

- „Unfähig, eine Ehe zu schließen, sind jene:
  1° die keinen hinreichenden Vernunftgebrauch haben;" (CIC 1095)

- „§ 2. Wenn es nicht vom Recht verboten ist, sind alle fähig, Gelübde abzulegen, die den entsprechenden Vernunftgebrauch besitzen." (CIC 1191)

- „Wer dauernd ohne Vernunftgebrauch ist, gilt als deliktsunfähig, auch wenn er gesund schien, als er Gesetz oder Verwaltungsbefehl verletzte." (CIC 1322)

- „§ 1. Minderjährige und solche, die des Vernunftgebrauches entbehren, können, unbeschadet der Bestimmung von § 3, vor Gericht nur durch ihre Eltern, Vormünder oder Pfleger handeln." (CIC 1478)

Bis auf CIC 1004 und CIC 1005 ist die Forderung um den Vernunftgebrauch in diesem Zusammenhang nachvollziehbar. Das in CIC 1004 und CIC 1005 der Vernunftgebrauch für den Empfang der Krankensalbung verlangt wird, ist nur auf dem Hintergrund der Sündenvergebung zu verstehen.

Sündigen kann nur jemand, der im Besitz des Vernunftgebrauchs ist. Da die Sündenvergebung den Vernunftgebrauch voraussetzt und die Krankensalbung auch Sünden vergibt, dürfe den Kindern ohne Vernunftgebrauch keine Krankensalbung gespendet werden. In Jak 5,15 ist die Sündenvergebung ein Anhängsel im Nebensatz. Leider haben Theologen im 8. Jh. begonnen, dieses Anhängsel zum zentralen Punkt zu machen und haben mit dem Kernanliegen von Jak 5,14 („Ist einer von euch krank?") die Bitte um Genesung aus dem Blick verloren. In der Scholastik wurde das falsche Verständnis theologisch untermauert und im Konzil von Trient dogmatisiert. Zwar wurde im Zweiten Vatikanischen Konzil die Tür zur „Krankensalbung" aufgestoßen, aber die „Letzte Ölung" mit ihrer Sündenvergebung blieb weiterhin erhalten.

An den Menschen ohne Vernunftgebrauch – den Kindern wie auch den Erwachsenen – wird die Dringlichkeit deutlich, mit der die Spendung der Krankensalbung von der Sündenvergebung getrennt werden muss:

- Auch Kinder und Erwachsene ohne Vernunftgebrauch können in schwerer Krankheit den Wunsch äußern, dass sie wieder gesund werden und hierzu von Gott Hilfe erbitten.

- Bei Kindern und Erwachsenen, die dazu nicht in der Lage sind, gibt es noch Eltern, Großeltern, Paten, Geschwister und andere Menschen, denen es wichtig ist, dass dieser Kranke wieder gesund wird und erbitten hierzu von Gott Hilfe.

In allen diesen Fällen sollte das Sakrament – wie es CIC 1004 und CIC 1005 vorschreiben - nicht vorenthalten werden. Als „Leib Christi" [KKK 805] und damit „mit Christus eins" [KKK 795] sollte die Kirche so handeln, wie Jesus gehandelt hat. Sie sollte als „Mutter aller Glaubenden" [KKK 181] und „Werkzeug der Erlösung aller" [LG 9] die Menschen ohne Vernunftgebrauch nicht ausschließen. Statt dessen sollte sie, dem

Handeln Jesu entsprechend (siehe: Mt 19,13-15 // Mk10,13-16; Lk 18,15-17) auch den Menschen ohne Vernunftgebrauch den Empfang der Krankensalbung ermöglichen. Daher sollten CIC 1004 und CIC 1005 und alle weiteren damit in Verbindung stehenden Texte, die Menschen ohne Vernunftgebrauch vom Empfang der Krankensalbung ausschließen, entsprechend abgeändert werden.

Dies wäre gegenüber den Eltern von Kindern ohne Vernunftgebrauch und den Angehörigen von Menschen ohne Vernunftgebrauch eine große Entlastung und ein Akt der Gnade und Barmherzigkeit, wenn diese in ihrer schweren Erkrankung auch die Krankensalbung empfangen könnten.

Das Argument, dass es sich bei der Krankensalbung um ein Sakrament handle, ist dem Wort nach richtig. Dem ist jedoch entgegen zu halten, dass die meistern Kinder weit vor ihrem Vernunftgebrauch getauft werden und die Taufe auch ein Sakrament ist. Damit lässt sich der Ausschluss von Kindern und Erwachsenen ohne Vernunftgebrauch nicht begründen. Was für die Einen theologisch geboten wird – die Taufe – , sollte für die Anderen nicht verboten werden – die Krankensalbung.

Für den Empfang der Kommunion, der Firmung, des Bußsakraments, der Ehe und der Priesterweihe ist der Vernunftgebrauch zwingend erforderlich, da es dem Wesen des Sakraments entspricht. Mit der Taufe bitten die Eltern für ihr Kind um die Aufnahme in die christliche Kirche. Sie wollen, dass es eine christliche Erziehung erfährt, wofür auch der Taufpate zusagt. Zur Kommunion werden die meisten Kinder noch hingeführt. Eine echte freie Entscheidung zum Sakrament erfolgt bei der Firmung. Ab diesem Alter darf der Christ auch Mitverantwortung in der Kirche tragen, z.B. als Mitglied des Pfarrgemeinderates.

Für Kinder ohne Vernunftgebrauch ist das Wesen und die Zielsetzung der Krankensalbung mit dem Wesen und der Zielsetzung der Taufe identisch: Bei der Kindertaufe wollen die Eltern, dass ihr Kind auch ohne Vernunftgebrauch in die Kirche aufgenommen wird. Bei der Krankensalbung wollen die Eltern, dass ihr Kind auch ohne Vernunftgebrauch Gott anempfohlen wird. Möge Gott zur Genesung mit beitragen. Als getauftes Kind und damit als Christ hat es einen gewissen Anspruch darauf. Sind doch die Sakramente die Heilswerkzeuge der Kirche auf dem irdischen Pilgerweg der Gläubigen. Daher sollte es Kindern ohne Vernunftgebrauch nicht vorenthalten werden.

So hat die katholische Bischofskonferenz der Vereinigten Staaten betont, das Sakrament der Krankensalbung auch bei Patienten zu spenden, die das Bewusstsein oder den Gebrauch des Verstandes verloren haben. [Kieltyka, 236]

Theologisch und pastoral sind diese Kinder einem Menschen im irreversiblen Koma und im Koma, das in einen Sterbeprozess übergeht, gleichzusetzen. Letztere dürften die Krankensalbung empfangen, obwohl sie bis an ihr Lebensende keine Vernunft haben, Erstere sollen keine Krankensalbung empfangen, weil sie noch nicht den Vernunftgebrauch erreicht haben. Dies ist den Eltern und Angehörigen von bereits getauften Kindern ohne Vernunftgebrauch schwer zu vermitteln. Eine solche Praxis wird als gnadenlos im wörtlichsten Sinn – nicht die Gnade der Krankensalbung empfangen dürfend – empfunden. Es wird als Widerspruch zu „Denn die Gnade Gottes ist erschienen, um alle Menschen zu retten" (Tit 2,11) angesehen.

Um das Wirken Jesu an den Kindern (Mt 19,14; Mk 10,14; Lk 18,16) auch heute fortzusetzen und das Selbstbildnis der Kirche – Mutter[1] aller Glaubenden (KKK181), Sakrament des Heils (KKK 780) und Gemeinschaft mit Jesus (KKK 787) – den Menschen erfahrbar werden zu lassen, sollte die Spendung der Krankensalbung allen Christen erlaubt sein, auch denen ohne Vernunftgebrauch.

---

1 „Kann denn eine Frau ihr Kindlein vergessen, ohne Erbarmen sein gegenüber ihrem leiblichen Sohn? Und selbst wenn sie ihn vergisst: Ich vergesse dich nicht." (Jes 49,,15) Dieser Vers drückt aus, dass die Liebe Gottes zu uns Menschen größer ist, als alle Liebe, zu der wir Menschen fähig sind.

Es stünde der Kirche gut an, die Distanz der Liebe Gottes zu uns Menschen und der Liebe der Kirche zu den Menschen nicht spürbar groß sein zu lassen.

## 3.1.2 Gebrechen

Auf den 176 Seiten des „Rituales" ist der Begriff „Gebrechen" 4 mal genannt: einmal bei dem Bibelwort von Mt 4,24; einmal beim Weihegebet des Priester über das Krankenöl, wenn ihm für die Krankensalbung kein vom Bischof geweihtes Öl zur Verfügung steht; einmal im Psalm 103; einmal für den „Altersschwachen" nach der Spendung der Krankensalbung.

Zwei Bibelstellen, ein kaum gebetetes Weihegebet des Priesters, da er meist ein vom Bischof geweihtes Krankenöl hat, und ein Gebet nach der Spendung der Krankensalbung an einen „Altersschwachen" machen deutlich, dass Gebrechen im Zusammenhang mit der Krankensalbung eher zufällig und dann nur bei „Altersschwachen" gesehen wird.

Gebrechen sind im eigentlichen Sinn keine Krankheit. Unfälle – zuweilen verunglücken auch Kinder - und ihre Folgen sind keine Krankheiten. Ein dadurch amputierter Körperteil stellt keine Erkrankung dar, sondern ein Gebrechen. Das Fehlen eines Beines oder eines Armes oder auch nur deren Lähmung stellt für diesen Menschen eine große körperliche und seelische Belastung dar. Zuweilen werden diese Menschen aufgrund ihrer Gebrechen mit Worten und Taten (z.B. Ausgrenzung) diskriminiert, das ihnen weiteren seelischen Schaden zufügt.

Die Menschen mit Gebrechen leiden aber meist in ähnlicher Weise wie Kranke, wobei Krankheit meist temporär ist, ein Gebrechen hingegen permanent. Auch haben Kranke meist eine bessere Lobby als Menschen mit Gebrechen.

Daher sollten Menschen mit Gebrechen – unabhängig von ihrem Alter – auch das Sakrament der Krankensalbung empfangen können. Auch wenn es für sie keine Heilung gibt – ähnlich wie bei chronisch Kranken – sollte ihnen die Krankensalbung nicht vorenthalten werden. Wie bei chronisch Kranken sollte die Intension der Gebete der Beistand Gottes sein.

### 3.1.3 Trauernde

Trauer ist keine Krankheit, auch keine seelische Krankheit, auch wenn sie zuweilen so gesehen wird. Auch ein dauerhaftes Verharren in der Trauer ist keine Krankheit, auch wenn es pathologisch gesehen wird. Trauer ist eine natürliche Reaktion auf einen Verlust, der auch bei Tieren zu beobachten ist.

Trauernde leiden oft schwer an ihrem Verlust. Mit „Verlust" muss es nicht immer um den Tod eines geliebten Menschen handeln. Es kann auch der Tod eines geliebten Tieres sein, das bei einsamen Menschen der Lebenspartner war und mit dem sie viel Schönes erlebt haben.[1] Mit „Verlust" kann es auch eine zerbrochene Beziehung sein, der Verlust einer geliebten Arbeitsstelle oder vertrauten Wohnung oder sonst etwas, was man geschätzt[2] und geliebt hat.

Umgangssprachlich sagen Trauernde zuweilen, dass ihre Seele krankt. Es ist nicht der Körper, der bei Trauer leidet, sondern die Psyche, das altgriechische Wort für „Seele". Damit steht bei Trauer auch die Seelsorge in der Verantwortung.

Wer nie Trauer erfahren hat, kann sich nicht vorstellen, wie schmerzlich Trauer sein kann. Wie weit die Außensicht auf Trauernde mit dem eigenen Erleben als Trauernde auseinanderliegen kann, zeigt dieses markante Beispiel [Schäfer (2019), 34]:

*Victoria (1819-1901), Königin des Vereinigten Königreichs Großbritannien und Irland, setzte nach dem Tod ihres Mannes im Jahre 1861 für ihr Volk einen Trauerstandard fest. Er regelte, wie lange man bei den unterschiedlichen Todesfällen in ihrem Reich trauern durfte bzw. zu trauern habe.*

| Todesfall | Trauerzeit |
|---|---|
| *Ehemann* | *2–3 Jahre* |
| *Elternteil oder Kind* | *1 Jahr* |
| *Großeltern, Geschwister* | *6 Monate* |
| *Ehefrau, Onkel, Tante* | *3 Monate* |
| *Nichten, Neffen* | *2 Monate* |
| *Großtanten und -onkel* | *6 Wochen* |
| *Cousins und Cousinen* | *4–6 Wochen* |

1  Ein anderes Tier, das an dessen Stelle tritt, ist nicht wie das verstorbene Tier. Gewohnte und geschätzte Verhaltensweisen fehlen oft. Ähnliches erleben Witwen und Witwer, die wieder heiraten: Ein jeder Mensch ist ein Original.

2  Darin steckt das Substantiv „Schatz", d.h. etwas Wertvolles.

*Als ihr Mann im Jahre 1861 starb, schrieb sie eine Woche später an ihren Onkel Leopold I., König der Belgier: „Mein Leben als glücklicher Mensch ist zu Ende! Die Welt ist für mich zu Ende!" Viktoria lebte die Trauer sehr ausgeprägt. So blieb das Schlafzimmer ihres Mannes über die Jahrzehnte unverändert und jeden Abend wurde warmes Wasser in sein Zimmer gestellt und auch das Bettzeug wurde regelmäßig gewechselt. Viktoria soll Gewissensbisse gehabt haben, dass ihre Trauer mit der Zeit nachließe. Auch sonst hielt sie sich nicht an die von ihr erstellten Vorgaben, sondern trauerte bis an ihr Lebensende, insgesamt 40 Jahre. Sie selbst lebte somit nicht das vor, was sie ihren Untertanen im Trauerkatalog vorschrieb.*

„Tröstet, tröstet mein Volk", rief schon der Prophet Jesaja (Jes 40,1). Dieser Aufforderung sollte die katholische Kirche mit der Ausweitung der Krankensalbung auch auf Trauernde nachkommen.

Eine Form von Trost ist der Zuspruch von Gott her. Die Verweise, dass die Verstorbenen nicht im Tod bleiben, sondern auferstehen werden (1.Thess 4,13f), dass Gott alle Tränen abtrocknen wird (Offb 21,4), wer mit Tränen sät, wird mit Jubel ernten (Ps 126,5), dass Jesus uns im Jenseits eine Wohnung bereiten wird (Joh 14,3), dass wir uns alle bei Gott wiedersehen werden (1.Thess 4,14) sind schöne Bibelverse, aber manchmal brauchen Trauernde mehr oder etwas anderes. Sie wollen nicht nur verkopfte Theologie, sondern erfahrbaren Glauben. Dies könnte mit dem Empfang einer Krankensalbung zeichenhaft für die Trauernden erfahrbar werden. Aus diesem Grunde macht es Sinn, die Krankensalbung auch für Trauernde zugänglich zu machen.

Im Benediktionale, dem Segensbuch der katholischen Kirche, wird vieles gesegnet, u.a. Kinder, Mütter vor und nach der Geburt, Kranke, alte Menschen, Hochzeitsjubilare, Pilger, Urlauber, aber auch Glocken, Friedhöfe, liturgische Gewänder, Kreuze, Rosenkränze, Heiligenbilder, Industriebetriebe, Fahrzeuge, Musikinstrumente und sogar Tiere, aber keine Trauernden.

Im Jahr 2009 begann ich, für Trauernde einen ganz eigenen Gottesdienst zu erstellen. Nach der Begrüßung werden die Trauernden mit dem Text „Recht auf Trauer" und Ps 22 bewusst in die Trauer hineingeführt. Für den Hauptteil sind verschiedene Stationen in der Kirche vorbereitet, die kurz vorgestellt werden und zu denen die Trauernden in einem Zeitfenster von 20-30 Minuten in freier Wahl gehen können. Hernach werden die Trauernden mit Ps 23 und dem Text „Recht auf Leben" wieder aus der Trauer herausgeführt und entlassen.[1]

Bei den Rückmeldungen wurde angegeben, dass gerade das Auswählen der verschiedenen Stationen ihnen sehr gut getan hat. Eine sehr häufig aufgesuchte Stationen ist, persönlich zugesprochenen Segen zu empfangen. Hierzu benutze ich den aaronitischen Segen mit diesen Worten am Ende: „und schenke dir Trost, Frieden und Heil."

In einigen Gemeinden wird am Ende eines Kalenderjahres der Verstorbenen dieses Jahres aus dieser Gemeinde gedacht. Meist werden dabei die Namen der Verstorbenen vorgelesen und sie damit in Erinnerung gerufen. Allein dies kann tröstlich wirken. Bei einem solchen Gottesdienst ist gut vorstellbar, dass die Trauernden eingeladen werden, die Krankensalbung zu empfangen, mit besonderem Gewicht auf die Worte aus dem Weihegebet des Bischofs über das Salböl: „heilsam für den Leib, für Seele und Geist".

Mit der Möglichkeit des Empfangs der Krankensalbung für Trauernde würde eine leidende Gruppe in der Kirche in den Blick genommen, die nach der Beerdigung oft aus dem liturgischen Rahmen fällt. Zwar wird oft nach einer gewissen Zeit – meist nach 6 Wochen und am Jahrestag – für den Verstorbenen „eine Messe gelesen", doch dies ist für den Verstorbenen. Die Trauernden als primäre Zielgruppe kommen nach der Beerdigung im normalen liturgischen Rahmen nicht mehr vor. Die Möglichkeit, dass Trauernde auch die Krankensalbung empfangen können, würde ihnen ein heilsames Sakrament zukommen lassen. Nebenbei würde den Gläubigen damit aufgezeigt werden, dass man für den Empfang der Krankensalbung nicht sterbenskrank sein muss.

---

1 Siehe: https://www.schaefer-sac.de/wiki/index.php?title=TG

## 3.1.4 Klare Trennung: Krankensalbung, Sterbesegen, Aussegnung

Die zu verwendenden spirituellen Handlungen bei Krankheit, Sterben und Tod sollten nicht länger miteinander vermischt werden.[1] Damit wären nicht nur Verwechslungen[2] ausgeschlossen, es würde damit nicht länger die „Krankensalbung" in unbiblischer Weise als „Letzte Ölung" missbraucht oder gar für einen soeben Verstorbenen gewünscht werden.[3] Durch diese klare Trennung würden Patienten das Angebot der Krankensalbung nicht ablehnen, weil diese damit nicht mehr mit Sterben und Tod in Verbindung stehen würde. Daher ist es nicht nur aus theologischen Gründen, sondern auch aus pastoraler Sicht dringend geboten, diese klare Trennung zu vollziehen:

- Krankensalbung

  Entsprechend Jak 5,14f ist die Krankensalbung das Sakrament der Kranken. Dies schließt alle ein, die durch Krankheit in Lebensgefahr geraten. Dies schließt aber alle aus, die sich im akuten Sterbeprozess befinden, so z.B. alle „Gäste" in Hospizen und Palliativstationen, ebenso auch alle Patienten, bei denen auf der Intensivstation die Therapie aktiv beendet wird.

- Wegzehrung

  Seit dem 9. Jh. ist die Wegzehrung nachweislich als Sterbesakrament praktiziert.

---

1 In der Liturgie wird auch auf die entsprechende Farbe geachtet: Weiß für Hochfeste; Rot als Zeichen des Heiligen Geistes bei der Firmung und an Pfingsten und als Farbe des Blutes am Palmsonntag, Karfreitag und an Fest- und Gedenktagen der Märtyrer; Violett während der Fastenzeit (österliche Bußzeit) und der Adventszeit; Grün als Farbe des Lebens und der Hoffnung im Jahreskreis.

2 Hinterbliebene sollten bei einem Verstorbenen nicht länger um eine „Letzte Ölung" bitten, die „Krankensalbung" meinen, wo eine „Aussegnung" angebracht ist.

3 Wenn der Arzt den Tod eines Patienten festgestellt hat – dies gilt auch für den Hirntod -, ist weder eine Krankensalbung noch ein Sterbesegen zu spenden, sondern eine Aussegnung.

- Sterbesegen

  Da die Wegzehrung bei einer raschen Verschlechterung des Gesundheitszustandes oft nicht mehr möglich ist und die Angehörigen grundsätzlich dem Sterbenden von Gott her alles Gute zusprechen wollen, ist hierfür der Sterbesegen gedacht.

- Aussegnung

  Wenn der Tod plötzlich kam oder das Sterben so schnell verlief, dass weder Wegzehrung noch Sterbesegen möglich waren, ist es das Bedürfnis der Hinterbliebenen, für den Verstorbenen zu beten und ihn Gott anzuempfehlen. Dies ist in der Aussegnung möglich.

Wie der Handwerker für eine Holzschraube keinen Hammer nimmt, so sollten auch hier die bestehenden Handlungen nicht miteinander vermischt werden. Die Folgen davon spüren wir 2 Generationen nach der Einführung der „Krankensalbung" in der Weise, dass sie von den Gläubigen oft als „Letzte Ölung" für Sterbende[1] gewünscht oder für Kranke abgelehnt wird. Daher ist eine klare Trennung der Anwendung dringend geboten.

---

1  Zuweilen auch für frisch Verstorbene.

## 3.1.5 Wiederholung der Krankensalbung

*Dieses Sakrament kann wiederholt werden, wenn der Kranke nach empfangener Krankensalbung wieder zu Kräften gekommen ist und dann von neuem erkrankt oder wenn im längeren Verlauf derselben Krankheit der Zustand sich verschlimmert.*

So heißt es im „Rituale" auf Seite 14. Es ist lobenswert, dass die Krankensalbung keine einmalige Handlung sein muss, wie die Taufe und die Firmung, sondern wiederholt werden kann. Bisher ist vorgesehen der Empfang nach der Genesung bei einer erneuten Erkrankung und bei einer Verschlimmerung des Zustandes bei längerem Verlauf der Erkrankung. Unberücksichtigt sind hierbei alle chronische Erkrankungen ohne deutliche Verschlechterung.

Beim Blick auf das Bußsakrament dient dieses auch dazu, dass es das durch eigene Schuld verursachte Leid nehmen soll. Der Sünder soll nicht mit seiner belastenden Schuld lange weiterleben. Sie soll ihm nach aufrichtiger Reue durch die Lossprechung in der Beichte genommen werden. Dadurch geschieht erfahrbar Seelsorge zum Heil der Seele. Diese rasche und wiederkehrende Heilshandlung an Sündern durch das Bußsakrament sollte allen Kranken durch die Krankensalbung auch zuteil werden können

Die moderne Medizin kann manchmal die Krankheit nicht heilen, aber den Prozess stoppen oder zumindest verzögern. So kann bei einigen Krebspatienten der Krebs durch regelmäßige[1] Verabreichung einer entsprechenden Chemotherapie verzögert oder gar vorübergehend gestoppt werden. Diesen Patienten werden damit zuweilen Jahre bei guter Lebensqualität geschenkt. Jedoch weiß niemand, wie lange es noch gut weitergeht. Wie bei tödlich verlaufenden, chronischen Erkrankungen ist hierbei das Handeln der Ärzte noch als kurativ einzustufen, da die Krankheit noch aktiv behandelt wird, sondern, wie bei einer palliativen Behandlung, nur die Symptome. Viele dieser Patienten leiden unter der Ungewissheit, wie lange ihnen ihr Leben auf diese Weise noch erhalten werden kann. Sie können nur sagen, „Bisher ging es gut."[2]

---

1  Diese Zeiten liegen zwischen wöchentlich und monatlich.

2  So erzählt eine Geschichte von einem Fensterputzer, der an einem sehr nebligen Tag an einem Hochhaus mit zig Stockwerken oben begonnen hat, die Fenster zu putzen. An diesem Tag war er fahrlässig und hat sich nicht gesichert. Als er sich zu weit aus seinem Korb hinausgestreckt hatte, bekam er Übergewicht und stürzte nach unten. Bei jedem Stockwerk rief er ins Fenster hinein: „Bisher ging es gut."

Menschen, die auf ein Spenderorgan warten, leben in einer vergleichbaren Situation:

- Herz-Patient

  Für Patienten, die ein Spenderherz brauchen, gibt es zwar ein Kunstherz. Damit müssen sie nicht auf der Intensivstation liegen und sind teilweise mobil, aber das ist keine Dauerlösung auf Jahre.[1]

- Lungen-Patient

  Für Patienten, die eine Spenderlunge brauchen, kann man mit Sauerstofftherapie viel erreichen, doch am Ende rettet selbst eine künstliche Beatmung mit 100% Sauerstoff nicht vor dem Tod, weil der Gasaustausch in der Lunge – Sauerstoff von der Atemluft in das Blut und Kohlendioxid vom Blut an die Atemluft – durch die Zerstörung der Lungenbläschen nicht mehr funktioniert. In diesem Fall kann selbst eine Herz-Lungen-Maschine (ECMO) den drohenden Tod nur um wenige Wochen hinauszögern.

- Leber-Patient

  Für Patienten mit totalem Leberversagen gibt es keine medizinische Hilfe. Nur im Vorfeld können Therapien den tödlichen Verlauf hinauszögern, aber ohne Spenderleber ist der Tod sicher.

- Nieren-Patient

  Für Patienten, deren Nieren nicht mehr ausreichend funktionieren, gibt es die Dialyse als sogenannte „Nierenersatztherapie". Doch selbst die beste Dialyse schafft nur ca. 30% der Leistung einer gesunden Niere. Dialyse ist nicht nur mit Einschränkungen im Leben verbunden. Selbst das Leben an der Dialyse ist kein sicherer Garant für ein Weiterleben.[2]

---

1 Infektionen an den notwendigen Zugängen oder ein technischer Defekt kann schnell tödlich enden.

2 Eine Frau erzählte mir nach ihrer Nierentransplantation, dass die letzten 2 Jahre vor der Nierentransplantation für sie lebensgefährlich waren. Sie wurde während der Dialyse alle paar Wochen ohnmächtig. Der Arzt des Dialysezentrums sagte mal zu ihr, dass er nicht wisse, ob er sie das nächste mal noch zurückholen könne.

Für alle diesen schwer kranken Organpatienten existiert die eine brennende Frage: Wer ist schneller, die Zuteilung des rettenden Organs oder der eigene Tod?

Diesen Patienten seelsorglich beizustehen, ist eine besondere Herausforderung. Leben sie doch alle über Wochen und Monate in einem ständigen Wechselbad der Gefühle: Einerseits die Hoffnung, dass ihr Leben noch weitergeht, andererseits mit Bangen den eigenen baldigen Tod vor Augen. Noch sind sie keine Sterbenden. Noch wollen sie weiterleben. Ob es gelingt und wenn Ja, für wie lange, vermag niemand zu sagen. Manche Patienten wünschen sich nach Wochen oder Monaten dieser Situation den eigenen Tod, weil sie diese innere Zerrissenheit zwischen Hoffen und Bangen nicht länger aushalten. Andere wünschen sich den Tod, weil sie die Hoffnung aufgegeben haben oder weil sie ihren Angehörigen nicht länger eine Last sein wollen.

Diese Patienten fallen bei dem oben zitierten Raster für die Wiederholung der Krankensalbung heraus. Daher sollte die Krankensalbung auch allen Kranken gespendet werden, deren schweren Krankheit länger andauert. Dabei sollte dieses „länger andauern" nicht mit einem festen Zeitmaß – ob wöchentlich oder 14-tägig oder monatlich oder einem noch längerem Zeitabstand[1] – gemessen werden, sondern situationsunabhängig erfolgen. Wichtig ist es, auch ihnen den wiederholten Zugang zur Krankensalbung zu ermöglichen.

---

1  Um hier nochmals auf das Bußsakrament zurückzukommen: Es gibt Sünder, die gehen monatlich oder gar wöchentlich zur Beichte.

## 3.2 Der Spender

### 3.2.1 Persönliches

Ich bin gerne Klinikseelsorger. Ich mag es, wenn ich morgens nicht weiß, was mir der Tag bringt. Bei den Krankenbesuchen steckt hinter jeder Zimmertür ein neues Schicksal. Manchmal werde ich gleich abgewiesen. Manchmal ergibt sich aber auch ein tiefes Seelsorgegespräch. Manchmal spricht der Besuchte seit Jahren oder Jahrzehnten wieder einmal mit einem Seelsorger. Manchmal darf ich erfahren, aufgrund welcher seelischer Verletzungen jemand aus der Kirche ausgetreten ist. Manchmal ergeben sich auch mit Ausgetretenen, mit Agnostikern oder gar mit Atheisten intensive Gespräche über Sterben und Tod, über Gott und Vergebung.

### 3.2.2 Wie geht es weiter?

#### Was kommt nach?

Mit mir gehen in den nächsten Jahren die geburtenstarke Jahrgänge in den Ruhestand. Die Personaldecke schrumpft nicht nur bei den Priestern, sondern auch bei den pastoralen Mitarbeitern. Die Erfahrung zeigt, dass auch bei kirchlicher Entfremdung[1] die Menschen bei Sterben und Tod einen Priester wünschen. Was ist, wenn dieser nicht mehr zur Verfügung steht, sondern „nur" ein Seelsorger (pastoraler Mitarbeiter)?

Sollten die Menschen nicht bereits jetzt darauf vorbereitet werden? Dies könnte zahlreiche Enttäuschungen ersparen, die bei einem „Weiter so" auftreten werden. Ich kann es zwar nicht ändern, aber ich kann darauf hinweisen.

---

1 In den letzten Jahren kommt es häufiger vor, dass ich bei Krankensalbung, Sterbesegen und Aussegnung der Einzige war, der betete. Da kam von den Angehörigen kein „Amen" und kein „Wir bitten dich, erhöre uns". Auch beim Vater-unser-Gebet bete ich zuweilen allein.

## Die bekannten Fakten sind:

Im Jahr 2011[1] lebten in Deutschland rund 24 Mio. Katholiken, im Jahr 2023[2] noch rund 20 Mio. Das ist ein Rückgang von 16%.

Im Jahr 2011 waren 7.529 Weltpriester im aktiven Dienst, im Jahr 2023 waren es 5.715, ein Rückgang von 24%.

| Personen | 2011 | 2023 | % |
|---|---|---|---|
| Katholiken | 24 Mio. | 20 Mio. | -16 |
| Weltpriester | 7.529 | 5.715 | -24 |
| Ordenspriester | 2.091 | 1.878 | -10 |
| Diakone | 3.106 | 3.146 | +- 0 |
| Pastoralreferenten | 3.114 | 3.032 | -3 |
| Gemeindereferenten | 4.468 | 4.044 | -9 |

Tab. 1 Personalstatistik 2011, 2023

Im Jahr 2011 waren 2.091 Ordenspriester im aktiven Dienst, im Jahr 2023 waren es 1.878, ein Rückgang um 10%

Die Anzahl der Diakone blieb mit rund 3.100 stabil.. Die Anzahl der Pastoralreferenten schrumpfte im gleichen Zeitraum um 3% auf 2.032, die der Gemeindereferenten schrumpften um 9% auf 4.044.

Aufschlussreich und zugleich ernüchternd sind die statistischen Zahlen der Priester (Gesamtzahl) und der Neupriester in den letzten 50 Jahren.[3]

| | 1970 | 1980 | 1990 | 2000 | 2010 | 2020 | 2023 |
|---|---|---|---|---|---|---|---|
| Priester | 26.089 | 25.063 | 19.707 | 17.129 | 15.136 | 12.565 | 11.702 |
| Neupriester | 303 | 211 | 295 | 154 | 81 | 56 | 34 |
| Katholiken je Priester | | | 1.451 | 1.566 | 1.628 | 1.766 | 1.739 |

Tab. 1 Entwicklung der katholischen Kirche in Deutschland

Zwar nimmt die Anzahl der Katholiken beständig ab, aber die Anzahl der Priester nimmt noch stärker ab, so dass sich immer weniger Priester um immer mehr Katholiken

1 https://www.dbk.de/fileadmin/redaktion/diverse_downloads/presse/2012-103-Flyer_Eckdaten-2011.pdf

2 https://www.dbk.de/fileadmin/redaktion/diverse_downloads/presse_2024/2024-110a-Kirchenstatistik-2023.pdf

3 https://de.wikipedia.org/wiki/Priestermangel#Deutschland

kümmern müssen.

Die Priesterweihen in Deutschland gingen in den Jahren 1962 bis 2022 **auf 6% zurück**.[1]

Ein Reagieren auf einen einge-tretenen Ist-Stand erzeugt einen enormen

| Jahr | Anz, | | Jahr | Anz. | | Jahr | Anz. |
|------|------|---|------|------|---|------|------|
| 1962 | 557 | | 1983 | 242 | | 2004 | 130 |
| 1963 | 531 | | 1984 | 251 | | 2004 | 112 |
| 1964 | 547 | | 1985 | 220 | | 2005 | 122 |
| 1965 | 500 | | 1986 | 254 | | 2006 | 121 |
| 1966 | 447 | | 1987 | 260 | | 2007 | 110 |
| 1967 | 422 | | 1988 | 276 | | 2008 | 93 |
| 1968 | 411 | | 1989 | 297 | | 2009 | 99 |
| 1969 | 356 | | 1990 | 295 | | 2010 | 81 |
| 1970 | 303 | | 1991 | 263 | | 2011 | 86 |
| 1971 | 265 | | 1992 | 269 | | 2012 | 79 |
| 1972 | 242 | | 1993 | 238 | | 2013 | 98 |
| 1973 | 214 | | 1994 | 214 | | 2014 | 75 |
| 1974 | 196 | | 1995 | 186 | | 2015 | 58 |
| 1975 | 191 | | 1996 | 183 | | 2016 | 77 |
| 1976 | 182 | | 1997 | 165 | | 2017 | 74 |
| 1977 | 187 | | 1998 | 171 | | 2018 | 60 |
| 1978 | 205 | | 1999 | 139 | | 2019 | 55 |
| 1979 | 178 | | 2000 | 154 | | 2020 | 56 |
| 1980 | 211 | | 2001 | 124 | | 2021 | 48 |
| 1981 | 187 | | 2002 | 131 | | 2022 | 33 |
| 1982 | 216 | | Quelle: Sekretariat der DBK | | | | |

Tab. 1 Priesterweihen in Deutschland (1962-2022)

Handlungsdruck. Meist wird es damit nur ein Flickwerk, das in 5 bis 10 Jahren neu geflickt werden muss. Angebrachter ist daher ein Blick in die Zukunft, nicht auf

---

1  https://fowid.de/meldung/priester-priesterweihen-priesterkandidaten-1962-2022

Grundlage einer Glaskugel, sondern aufgrund von konkret vorliegenden Zahlen,

Eine stabile Grundlage, um die Entwicklung der Anzahl der Priester in Deutschland zu berechnen – nicht nur grob abzuschätzen – sind die Anzahl der jährlichen Priesterweihen in Deutschland.

In den 60 Jahren von 1962 bis 2022 ging die Anzahl der Priesterweihen **auf 6% zurück**. Eine Kehrtwende dieser Entwicklung ist nicht zu erwarten.

Mit den 4 Grundrechnungsarten kann man anhand dieser Zahlen ausrechnen, wie viele Priester in den nächsten Jahren und Jahrzehnten zur Verfügung stehen.

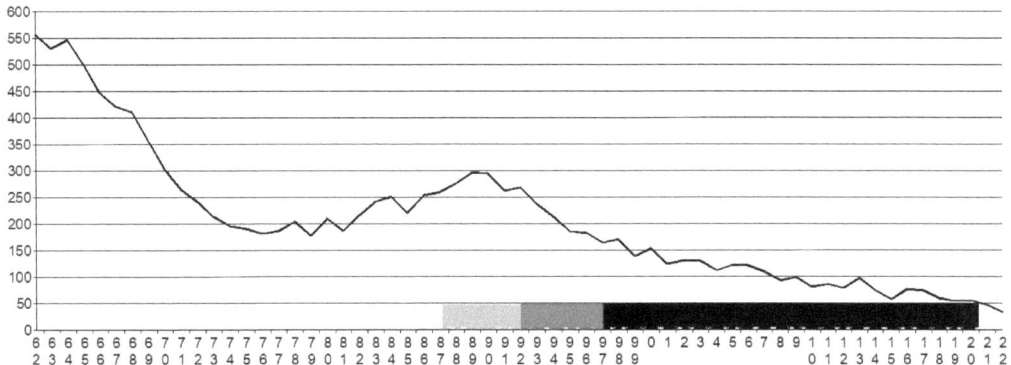

In den letzten Jahrzenten nahm die Zahl der spätberufener Priester zu. D.h. sie gingen nicht gleich nach dem Abitur in das Priesterseminar und wurden nicht vor ihrem 30. Lebensjahr zum Priester geweiht. Unter Berücksichtigung dessen, dass auch nicht alle Priester ihre Rente erleben und dass auch Priester vor ihrem Ruhestand den Beruf nicht mehr ausüben können, wird bei einer Altersgrenze von derzeit 70 Jahren für den Ruhestand von 40 Berufsjahren als Priester ausgegangen. Danach sind jetzt rund 6.200 Priester (gelb markiert) im vollen aktiven Dienst, die in Deutschland zum Priester geweiht wurden. Im Jahr 2027 werden es noch ca. 5.000 Priester sein (orange markiert). Im Jahr 2032 werden es noch ca. 3.600 Priester (rot markiert) sein und im Jahr 2037 werden es noch ca. 2.500 Priester (schwarz markiert) sein. Mit anderen Worten: In 15 Jahren wird Deutschland noch nicht einmal die Hälfte der heute im Dienst stehenden Priester haben. Dieses Zahlen kann man bereits heute von den Priesterweihen der letzten Jahrzehnten ableiten.

> ## Realität ist die höchste Form von Autorität.

Diese Zahlen der Priesterweihen sind Realität. Dagegen können sich selbst die Bischöfe und der Papst nicht stemmen. Da Pflege, Industrie und Handwerk händeringend um Nachwuchs bemüht sind, um die Lücken der geburtenstarken Jahrgänge, die jetzt in den Ruhestand gehen, zu füllen, ist auch bei den Priesterweihen kein grundsätzlicher Wandel zu erwarten. Es dürften eher in den nächsten 5 bis 10 Jahren einstellige Zahlen an Priesterweihen zu erwarten sein.

Sieht man die Entwicklung seit dem Jahr 2000 an, dann sind auch diese Zahlen ernüchternd.

| | *2000* | *2005* | *2010* | *2015* | *2020* | *2021* |
|---|---|---|---|---|---|---|
| Pfarreien | 13.214 | 12.799 | 11.524 | 10.817 | 9.858 | 9.790 |
| Weltpriester | 16.032 | 15.158 | 12.931 | 11.963 | 10.549 | 10.313 |
| Ordenspriester | 2.240 | 2.266 | 2.205 | 2.124 | 2.016 | 1.967 |
| Pastoraler Dienst | 12.571 | 11.234 | 9.857 | 8.909 | 8.097 | 7.913 |
| davon Pfarrseelsorge | 9.677 | 8.751 | 7.676 | 6.931 | 6.303 | 6.215 |
| Anteil im aktiven Dienst | 73,4 | 69,4 | 65,1 | 63,2 | 64,4 | 64,4 |
| Anteil in Pfarrseelsorge | 56,5 | 54,1 | 50,7 | 49,2 | 50,2 | 50,6 |

Tag. 1 Entwicklung der katholischen Kirche in Deutschland II[1]

Anhand dieser realen Zahlen stellt sich die Frage, wie es mit der katholischen Kirche weitergehen kann.

Im Jahr 2011 gingen von rund 24 Mio. Katholiken noch etwa 12% regelmäßig in den Gottesdienst.[2]

Im Jahr 2010 beklagte Erzbischof Robert Zollitsch, Vorsitzender der Deutschen Bischofskonferenz, „ein immer höheres Durchschnittsalter" der Priester, verursacht „durch den ausbleibenden Priesternachwuchs".[3]

Bereits im Jahr 2016 fiel das „relativ hohe Durchschnittsalter der kirchlichen Mitarbeiter (zwischen 43 und 52 Jahren)"[4] auf.

---

1 https://fowid.de/meldung/priester-priesterweihen-priesterkandidaten-1962-2022

2 https://www.dbk-shop.de/media/files_public/250f27b85b68bf738da41930bb27edb6/DBK_5257.pdf

3 https://www.dbk.de/presse/aktuelles/meldung/statement-von-erzbischof-dr-robert-zollitsch

4 https://www.dbk.de/presse/aktuelles/meldung/abschlusspressekonferenz-der-fruehjahrs-vollversammlung-der-deutschen-bischofskonferenz-in-kloster-sc

Hinzu kommt: „Viele wollen Seelsorger sein, sie wollen aber nicht Chef sein und schon gar nicht Manager" warnt ZAP-Leiter Matthias Sellmann davor, dass Priester dadurch in den Gemeinden zunehmend "ins offene Messer" liefen.[1]

Hinzu kommt auch, dass aufgrund der demografischen Altersstruktur Deutschlands Industrie und Handwerk um Mitarbeiter werben.

Anhand dieser Fakten stellt sich die Frage: Wie kann es mit der katholischen Kirche weitergehen?

## Ausländische Priester

Die katholische Kirche ist eine weltumspannende Kirche mit einem einheitlichen Katechismus als Glaubenswerk und hat mit dem CIC eine einheitliche Rechtsgrundlage. Somit wäre es prinzipiell möglich, dass aus anderen Nationen Priester nach Deutschland kommen, um hier in der Seelsorge mitzuwirken. So stammten im Jahr 2018 im Bistum Hildesheim 31% der katholischen Priester aus dem Ausland, im Bistum waren es knapp 30%. Sie kommen vor allem aus Indien, aus Polen und aus Afrika. Der Osnabrücker Bischof Dr. Franz-Josef Bode wies in diesem Zusammenhang auf Probleme der Integration hin und wird mit den Worten zitiert: "Dafür sind die Kulturunterschiede und die Sprachunterschiede zu groß, bei unserer so differenzierten Weise, wie wir auf die Menschen zugehen."[2]

Kann das die Lösung sein, dass wir akzeptieren, dass Deutschland immer mehr zu einem Missionsland werden, in dem immer mehr ausländische Priester tätig sind? Ist es richtig, ist es optimal, wenn man mit den Lösungsstrategien der Vergangenheit an die Herausforderungen der Gegenwart herangeht? Ist „katholische Kirche" nach den Worten zu definieren, „Wie es war im Anfang, so jetzt und alle Zeit, bis in Ewigkeit. Amen"? Oder ist katholische Kirche eher im Verständnis von Kirchenvater Augustinus als „Ecclesia semper reformanda" (Die Kirche ist ständig reformbedürftig.) zu verstehen?

---

1  https://www.kirche-und-leben.de/artikel/befragung-zoelibat-image-und-missbrauch-verhindern-priesterberufungen

2  https://de.catholicnewsagency.com/article/460/auslandische-priester-in-deutschland-vom-reichtum-der-weltkirche#:~:text=Im%20Bistum%20Hildesheim%20liegt%20der%20Anteil%20ausl%C3%A4ndischer%20Priester

## Gesundschrumpfen

Mit der Bezeichnung „gesundschrumpfen" wird eine immer kleiner werdende katholische Kirche verstanden. Weniger Katholiken benötigen weniger Priester, weniger Gemeinden und weniger Kirchengebäude. Die Zusammenlegung von mehreren Gemeinden werden, je nach Diözese, „Pfarrverband" oder „Seelsorgeeinheit"[1] oder sonst wie bezeichnet.

Da die Anzahl der Priester prozentual stärker schrumpft als die Anzahl der Katholiken, ergibt sich daraus das Problem, dass ein Priester für immer mehr Katholiken zuständig ist.[2] Vertreter des „Gesundschrumpfens" sagen hierzu, dass die Priester sich dann stärker um die Katholiken kümmern sollen und weniger um die Anderen.

Unberücksichtigt bleibt dabei, dass für die Katholiken wie auch für die Priester dadurch die Wege länger werden. Die katholische Kirche in Deutschland würde damit ausdünnen. Ob dieser Prozess irgendwann zum Stillstand kommt und sich wieder umkehrt, oder ob damit die katholische Kirche in Deutschland erlischt, gilt es abzuwarten.

## Missionarische Kirche sein

Mit der Bezeichnung „missionarische Kirche" wird eine nach außen hin offene Kirche bezeichnet. Im Jahr 2000 gaben die deutschen Bischöfe die Schrift „Zeit zur Aussaat" heraus, in der sie zur missionarischen Kirche aufriefen.[3] Auch Papst Franziskus hält an einer missionarischen Kirche fest (14.07.2024).[4]

---

1 Eine engagierte und kritische Katholikin sagte zu dieser Bezeichnung: „Das sind keine Seelsorgeeinheiten, sondern Verwaltungseinheiten, denn von Seelsorge ist da wenig zu sehen."

2 Um das Jahr 2010 erzählten mir über 80-Jährige, dass zu ihrer Kindheit der Pfarrer der Stadtpfarrei St. Stephan in Karlsruhe 7 Kapläne hatte. Heute (um das Jahr 2010) hatte der Stadtpfarrer keinen Kaplan, aber 7 Pfarreien. So hat sich dies in 80 Jahren entwickelt.

3 https://www.dbk-shop.de/de/publikationen/die-deutschen-bischoefe/hirtenschreiben-erklaerungen/zeit-aussaat-missionarisch-kirche.html

4 https://www.katholisch.de/artikel/54720-papst-kirche-soll-sich-aufs-wesentliche-beschraenken

Die „missionarische Kirche" ist offen für alle Menschen, auch für die Exkommunizierten,[1] auch für die Ausgetretenen, auch für die Suchenden, auch für die Agnostiker und auch für die Atheisten.

In der Nachfolge Jesu stehend, sollte auch die Kirche von heute nach Mt 11,19 und Lk 7,34 für alle Menschen offen sein. Ein Gesundschrumpfen wäre damit der falsche Weg. Jesus betonte, dass er nicht gekommen sei, um Gerechte zu rufen, sondern Sünder. Denn nicht die Gesunden bedürfen des Arztes, sondern die Kranken. (Mk 2,17)

## Botschaft oder Botschafter

> Man opfert auf dem Altar des Zölibats
> die Seelsorge in den einzelnen Gemeinden.[2]
> (Paul M Zulehner)

Seit den 1990er kursiert dieses Zitat in der Theologie. In der katholischen Kirche ist hierzu keine Wirkung zu erkennen. Im Gegenteil: In den 1990er Jahren wurden engagierte Katholiken dazu ausgebildet, priesterlose Sonntagsgottesdienste zu feiern. Als sie einsatzbereit waren, wurden sie nicht dazu beauftragt, sondern „auf Eis gelegt". In der Führung – es ist unklar, ob dies der Vatikan oder die Deutsche Bischofskonferenz war –

---

1 Durch das Verbot, dass geschiedene Wiederverheiratete nicht die hl. Kommunion empfangen dürfen, sind sie de facto exkommuniziert.

Dabei macht die katholische Kirche keinen Unterschied, ob diese 2. Ehe eine glückliche und dauerhafte Ehe ist, so wie bei Herr und Frau J. Sie feierten die „grüne Hochzeit" und die „goldene Hochzeit" am gleichen Tag. Herr J. hat sich nach knapp 2 Ehejahren von seiner 1. Ehefrau getrennt und eine andere Frau geheiratet. Nach über 48 Ehejahren mit ihr starb die 1. Ehefrau. So haben sie beschlossen, dass sie die „goldene Hochzeit" ihrer standesamtlichen Ehe kirchlich als „grüne Ehe" feiern.

In diesem Zusammenhang denke ich an die Frau mit krummen Rücken, die Jesus nach 18 Jahren Leid geheilt hat, dazu noch an einem Sabbat. (Lk 13,10-17) Ich denke dabei auch an die schweren Lasten, die den Menschen auferlegt werden. (Mt 23,4) – Der Versuch der drei oberrheinische Bischöfe – Oskar Saier, Karl Lehmann und Walter Kasper – mit ihrem gemeinsamen Hirtenwort im Jahr 1993 im Umgang mit den wiederverheirateten Geschiedenen Bewegung in diese Thematik zu bringen, wurde von Papst Johannes Paul II. sofort ausgebremst.

2 https://www.zulehner.org/dl/OpuKJmoJKkNJqx4KJKJmMJKMn/OF2_-_Was_sonst_noch.pdf

hatte wohl die Befürchtung, dass sich das Kirchenvolk daran gewöhnen könnte, dass das kirchliche Leben auch ohne Priester möglich sei. Es ist gut vorstellbar, dass man den Leidensdruck auf die Gemeinden erhöhen wollte, damit sich mehr junge Männer für den Priesterberuf melden.

Fakt ist, dass die katholische Kirche weiterhin auf unverheiratete Männer als Spender der Sakramente setzt. Dabei gab es in der frühen Kirche auch Diakoninnen. Es gibt Stimmen, die der Meinung sind, dass sich das Christentum ohne sie gar nicht so hätte ausbreiten können, weil sie für die Taufe – damals als Ganzkörpertaufe praktiziert – von Frauen und Mädchen zwingend erforderlich waren. In der jüngsten Vergangenheit machten nach dem Fall des Eisernen Vorhangs die katholische Priesterinnen der Untergrundkirche kurz von sich reden. Nach eigenen Angaben seien sie nicht nur mit Wissen, sondern mit der Zustimmung des Vatikans zu Priesterinnen in der katholischen Kirche geweiht worden.[1] Was damals möglich war, sollte auch heute noch möglich sein.

---

## Geht es um die Botschaft oder um die Botschafter?

Es stellt sich hierbei die Frage, was wichtiger ist: die Botschaft oder der Botschafter. Aktuell deutet alles darauf hin, dass die Botschafter wichtiger sind als die Botschaft. So gibt es Frauen, die Predigthilfen verfassen dürfen, seit 1997 aber nicht mehr predigen dürfen. Dies wurde nur noch Diakonen und Priestern vorbehalten.

Dabei sollte es primär um die Botschaft gehen, weniger um die Botschafter. So grüßte Paulus in seinem Brief an die Römer „Junia" als „Apostelin" (Röm 16,7).[2] Daher gründete Vinzenz Pallotti (1795-1850) die Gesellschaft des katholischen Apostolats, denn ein jeder Getaufte soll sich als Apostel fühlen und die Botschaft Jesu Christi weitergeben.

---

1 https://de.wikipedia.org/wiki/Frauenordination_(Christentum)#Frauenordination_contra_legem
https://de.wikipedia.org/wiki/Ludmila_Javorov%C3%A1

2 Bis zur Einheitsübersetzung 2016 wurde an dieser Stelle „Junias" übersetzt, denn es konnte nicht sein, was nicht sein durfte. Erst im Jahr 2016 fand auch die katholische Kirche den Mut, das zu übersetzen, was in alten Handschriften überliefert ist, die Apostelin „Junia".

### 3.2.3 Seelsorger für Krankheit, Sterben und Tod

Seelsorger – männlich, weiblich, divers -, die bei Krankheit, Sterben und Tod die Menschen seelsorglich begleiten, sollten ohne Einschränkung Krankensalbung, Wegzehrung, Sterbesegen und Aussegnung spenden dürfen, sowie auch Beerdigungen der Verstorbenen von ihnen begleiteten Personen durchführen dürfen. Hierfür gibt es verschiedene Gründe:

- Wer einen Menschen seelsorglich begleitet, soll alle für diese Begleitung notwendigen Handlungen vornehmen dürfen. Es soll keine Grenze geben, jenseits dieser er einen Priester rufen muss.

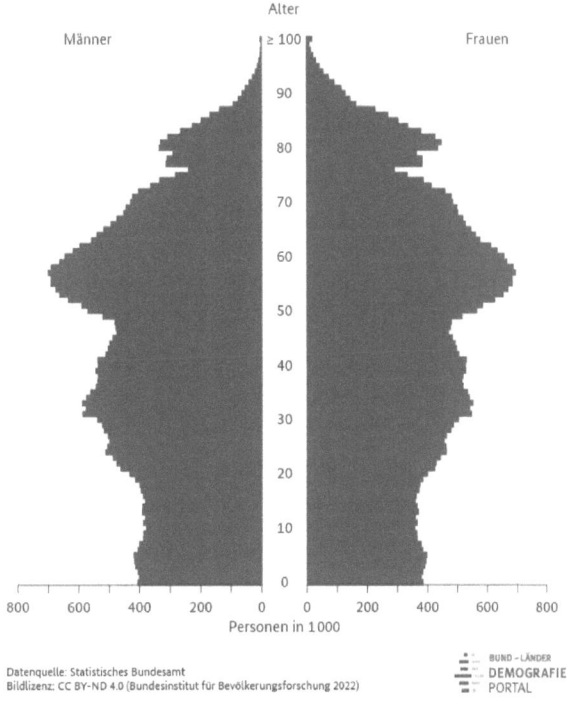

**Altersstruktur der Bevölkerung, 2021**

Datenquelle: Statistisches Bundesamt
Bildlizenz: CC BY-ND 4.0 (Bundesinstitut für Bevölkerungsforschung 2022)

BUND – LÄNDER
DEMOGRAFIE
PORTAL

- Die Babyboomer werden in den nächsten Jahrzehnten den Hauptteil der Kranken und Sterbenden ausmachen. Auch sie sollten rundherum seelsorglich versorgt werden. Die in der Pfarrseelsorge tätigen Priester sind mit ihren Seelsorgeeinheiten, Pfarrverbänden – wie der Zusammenschluss mehrerer Pfarreien genannt wird und die inzwischen die Größe von früheren Dekanaten angenommen hat – vollends ausgelastet und können diese Arbeit in den Krankenhäusern nicht auch noch übernehmen.

- Die Babyboomer unter den Priestern werden bei einem Rentenalter von 70 Jahren bis zum Jahr 2035 im Ruhestand sein. Sie werden für Jahrzehnte ein Loch hinterlassen, die nur von pastoralen Mitarbeitern halbwegs ausgefüllt werden kann. Diese anstehende Lücke – sie ist keine Fiktion, sondern harte Realität – kann nur mit Laien (pastoralen Mitarbeitern) ausgefüllt werden.

- Da Laien bereits jetzt Krankenkommunion, Wegzehrung, Sterbesegen und Aussegnung spenden dürfen, geht es bei der Ermächtigung nur um die Spendung der Krankensalbung. Wie das Schrifttum aufzeigt, haben bis zum 9. Jh. Laien das Krankenöl vom Bischof erhalten und damit den Kranken die Krankensalbung gespendet. Bis zum Trienter Konzil (16. Jh.) wurde diese Praxis parallel zur Spendung durch einen Priester fortgesetzt. Erst mit dem Tridentinum wurde die Spendung der Krankensalbung durch Laien vollkommen abgeschafft.

- Wenn katholische pastorale Mitarbeiter in Akutsituationen nicht zur Verfügung stehen - z.B. in stark evangelischen Gegenden – sollten auch evangelische Seelsorger für diese Handlungen ermächtigt werden.[1]

- Es gibt kaum eine Lebenssituation, in denen Menschen noch mehr und stärker nach Gott greifen bzw. ihn anfragen und zuweilen auch anklagen, als bei Krankheit und Tod. Daher sollten die Menschen besonders in diesen Lebensituationen nicht allein gelassen werden. Sie sollen in diesen Situationen, die zeitlich oft Akutsituationen sind, unverzüglich das volle Angebot der katholischen Kirche bekommen können.

- Die biblische Grundlage (Jak 5,14f) schreibt nicht vor, dass es ein Priester (Presbyter) sein soll, der die Krankensalbung spendet: „dann rufe er die Ältesten der Gemeinde zu sich" spricht vom Plural. Dort heißt es nicht, dass es der Älteste im Sinne von Vorsteher der Gemeinde ist. Das Plural kann auch allgemein als Seelsorger verstanden werden, insbesondere als jene, die sich um die Kranken in besonderer Weise kümmern.

Ein spiritueller Gedanke: Vielleicht mutet uns Gott diesen Priestermangel zu, damit wir offen werden für die notwendigen und sinnvollen Veränderungen, wie sie in diesem Buch beschrieben sind.

Profan formuliert könnte auch die Frage gestellt werden: Wie schlimm muss es noch werden, bis wir etwas ändern?

---

1 Klinikseelsorge ist meist ökumenisch geprägt. Angesichts der Ausdünnung in der Personaldecke der Seelsorger - in der evangelischen wie auch in der katholischen Kirche - macht es Sinn, dass für die Zeiten der Rufbereitschaften in der Nacht und an den Wochenenden auch evangelische Klinikseelsorger das jeweilige seelsorgliche Bedürfnis abdecken können.

Seit Jahrzenten beten wir in Deutschland für Priesternachwuchs. Seit Jahrzehnten führen deutsche Diözesen die verschiedensten Informations- und Werbeaktionen durch, um mehr Priester zu bekommen. Seit Jahrzehnten wird Männern ohne Abitur, aber mit abgeschlossener Berufsausbildung über den sogenannten 3. Bildungsweg der Weg zum Priestertum angeboten.[1] Seit Jahrzehnten bieten wir Priestern aus Polen, Indien und Afrika an, bei uns in Deutschland tätig zu sein und stopfen damit die vorhandenen Löcher. Und dennoch geht die Anzahl der Priester in Deutschland weiter rückwärts. Vielleicht handeln wir ähnlich, wie der Mann in dieser Geschichte:

*Ein Nachtwächter sieht nach Mitternacht einen Mann in offensichtlich angetrunkenem Zustand und in gebückter Haltung um eine Straßenlaterne gehen. Er sieht, wie der Mann ständig um die Straßenlaterne kreist. Schließlich tritt er hinzu und fragt ihn. „Was machen sie hier?" Der Mann antwortet: „Ich suche meinen Schlüsselbund." Der Nachtwächter sieht sich den Boden im Schein der Laterne an, sieht aber keinen Schlüsselbund. Daher fragt er den Mann: „Wo haben sie denn ihren Schlüsselbund verloren?" Der Mann richtet sich auf, verweist auf eine Stelle außerhalb des Laternenlichts und sagt: „Dort drüben." Der Nachtwächter fragt verwundert: „Und warum suchen sie dann hier nach dem Schlüsselbund?" Worauf der Mann verwundert über die Frage, antwortet: „Na, weil es hier Licht gibt!"*

---

1 Ich durfte diesen Bildungsweg nutzen und war in den Jahren 1993-1996 im Studienhaus St. Lambert in Lantershofen bei Ahrweiler im Studium. 1998 wurde ich zum Priester geweiht. Die Voraussetzungen für eine Promotion habe ich damit jedoch nicht.

# 3.3 Weitere Veränderungen

## 3.3.1 Kommunion und Wegzehrung

Kommunion und „Wegzehrung" sollten klar getrennt werden, Kommunion für Gesunde und Kranke, „Wegzehrung" ausschließlich für Sterbende. Materiell ist es in beiden Fällen die gleiche Substanz, die gleiche Hostie, aber die pastorale Situation ist eine andere: Mit der heiligen Kommunion empfangen die Gläubigen den Leib Christi. Dies soll ihnen helfen, gut als Christ zu leben. Sie erinnert uns als Christus und seinen Sieg über den Tod, somit auch an unsere eigene Unsterblichkeit. Als „Wegzehrung" ist sie an der Schwelle vom Zeitlichen zum Ewigen, vom Diesseits ins Jenseits die „Arznei der Unsterblichkeit" (KKK 1331). Somit wird sie auch zu Recht mit anderen Worten dem Sterbenden gereicht.

Ob zu Hause, in einer Pflegeeinrichtung oder in einer Klinik, manchmal sind beim Spenden der Kommunion oder der „Wegzehrung" Angehörige und/oder Besucher mit anwesend. Sie wollen mitunter auch die heilige Kommunion empfangen. Daraus ergeben sich verschiedene Situationen, die mit hierfür angepassten Worten umgesetzt werden könnten:

### Kranke

Kranke wollen wieder gesund werde. Dies könnte mit dem Reichen der heiligen Kommunion mit entsprechenden Worten zum Ausdruck gebracht werden: „Christus führe dich zur Genesung"

Sind Angehörige und/oder Besucher mit anwesend , die auch die heilige Kommunion empfangen wollen, kann dies mit den gewohnten Worten geschehen: „Der Leib Christi"

### Pflegebedürftige und chronisch Kranke

Pflegebedürftige und chronisch Kranke werden nicht mehr gesund. Sie sind schon damit zufrieden, wenn es noch lange Zeit gut weitergeht. Daher könnte ihnen die heilige Kommunion mit diesen Worten gereicht werden: „Christus stärke dich" oder „Christus begleite dich"

Sind Angehörige und/oder Besucher mit anwesend , die auch die heilige Kommunion empfangen möchten, kann dies mit den gewohnten Worten geschehen: „Der Leib Christi"

**Sterbende**

Für Sterbende sind im „Rituale" für die Reichung der „Wegzehrung" diese Worte belegt: „Christus bewahre dich und führe dich zum ewigen Leben." Noch kürzer wäre es mit: „Christus begleite dich zum ewigen Leben." Damit bestünde eine gewissen Parallele zu den o.g. Worten bei der Reichung der heiligen Kommunion an Pflegebedürftige und chronisch Kranke. Es wäre gleichsam einem Fortsetzung dieser Worte für diese neue Situation.

Sollte sich das Sterben über mehrere Tage hinziehen, sollte der Sterbende auf eigenen Wunsch die „Wegzehrung" täglich mit diesen Worten bekommen können.

Beim Sterben sind häufiger Angehörige und Freunde anwesend, als bei schwerer Krankheit. Wenn der Sterbende die „Wegzehrung" erhält, wollen viele Angehörige und Freunde in der schmerzlichen Situation des Abschieds auch die heilige Kommunion empfangen. Diese kann ihnen mit den gewohnten Worten „Der Leib Christi" gespendet werden. In dieser für sie schmerzlich Zeit ist es jedoch angebracht, die heilige Kommunion mit hierzu passenden Worten zu reichen, etwa mit: „Christus begleite dich in deiner Trauer."

**Fazit**

So wie die Spendung der heiligen Kommunion in normale Kommunion und „Wegzehrung" unterschieden wird, so könnte sie in der beschriebenen Weise für Kranke, für Pflegebedürftige und chronisch Kranke und auch für Angehörige und Freunde beim Sterben weiter differenziert werden.

## 3.3.2 Veränderungen in kirchlichen Schriften

### Stringente Wortwahl

Die Verfasser kirchlicher Schriften sollten klar zwischen Krankheit und Sterben differenzieren.

> *§ 1. Gläubige, die sich, gleich aus welchem Grund, in Todesgefahr befinden, sind mit der heiligen Kommunion als Wegzehrung zu stärken.*

> *§ 2. Auch wenn sie am selben Tag durch die heilige Kommunion gestärkt worden sind, ist es trotzdem sehr ratsam, daß jene, die in Lebensgefahr geraten sind, nochmals kommunizieren.*

> *§ 3. Bei andauernder Todesgefahr wird empfohlen, daß die heilige Kommunion mehrmals, an verschiedenen Tagen, gespendet wird.*

CIC 921 ist ein deutliches Beispiel, wie in kirchlichen Schriften Begriffe synonym verwendet wurden, die jedoch in unterschiedliche Situationen gehören: Die „Wegzehrung" ist das Sterbesakrament. Wenn sich jedoch der Gläubige „nur" in Todesgefahr befindet, so kann er die „Krankensalbung" und die „Kommunion" empfangen.

Auch ohne Todesgefahr kann die heilige Kommunion täglich empfangen werden. Dies muss nicht eigens mit § 3 CIC 921 betont werden. Daher ist dieser § 3 überflüssig.

Sinnvoll hingegen wäre der Hinweis, dass ein mehrmaliger Kommunionempfang an einem Tag übertrieben ist. Es gibt Katholiken, die gehen an einem Tag bei unterschiedlichen Priestern in mehrere Gottesdienste, um mehrere heilige Kommunionen zu empfangen. Im Krankheitsfall vom Klinikseelsorger eine Fortsetzung des mehrmaligen Kommunionempfangs zu erwarten, ist übertrieben. Dies sollte in § 3 verboten werden.

### Wertschätzung des gemeinsamen Lebens

Der Beginn eines neuen Leben und das Ende eines Lebens sind zwei emotional hoch behaftete Phasen. Deutlich wird es am Lebensende, wenn Angehörige bei einem bereits komatösen Sterbenden fragen, ob man ihn nicht auf die Intensivstation verlegen kann. Das kann man tun, doch der Sterbende bleibt auch auf der Intensivstation weiterhin ein Sterbender. Er bleibt auch dort weiterhin komatös. Was man dadurch „gewinnt", ist lediglich ein längeres Sterben und damit ein anderer Todeszeitpunkt. Ich frage mich dann, ob man die Jahrzehnte des gemeinsamen Lebens nicht ausreichend geschätzt und/oder nicht bewusst gelebt hat, dass man am Ende des Leben derart um jede Stunde feilscht, wobei dem Sterbenden durch sein Koma jede Teilhabe an diesem Leben bereits genommen ist.

Die Wertschätzung des gemeinsamen Ehelebens über die Jahre und Jahrzehnte ist kein Thema im Gotteslob. Statt dessen wird auf 25 Seiten das Bußsakrament behandelt. Dies sind mehr Seiten als Taufe (9 Seiten), Firmung (5 Seiten), Ehesakrament (4 Seiten), Weihesakrament (2 Seiten) und Krankensalbung (2 Seiten) zusammen (22 Seiten). Nimmt man die 3 Seiten über das Sterben hinzu, kommt man auf den gleichen Umfang. Man muss die Wegzehrung (1 Seite) mit hinzu nehmen, damit die 25 Seiten des Bußsakraments übertroffen werden. Damit ist der Umgang mit Krankheit, Sterben und Tod im Gotteslob nicht so präsent, wie es im Leben erlebt wird.

Dies ist besonders auf der Intensivstation erlebbar: Bei Patienten, die künstlich beatmet und daher in den ersten Wochen im künstlichen Koma liegen, sitzen die Angehörige oft stundenlang bei ihnen, obwohl Kommunikation mit ihnen unmöglich ist. Wenn der Ausgang der medizinischen Behandlung völlig offen ist und dem Patienten die Krankensalbung gespendet wurde und die Angehörigen dabei Gott um Genesung gebeten haben – Was können sie über das Gebet hinaus sonst noch für den Kranken tun? Nichts – es sitzen die Angehörigen oft stundenlang am Krankenbett. Wenn klar ist, dass der Patient ein Sterbender wird, d.h. er in den nächsten Stunden oder Tagen versterben wird, haben Angehörige oft den Wunsch, rund um die Uhr bis zum Tod des Sterbenden diesem nahe zu sein. Wenn möglich, wird hierfür einem Familienangehörigen eine Schlafmöglichkeit ins Zimmer gestellt. Diese Stunden und Tage, an denen man nur begleitend für den Kranken oder Sterbenden da sein kann, werden von den Angehörigen als sehr intensiv erlebt. Oft erzählen Hinterbliebene noch monatelang von diesen letzten Stunden und Tagen, länger und intensiver als von einem besonders schönen oder misslungenen Urlaub. Im Gotteslob sollte daher in Gebeten und Impulsen die gemeinsame Zeit als Ehepartner, als (Enkel-)Kind, aber auch als Freund berücksichtigt werden. Dies könnte in dieser Weise geschehen:

Liebender Gott, ich danke dir, dass du mir N. als *Partner / Partnerin / (Groß-)Vater / (Groß-)Mutter / Freund / Freundin* zur Seite gestellt hast. Ich blicke dankbar auf die gemeinsame Zeit mit *ihm/ihr* zurück. Gemeinsam haben wir Schönes erlebt und Schweres durchgestanden. N. stand mir mit Rat und Tat zur Seite. Vieles durfte ich von *ihm/ihr* lernen. Auf *ihn/sie* war Verlass. Jetzt liegt es an mir, das weiterzuleben, was ich an N. so sehr geschätzt habe. Gütiger Gott, stehe mir bei, dass ich das nun leben kann. Für N. bitte ich dich, lohne *ihm/ihr* all das Gute, das ich von *ihm/ihr* erfahren durfte , mit dem ewigen Leben in deiner grenzenlosen Liebe.

Mit einem solchen Gebet würden die Angehörigen und Freunde[1] nicht nur auf die anstehende Trennung blicken, sondern auch dankbar auf den Inhalt des „Schatzes", von dem man nun Abschied nehmen muss. Durch solch ein Gebet würde bewusst gemacht, was diesen Menschen so besonders und wertvoll und damit zu einem wahren „Schatz" werden ließ. Man würde damit nicht nur auf den augenblicklichen Schmerz blicken, sondern das Schöne ins Bewusstsein rufen, für das es auch zu danken gilt.

Es würde damit auch ein Impuls gesetzt werden, nicht nur als „Konsument" das Gute vom Sterbenden zu empfangen, sondern als „Produzent" das von ihm empfangene Gute für seine Mitmenschen weiterhin erfahrbar werden zu lassen. Es könnte ein ungeschriebenes Vermächtnis des Verstorbenen werden, das in der Trauer das in Erinnerung ruft, was man an Gutem und Schönem mit bzw. durch den Verstorbenen erlebt hat und das man nun durch das eigene Leben an die Menschen weitergeben möchte.

Solch ein Gebet könnte gepaart werden mit diesem Hinweis:

> **Je größer die Liebe, desto größer der Schmerz.**

Damit würde die Trauer und der Schmerz zwar nicht genommen, aber es würde damit erklärbar und somit ertragbarer werden. Man würde in der Trauer nicht nur den Schmerz wahrnehmen, sondern sich dankbar an den Grund dieser Liebe erinnern. Dies kann Trauer erträglicher machen.

---

1  Oft stehen die Familienangehörigen und Verwandten im Blick der liturgischen Texte, doch manchmal hat der Kranke bzw. der Sterbende eine innigere Beziehung zu Freunden. Zu Zeiten von immer mehr Single-Haushalten bekommen Freunde eine größere Bedeutung. Zu „Freunden" zählen auch Nachbarn und (ehemalige) Arbeitskollegen, zu denen man eine gute Beziehung hat.

## Streichung von „Todesnähe"

Im Zusammenhang mit Krankensalbung sollte der Begriff „Todesnähe" ersatzlos gestrichen werden. Statt dessen sollte zwischen Krankensalbung für Krankheit und Todesgefahr auf der einen Seite und der Sterbesegen für Sterbende[1] auf der anderen Seite unterschieden werden. Diese Unterscheidung sollte so auch in das Rituale aufgenommen werden, damit die Seelsorger entsprechend unterscheiden und diese Unterscheidung an die Gläubige weitergeben. So wird auch allen Sterbenden und ihren Angehörigen klar, dass mit der Aufnahme auf eine Palliativstation oder in ein Hospiz kein Wellness-Urlaub auf Krankenschein beginnt, sondern das Sterben. Der Sterbende wie auch seine Angehörigen haben somit die Möglichkeit, sich innerlich wie auch seelsorglich darauf vorzubereiten. Aktuell gewinnt man als auf eine Palliativstation oder in ein Hospiz gerufener Seelsorger den Eindruck, dass Sterben für diese Menschen keine Option ist. Dabei wird die mittlere Aufenthaltsdauer (bis zum Tod!) auf Palliativstationen und Hospizen meist mit weniger als 14 Tagen angegeben.

Die erlebte Praxis zeigt jedoch, dass selbst bei dieser Deutlichkeit des Sterbens dieses noch nicht immer akzeptiert und offen kommuniziert wird. Selbst wenn der Sterbende schon nicht mehr ansprechbar ist, darf der gerufene Priester noch nicht von Sterben und Tod sprechen. Sterben wird dann auf die letzten Herzschläge reduziert. Dann gibt es jedoch keine Möglichkeit einer Beichte, einer Wegzehrung und auch nicht mehr eines Sterbesegens. Dann bleibt nur noch die Aussegnung, für die Hinterbliebene zuweilen noch die „Krankensalbung" wünschen.

---

1 Um die Todesgefahr gegenüber dem Sterben deutlich abzugrenzen, dieser Hinweis:
Von den Soldaten im Kampfeinsatz, den Feuerwehrleuten und den anderen hierzu aufgezählten Menschen sterben binnen eines Monats weniger als 1‰. Von den in den Palliativstationen und Hospizen aufgenommenen Menschen sterben binnen eines Monats nahezu 100%.
Dieses Zahlenverhältnis zeigt deutlich auf, dass es sich bei Menschen auf Palliativstationen und Hospizen eindeutig um Sterbende handelt, bei der anderen Personengruppe hingegen um Todesgefahr, in die sich diese Menschen begeben, um andere Menschen entweder zu retten oder andere Menschen zu beschützen. Sie tun es nicht für sich selbst, sondern für Andere. Dies sollte entsprechend gewürdigt werden.

## Umgang mit Leid

Das körperliche und seelische Leid der Kranken sollte nicht theologisiert oder gar glorifiziert werden,[1] Körperliches Leid ist eine natürliche Reaktion des Körpers, was in seltenen Fällen auch eine psycho-somatische Ursache haben kann.[2]

Rein körperliche Schmerzen können durch Schmerzmittel gelindert oder gar aufgelöst werden. Dies könnte auch ins Rituale aufgenommen werden, so wie es bereits jetzt im Benediktionale enthalten ist. [Benediktionale, 326] Damit würde man Patienten, die sich mit Schmerzmittel sehr zurückhalten, ermutigen, davon Gebrauch zu machen.

Es kann jedoch das Leid des Kranken mit dem Leid des gekreuzigten Jesus verbunden werden, insbesodere bei Sterbenden.[3] Durch diese Parallele kann aufgezeigt werden, dass

---

1 Durch Krankensalbung sollen Scherzen gelindert werden. [Rituale, 86] (Dies geschieht durch die Verabreichung von Schmerzmitteln.)

Schmerzen sollten nicht als „Versuchungen Satans" gedeutet werden. [Rituale, 12]

„Wenn ich dir anhängen werde mit meinem ganzen Wesen, dann wird mich keinerlei Schmerz und Trübsal mehr bedrücken" [KKK 45] (Leid als Entfernung von Gott)

Leid ließ Gott zu, um „der Welt das Vollmaß seiner Liebe zu schenken" [KKK 760] (Dann soll Gott auch Andere lieben, insbesondere die bösen Menschen.)

„wir preisen dich auch um der Schmerzen und des Todes willen" [Benediktionale, 188]

2 Ich besuchte auf der Intensivstation erstmals Frau U., eine junge Frau, ungefähr 30 Jahre alt. Ich stellte mich ihr vor und wir sprachen miteinander. Nach ca. 5 Minuten kam die Krankenschwester mit einem Döschen und sage: „Frau U., hier sind die Tropfen gegen ihre Schmerzen." Frau U. antwortete: „Die brauche ich jetzt nicht mehr. Ich führe mit dem Pfarrer ein gutes Gespräch." Ich war darüber völlig überrascht. Der Seelsorger zur Linderung körperlicher Schmerzen.

3 Auf der onkologischen Station erzählte mir ein Krebspatient einige Tage vor seinem Tod seine Situation wie folgt:

„Tagsüber, wenn die Schmerzen wieder kommen, oder abends, bevor ich einschlafe, oder nachts, wenn ich nicht schlafen kann, schaue ich auf den Jesus, der mir gegenüber an der Wand am Kreuz hängt und halte Zwiesprache mit ihm. Ich sage zu ihm: 'Wir beiden sind Leidensgenossen: Du hast Schmerzen, ich habe Schmerzen. Du hast den Tod vor Augen. Ich haben den Tod vor Augen. Wir beide sind echte Leidensgenossen. Daher verstehe ich Dich und Du verstehst mich.'"

Jesus – Gottes Sohn – als Mensch auch körperliches Leid erfahren hat. Daher hat Jesus ein Herz für alle Leidenden. [Benediktionale, 107]

Die Möglichkeit, das Leid - ob körperliches oder seelisches Leid – klagend vor Gott zu bringen, sollte aufgegriffen werden. Dies gilt insbesondere für die Kranken,

- die an einer unheilbaren Krankheit leiden,
- die schon seit Wochen im Krankenhaus sind und kein Ende abzusehen ist,
- die in ihrem Leid mit Gott hadern, sich von ihm verlassen oder bestraft fühlen,
- die nicht wissen, was schneller ist, die Hilfe der Ärzte oder der eigene Tod,
- die plötzlich schweres Leid erfahren (z.B. den Tod ihres Kindes).

Hierbei sollte an die alttestamentliche Tradition der Klagelieder und der Klagepsalmen angeknüpft werden. Damit hätten klagende Menschen auch kein schlechtes Gewissen, wenn sie mal mit Gott hadern.

## Aufnahme der Aussegnung in das Rituale

Klinikseelsorger werden nicht nur zu Kranken und Sterbenden gerufen, sondern auch zu Verstorbenen. Im Rituale „Die Feier der Krankensakramente" sind jedoch nur Kranke und Sterbende berücksichtigt. Eine „Aussegnung" ist nur in „Die kirchliche Begräbnisfeier" enthalten.

Damit Klinikseelsorger nicht 2 Bücher dabei haben müssen, macht es Sinn, dass die Gebete und Texte der Aussegnung zumindest in einer Grundform in das „Rituale"aufgenommen werden.

## Aufnahme der Nottaufe in das Rituale

Klinikseelsorger werden zuweilen zu Nottaufen gerufen. Dabei gibt es die beiden Varianten, dass dass Kind sicher in den nächsten Minuten, Stunden oder Tagen sterben wird, und dass das Kind in höchster Lebensgefahr schwebt und niemand sagen kann, wie es ausgeht. Für diese beiden Formen sollen in dem Rituale je eigene Gebete verfasst werden, damit die für die Eltern schmerzliche Situation – Abschied vom Kind oder Bitte um Gottes Beistand (so wie bei der Krankensalbung) – unmissverständlich ins Wort und ins Gebet gebracht werden. Nur so fühlen sich die Eltern in ihrer Situation angesprochen und verstanden.

### 3.3.3 Krankengottesdienste in den Gemeinden

Es sollte in den Kirchengemeinden jährlich mindestens ein Gottesdienst für Kranke angeboten werden. Hierfür gibt es verschiedene Gründe:

- gelebte Kirchengemeinde

  Vielen gebrechlichen und kranken Menschen ist es zu beschwerlich, am Sonntag zum Gottesdienst in die Kirche zu kommen. Sie feiern zu Hause den Gottesdienst über den Fernseher oder das Radio mit. Sie nehmen damit zwar am Gottesdienst teil, aber isoliert. Ihnen fehlt die Gemeinschaftserfahrung als Kirchengemeinde. Viele von ihnen leiden sehr darunter.

  Durch diesen Krankengottesdienst würden sie aus dieser Isolation gerissen und könnten Kirchengemeinde wieder als Gemeinschaft erleben. Sie könnten in gewohnter Weise durch Gebete und Gesänge wieder aktiv am Gottesdienst teilnehmen.

  Auch wenn vielen der gebrechlichen und kranken Menschen regelmäßig – meist monatlich – die heilige Kommunion gebracht wird, meist verbunden mit einem kurzen Gespräch und einer Wortgottesfeier, so geschieht dies in der Isolation der eigenen Wohnung. Durch den Krankengottesdienst könnten sie die heilige Kommunion zusammen mit den anderen empfangen und Eucharistiefeier wieder als Gemeinschaftserlebnis erfahren.

  Dieses Gemeinschaftserlebnis könnte damit nicht nur zeitlich verlängert, sondern auch intensiviert werden, wenn alle Mitfeiernden anschließend in den Pfarrsaal zu einem kleinen Imbiss eingeladen werden, z.B. mit Tee und Gebäck. Hierbei könnten sie wieder einmal mit den Leidensgenossen persönlich sprechen und nicht nur am Telefon.

  Zumindest in den Gremien der Kirchengemeinde kämen die gebrechlichen und kranken Menschen ihrer Gemeinde deutlicher vor, als nur durch den Krankenbesuchsdienst. Die Durchführung eines solchen Krankengottesdienstes erfordert zumindest für die Menschen, die alleine in ihrer Wohnung leben, einen Hol- und Bringdienst, was eine eigene logistische Herausforderung ist. Man muss zunächst feststellen, wer in der Kirchengemeinde gebrechlich und krank ist. Wer von ihnen kann durch Familienangehörige oder Nachbarn zum Gottesdienst gebracht werden? Wer von ihnen benötigt einen Hol- und Bringdienst? Welche Anforderungen bestehen an diesen Hol- und Bringdienst? Wer aus der Gemeinde macht hierbei mit? Diese

Fragen stellen sich bei jedem Krankengottesdienst neu, weil sich insbesondere bei den gebrechlichen und kranken Menschen die Lebenssituation oft schnell ändern kann. Dadurch würden die gebrechlichen und kranken Menschen jährlich wiederkehrend deutlich in das Bewusstsein der Kirchengemeinde gerufen werden.

Die gebrechlichen und kranken Menschen würden damit erfahren, dass die Kirchengemeinde sie nicht vergessen hat, sondern auch sie regelmäßig ausdrücklich zur gemeinsamen Feier der Eucharistie einlädt. Sie würden sich nicht als Vergessene und Verlassene fühlen, sondern als echte Mitglieder der Kirchengemeinde.

- Empfang der Krankensalbung

Den gebrechlichen[1] und kranken Menschen in diesem Gottesdienst das Sakrament der Krankensalbung anzubieten, würde ihnen nicht nur das Sakrament zukommen lassen. Sie würden dadurch auch erleben, dass es die „Letzte Ölung" als Sterbesakrament nicht mehr gibt und die „Krankensalbung" nicht nur eine neue Bezeichnung für die „Letzte Ölung" ist. Sie würden dadurch wahrlich erfahren, dass es das Sakrament für die gebrechlichen und kranken Menschen ist, so wie es in Jak 5,14f genannt ist.

Wenn ganze Familien mit mehreren Generationen an diesem Krankengottesdienst teilnehmen, würden sie dabei die gleiche Erfahrung machen: Die Krankensalbung ist das Sakrament für gebrechliche und kranke Menschen. Damit würde das, was in den 50 Jahren von 1974 (Einführung des neuen Rituales in deutscher Sprache) bis 2024 nicht geschafft wurde, binnen weniger Jahre nachgeholt werden: Es gibt keine „Letzte Ölung" für Sterbende, sondern eine „Krankensalbung" für Kranke und Gebrechliche.

- Themen des Gottesdienstes

Für die inhaltliche Gestaltung des Gottesdienstes bieten sich verschiedene Themen und Schwerpunkte an. Die hier genannten sollen als Anregung dienen. Sie erheben keinen Anspruch auf Vollzähligkeit:

---

1  Es gibt Menschen, die sind bereits mit 50 Jahren gebrechlich. Andere hingegen bringen noch mit 80 Jahren sportliche Höchstleistung, so z.B. bei der Radsportveranstaltung „Alb extrem", bei der man an einem Tag mit dem Fahrrad mindestens 170 km bei 2.800 Höhenmeter zu fahren hat. Daher ist es sinnvoll, nicht von „alten Menschen" zu sprechen, sondern von „gebrechlichen Menschen".

- „Krankensalbung" als Sakrament für Kranke und Gebrechliche

Mit dem Verweis auf Jak 5,14f, die Praxis in den ersten 9 Jh.: die Texte des Zweiten Vatikanischen Konzils und das Weihegebet des Bischofs über das Salböl könnte den Gläubigen deutlich vermitteln, dass die „Krankensalbung" das Sakrament für Kranke und Gebrechliche ist.

- „Wegzehrung" als Sterbesakrament

Mit jeder Eucharistiefeier gedenken wir des Todes und der Auferstehung Jesu. Mit jeder heiligen Kommunion empfangen wir für unsere Seele eine Speise („O heil'ge Seelenspeise"), die uns auf unserem irdischen Pilgerweg stärkt. Mit der „Wegzehrung" empfangen wir an unserem Lebensende eine himmlische Speise, die uns für unseren Weg vom Diesseits ins Jenseits stärkt, ähnlich wie Elia für seinen weiten Weg durch die himmlische Speise gestärkt wurde. (1.Kön 19,8).[1]

Damit verbunden würden Missbräuche in der Sterbekultur beseitigt werden, die immer wieder in der Klinik anzutreffen sind: Da wird z.B. das Thematisieren des Sterbens nicht mit dem Wechsel von der kurativen zur palliativen Behandlung begonnen, sondern erst, wenn der Sterbende nicht mehr ansprechbar ist. Damit kann er aber nicht mehr die „Wegzehrung" empfangen, sondern nur noch den Sterbesegen. - Solange der Sterbende die „Wegzehrung" empfangen kann, ist er zumindest noch zeitweise bei Bewusstsein. Wenn die „Wegzehrung" mit der Spendung des „Sterbesegens" verbunden wird, kann der Sterbende noch bewusst erfahren, dass seine Familie (Verwandte, und Freunde) für ihn betet und ihm für den Wechsel vom Diesseits ins Jenseits alles Gute wünscht.

- „Sterbesegen" für Sterbende

Der „Sterbesegen" wurde im Jahr 2012 erstmals offiziell eingeführt, zunächst in der Diözese Rottenburg-Stuttgart. Viele Diözesen zogen in den folgenden Jahren nach. Damit das Wissen um den Sterbesegen flächendeckend bei allen Gläubigen ankommt, sollte bei dem Krankengottesdienst in aller Deutlichkeit darauf verwiesen werden.

---

1 Zuweilen gibt es in der Klinik Sterbende, denen der tägliche Empfang der heiligen Kommunion sehr wichtig ist. Wissen sie doch nicht, ob es ihr letzter Tag sein wird.

- „Aussegnung" für Verstorbene

Die Gläubige sollten die richtigen Begrifflichkeiten für die jeweiligen Situationen kennen. Sie sollen nach dem Eintritt des Todes nicht länger um eine „Letzte Ölung" oder eine „Krankensalbung" bitten, sondern zumindest um eine „Segnung", trefflicher um eine „Aussegnung".

- Eucharistie als Gemeinschaftserfahrung

Wie bereits oben beschrieben, könnte die Eucharistie, die Mitte und Quelle des religiösen Lebens, als Gemeinschaftserlebnis herausgestellt werden, das die Alten und Gebrechlichen in der Gemeinde nicht vergisst, sondern durch den Krankengottesdienst ganz bewusst diese Gemeinschaftserlebnis erfahren lässt. Auch sie gehören weiterhin zu der Kirchengemeinde, an dessen Gemeindeleben sie bisher teilgenommen haben, einige von ihnen sogar engagiert haben. Dieses Gemeinschaftserlebnis bricht nicht durch Krankheit oder Gebrechen ab, sondern wird weitergeführt, wenngleich nicht mehr so häufig.

In Anbetracht dessen, dass die geburtenstarken Jahrgänge in die Phase von Krankheit und Gebrechen kommen, werden die Gemeinden in den nächsten Jahren immer mehr Kranke und Gebrechliche haben. Damit gewinnt solch ein Krankengottesdienst noch mehr an Bedeutung.

- Krankheit und Gebrechen

Es könnten Krankheit und Gebrechen in dem Krankengottesdienst thematisiert werden. Damit würden sich die Betroffenen in ihren Lebenssituationen verstanden fühlen. Den übrigen Mitfeiernden könnte damit bewusst werden, dass Krankheit nicht nur mit Schmerzen zu tun hat, sondern auch mit z.T. massiven Einschränkungen im Leben, mit Isolation, Hilfsbedürftigkeit, bis hin zum völligen Verlust selbstständigen Handelns.

Bei einigen Kranken und Gebrechlichen kreisen die Gedanken darum, dass sie ihren Angehörigen keine Last sein wollen. Sie fühlen sich nicht nur nutzlos, sondern als eine Last für alle, die mit ihnen zu tun haben. Sie fragen sich, was der Sinn ihres Lebens sein kann. Gelebt in einer Leistungsgesellschaft, erfuhren sie, dass nur derjenige etwas zählt, der Leistung bringen kann. Für Kranke und Gebrechliche ist die Teilhabe am Berufsleben vorbei. Einige von ihnen wünschen sich einen baldigen Tod, auch wenn sie es nicht aussprechen. Diesen Kranken und

Gebrechlichen sollten neue Perspektiven aufgezeigt werden. Vorstellbar sind:[1]

- Sind wir aber Kinder, dann auch Erben; Erben Gottes und Miterben Christi, wenn wir mit ihm leiden, um mit ihm auch verherrlicht zu werden. (Röm 8,17)

- Wie uns nämlich die Leiden Christi überreich zuteilgeworden sind, so wird uns durch Christus auch überreicher Trost zuteil. (2.Kor 1,5)

- Kranke und Gebrechliche könnten für die vielfältigen Anliegen der Kirche und der Welt beten, so wie die Kirche ihrerseits in den Gottesdiensten für die Kranken betet. Damit besteht eine Gebetsverbundenheit.

Den pflegenden Familienmitgliedern könnte Dank und Wertschätzung ihrer liebevollen Tätigkeit entgegengebracht werden, die zuweilen auch mit viel Verzicht am gesellschaftlichen Leben verbunden ist. Es könnte – und nicht nur in einer Fürbitte – Gott um Kraft, Ausdauer und Segen für die pflegenden Angehörigen gebeten werden.

An dieser Stelle sei an den „Welttag der Kranken" erinnert. Er wurde 1993 anlässlich des Gedenkens an alle von Krankheiten heimgesuchten und gezeichneten Menschen von Papst Johannes Paul II. eingeführt. Er wird jährlich am 11. Februar, dem Gedenktag Unserer Lieben Frau in Lourdes begangen.

---

1 Es sollte dabei zu keiner Glorifizierung des Leidens kommen, sondern zu einer Anteilnahme und Sinngebung.